城市轨道交通施工安全隐患排查治理标准化指南

济南交通发展投资有限公司　组织编写

刘　颂　杜以臣　刘建成　主　编

中国建筑工业出版社

图书在版编目（CIP）数据

城市轨道交通施工安全隐患排查治理标准化指南 /
济南交通发展投资有限公司组织编写；刘颂，杜以臣，
刘建成主编. -- 北京：中国建筑工业出版社，2025.4.
ISBN 978-7-112-31025-8

Ⅰ. U239.5-62

中国国家版本馆CIP数据核字第2025FS5357号

　　本指南由济南交通发展投资有限公司牵头，联合安全监督机构、高校、施工单位以及监理单位共同研究编写，旨在提升城市轨道交通施工现场隐患排查治理水平。全书内容丰富，涵盖隐患排查治理各个环节，共分为10章正文和51套排查清单。在正文中，详细阐述城市轨道交通施工安全隐患排查治理基本要求、制度保障、隐患分类分级、隐患排查清单、隐患排查、隐患治理、隐患分析评估、隐患排查治理效果考核、持续改进等内容。同时，书中还提供了各类隐患排查清单及对应的相关标准，为城市轨道交通施工安全隐患排查治理工作提供全面指导。

　　本指南适合城市轨道交通施工阶段参建单位管理人员开展安全生产隐患排查治理工作及职业培训使用，助力其高效开展安全生产隐患排查治理工作，提升职业技能。

责任编辑：边　琨
责任校对：芦欣甜

城市轨道交通施工安全隐患排查治理标准化指南
济南交通发展投资有限公司　组织编写
刘　颂　杜以臣　刘建成　主　编
*
中国建筑工业出版社出版、发行（北京海淀三里河路9号）
各地新华书店、建筑书店经销
北京点击世代文化传媒有限公司制版
北京凌奇印刷有限责任公司印刷
*
开本：787毫米×1092毫米　1/16　印张：23¾　字数：501千字
2025年5月第一版　2025年5月第一次印刷
定价：**118.00**元
ISBN 978-7-112-31025-8
　　　（44783）

本书编委会

主　编：

刘　颂　杜以臣　刘建成

副主编：

石锦江　刘瑞琪　韩　林　孙华盛　罗绪昌

参编人员：

石　柱	王德超	张　磊	董明明	张瑞平	李　伟
魏　平	李鹏飞	董洪星	张富岭	钱振宇	庞京春
孙　泳	闫循军	孙立建	刘　伟	郝广浩	林海洋
周立民	孙捷城	李圣岩	陈三治	赵墅茵	齐晓明
王彦茹	王洪涛	王建涛	张　亮	李柯均	王晓昱
剌宝成	奚春宇	冉海洋	刘　淼	杜明翰	杨振宇
汪克敏	张德文	谭庆良	陈　刚	贾朝晖	刘志朋
赵建彪	张　琪	孙志海	田成亮	王志伟	杜　成
韩　帅	赵相宗	刘　池	程守斌	安　冬	董　岳
李跃强	王　磊	孙晓东	孙永军	王树栋	谷增和
于笑龙	刘志远	武朝军	魏　林	谭　昕	侯晓峰
胡卫广	王晓鹏				

本书编写单位

济南交通发展投资有限公司

济南轨道交通集团有限公司

中国交通建设股份有限公司

中交第三公路工程局有限公司

中交路桥建设有限公司

济南黄河路桥建设集团有限公司

中交第二公路工程局有限公司

中交机电工程局有限公司

北京瑞拓电子技术发展有限公司

中铁电气化局集团有限公司

兆丰工程咨询有限公司

济南市交通工程质量与安全中心

山东建筑大学

前 言

生产安全事故隐患排查治理作为双重预防机制的重要组成部分，对推动安全基础工作整体强化，提升现场安全生产管理水平起着重要作用。一直以来施工隐患排查治理的效果主要依靠现场管理人员的经验、认知和责任心，隐患可能会被忽视或误判，从而增加事故发生的概率，给施工现场安全管理工作造成不利影响。

为有效解决现阶段城市轨道交通施工现场管理人员安全基础知识薄弱问题，提升现场施工隐患排查治理水平，打造安全地铁工程，济南交通发展投资有限公司组织有关参建单位从城市轨道交通施工现场实际出发，编写了《城市轨道交通施工安全隐患排查治理标准化指南》，以下简称"指南"。本指南充分借鉴了隐患排查治理相关的法律法规、规章、标准、规范等相关要求，梳理了城市轨道交通施工过程的隐患排查流程和标准，制定了隐患排查治理体系建设的工作方法、实施步骤，确定了隐患排查的组织实施、隐患治理和验收、常用的隐患排查项目清单及相关配套制度、表格等具体要求，可有效指导现场施工安全隐患排查及整改闭合管控，不断完善现场安全管控手段，提升管理水平。

本指南可作为城市轨道交通施工阶段参建单位管理人员开展安全生产隐患排查治理指导用书及职业培训用书，可参照附录中的隐患排查清单并结合现场实际情况制定与现场相匹配的检查清单，指导开展隐患排查治理工作。

受编写时间和编写人员水平限制，本指南内容难免有不妥之处，敬请广大读者批评指正，提出宝贵意见。

目 录

01

第一章

总 则

第一节 编制目的

为加强城市轨道交通工程建设隐患排查治理效果，有效提高隐患排查治理能力，特编制本指南。

本指南主要适用于城市轨道交通工程施工阶段的隐患排查治理与管理。

城市轨道交通隐患排查治理标准化实施必须遵循"安全第一、预防为主、综合治理"的方针。

第二节 编写依据

1.《中华人民共和国安全生产法》

2.《中华人民共和国特种设备安全法》

3.《建设工程安全生产管理条例》

4.《特种设备安全监察条例》

5.《生产安全事故报告和调查处理条例》

6.《安全生产事故隐患排查治理暂行规定》国家安全生产监督管理总局令第 16 号

7.《建筑起重机械安全监督管理规定》建设部令第 166 号

8.《特种设备安全监督检查办法》市场监督总局令第 57 号

9.《房屋市政工程生产安全重大事故隐患判定标准（2024 版）》建质规〔2024〕5 号

10.《危险性较大的分部分项工程专项施工方案严重缺陷清单（试行）》建办质〔2024〕63 号

11.《铁路建设工程生产安全重大事故隐患判定标准》国铁监规〔2023〕25 号

12.《道路运输企业和城市客运企业安全生产重大事故隐患判定标准（试行）》交办运〔2023〕52 号

13.《城市轨道交通工程安全质量管理暂行办法》建质〔2010〕5 号

14.《建筑工人实名制管理办法（试行）》建市〔2022〕59号

15.《住房城乡建设部关于印发城市轨道交通工程质量安全检查指南的通知》建质〔2016〕173号

16.《城市轨道交通工程建设安全生产标准化管理技术指南》建办质〔2020〕27号

17.《城市轨道交通工程基坑、隧道施工坍塌防范导则》建办质〔2021〕42号

18.《工程质量安全手册》建质〔2018〕95号

19.《地铁工程施工安全评价标准》GB 50715—2011

20.《施工企业安全生产管理规范》GB 50656—2011

21.《建设工程施工现场供用电安全规范》GB 50194—2014

22.《建设工程施工现场消防安全技术规范》GB 50720—2011

23.《建筑施工脚手架安全技术统一标准》GB 51210—2016

24.《重大火灾隐患判定方法》GB 35181—2017

25.《企业安全生产标准化基本规范》GB/T 33000—2016

26.《生产经营单位生产安全事故应急预案编制导则》GB/T 29639—2020

27.《建设工程监理规范》GB/T 50319—2013

28.《特种设备重大事故隐患判定准则》GB 45067—2024

29.《建筑施工安全检查标准》JGJ 59—2011

30.《建筑机械使用安全技术规程》JGJ 33—2012

31.《建筑与市政工程施工现场临时用电安全技术标准》JGJ/T 46—2024

32.《建筑施工起重机吊装工程安全技术规范》JGJ 276—2012

33.《建筑工程大模板技术标准》JGJ/T 74—2017

34.《建筑施工高处作业安全技术规范》JGJ 80—2016

35.《建筑工程冬期施工规程》JGJ/T 104—2011

36.《建筑施工扣件式钢管脚手架安全技术规范》JGJ 130—2011

37.《建筑施工模板安全技术规范》JGJ 162—2008

38.《建筑施工承插型盘扣式钢管脚手架安全技术标准》JGJ/T 231—2021

39.《建筑深基坑工程施工安全技术规范》JGJ 311—2013

40.《市政工程施工安全检查标准》CJJ/T 275—2018

41.《生产安全事故隐患排查治理体系通则》DB37/T 2883—2016

42.《建筑施工企业生产安全事故隐患排查治理体系细则》DB37/T 3014—2017

43.《建筑施工企业生产安全事故隐患排查治理体系实施指南》DB37/T 3135—2018

第二章

基本要求

第一节 策划及准备

一、组织机构建设

城市轨道交通施工阶段参建单位应分别建立由单位主要负责人（项目负责人）为组长的隐患排查治理领导小组，并应覆盖各部门、各岗位，全面负责隐患排查治理的研究、统筹、组织、协调、指导和保障等工作，日常管理机构宜设置在安全生产管理部门。

二、隐患排查治理原则

城市轨道交通施工隐患排查治理实行全面覆盖、全员参与的机制，以确保隐患得到彻底治理作为工作目标。

隐患排查治理体系以施工总承包单位为实施主体，以建设、监理等参建单位为监督主体，各层级、各岗位人员须按照"管行业必须管安全、管业务必须管安全、管生产经营必须管安全""党政同责、一岗双责"要求和"全员、全过程、全方位、全天候"的原则参与隐患排查治理活动，确保隐患排查治理覆盖工程项目的各区域、各场所、各岗位、各作业和管理活动。

三、隐患排查治理工作流程

隐患排查治理的主要步骤包括：策划及准备、建立隐患排查治理规章制度、进行隐患分类分级、编制隐患排查清单、制定隐患排查计划、确定排查内容及组织隐患排查、隐患治理、隐患排查总结、隐患排查治理效果考核等，如图 2-1 所示。

四、隐患排查职责

（一）建设单位

建设单位对建筑工程施工安全风险分级管控和隐患排查治理工作负首要责任，应设立专门的安全生产管理机构，全面协调组织勘察、设计、施工、监理单位开展隐患排查治理工作。

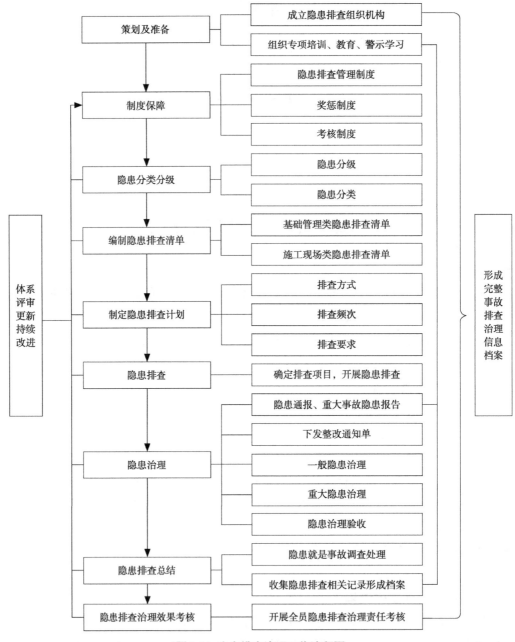

图 2-1 隐患排查治理工作流程图

1. 建设单位不具备隐患排查治理能力的，可委托依法设立的第三方服务机构为其开展隐患排查治理工作提供技术、管理服务。

2. 建设单位应组织勘察、设计单位在勘察设计阶段提前识别工程实施中存在的安全风险，考虑施工安全操作和施工安全保障措施的需要，在勘察设计文件中注明涉及施工安全的重点部位和环节，充分提出保障工程周边环境安全和工程施工安全的措施建议，必要时进行专项设计。

3.建设单位应当按照合同约定，向施工总承包单位足额及时支付隐患排查治理所需相关费用。

4.建设单位不得任意压缩合理工期，确需调整工期的，应提前组织辨识因工期调整导致风险增大或新增风险的因素，采取有效措施管控风险和消除事故隐患。

（二）施工总承包单位

施工总承包单位应对隐患排查治理工作负主体责任，将隐患排查治理工作纳入本单位安全生产责任制，建立计划制订、教育培训、监督检查、考核奖惩等工作机制。

1.施工总承包单位应健全完善施工安全双重预防控制工作体系，建立各项工作制度，明确安全、技术、生产、成本等部门及岗位的工作职责；制定施工安全风险分级管控和隐患排查治理工作监督检查计划；督导施工总承包单位项目部开展施工安全风险分级管控和隐患排查治理工作，重点管控重大风险和较大风险，重点审查重大事故隐患整改情况；定期总结分析本单位安全风险分级管控和事故隐患排查治理情况，持续改进和完善双重预防工作机制。

2.工程项目实行施工总承包的，由施工总承包单位负责统一协调管控施工安全风险，组织开展事故隐患排查治理工作。分包单位应服从施工总承包单位的管理，具体负责分包范围内的施工安全风险分级管控和隐患排查治理工作。建设单位直接发包的专业工程，专业承包单位应当接受施工总承包单位的统一管理。施工总承包单位应当与专业承包单位、专业分包单位签订安全生产管理协议，明确各方对施工安全风险分级管控和隐患排查治理工作的职责。

3.施工总承包单位项目部应制定并严格执行施工安全风险分级管控和隐患排查治理各项管理制度，制定工程项目施工安全风险分级管控工作方案和事故隐患排查治理工作计划，明确各部门、施工班组、管理人员和施工人员的工作职责和任务。

4.施工总承包单位项目部负责对施工作业班组隐患排查治理工作进行监督检查；负责编制项目生产安全事故隐患排查治理清单，并及时对项目部隐患排查治理中发现的事故隐患进行治理；负责组织一般事故隐患评估，并对自行管理的事故隐患进行整改、验证；对项目部隐患排查治理中发现的重大事故隐患及时上报。

5.施工作业班组全面落实生产安全事故隐患排查治理体系的运行；明确本班组各岗位的安全职责与责任，确保全员参与隐患排查治理；掌握本班组作业活动中涉及的风险分布情况、可能产生的后果、控制措施及隐患；组织本班组人员及时对作业进行隐患排查，发现的重大事故隐患及一般事故隐患及时上报；并负责对上级单位排查出的隐患落实整改。

（三）监理单位

监理单位对隐患排查治理工作负监理责任，建立施工安全风险分级管控和隐患排查治理监理工作制度，定期对监理单位项目监理机构落实情况进行检查。

1.项目监理机构应将相应监理工作列入监理规划，制定相应的监理实施细则，审查施工总承包单位项目部施工安全风险分级管控相关资料，采取现场审核查验、巡视检查等方式，检查风险识别、管控措施落实情况；定期组织隐患排查，检查施工总承包单位项目部事故隐患自查自改情况，参加建设单位组织的隐患排查治理联合检查，对发现的事故隐患整改情况进行复查。

2. 项目监理机构发现施工总承包单位风险识别、分析、评价不合理，管控措施不当或措施落实不到位的，应当责令施工总承包单位限期整改。发现重大事故隐患的或因风险管控不到位造成工程安全潜在风险增大的，应责令暂停施工并报告建设单位，拒不停工整改可能造成工程质量安全严重后果的，应立即向行政主管部门报告。

（四）勘察单位

勘察单位负责勘察外业隐患排查治理工作；设计单位负责为现场隐患排查治理提供技术支持；第三方监测单位负责通过监测、巡检等手段开展工程自身、周边环境等隐患排查工作，发现事故隐患及时报告建设单位。

（五）参建单位

1. 参建单位主要负责人对本单位隐患排查治理工作全面负责，将隐患排查治理纳入全员安全生产责任制并加强考核；组织制定并落实隐患排查治理制度；保障隐患排查治理所需资金；定期组织开展隐患排查治理，及时消除事故隐患。

2. 参建单位分管安全负责人、安全总监协助主要负责人履行事故隐患排查治理职责，并直接管理本单位的事故隐患排查治理工作；其他分管负责人和职能部门负责人组织落实分管领域的隐患排查治理措施，并负责所分管领域事故隐患问题的整改落实。

3. 参建单位安全生产管理机构以及安全生产管理人员负责组织或者参与拟订本单位事故隐患排查治理工作制度并督促执行；组织或者参与本单位事故隐患排查治理技能教育和培训，如实记录教育和培训情况；组织、督促、检查本单位事故隐患排查治理工作；对未按照规定排查治理事故隐患的有关职能部门、施工班组以及有关责任人员，依照职权查处或者提出处理意见。

（六）其他各岗位

各岗位人员对所在工作岗位事故隐患排查治理承担直接责任，在履行各自岗位业务工作职责的同时，履行相关的事故隐患排查治理工作职责，知悉本岗位可能存在的事故隐患，在上岗作业前进行安全确认，正确佩戴和使用劳动防护用品，严格遵守岗位操作规程，杜绝违章作业，作业过程中随时进行隐患排查，及时上报发现的事故隐患，对本岗位排查出的隐患落实整改，身体欠佳或者情绪异常时及时向班组长报告。

第二节　教育培训

一、资料收集

隐患排查治理应在风险辨识、评估及管控的基础上，收集梳理相关的法律法规、规章、规范、标准等文件对隐患排查治理的相关要求，制定排查清单和实施方案，为安全生产隐患排查治理的闭环管理做好前期准备。

二、教育培训

在隐患排查治理体系建设初期，参建单位项目负责人应组织全员开展隐患排查治理体系建设培训，培训内容包括建设方案、流程、方法、要求等。

参建单位项目部应将隐患排查治理的培训纳入年度安全培训计划，分层次、分阶段组织员工进行培训，同时做好新入职员工的培训工作，使全体员工掌握本单位隐患排查清单、隐患排查要求、隐患治理、隐患治理验收等内容，提高安全技能，增强安全意识，教育培训完成后并经考试合格方可上岗，相关培训记录应留存并列入员工培训档案。

第三章

制度保障

第一节　隐患排查治理管理制度

参建单位应在安全标准化等安全管理体系的基础上，改进及完善隐患排查治理制度，形成一体化的安全管理体系，使隐患排查治理贯彻于生产经营活动全过程，成为各参建单位、各层级、各岗位日常工作的重要组成部分。

一、隐患排查治理制度

参建单位应建立健全隐患排查治理制度，制度内容应包含隐患排查治理开展原则、各岗位职责、隐患排查内容、检查方式及频次、隐患报告程序、隐患治理闭合管理、重大事故隐患报告、隐患统计分析通报、隐患排查治理资金保障、隐患排查治理教育培训、隐患责任倒查、隐患排查治理档案管理等各方面内容。

二、考核制度

参建单位应将隐患排查治理纳入全员安全生产责任制，确保每一个岗位都有排查隐患、落实治理措施的责任，建立隐患排查治理目标责任考核机制，设置考核指标、考核内容、考核标准、考核细则，定期组织考核，并将考核结果进行公示，考核结果作为从业人员职务调整、收入分配等重要依据，考核资料纳入隐患排查治理档案，同时应配套制定奖惩制度，形成激励先进、约束落后的鲜明导向。

三、奖惩、举报制度

（一）制度制定

参建单位应编制隐患排查治理内部奖惩制度和举报奖励制度，明确隐患举报的问题情形和奖励标准，对员工在岗位职责内发现隐患向本单位报告经查实后予以奖励，对员工在岗位职责外发现隐患向本单位举报经查实后应提高奖励标准；因员工举报的隐患直接避免了伤亡事故发生或重大财产损失的，单位要给予员工特殊奖励。各参建单位对举报的各类隐患做好记录，及时兑现奖励，形成举报奖励台账。在各参建单位

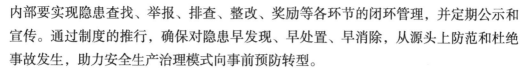

内部要实现隐患查找、举报、排查、整改、奖励等各环节的闭环管理，并定期公示和宣传。通过制度的推行，确保对隐患早发现、早处置、早消除，从源头上防范和杜绝事故发生，助力安全生产治理模式向事前预防转型。

（二）资金保障

设立隐患内部举报奖励资金，用于保障员工内部举报隐患的奖励支出，纳入各单位安全生产资金保障范畴。对符合企业安全生产费用提取和使用范围的，按安全生产费用提取和使用管理要求，在项目成本中据实列支。

建立隐患内部举报奖励运行台账，如实记录员工内部举报隐患的时间、具体部位或场所、具体情形和排查、整改及举报奖励情况。奖励资金领取情况由举报的员工签字确认。

（三）制度落实公示

参建单位要对隐患内部举报奖励制度及安全生产监督管理部门的举报电话（传真）、电子信箱、通信地址、邮政编码等信息进行公示，每季度在单位网站、办公场所公示栏、现场电子显示屏等醒目位置公布隐患内部举报奖励情况，同时对通过内部举报直接避免了伤亡事故发生或重大财产损失的从业人员予以公示表扬。

（四）培训考核

各参建单位将隐患内部举报奖励制度纳入全员安全生产教育培训，保证各岗位员工熟悉内部举报奖励制度；同时将隐患内部举报奖励工作纳入全员安全生产责任制管理，要明确各岗位的责任人员、责任范围和考核标准等内容，并加强对落实情况的监督考核。

第二节　隐患排查治理实施方案

一、方案编制

隐患排查治理实施方案可以根据项目情况分为年度总体排查方案与专项排查方案，年度总体排查方案每年年初编制，应根据本年度工程进展情况制定详细的排查计划，明确工作目标、排查的时间、地点、内容和方法，明确责任分工、频次要求、隐患排查及整治闭合流程、考核标准、保障措施及隐患排查治理档案等要求。保障措施应包含组织协调、保障资金投入、强化教育培训、实施督导考核等方面，保证隐患排查治理工作切实落实到位。

专项排查方案应在每次专项活动开展前根据隐患排查治理专项活动开展情况进行编制，专项排查方案应包含参加人员情况、专项排查目标、重点排查范围、排查步骤及时间节点、主要排查的隐患清单、隐患闭合管理要求等内容。

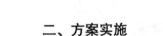

二、方案实施

隐患排查治理过程中应严格按照编制的隐患排查治理实施方案实施，如排查过程中遇到特殊情况导致方案发生变化的，应及时对方案进行修订，并按程序审批同意后再予以实施，确保隐患排查整治效果达到预期目标。

第四章

隐患分类分级

第一节　隐患分类

事故隐患分为基础管理类隐患、生产现场类隐患和工序作业类隐患。

一、基础管理类隐患

基础管理类隐患包括以下方面存在的问题或缺陷：

1. 参建单位资质证照。

2. 安全生产管理机构及人员。

3. 安全生产责任制。

4. 安全生产管理制度。

5. 教育培训。

6. 安全生产管理档案。

7. 安全生产投入。

8. 应急管理。

9. 职业卫生基础管理。

10. 相关方安全管理。

11. 基础管理其他方面。

二、生产现场类隐患

生产现场类隐患包括以下方面存在的问题或缺陷：

1. 设备设施。

2. 场所环境。

3. 从业人员操作行为。

4. 消防及应急设施。

5. 供配电设施。

6. 职业卫生防护设施。

7. 辅助动力系统。

8. 现场其他方面。

三、工序作业类隐患

工序作业类隐患主要包括不限于现场现浇梁及预制梁施工、盾构施工、矿山法施工、明挖法、盖挖法、轨道施工、四电施工等涉及的各工序存在的专业性问题或缺陷。

第二节　隐患分级

事故隐患按照危害程度和整改难度，分为一般事故隐患和重大事故隐患。重大事故隐患的判定，按照国务院有关部门制定的标准执行。

一、一般事故隐患

一般事故隐患，是指危害和整改难度较小，发现后能够立即整改排除的隐患。

二、重大事故隐患

重大事故隐患，是指建设工程作业场所、设备、设施存在不安全状态以及人的不安全行为和管理上的缺陷，或者因外部因素影响致使参建单位自身难以排除的隐患，造成的危害后果严重，可能导致群死群伤、造成重大经济损失或重大社会影响的事故隐患，重大事故隐患危害和整改难度较大，有的无法立即整改排除，需要全部或者局部停产停业，并经过一定时间整改治理方能排除的隐患。

根据《房屋市政工程生产安全重大事故隐患判定标准》《重大火灾隐患判定方法》《铁路建设工程生产安全重大事故隐患判定标准》《特种设备重大事故隐患判定准则》等相关规定办法，城市轨道交通施工存在以下情形的判定为重大事故隐患：

（一）施工安全管理

1. 建筑施工企业未取得安全生产许可证擅自从事建筑施工活动或超（无）资质承揽工程。

2. 建筑施工企业未按照规定要求足额配备安全生产管理人员，或其主要负责人、项目负责人、专职安全生产管理人员未取得有效安全生产考核合格证书从事相关工作；

3. 建筑施工特种作业人员未取得有效特种作业人员操作资格证书上岗作业。

4. 危险性较大的分部分项工程未编制、未审核专项施工方案，或专项施工方案存在严重缺陷的，或未按规定组织专家对"超过一定规模的危险性较大的分部分项工程范围"的专项施工方案进行论证。

5. 对于按照规定需要验收的危险性较大的分部分项工程，未经验收合格即进入下一道工序或投入使用。

（二）基坑、边坡工程

1. 未对因基坑、边坡工程施工可能造成损害的毗邻建（构）筑物和地下管线等，采取专项防护措施。

2. 基坑、边坡土方超挖且未采取有效措施。

3. 深基坑、高边坡（一级、二级）施工未进行第三方监测。

4. 有下列基坑、边坡坍塌风险预兆之一，且未及时处理。

（1）支护结构或周边建筑物变形值超过设计变形控制值；

（2）基坑侧壁出现大量漏水、流土；

（3）基坑底部出现管涌或突涌；

（4）桩间土流失孔洞深度超过桩径。

（三）模板及支撑体系

1. 模板支架的基础承载力和变形不满足设计要求。

2. 模板支架承受的施工荷载超过设计值。

3. 模板支架拆除及滑模、爬模爬升时，混凝土强度未达到设计或规范要求。

4. 危险性较大的混凝土模板支撑工程未按专项施工方案要求的顺序或分层厚度浇筑混凝土。

（四）脚手架工程

1. 脚手架工程的基础承载力和变形不满足设计要求。

2. 未设置连墙件或连墙件整层缺失。

3. 附着式升降脚手架的防倾覆、防坠落或同步升降控制装置不符合设计要求、失效或缺失。

（五）起重机械及吊装

1. 塔式起重机、施工升降机、物料提升机等起重机械设备未经验收合格即投入使用，或未按规定办理使用登记。

2. 建筑起重机械的基础承载力和变形不满足设计要求。

3. 建筑起重机械安装、拆卸、爬升（降）以及附着前未对结构件、爬升装置和附着装置以及高强度螺栓、销轴、定位板等连接件及安全装置进行检查。

4. 建筑起重机械的安全装置不齐全、失效或者被违规拆除、破坏。

5. 建筑起重机械主要受力构件有可见裂纹、严重锈蚀、塑性变形、开焊，或其连接螺栓、销轴缺失或失效。

6. 施工升降机附着间距和最高附着以上的最大悬高及垂直度不符合规范要求。

7. 塔式起重机独立起升高度、附着间距和最高附着以上的最大悬高及垂直度不符合规范要求。

8. 塔式起重机与周边建（构）筑物或群塔作业未保持安全距离。

9. 使用达到报废标准的建筑起重机械，或使用达到报废标准的吊索具进行起重吊装作业。

（六）高处作业

1. 钢结构、网架安装用支撑结构基础承载力和变形不满足设计要求，钢结构、网架安装用支撑结构超过设计承载力或未按设计要求设置防倾覆装置。

2. 单榀钢桁架（屋架）等预制构件安装时未采取防失稳措施。

3. 悬挑式卸料平台的搁置点、拉结点、支撑点未设置在稳定的主体结构上，且未做可靠连接。

4. 脚手架与结构外表面之间贯通未采取水平防护措施，或电梯井道内贯通未采取水平防护措施且电梯井口未设置防护门。

5. 高处作业吊篮超载使用，或安全锁失效、安全绳（用于挂设安全带）未独立悬挂。

（七）临时用电

1. 特殊作业环境（通风不畅、高温、有导电灰尘、相对湿度长期超过75%、泥泞、存在积水或其他导电液体等不利作业环境）照明未按规定使用安全电压。

2. 在建工程及脚手架、机械设备、场内机动车道与外电架空线路之间的安全距离不符合规范要求且未采取防护措施。

（八）有限空间

1. 未辨识施工现场有限空间，且未在显著位置设置警示标志。

2. 有限空间作业未履行"作业审批制度"，未对施工人员进行专项安全教育培训，未执行"先通风、再检测、后作业"原则。

3. 有限空间作业时现场无专人负责监护工作，或无专职安全生产管理人员现场监督。

4. 有限空间作业现场未配备必要的气体检测、机械通风、呼吸防护及应急救援设施设备。

（九）拆除施工

1. 装饰装修工程拆除承重结构未经原设计单位或具有相应资质条件的设计单位进行结构复核。

2. 拆除施工作业顺序不符合规范和施工方案要求。

（十）隧道工程

1. 作业面带水施工未采取相关措施，或地下水控制措施失效且继续施工。

2. 施工时出现涌水、涌砂、局部坍塌，支护结构扭曲变形或出现裂缝，未及时采取措施。

3. 未按规范或施工方案要求选择开挖、支护方法，或未按规定开展超前地质预报、监控量测，或监测数据超过设计控制值且未及时采取措施。

4. 盾构机始发、接收端头未按设计进行加固，或加固效果未达到要求且未采取措施即开始施工。

5. 盾构机盾尾密封失效、铰链部位发生渗漏仍继续掘进作业，或盾构机带压开舱检查换刀未按有关规定实施。

6. 未对因施工可能造成损害的毗邻建筑物、构筑物和地下管线等，采取专项防护措施。

7. 未经批准，在轨道交通工程安全保护区范围内进行新（改、扩）建建（构）筑物、敷设管线、架空、挖掘、爆破等作业。

（十一）桥梁工程

1. 水上作业平台、围堰、沉井等未进行专项设计，未按设计施工，施工期实际水位高于设计最高水位；围堰或沉井出现漏水、翻砂涌水、结构变形未及时采取有效措施的。

2. 超过8m（含）高墩施工过程中，模板加固、混凝土浇筑速度不符合专项施工方案要求的。

3. 现浇梁支架、移动模架、挂篮等非标设备设施未经专项设计，未经预压、试吊等现场试验验证即投入使用或不按方案拆除；支架地基承载力不足的。

（十二）施工临时堆载

1. 基坑周边堆载超过设计允许值。

2. 无支护基坑（槽）周边，在坑底边线周边与开挖深度相等范围内堆载。

3. 楼板、屋面和地下室顶板等结构构件或脚手架上堆载超过设计允许值。

（十三）冒险作业

1. 使用混凝土泵车、打桩设备、汽车起重机、履带起重机等大型机械设备，未校核其运行路线及作业位置承载能力。

2. 在雷雨、大雪、浓雾或大风等恶劣天气条件下违规进行吊装作业、设备安装、拆卸和高处作业。

3. 施工现场使用塔式起重机、汽车起重机、履带起重机或轮胎起重机等非载人设备吊运人员。

（十四）特种设备

1. 特种设备未取得许可生产、因安全问题国家明令淘汰、已经报废或者达到报废条件。

2. 特种设备发生过事故，未对其进行全面检查、消除事故隐患。

3. 未按规定进行监督检验或者监督检验不合格。

4. 压力容器有下列情形之一仍继续使用的，应判定为重大事故隐患：

（1）定期检验的检验结论为"不符合要求"；

（2）固定式压力容器改做移动式压力容器使用；

（3）固定式压力容器、移动式压力容器的安全阀、爆破片装置、紧急切断装置缺

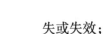

失或失效；

（4）快开门式压力容器的快开安全保护联锁装置缺失或失效。

5.移动式压力容器或者气瓶充装有下列情形之一的，应判定为重大事故隐患：

（1）未经许可，擅自从事移动式压力容器充装或者气瓶充装活动；

（2）移动式压力容器、气瓶错装介质；

（3）充装设备设施上的紧急切断装置缺失或失效，仍继续使用的。

6.起重机械有下列情形之一仍继续使用的，应判定为重大事故隐患：

（1）未经首次检验；

（2）定期检验（含首次检验）的检验结论为"不合格"；

（3）急停开关缺失或失效；

（4）起重量限制器、起重力矩限制器、防坠安全器缺失或失效；

（5）室外工作的轨道式起重机械抗风防滑装置缺失或失效。

7.场（厂）内专用机动车辆有下列情形之一仍继续使用的，应判定为重大事故隐患：

（1）定期检验的检验结论为"不合格"；

（2）电动车辆电源紧急切断装置缺失或失效；

（3）制动（包括行车、驻车）装置缺失或失效。

8.其他属于特种设备判定准则范围内的隐患。

（十五）消防

1.生活区等居住场所采用彩钢夹芯板搭建，且彩钢夹芯板芯材的燃烧性能等级低于A级。

2.在人员密集场所违反消防安全规定使用、储存易燃易爆危险品。

3.人员密集场所内疏散楼梯间的设置形式不符合国家工程建设消防技术标准的规定。

4.在厂房、库房、商场中设置员工宿舍，或是在居住等民用建筑中从事生产、储存、经营等活动。

5.人员密集场所的疏散走道、楼梯间、疏散门或安全出口设置栅栏、卷帘门，外窗被封堵或被广告牌遮挡。

6.其他属于重大火灾隐患直接判定要素的隐患。

（十六）施工工艺及其他

1.使用国家明令禁止和限制使用的危害程度较大、可能导致群死群伤或造成重大经济损失的施工工艺、设备和材料，应判定为重大事故隐患。

2.其他严重违反安全生产法律法规、部门规章及强制性标准，且存在危害程度较大、可能导致群死群伤或造成重大经济损失的现实危险，应判定为重大事故隐患。

第五章

隐患排查清单

检查表法（SCL）作为一种在生产安全隐患排查治理中常用的方法，能够事先编制，可以做到系统化、科学化，不漏掉任何可能导致事故的因素。通过使用标准化的检查表，可以帮助现场人员系统地识别并记录潜在的安全隐患，确保每个现场人员都清楚自己的职责和检查标准，让隐患排查治理更为系统化、有序化和高效化，减少人为因素的干扰，防止遗漏或误判，达到高标准、高效率、高质量完成检查任务的目标。切实以"清单化"促进各级检查"规范化"，筑牢隐患排查整治基础，保证各类安全措施有效全面实施，提升各单位本质安全水平。

参建单位应依据已确定的风险管控措施和基础性安全管理要求，编制所有待查事项的隐患排查清单。隐患排查项目清单包括生产现场类、基础管理类及工序作业类隐患排查清单。针对城市轨道交通施工类别，本指南制定了隐患排查清单，主要包含附录 A 基础管理类隐患排查清单、附录 B 生产现场类隐患排查清单、附录 C 工序作业类隐患排查清单、附录 D 隐患就是事故调查清单。

第一节　基础管理类隐患排查要点

依据基础管理相关内容要求，逐项编制排查清单，排查清单应包含基础管理名称、排查内容、排查标准等。

一、安全管理制度

（一）资质资格与管理体系

1.施工总承包单位应具备相应施工资质，并依法取得安全生产许可证；施工总承包单位项目负责人、技术负责人、安全负责人等主要管理人员按合同规定履职。施工总承包单位应严格按照《建筑施工企业安全生产管理机构设置及专职安全生产管理人员配备办法》（建质〔2008〕91 号）及施工合同要求，配备相应数量安全管理人员，安全管理人员应持相应的安全生产考核合格证，并按规定到岗履职。

2. 施工总承包单位项目部应成立以项目经理为组长的安全生产领导小组，并设置安全专职管理机构，项目经理应对所承担工程项目的施工安全负责，为安全生产管理第一责任人。安全生产领导小组应建立安全管理体系，全面负责本工程项目施工安全管理体系的建设、运行工作。

3. 施工总承包单位应依法进行专业分包，严禁转包或违法分包，专业分包合同中应包含安全生产协议，并明确施工总承包单位与分包单位的安全责任、权利和义务；分包单位应具有相应等级的施工资质，并依法取得安全生产许可证，专业分包合同须经建设单位认可。

4. 监理单位从事城市轨道交通工程监理业务，应具备相应资质，不得转让所承担的工程监理业务。工程监理单位实施监理时，应在施工现场派驻项目监理机构，组织形式和规模应符合建设工程监理合同约定。在建设工程监理合同签订后，应及时将组织形式、人员构成及对总监理工程师的任命书面报告建设单位，项目监理人员应按合同约定到岗履职，并建立考核机制。

5. 总监理工程师应对工程项目的安全生产管理承担监理责任，为第一责任人，全面负责本工程项目监理安全管理体系的建设、运行工作。

（二）管理制度

1. 施工总承包单位应建立健全安全生产管理制度，包括但不限于：安全生产责任制考核制度、教育培训制度、安全生产检查制度、安全技术交底制度、安全会议制度、职业卫生管理制度、考核奖惩制度、风险分级管控制度和隐患排查治理制度等，内容应满足工程安全生产管理需要，同时应符合相关法律法规、规章、规范性文件的规定，并以正式文件下发。

2. 监理单位应建立健全安全生产管理制度，包括但不限于：安全生产责任制考核制度、教育培训制度、安全检查及巡视制度、监理例会制度、施工方案审批制度、举牌验收制度、机械验收核查制度、考核奖惩制度等，内容应满足工程安全生产管理需要，同时应符合相关法律法规、规章、规范性文件的规定，并以正式文件下发。

二、安全管理人员

（一）证件配备要求

1. 项目负责人，是指取得相应注册执业资格，由企业法定代表人授权，负责具体工程项目管理的人员。项目负责人应取得由住房城乡建设部门颁布的安全生产管理人员 B 类证书。

2. 专职安全生产管理人员，是指在企业专职从事安全生产管理工作的人员，包括企业安全生产管理机构的人员和工程项目专职从事安全生产管理工作的人员；城市轨道交通工程类专职安全生产管理人员应取得由住房城乡建设部门颁布的安全生产管理人员 C 类证书。

（二）专职安全生产管理人员证件要求

1. 专职安全生产管理人员 C 类证书分为三类，均由住房城乡建设部门颁发相应岗位安全生产考核合格证书：机械类专职安全生产管理人员代码为 C1，土建类专职安全生产管理人员代码为 C2，综合类专职安全生产管理人员代码为 C3。

2. 综合类专职安全生产管理人员可以从事全部安全生产管理工作。

（三）项目安全管理人员人数配备要求

1. 安全管理人员应按照规定配备：建筑工程、装修工程按照建筑面积配备：1 万 m^2 以下的工程不少于 1 人；1 万 ~ 5 万 m^2 的工程不少于 2 人；5 万 m^2 以上的工程不少于 3 人，且每增加 5 万 m^2，应当至少增加 1 名专职安全生产管理人员。市政基础设施工程按照工程合同价款配备：5000 万元以下的工程不少于 1 人；5000 万 ~ 2 亿元的工程不少于 2 人；2 亿元以上的工程不少于 3 人，且每增加 2 亿元，应当至少增加 1 名专职安全生产管理人员。

2. 劳务分包单位施工人员在 50 人以下的，应当配备 1 名专职安全生产管理人员；50 人 ~ 200 人的，应当配备 2 名专职安全生产管理人员；200 人及以上的，应当配备 3 名及以上专职安全生产管理人员，并根据所承担的分部分项工程施工危险实际情况增加，不得少于工程施工人员总人数的 5‰。

3. 施工活动涉及大型机械设备的，应当至少增加 1 名机械类专职安全生产管理人员。

（四）证件要求

根据《全国一体化政务服务平台标准》，专职安全生产管理人员电子证照"安全生产考核合格证书"如图 5-1 所示，住房和城乡建设部查询网站：https://zlaq.mohurd.gov.cn/。

图 5-1　安全生产考核合格证书

三、特种作业人员

（一）特种作业人员要求

特种作业人员应当按照国家有关规定取得相应资格，方可从事相关工作，特种作业人员应当严格执行安全技术规范和管理制度，保证特种作业安全。

（二）特种作业人员定义

1. 特种作业是指容易发生事故，对操作者本人、他人的安全健康及设备、设施的安全可能造成重大危害的作业。特种作业人员，是指直接从事特种作业的从业人员，如熔化焊接与热切割作业、高处作业、焊接与热切割、电工作业等，管理单位为应急管理部。

2. 特种设备施工人员：锅炉、压力容器、电梯、起重机械、客运索道、大型游乐设施、场（厂）内专用机动车辆的施工人员及其相关管理人员；如起重工（指挥、司机）、叉车司机等，管理单位为国家市场监督管理总局。

3.建筑施工特种作业人员：在房屋建筑和市政工程施工活动中，从事可能对本人、他人及周围设备设施的安全造成重大危害作业的人员。如建筑电工、建筑架子工、建筑起重信号司索工、建筑起重机械司机、建筑起重机械安装拆卸工、高处作业吊篮安装拆卸工、熔化焊接与热切割作业人员等，管理单位为住房和城乡建设部。

（三）施工总承包单位职责

1.施工总承包单位应制定并落实本单位特种作业安全操作规程和有关安全管理制度。

2.施工总承包单位应按规定组织特种作业人员参加年度安全教育培训或者继续教育，培训时间不少于24h。

3.施工总承包单位应与从业人员订立劳动合同，合同应载明有关保障从业人员劳动安全、防止职业危害及依法为从业人员办理工伤保险的事项。

（四）监理监管职责

施工人员进场前，施工总承包单位应将特种作业人员相关资料报监理单位审查。特种作业人员应持证上岗，特种作业操作资格证书应由应急管理部门、市场监督管理部门、住房和城乡建设部门颁发且真实有效，年检合格。通过特种作业人员平台官方网站核对特种作业人员资格信息，并报监理单位审核。监理单位安排核查特种作业人员资质真伪，现场监理人员每周应进行一次动态核查。

（五）应急管理部特种作业目录

1.电工作业

指对电气设备进行运行、维护、安装、检修、改造、施工、调试等作业（不含电力系统进网作业）。

电工作业可分为低压电工作业、高压电工作业及防爆电气作业。高压电工作业指对1kV及以上的高压电气设备进行运行、维护、安装、检修、改造、施工、调试、试验及绝缘工、器具进行试验的作业；低压电工作业指对1kV以下的低压电器设备进行安装、调试、运行操作、维护、检修、改造施工和试验的作业；防爆电气作业指对各种防爆电气设备进行安装、检修、维护的作业。

2.焊接与热切割作业

指运用焊接或者热切割方法对材料进行加工的作业（不含《特种设备安全监察条例》规定的有关作业）。焊接与热切割作业分为熔化焊接与热切割作业、压力焊作业、钎焊作业。

3.高处作业

指专门或经常在坠落高度基准面2m及以上有可能坠落的高处进行的作业，分为登高架设作业和高处安装、维护、拆除作业。

4.应急管理部特种作业证书查询网址：https://cx.mem.gov.cn/。

5.证件样版如图5-2所示。

（六）国家市场监督管理总局特种作业目录

1.特种设备安全管理（特种设备安全管理A）。

2.起重机作业（起重机指挥Q1、起重机司机Q2）。

3.场（厂）内专用机动车辆作业（叉车司机N1、观光车和观光列车司机N2）。

4.特种设备焊接作业（金属焊接操作）。

5.市场监督管理总局特种作业证书查询网址：https://cnse.samr.gov.cn/info-pub/pub。

正面　　　　　　　　　背面

图 5-2　应急管理部特种作业操作证

图 5-3　市场监督管理总局特种作业证

6.证件样版如图5-3所示。

（七）住房和城乡建设部特种作业目录

1.建筑电工。

在建筑工程施工现场从事临时用电作业。

2.建筑架子工。

在建筑工程施工现场从事落地式脚手架、悬挑式脚手架、模板支架、外电防护架、卸料平台、洞口临边防护、附着式升降脚手架等登高架设、维护、拆除作业。建筑架子工分为建筑架子工（普通脚手架）和建筑架子工（附着式升降脚手架）。

3.建筑起重信号司索工。

在建筑工程施工现场从事对起吊物体进行绑扎、挂钩等司索作业和起重指挥作业。

4.建筑起重机械司机。

在建筑工程施工现场从事固定式、轨道式和内爬升式塔式起重机、施工升降机、物料提升机的驾驶操作。建筑起重机械司机分为建筑起重机械司机（塔式起重机）、建筑起重机械司机（施工升降机）、建筑起重机械司机（物料提升机）。

5.建筑起重机械安装拆卸工。

在建筑工程施工现场从事固定式、轨道式和内爬升式塔式起重机的安装、附着、顶升和拆卸作业及从事施工升降机、物料提升机的安装和拆卸作业。建筑起重机械安装拆卸工分为建筑起重机械安装拆卸工（塔式起重机）、建筑起重机械安装拆卸工（施

图5-4 住房和城乡建设部特种作业操作资格证

工升降机）、建筑起重机械安装拆卸工（物料提升机）。

6. 高处作业吊篮安装拆卸工。

在建筑工程施工现场从事高处作业吊篮的安装和拆卸作业。

7. 住房和城乡建设部特种作业证书查询网址：https://zlaq.mohurd.gov.cn/。

8. 证件样版如图5-4所示。

四、安全教育培训

（一）组织机构及人员

施工总承包单位应结合项目管理模式，设置安全教育培训管理部门或责任人，全体从业人员均应培训合格后再上岗作业；培训人员应包括承包方人员、劳务派遣人员、建筑工人、灵活用工等，同时应对新进场人员和转岗、离岗人员、特种作业人员等进行专项培训。

（二）培训制度

1. 工程项目开工前，项目部应根据工程实际制定安全教育培训制度，明确安全教育培训的职责要求，项目负责人应组织制度的制定与实施。

2. 制度内容应包括：培训需求分析、培训对象、培训内容、培训频次、培训考核要求、培训效果评估以及培训档案的建立与管理要求。

（三）培训计划

1. 培训计划应由项目主要负责人组织制定，计划中明确培训时间、培训对象、培训内容、培训地点、培训课时等内容。

2. 各级培训计划应有针对性，必须包含安全生产开工"第一课"、习近平总书记关于安全生产重要论述、安全生产法、双重预防体系相关知识、生产安全事故应急预案、应急知识、自救互救和避险逃生技能、典型事故和应急救援案例分析等必学必训项目。

（四）培训资料和内容

1. 按照《国务院安委会关于进一步加强安全培训工作的决定》（安委〔2012〕10号）相关要求，对新职工进行至少32学时的安全培训，每年进行至少20学时的再培训；特种作业人员依法取得特种作业人员操作资格证书，每年还应进行不小于24学时的针对性安全教育培训或继续教育。

2. 培训具体内容应符合《中华人民共和国安全生产法》和《生产经营单位安全培训规定》（2015年国家安监总局令第80号修订版）的要求，包括但不限于：法律法规、岗位职责和操作规程、风险点、应急处置、事故案例等内容。

（五）考试与考核

1. 项目主要负责人、安全总监和安全生产管理人员以及特种作业人员应持证上岗，定期检查考核。

2.项目部应根据教育培训对象及内容，建立各级各类人员的考试题库，及时组织教育培训考试，检验培训效果，对培训考试试卷进行完好保存。

（六）培训实施

1.教育培训实施应按照培训计划执行，实施过程中应留存培训过程记录，包括培训人员花名册、培训签到和考勤记录等，保证签到和考勤记录等材料真实。

2.项目管理人员调整工作岗位或离岗一年以上重新上岗时，均应重新接受安全培训；实施新工艺、新技术或者使用新设备、新材料时，也应对有关从业人员重新进行有针对性的安全培训。

（七）档案管理

工程项目开工前，应建立施工总承包方、特种作业人员、劳务派遣、建筑工人以及其他灵活用工人员等的教育培训档案，档案中应有包含三级安全教育内容的员工安全教育培训档案卡。

（八）培训保障

为保障安全教育培训工作正常开展，施工总承包单位应专门列支安全生产培训专项经费，设置安全教育培训场所，配备多媒体等现代教学设施。

（九）班前会制度

1.各参建单位应将班前会制度落实情况纳入职工考核，采取白班工作制的单位于每天早晨正式开工前召开会议，采取连续工作制的单位于每班正式开工前召开班前会（晨会）。

2.班前会以班组或车间等一线参建单位为单元，由带班负责人或班组长主持召开，时间应不少于5min，并保存影像资料；所有施工人员应全部参加班前会，并由本人在会议记录上签名，组织程序和内容应符合规范中的具体要求。

五、风险管理

（一）风险界定

风险管理应界定风险管理对象与目标，划分工程建设风险评估单元，制定工程建设风险等级标准。工程建设风险等级标准应按风险发生可能性及其损失进行划分。

（二）风险辨识

风险辨识可包括风险分类、确定辨识范围、收集相关资料、风险识别、风险筛选和编制风险辨识报告等6个步骤。风险辨识完成后应编制风险辨识报告，说明风险辨识使用的方法、辨识范围、参与人员及风险清单。风险辨识方法分为工作危害分析法（JHA）、安全检查表法（SCL）、预先危害分析法（PHA）、现场观察法，安全风险辨识是确保安全生产的重要环节，在实际应用中，可根据具体情况选择合适的方法进行组合使用，以达到更全面、准确地识别安全风险。

（三）风险分析评价

风险分析应当在已完成的风险清单基础上，分析判别风险事件发生的可能性，并评价风险事件发生后对工程本身、周边环境和施工人员造成的危害及后果。风险分析方法应根据工程特点、评估要求和工程建设风险类型的不同进行选取，包括定性分析方法、定量分析方法及综合分析方法。

风险评价方法包含作业条件危险性分析法（LEC）、作业岗位职业病危害风险分级法和直接判定法，应根据相关要求采取对应方法进行风险评价。

（四）风险控制

风险控制措施包含工程技术措施、管理措施、培训教育措施、个体防护措施、应急处置措施等。重大风险（一级）在制定风险控制措施时，建设单位应当组织勘察、设计等单位在施工招标文件中列出危险性较大的分部分项工程清单，安全施工总承包单位在投标时补充完善危险性较大的分部分项工程清单并明确相应的安全管理措施；勘察单位应根据工程实际及工程周边环境资料，在勘察文件中说明地质条件可能造成的工程风险；设计单位应当在设计文件中注明涉及危险性较大的分部分项工程的重点部位和环节，提出保障工程周边环境安全和工程施工安全的意见，必要时进行专项设计；施工总承包单位应尽可能地采取较高级的风险控制方法，增加管控措施并有效落实，将风险降低到可接受或可容许程度，相关过程应建立记录文件。

（五）风险分类

结合相关规范的要求，根据风险的来源，将安全风险分为工程周边环境风险、工程自身建设风险和施工作业风险等。

（六）风险分级

1. 风险等级划分原则。

根据风险发生的可能性和风险损失程度，工程建设风险等级标准可分为特别重大（Ⅰ级）、重大（Ⅱ级）、较大（Ⅲ级）及一般（Ⅳ级）四个等级，采用红、橙、黄、蓝四种颜色标示，Ⅰ级为风险最高等级，根据风险影响程度由高到低Ⅰ级风险又可分为A、B、C三类。针对不同等级风险，应采取不同的风险处置原则和控制方案。

Ⅰ级为不可接受风险，必须采取风险控制措施降低风险，至少应将风险降低至可接受或不愿接受的水平；Ⅱ级为不愿接受风险，应实施风险管理降低风险，且风险降低的所需成本不应高于风险发生后的损失；Ⅲ级为可接受风险，宜实施风险管理，可采取风险处理措施；Ⅳ级为可忽略风险，可实施风险管理。

2. 施工安全风险分级。

施工总承包单位应根据设计文件工程风险等级划分情况，根据工程条件、施工方法以及设备等，按照工程施工进度和工序，对施工风险进行动态风险评估和整理，确定安全风险等级，对工程的重大风险进行梳理和分析，并提出规避措施和事故预案，形成风险源清单，原则上每月进行分析更新。

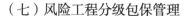

（七）风险工程分级包保管理

风险工程安全包保工作实行"六定一留"管理。

1. 定点。根据各年度工程建设计划情况，分析确定施工风险点作为管控风险点。

2. 定级。按照安全风险清单和风险分析会议讨论结果确定风险级别。

3. 定人。Ⅰ级风险工点由建设单位、监理单位、施工总承包单位项目部及工区四级人员包保；Ⅱ级风险工点由监理单位、施工总承包单位项目部及工区三级人员包保；Ⅲ级及以下风险工点由监理单位、施工总承包单位工区两级人员包保。

4. 定内容。制定重点控制工程风险工点包保管控必检内容。Ⅰ、Ⅱ级风险必检内容由建设单位牵头组织风险分析会确定并印发，Ⅲ级及以下风险必检内容由监理单位牵头组织风险分析会确定并印发。

5. 定频次。应按照风险等级划分和工程实际特点，规定包保人每月应检查的频次。

6. 定考核。建设单位在月度、季度检查中对施工总承包单位、监理单位风险包保情况进行考核。施工总承包单位项目部、监理单位每月要对现场包保人员考核一次，建议考核结果每月月底前报建设单位备案。

7. 留痕迹。各包保工点均要留存包保写实登记簿，各包保人每次都要按规定的检查内容填写检查记录，对发现的问题督促按期整改闭合销号。

（八）风险工程领导带班制度

施工总承包单位、监理单位应建立企业负责人、项目负责人和项目管理人员现场带班制度，明确带班检查、带班生产的职责权限、组织形式、带班内容、方式以及考核奖惩等具体事项，并存档备查。超过一定规模的危险性较大的分部分项工程、恶劣气候、发生险情或重要节假日期间等情况施工的，施工和监理项目负责人等应全过程带班生产。

（九）安全生产风险告知

根据风险分级管控要求，在施工现场采用安全生产风险公示牌，安全生产风险标识牌、职业病危害风险告知牌、岗位安全生产告知卡、安全警示标志、安全技术交底和安全信息技术等形式进行安全风险告知。

六、关键节点施工前联合验收

（一）关键节点验收部位

城市轨道交通工程开（复）工或施工过程中风险较大、风险集中或工序转换时容易发生事故和险情的关键工序和重要部位，施工前应进行联合验收。

（二）联合验收流程

超危大工程❶由总监理工程师组织联合验收，危险性较大的分部分项工程由总监理工程师代表组织联合验收，建设单位、施工总承包单位、设计单位、第三方监测单

---

❶ 超过一定规模的危险性较大的分部分项工程，其危险性比危险性较大的分部分项工程更高。

位等一同参加，超危大工程应邀请原方案评审专家一同验收。

施工总承包单位应编制《单位工程关键节点识别清单》，联合验收前组织关键节点施工前条件自检自评，联合验收通过后组织关键节点开工，并对验收问题进行整改，未进行施工前联合验收或验收未通过的，不得进行施工。

（三）联合验收主要内容

1. 关键节点风险管理措施落实情况。超危大工程施工期间，施工总承包单位安全管理机构每月应当组织不少于2次专项检查。

2. 设计交底、图纸会审落实情况。

3. 人员、材料、设备、分包单位等施工准备情况。

4. 突发事件或事故应急预案落实情况。

5. 编制关键节点清单并实行动态管理。

6. 专项施工方案编制、审批和专家论证情况。施工单位应当组织召开专家论证会对专项方案进行论证；实行施工总承包的，由施工总承包单位组织召开专家论证会；专家论证前专项方案应当通过施工单位审核和总监理工程师审查。

7. 监控量测落实情况。

七、停复工检查

（一）停工准备

施工总承包单位应成立停工领导小组并编制停工专项方案，内容包括但不限于项目概况，涉及的风险、危险性较大的分部分项工程、危险源梳理及管控措施，停工前及停工期间安全检查重点内容，领导带班和关键岗位24h值班安排等。编制停工期间值班表，并针对值班值守、隐患排查治理、应急管理等对值班人员进行交底，确认被交底人领会交底内容，并有能力执行。

（二）现场检查

1. 对围挡进行全面检查，确保围挡安装连续无缺口，加固牢固，确保安全可靠。

2. 预留洞口、电梯井口、通道口、楼梯口等"四口"，楼面临边、屋面临边、阳台临边、升降口临边、基坑临边等"五临边"防护情况，确保防护严密。

3. 盾构工程应检查停机位置是否避开建筑物、交通要道、河流等敏感区域，停机位置掌子面自稳性是否良好、反转螺旋机是否将土体反压入舱。深基坑工程重点检查是否严格落实"分段开挖、中间拉槽、先撑后挖"要求和及时施作支撑体系、坑边堆载是否满足设计和方案要求等。

4. 检查吊篮是否全部落地并断电；施工升降机是否全部落地并断电上锁；检查塔式起重机回转制动是否松开，主要构件是否有开裂，各部位螺栓是否紧固；钢筋加工机械均断电存放于钢筋加工棚内；其他机械设备均存放于指定区域。

5. 对办公区及生活区进行统一打扫、清除易燃杂物，对暂时停用的宿舍停电，并

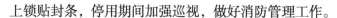

上锁贴封条，停用期间加强巡视，做好消防管理工作。

6. 进行停工前安全检查，形成自查报告，制定节日停工期间项目部管理人员值班表上报。制定巡视检查制度，带班领导、值班人员必须 24h 在岗带班，值班人员确保信息畅通。提前对现场各监控摄像头进行检查维修，确保摄像头能正常工作。

（三）复工前检查

1. 应严格落实项目各参建单位安全生产主体责任，认真审查开复工条件，成立复工领导小组。

2. 复工领导小组应共同研究制定复工专项方案，应当包括项目概况，人员准备（管理人员、劳务人员、特种作业人员），材料准备（应急物资、标识标牌、防护材料、劳动防护用品等），机械准备，教育培训计划，各类制度和操作规程的自查，施工现场不同工序安全检查内容，"开工第一课"相关准备等内容。

3. 应做好人员、材料、设备等的报验准备，做好制度、操作规程、方案的编制准备，做好危险源辨识、风险识别及对应管控措施的制定，做好基坑、环境、道路、桥梁、管道、矿山隧道、盾构等工程的施工监测准备，做好现场临时用电、防护措施、视频监控等准备。

4. 施工、监理单位应对主要投标管理人员配备情况进行自查，施工、监理单位对电工、架子工、信号司索工、高空作业等人员持证情况进行自查。

5. 应对复工前新进场人员进行体检，根据人员工种特点按学时要求完成教育培训，未完成教育培训的禁止进入现场作业。

6. 应根据现场作业工序特点，编制详尽的安全生产条件检查表，对项目复工安全生产条件进行全面自查自纠，并形成自查报告，作为复工申请附件，上报监理单位，由监理单位审核，对复工申请书进行审批。

7. 复工第一天应对现场施工人员做一次安全动员提醒大会，帮助现场人员的思想意识尽快回到工作中，并积极参与各级"开工第一课"。

8. 应严格落实"班前会"制度，形成书面及影像记录，复工初期，每日将"班前会"落实情况报监理单位、建设单位备案。

八、信息化施工管理

（一）人员管理

1. 施工总承包单位负责建筑工人实名制信息在信息化平台的录入和"一人一档"资料的上传，录入信息应当准确，并根据人员进退场情况及时更新；实名制考勤系统硬件设备（面部识别考勤机、身份证阅读器和闸机通道等硬件设备）必须按规定配置，且设备正常对接至信息化平台，考勤数据应当完整且实时传输。

2. 施工总承包单位负责将特种设备和特种作业人员、分包单位信息及时上传至信息化平台备案。

3.施工总承包单位、监理单位主要管理人员每日到岗和离岗时需在信息化平台进行考勤打卡，因故请假时，须将请假信息及时在信息化平台备案。

（二）风险分级管控

1.施工总承包单位负责将标段内辨识出的各项安全风险在信息化平台进行登记和更新；施工总承包单位、监理单位、第三方监测单位等根据职责和相关工作要求，定期进行巡查并上传巡查记录，定期分析本标段风险管理情况，并编制风险管控报告，上传信息化平台。

2.施工总承包单位、监理单位、第三方监测单位在当日监测或巡视完毕后，判断监测数据达到预警状态或作业面达到预警状态时，应及时通过信息化系统发布预警信息，预警发布后，施工总承包单位、监理单位、第三方监测单位应及时在系统发布预警响应及处置信息。施工总承包单位在预警处置完成后编制消警报告上传系统，并推送给相关单位。

（三）隐患排查治理

隐患排查时将所有排查到的隐患上传信息化平台隐患排查系统，隐患整改责任单位在收到上传至平台的隐患后应立即做出响应，并按照相关标准和要求在整改规定时限内完成相应隐患内容的整改和反馈，各单位应该根据问题响应流程，及时完成隐患整改的审核工作。

（四）应急管理

施工总承包单位应将综合应急预案、专项应急预案、现场处置方案，应急救援队伍，应急救援物资信息，演练计划、演练方案、演练记录与评估等资料及时上传信息化平台应急管理系统并及时更新。

（五）文明施工

施工总承包单位应在现场安装调试完成环境监测系统（包括 $PM_{2.5}$、PM_{10}、噪声）并将数据接入信息化平台文明施工系统，相关单位管理人员应保证数据连接正常。

（六）视频监控

施工总承包单位应按照视频监控系统要求，安装监控摄像头，确保工地内重要部位全覆盖、无死角，并通过专线网络将监控画面接入信息化平台视频监控系统。施工总承包单位应依据方案对视频监控系统进行日常维护和保养，保障视频监控系统设备 $7d \times 24h$ 工作。确保现场有足够的备品备件，当系统故障时，应立即用备品备件恢复系统运行，确保视频不中断，并于 24h 内修复故障。

施工总承包单位和监理单位安排专人开展现场视频监控值班，发现问题第一时间通知施工现场进行整改，并记录问题整改情况，遇紧急情况及时向建设单位视频监控值班室报告。

（七）盾构监控

施工总承包单位负责在盾构始发前 15d 内及时将盾构实时监控数据接入信息化平

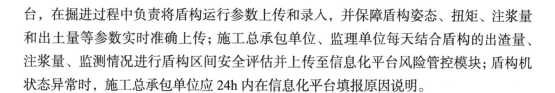

台，在掘进过程中负责将盾构运行参数上传和录入，并保障盾构姿态、扭矩、注浆量和出土量等参数实时准确上传；施工总承包单位、监理单位每天结合盾构的出渣量、注浆量、监测情况进行盾构区间安全评估并上传至信息化平台风险管控模块；盾构机状态异常时，施工总承包单位应 24h 内在信息化平台填报原因说明。

九、全员实名制管理

（一）管理体系建设

城市轨道交通建设单位应与施工总承包单位约定实施建筑工人实名制管理的相关内容，督促施工总承包单位落实建筑工人实名制管理的各项措施，为实行建筑工人实名制管理创造条件，按照工程进度将建筑工人工资按时足额支付至施工总承包单位在银行开设的工资专用账户。

施工总承包单位项目负责人、技术负责人、质量负责人、安全负责人、劳务负责人等项目管理人员应承担所承接项目的建筑工人实名制管理相应责任。进入施工现场的建设单位、承包单位、监理单位的项目管理人员及建筑工人均纳入建筑工人实名制管理范畴。

施工总承包单位应承担施工现场建筑工人实名制管理职责，制定相应项目建筑工人实名制管理制度，配备专职建筑工人实名制管理人员，通过信息化手段将相关数据实时、准确、完整上传至相关部门的建筑工人实名制管理平台。施工总承包单位负责标段内建筑工人实名制管理方案的制定和落实，成立实名制管理组织机构，明确分管领导并配备专职实名制管理人员，各工区均应成立管理组织机构，明确分管领导并配备专职实名制管理人员。

（二）进场管理

施工总承包单位负责对进场建筑工人按照相关法律法规及规范性文件要求规定，对建筑工人基本信息进行登记造册，并负责在建筑工人进场施工作业前完成健康体检、合同签订、安全培训、三级教育、技术交底及劳动保护用品的管理发放。

（三）合同管理

施工总承包单位应当与建筑工人依法签订劳动合同，对短期内用工不符合建立劳动关系情形的，应依法依规制定并签订用工书面协议；设备租赁合同中应仅包含设备租赁费用，设备操作人员或司机的工资、奖金、津贴等应另行签订劳动合同或用工书面协议。

（四）一人一档

施工总承包单位对建筑工人信息资料严格按照"一人一档"进行收集和管理，并按要求实时动态更新。所有"一人一档"资料，施工总承包单位应完整保存至项目完工且工人工资全部结清后 3 年以上，"一人一档"应收集的资料包括但不限于：工人基本信息表、身份证和技能证书复印件、劳务合同或用工协议、体检报告、教育培训记录、工资发放记录、工资支付结算清单、退场承诺书和工人签字时的影像资料。

（五）平台应用

施工总承包单位负责建筑工人实名制信息在监管平台的录入，录入信息应当准确，并根据人员进退场情况及时更新；实名制考勤系统硬件设备（面部识别考勤机、身份证阅读器和闸机通道等硬件设备）必须按规定配置，并上传至地方政府建筑工人工资支付监管平台和信息化平台，考勤数据应当完整且实时传输。

（六）规范用工

1. 进入现场的建筑工人必须佩戴工作卡，注明姓名、身份证号、工种、所属参建单位；现场工人必须档案齐全、防护用品完善。

2. 工人退场时，施工总承包单位对发放的工资与签订的合同金额进行核对，由退场工人本人在工资支付结算清单和退场承诺书签字按手印，并留存影像资料。

（七）工资支付

工人工资按月由施工总承包单位组织发放，原则上以银行转账方式支付至建筑工人本人银行账户，如以现金方式支付时，专职实名制管理人员必须监督发放，并保存经劳务负责人和建筑工人签字的劳动工资发放表及影像资料，影像资料应能明确识别建筑工人工资发放时间、发放金额、劳务队伍负责人和建筑工人工资发放签字过程、发放月份等内容；总包单位配备的专职实名制管理人员，应对分包单位劳动用工实施监督管理，掌握建筑工人实名制、考勤、工资支付等情况，审核并存档分包单位编制的建筑工人工资支付表。

（八）公示公告

施工总承包单位负责按照有关规定在施工现场显著位置设置"建筑工人维权告示牌"，公开相关信息，保护建筑工人合法权益；每月工资发放完成后，将发放情况在施工现场显著位置进行公示。

十、安全日志管理

（一）监理日记

1. 各级监理人员都应真实、详细的记录好各自的监理日记，实现对监理工作过程的追溯。

2. 每天记录的内容应按当天监理工作时间的先后顺序，依次详细记录，每项监理工作记录的主要内容应包括工作时间、地点、涉及主要人员、工作内容、发现的问题及整改情况、陪同各级检查情况等。

3. 项目监理机构应对监理日记实行逐级抽查签认制度，并在监理日记"备注"栏目内填写检查具体意见，落款签字，并注明检查日期，抽查频次应符合相关规定。

（二）监理日志

1. 项目监理机构应按监理规范要求指定现场专业监理工程师做好监理日志的记录工作。

2. 专业监理工程师应按照监理日志中规定的格式和内容认真填写，内容应详细、

真实、完整，不得擅自撕页，不得随意涂改。

3.监理日志应记录监理人员在单位工程形成过程中，所进行的主要监理工作，记录的主要内容应包括主要人员和设备、主要工序检查验收情况、监控量测、试验检测、发现问题和处理情况、当日大事记等，其中监控量测、试验检测内容由测量工程师、试验检测工程师分别提供。监理日志填写应及时、准确、真实，书写工整，用语规范。

4.总监理工程师应定期检查所有监理日志，并签署检查意见。

（三）施工安全日志

1.施工总承包单位专职安全管理人员或现场管理人员在班前会时应提前告知施工人员危险事项和安全隐患点，每日上岗前对施工人员进行安全提醒。

2.施工总承包单位专职安全管理人员在班前会时检查施工人员身体状况和心理状态，安全防护用具和安全防护服装的穿戴情况，发现存在身体不适的及时调整岗位，对安全防护用品穿戴不规范的及时督促提醒和制止。

3.施工总承包单位专职安全管理人员在危险性较大的分部分项工程作业前应检查专项施工方案及安全技术交底情况，若发现未按规定在危险性较大的分部分项工程作业前向施工人员进行安全技术交底的，应当记录违法违规行为的具体情形、违规人员信息和整改结果等；若检查发现危险性较大的分部分项工程未按照专项施工方案施工的，应当填写是否已按要求立即整改并及时报告项目负责人，项目负责人是否及时组织限期整改等情况。

4.施工总承包单位专职安全管理人员应如实记录危险性较大的分部分项工程施工安全生产检查情况，第三方监测情况和危大工程验收情况，以及现场实施的高风险作业情况。

5.施工总承包单位专职安全管理人员应当如实记录当日排查发现的一般隐患和重大事故隐患，逐项填写重大事故隐患情形、隐患所处部位、整改责任人、整改措施、整改结果等信息。

6.施工总承包单位专职安全管理人员对当日发生事故的，应如实记录事故基本情况、报告情况和应急处置情况。

7.施工总承包单位专职安全管理人员应如实记录当日现场特种作业人员持证情况，检查发现特种作业人员存在无证、持假证、持失效证书上岗等违法行为，应当记录违法行为的具体情形。

8.施工总承包单位专职安全管理人员如实记录制止和纠正违章指挥、强令冒险作业、违反操作规程情况等。

十一、档案管理

（一）人员制度

1.参建单位应建立完善的资料管理制度，资料应由专职人员负责管理，专职管理人员应经过专门培训，在项目建设期间不得随意更换。

2.施工总承包单位、监理单位、第三方检测单位等其他单位应建立符合建设单位要求的文件管理制度，报建设单位确认。

3.参建单位应配备满足工程档案安全保管要求的档案室、装具以及设施设备，确保档案信息和档案实体的安全，工程档案管理人员应经过工程文件归档整理的专业培训。

（二）归档文件范围

1.对与工程建设有关的重要活动、记载工程建设主要过程和现状、具有保存价值的各种载体的文件，均应收集齐全、整理立卷后归档。

2.城市轨道交通工程归档文件。

3.建筑工程归档文件。

4.市政工程文件归档文件。

5.反映工程原址、原貌及周边状况的声像档案。

6.记录工程建设活动的重大活动、重大事项，如拆迁情况、招商引资、签约仪式、工程招标与投标、奠基仪式等的声像档案。

7.记录基础施工过程中的工程测量、放线、打桩、基槽开挖、桩基处理等关键工序的声像档案。

8.记录主体工程施工过程中施工现场整体情况，钢筋、模板、混凝土施工，隐蔽工程施工，内外装修装饰的声像档案。

9.反映工程采用的各种新技术、新材料、新工艺的声像档案。

10.记录工程重大事故第一现场、事故指挥和处理措施、处理结果等情况的声像档案。

11.记录工程验收情况、竣工典礼的声像档案（竣工）。

12.反映竣工后的工程面貌的声像档案。

（三）档案编制规定

1.在施工过程中按照工程进度同步收集、编制。

2.工程文件应随工程建设同步形成，不得事后补编。

3.隐蔽工程档案应当附有重要部位状况的图片或者录像；地下管线工程覆土前，还应当由具有测绘资质的单位进行竣工测量。

4.工程竣工图应当与工程实体相符，并加盖竣工图章（竣工）。

5.档案资料应当完整、准确、系统，并有编制单位相关负责人签章。

（四）归档文件质量要求

1.归档的纸质工程文件应为原件。

2.工程文件的内容必须真实、准确，应与工程实际相符合。

3.工程文件应字迹清楚、图样清晰，图表整洁，签字盖章手续完备。

4. 工程文件中的文字材料幅面尺寸规格宜为 A4 幅面，图纸宜采用国家标准图幅。

5. 所有竣工图均应加盖竣工图章，并符合竣工图章相关规范要求（竣工）。

6. 归档的建设工程电子文件应包含元数据，保证文件的完整性和有效性。

7. 归档的建设工程电子文件应采用电子签名等手段，所载内容应真实可靠。

8. 归档的建设工程电子文件的内容必须与其纸质档案一致。

（五）文件立卷

1. 监理文件应按单位工程、分部工程或专业、阶段等进行立卷。

2. 施工文件应按单位工程、分部（分项）工程进行立卷。

3. 竣工图应按单位工程分专业进行立卷。

4. 竣工验收文件应按单位工程分专业进行立卷。

5. 电子文件立卷时，每个工程（项目）应建立多级文件夹，应与纸质文件在案卷设置上一致，并应建立相应的标识关系。

6. 影像资料应按建设工程各阶段立卷，重大事件及重要活动的声像资料应按专题立卷，声像档案与纸质档案应建立相应的标识关系。

7. 专业承（分）包施工的分部、子分部（分项）工程应分别单独立卷。

8. 室外工程应按室外建筑环境和室外安装工程单独立卷。

9. 当施工文件中部分内容不能按一个单位工程分类立卷时，可按建设工程立卷。

10. 不同幅面的工程图纸，应统一折叠成 A4 幅面，应图面朝内，首先沿标题栏的短边方向以 W 形折叠，然后再沿标题栏的长边方向以 W 形折叠，并使标题栏露在外面。

11. 案卷内不应有重分文件，印刷成册的工程文件宜保持原状。

12. 文字材料应按事项、专业顺序排列。同一事项的请示与批复，同一文件的印本与定稿、主体与附件不应分开，并应按批复在前、请示在后，印本在前，定稿在后，主体在前、附件在后的顺序排列。

13. 当案卷内既有文字材料又有图纸时，文字材料应排在前面，图纸应排在后面。

十二、职业病防治管理

（一）概述

1. 职业病，是指企业、事业单位和个体经济组织等施工总承包单位的建筑工人在职业活动中，因接触粉尘、放射性物质和其他有毒、有害因素而引起的疾病。

2. 施工总承包单位应当为建筑工人创造符合国家职业卫生标准和卫生要求的工作环境和条件，并采取措施保障建筑工人获得职业卫生保护。

3. 施工总承包单位应当建立、健全职业病防治责任制，加强对职业病防治的管理，提高职业病防治水平，对本单位产生的职业病危害承担责任。

4. 施工总承包单位的主要负责人对本单位的职业病防治工作全面负责。

5. 施工总承包单位必须依法参加安全生产责任保险及工伤保险。

（二）前期预防

1. 施工总承包单位应当依照法律法规要求，严格遵守国家职业卫生标准，落实职业病预防措施，从源头上控制和消除职业病危害。

2. 产生职业病危害的施工总承包单位的设立除应当符合法律、行政法规规定的设立条件外，其工作场所还应当符合下列职业卫生要求。

3. 职业病危害因素的强度或者浓度符合国家职业卫生标准；有与职业病危害防护相适应的设施；生产布局合理，符合有害与无害作业分开的原则；有配套的更衣间、洗浴间、孕妇休息间等卫生设施；设备、工具、用具等设施符合保护建筑工人生理、心理健康的要求；法律、行政法规和国务院卫生行政部门、安全生产监督管理部门关于保护建筑工人健康的其他要求。

4. 施工总承包单位工作场所存在职业病目录所列职业病的危害因素的，应当及时、如实向所在地安全生产监督管理部门申报危害项目，接受监督。

（三）劳动过程中的防护与管理

1. 施工总承包单位应当采取下列职业病防治管理措施：设置或者指定职业卫生管理机构或者组织，配备专职或者兼职的职业卫生管理人员，负责本单位的职业病防治工作；制定职业病防治计划和实施方案；建立、健全职业卫生管理制度和操作规程；建立、健全职业卫生档案和建筑工人健康监护档案；建立、健全工作场所职业病危害因素监测及评价制度；建立、健全职业病危害事故应急救援预案。

2. 施工总承包单位应当保障职业病防治所需的资金投入，不得挤占、挪用，并对因资金投入不足导致的后果承担责任。

3. 施工总承包单位必须采用有效的职业病防护设施，并为建筑工人提供个人使用的职业病防护用品，施工总承包单位为建筑工人个人提供的职业病防护用品必须符合防治职业病的要求；不符合要求的，不得使用。

4. 施工总承包单位应当优先采用有利于防治职业病和保护建筑工人健康的新技术、新工艺、新设备、新材料，逐步替代职业病危害严重的技术、工艺、设备、材料。

5. 对可能发生急性职业损伤的有毒、有害工作场所，施工总承包单位应当设置报警装置，配置现场急救用品、冲洗设备、应急撤离通道和必要的泄险区。

6. 施工总承包单位应当实施由专人负责的职业病危害因素日常监测，并确保监测系统处于正常运行状态。

7. 施工总承包单位对采用的技术、工艺、设备、材料，应当知悉其产生的职业病危害，对有职业病危害的技术、工艺、设备、材料隐瞒其危害而采用的，对所造成的职业病危害后果承担责任。

8. 施工总承包单位与建筑工人订立劳动合同（含聘用合同，下同）时，应当将工作过程中可能产生的职业病危害及其后果、职业病防护措施和待遇等如实告知建筑工人，并在劳动合同中写明，不得隐瞒或者欺骗。

9.施工总承包单位的主要负责人和职业卫生管理人员应当接受职业卫生培训，遵守职业病防治法律法规，依法组织本单位的职业病防治工作。

10.施工总承包单位应当为建筑工人建立职业健康监护档案，并按照规定的期限妥善保存。

（四）职业病诊断与职业病病人保障

1.施工总承包单位应当如实提供职业病诊断、鉴定所需的建筑工人职业史和职业病危害接触史、工作场所职业病危害因素检测结果等资料；安全生产监督管理部门应当监督检查和督促施工总承包单位提供上述资料；建筑工人和有关机构也应当提供与职业病诊断、鉴定有关的资料。

2.施工总承包单位和医疗卫生机构发现职业病病人或者疑似职业病病人时，应当及时向所在地卫生行政部门和安全生产监督管理部门报告。确诊为职业病的，施工总承包单位还应当向所在地劳动保障行政部门报告。接到报告的部门应当依法做出处理。

3.施工总承包单位应当保障职业病病人依法享受国家规定的职业病待遇。施工总承包单位应当按照国家有关规定，安排职业病病人进行治疗、康复和定期检查。施工总承包单位对不适宜继续从事原工作的职业病病人，应当调离原岗位，并妥善安置。施工总承包单位对从事接触职业病危害的作业的建筑工人，应当给予适当岗位津贴。

4.施工总承包单位已经不存在或者无法确认劳动关系的职业病病人，可以向地方人民政府民政部门申请医疗和生活等方面的救助。

十三、劳动保护用品检查清单

（一）基本要求

1.应当建立健全劳动防护用品的采购、验收、保管、发放、使用、报废等管理制度。购买的劳动防护用品必须经本单位的安全生产技术部门或者管理人员检查验收。

2.采购、发放和使用的特种劳动防护用品必须具有安全生产许可证、产品合格证和安全鉴定证、使用说明书等。严禁采购、发放、使用无证、超过使用期限或假冒伪劣劳动防护用品。

3.施工总承包单位应当安排用于配备劳动防护用品的专项经费，不得以货币或者其他物品替代应当按规定配备的劳动防护用品。

4.施工总承包单位应对已配备劳动防护用品的从业人员进行培训，培训的内容应包括劳动防护用品的法规、技术标准、使用维护方法和储存要求等。培训人员还应在教师指导下，在有经验的使用者监督下进行防护装备的实际操作培训，在培训结束时应对培训效果进行考核。

5.施工总承包单位应按照工作岗位配备发放劳动防护用品，并建立配备发放档案。劳动防护用品分个人配备和岗位配备，不需要发放到个人的防护用品，应发放或设置到岗位，并要指定专人维护、管理和定期检查。

（二）选用要求

1. 自吸过滤式防毒面具的发放应根据施工人员可能接触毒物的种类来选择，并配备相应的滤毒罐（盒），每次使用前应仔细检查自吸过滤式防毒面具的气密性和滤毒罐（盒）的有效性，并按国家标准规定定时更换滤毒罐（盒）。

2. 各单位应根据从业人员在作业中防刺、割、磨、烧、烫、冻、电击、腐蚀、有毒、浸水等伤害的实际需要配置不同性能和材质的劳动防护手套。

3. 对于可能存在物体坠落、撞击的工作场所，必须佩戴安全帽，不得以其他形式的防护帽替代。

4. 施工总承包单位应根据作业场所噪声的强度情况，为从业人员配置相应的护耳器。

5. 对眼部可能受铁屑等杂物飞溅伤害的工种，必须佩戴防冲击眼护具。

6. 从事高处作业的人员，必须按规定配备安全带、安全网等相应的坠落防护用品。

7. 纱布口罩不得作防尘口罩使用。

8. 从事多种作业或在多种劳动环境中作业的人员，应按照相应作业的工种和劳动环境配备劳动防护用品。如配备的劳动防护用品在从事其他工种作业时或在其他劳动环境中确实不能适用的，应另配或借用所需的其他劳动防护用品。

（三）配备要求

1. 架子工、塔式起重机操作人员、起重吊装工应配备灵便紧口的工作服、系带防滑鞋和工作手套；信号指挥工应配备专用标志服装。在自然强光环境条件作业时，应配备有色防护眼镜。

2. 维修电工应配备绝缘鞋、绝缘手套和灵便紧口的工作服；安装电工应配备手套和防护眼镜；高压电气作业时，应配备相应等级的绝缘鞋、绝缘手套和有色防护眼镜。

3. 电焊工、气割工应配备阻燃防护服、绝缘鞋、鞋盖、电焊手套和焊接防护面罩。在高处作业时，应配备安全帽与面罩连接式焊接防护面罩和阻燃安全带；从事清除焊渣作业时，应配备防护眼镜；在密闭环境或通风不良的情况下，应配备送风式防护面罩。

4. 油漆工在从事涂刷、喷漆作业时，应配备防静电工作服、防静电鞋、防静电手套、防毒口罩和防护眼镜；从事砂纸打磨作业时，应配备防尘口罩和密闭式防护眼镜。

5. 从事抬、扛物料作业时，应配备垫肩；从事拆除工程作业时，应配备保护足趾安全鞋、手套。

6. 木工从事机械作业时，应配备紧口工作服、防噪声耳罩和防尘口罩，宜配备防护眼镜。

7. 钢筋工应配备紧口工作服、保护足趾安全鞋和手套。从事钢筋除锈作业时，应配备防尘口罩，宜配备防护眼镜。

（四）劳动防护用品判废规定

1. 所选用的劳动防护用品技术指标不符合国家相关标准或行业标准的应做判废处

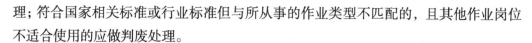

理；符合国家相关标准或行业标准但与所从事的作业类型不匹配的，且其他作业岗位不适合使用的应做判废处理。

2. 所选用的劳动防护用品经定期检验和抽查为不合格的应做判废处理。

3. 未超过使用期限受到意外损坏和储存将要超过产品储藏标准期限未使用的特种劳动防护用品应按有关规定进行检测检验，检验合格的方可使用，检验不合格的应做判废处理。

4. 被有毒有害物质污染的劳动保护用品，应及时做判废处理，并按照相关法律法规及标准要求妥善处理，以避免其对环境造成污染和危害。

5. 判废后的劳动防护用品应立即封存销毁，并建立封存销毁记录。

第二节　生产现场类隐患排查要点

生产现场类隐患排查清单应以各类风险点为基本单元，依据风险分级管控体系中各风险点的控制措施和标准、规程要求，编制该排查单元的排查清单。

一、消防安全

（一）施工现场消防安全管理

1. 施工现场实行施工总承包的，消防安全管理应由施工总承包单位负责，分包单位应向施工总承包单位负责，并应服从施工总承包单位的管理，同时应承担国家法律法规规定的消防责任和义务。

2. 施工总承包单位应根据建设项目规模、现场消防安全管理的重点，在施工现场建立消防安全管理组织机构及义务消防组织，并应确定消防安全负责人和消防安全管理人员，同时应落实相关人员的消防安全管理责任。

3. 监理单位应对施工现场的消防安全管理实施监理。

4. 施工总承包单位消防安全教育和培训应专人分管，签订消防安全责任书。针对施工现场可能导致火灾发生的施工作业及其他活动，制订消防安全管理制度、施工现场防火技术方案、施工现场灭火及应急疏散预案，并应根据现场情况变化及时对其修改、完善。

5. 施工人员进场时，施工现场的消防安全管理人员应向施工人员进行消防安全教育和培训；施工作业前，施工现场的施工管理人员应向施工人员进行消防安全技术交底；施工过程中，消防安全负责人应定期组织消防安全管理人员对施工现场的消防安全进行检查。

6. 施工总承包单位应依据灭火及应急疏散预案，定期开展灭火及应急疏散的演练，做好并保存施工现场消防安全管理的相关文件和记录，并应建立现场消防安全管理档案。

（二）可燃物及易燃易爆危险品管理

1. 用于在建工程的保温、防水、装饰及防腐等材料的燃烧性能等级应符合设计要求。

2. 室内使用油漆及其有机溶剂、乙二胺等易挥发产生易燃气体的物资作业时，应保持良好通风，作业场所严禁明火，并应避免产生静电。

（三）用火、用电、用气管理

1. 施工现场动火作业应办理动火许可证。动火许可证的签发人收到动火申请后，应前往现场查验并确认动火作业的防火措施落实后，再签发动火许可证；动火操作人员应具有相应资格。

2. 焊接、切割、烘烤或加热等动火作业前，应对作业现场的可燃物进行清理；作业现场及其附近无法移走的可燃物应采用不燃材料对其覆盖或隔离；裸露的可燃材料上严禁直接进行动火作业；具有火灾、爆炸危险的场所严禁明火。

3. 电气线路应具有相应的绝缘强度和机械强度，严禁使用绝缘老化或失去绝缘性能的电气线路。施工现场供用电设施的设计、施工、运行和维护应符合相关规范要求。

4. 施工现场储装气体的罐瓶及其附件应合格、完好和有效；严禁使用减压器及其他附件缺损的氧气瓶，严禁使用乙炔专用减压器、回火防止器及其他附件缺损的乙炔瓶。

（四）临时设施平面布置

1. 临时用房、临时设施的布置应满足现场防火、灭火及人员安全疏散的要求，易燃易爆危险品库房应远离明火作业区、人员密集区和建筑物相对集中区。

2. 防火间距。易燃易爆危险品库房与在建工程的防火间距不应小于 15m，可燃材料堆场及其加工场、固定动火作业场与在建工程的防火间距不应小于 10m，其他临时用房、临时设施与在建工程的防火间距不应小于 6m。

3. 消防车道。施工现场内应设置临时消防车道，临时消防车道与在建工程、临时用房、可燃材料堆场及其加工场的距离不宜小于 5m，且不宜大于 40m，临时消防车道、临时疏散通道、安全出口应保持畅通，不得遮挡、挪动疏散指示标识，不得挪用消防设施。

（五）临时设施建筑防火要求

1. 建筑构件的燃烧性能等级应为 A 级。当采用金属夹芯板材时，其芯材的燃烧性能等级应为 A 级。

2. 宿舍、办公用房应设置灭火器、临时消防给水系统和应急照明等临时消防设施。配备专职电工，必须持证上岗，用电作业必须由专职电工完成，且设置监护人，应安装短路、过载、漏保装置，限时、限流供电；施工现场的消火栓泵应采用专用消防配电线路，专用消防配电线路应自施工现场总配电箱的总断路器上端接入，且应保持不间断供电。

3. 生活及办公区房间、仓库，严禁使用热得快、电热毯、小太阳、电磁炉等大功率电器，严禁厨房以外房间使用明火做饭，宿舍区电线严禁乱拉乱接、裸露、破损，电线老化失去绝缘保护性能的应定期检查、及时更换。

4. 电动自行车（蓄电池）严禁在室内停放或充电，应设置单独电动工具充电室，电动车集中充电、停放；使用锂离子电池的设备应在指定安全区域充电。

5. 宿舍、办公用房明确消防安全管理专员，定期对场所内消防设施进行检查，定期组织场所内人员进行消防演练和相关教育培训，并做好记录；所有建筑工人宿舍全部安装烟感报警器。

（六）在建工程防火

1. 在建工程作业场所的临时疏散通道应采用不燃、难燃材料建造。外脚手架、支模架的架体材料搭设，安全防护网应采用阻燃型安全防护网；并应与在建工程结构施工同步设置，可利用在建工程施工完毕的水平结构、楼梯。

2. 作业场所应设置明显的疏散指示标志，其指示方向应指向最近的临时疏散通道入口，作业层的醒目位置应设置安全疏散示意图。

3. 施工现场禁止吸烟，在建的建筑物房间不得设置员工宿舍，安全员应每天进行消防检查，项目负责人应定期检查现场的消防隐患，及时进行督促整改。

（七）临时消防设施

1. 临时消防给水系统。施工现场或其附近应设置稳定、可靠的水源，并应能满足施工现场临时消防用水的需要。施工现场临时室外消防给水系统的设置，在建工程临时室内消防竖管、消防水泵接合器、室内消火栓接口及消防软管接口应符合现行《建设工程施工现场消防安全技术规范》GB 50720—2011 有关规定。

2. 灭火器。易燃易爆危险品存放及使用场所、动火作业场所、可燃材料存放、加工及使用场所、厨房操作间、锅炉房、发电机房、变配电房、设备用房、办公用房、宿舍等临时用房、其他具有火灾危险的场所应配置灭火器；灭火器的配置数量应符合规范，且每个场所的灭火器数量不应少于 2 具。

3. 应急照明。临时消防应急照明灯具宜选用自备电源的应急照明灯具，自备电源的连续供电时间不应小于 1h。

二、管线保护及迁改

（一）管线勘察

勘察单位应依据相关规范要求，对场地稳定性和工程建设适宜性做全面、准确的评价；并根据物探管线图核对勘探点，邀请管线权属单位到现场进行管线交底，并形成成果。

（二）管线设计

1. 专项设计：设计单位应对高风险工程及影响结构安全的管线进行全面排查，并与主体工程同步进行专项设计，专项设计内容应全面，深度应满足相关规定要求。

2. 迁改设计：设计单位根据踏勘结果及工程需要，进行管线迁改设计；方案经管线权属单位或管理单位同意后，由建设单位委托相关单位实施迁改。

（三）周边环境核查报告

施工前，施工总承包单位应全面掌握周边环境相关资料，根据城市轨道交通工程的线路位置、敷设方式、埋置深度、施工方法、结构形式及所处水文地质条件等因素综合确定环境调查的范围，进行工程踏勘、环境核查，对现场管线进行全面调查摸底，进行现场开挖探槽查明管线位置（埋深、走向），准确地掌握作业范围内可能影响到的各类管线情况，做好相应记录和标识标牌，形成周边环境核查报告。

（四）风险辨识

按照相关管理办法要求，对涉及管线的风险进行全面辨识，按照施工进度和工序，对施工风险进行动态风险评估，确定安全风险等级，形成专项风险清单，每月按时上报建设单位相关归口部门，同时要按要求落实风险分级包保和领导带班管理要求。

（五）编制施工组织设计及管线保护管理办法

1. 施工总承包单位根据管线资料及现场探勘结果，在制定施工组织设计方案时，要从现状管线保护的角度考虑方案的可操作性和安全性，从方案上保证管线安全；同时在施工组织设计方案中要明确管线保护措施及相应的应急预案，报监理单位审批通过后实施。

2. 施工总承包单位应制定管线保护管理办法，成立管线安全管理小组，明确相关责任人及相关责任。

（六）编制管线保护方案、签订安全协议

1. 施工总承包单位应对施工影响范围内的重要管线采取专项防护措施。保护措施应符合规范要求，报管线权属单位或管线管理单位认可，按规定与管线权属单位或管线管理单位签订管线保护协议、安全生产管理协议。

2. 对于电力、燃气等风险较大的管线，施工总承包单位需编制管线迁改专项施工方案，明确保护措施，经权属单位审批通过后方可实施；在作业中，应由权属单位监护人现场监护方可作业。

（七）进行临近管线施工开工条件审查

1. 开工前，建设单位组织相关管线单位和施工总承包单位、监理单位参加管线综合调度交底会；管线权属单位将管线的性质、走向、埋深、管径以及管线的变化情况要向施工总承包单位交底清楚，同时要对施工位置安排监护人员进行全程监管。

2. 总监理工程师核查开工条件时要对安全保护范围内的各类管线进行审核。施工总承包单位每日按照规定开具危险作业票证，监理单位每日对危险作业票证进行现场查验。

（八）组织安全技术交底及教育培训

施工前，施工总承包单位对施工人员进行管线保护安全技术交底，并进行专项教育培训，落实每日班前会制度。

（九）落实管线保护措施

1. 施工总承包单位应在现场标识地下管线安全保护范围并竖立警示标志，按要求

落实人防、物防、技防等措施。在施工时必须由专职安全员现场监护，同时在管线施工场地周围要设置施工围挡和警示标志。

2. 在不能确定地下管线准确位置的情况下，施工总承包单位应开挖探槽，探槽深度和宽度以能探明施工影响范围内的现有管线为标准；探槽应采用人工方式开挖，并采取相应安全防护措施。

3. 对已查明的地下管线，在施工现场应做好醒目的警示标志，在施工现场布置管线平面图，标明管线红线范围，设置方向标和标志牌，标志牌上注明管道名称、管径、根数、埋深等信息，落实好管线保护措施，提示施工人员和机械操作人员注意保护地下管线安全。

4. 对于埋设较浅，受到重压会有危险的管线，还应采用设置警戒线的方式禁止一切重型机械通过。

（十）管线监测

施工总承包单位管线迁改或临近管线施工过程中应加强对管线监测，第三方监测单位应进行抽检，定期观测管线沉降量，出现情况时及时预警。

（十一）施工及日常巡查

施工总承包单位安排专门人员负责管线施工日常安全巡视，定期巡查，并做好记录，发现隐患及时下发隐患整改通知单并督促立即整改。

（十二）监理旁站

监理单位应编制管线保护监理细则，在管线保护区内作业的监理单位必须巡视检查，督促施工总承包单位按专项施工方案进行施工。

（十三）管线保护应急预案

1. 施工中如遇不明管线或管线位置与图纸不符，应立即报告监理、建设单位，组织管线的权属单位或管理单位现场确认，并采取相应处置措施。

2. 施工总承包单位编制管线保护应急预案，并定期开展应急演练；要与相关管线权属单位建立起快速有效联络机制，将责任落实到个人，在作业过程中一旦发生损坏管线时，应立即停止施工，启动应急预案，并立即上报相关管线权属单位。

三、扬尘防治

（一）管理制度及落实

1. 施工总承包单位应建立文明施工专项方案及扬尘防治管理制度，经监理单位审批通过后实施，方案调整时需重新办理报批手续。施工总承包单位、分包单位应在施工现场配备专（兼）职扬尘防治管理人员，负责日常检查施工现场扬尘措施落实情况，确保方案，制度落实到位。

2. 施工总承包单位应在现场主出入口显著位置设置扬尘防治公示牌，公示工程项目基本信息、责任单位及负责人、扬尘监督管理主管部门、举报电话、施工扬尘防治承诺书等信息。

3. 监理单位承担施工扬尘防治监理责任，应将施工扬尘防治纳入监理细则，明确监理措施。

（二）道路运输

1. 施工总承包单位应根据施工需要配备洒水车清扫车、高压水枪等设备，安排人员每天定时洒水清扫路面。不得在未实施洒水等抑尘措施的情况下直接清扫。每天对场区道路洒水降尘不少于 2 次，确保道路干净、整洁、不起尘。

2. 现场临时道路设置宜永临结合。提升施工便道道路标准，对施工便道与既有市政道路接口的泥结碎石施工便道进行硬化，对不符合要求的便道进行整修，加强道路的日常维保。

3. 加强渣土运输车辆管理，对各渣土车司机进行教育、交底，增强环保意识，对渣土车防尘罩进行检查维修，保证渣土运输过程中的密闭性。严禁渣土车在行驶中出现"抛撒滴漏"现象，渣土运输车辆不得超量装载，装载渣土最高点不得超过槽帮上缘。

（三）裸土覆盖

1. 弃土场、弃渣场等裸露部分全部用绿色密目网（不低于 2000 目 /100cm² ）覆盖，同时加强日常检查和防护，确保全部覆盖。

2. 加强对临时土方存放区管理，对土方存放区进行封闭管理，现场所有渣土应进行覆盖，车辆进出应设专人进行管理。

（四）施工围挡

1. 对靠近市政主干道的围挡提高标准施工化水平，确保喷淋等扬尘防治设施正常运转，对不符合要求的围挡进行更换，确保施工区域全覆盖。

2. 安排专人对围挡定期进行清洗，确保围挡干净整洁。

（五）车辆清洗

1. 施工现场严格按要求设置洗车台，安排专人管理出入车辆冲洗及洗车台；车辆冲洗应达到车体整洁可见本色、车轮干净可见轮毂、不带泥污上路的效果。不达标的渣土车严禁驶离工地，严禁进出车辆携带泥沙上路。

2. 对所有的洗车台应定期进行维护保养，每日对洗车台周边堆积的泥土及时进行清理，定期对沉淀池、排水沟等排水通道进行疏通，保证排水通畅。

3. 洗车污水应经三级沉淀，沉淀后清水宜重复使用或用于清扫路面。严禁将未沉淀污水直接排入市政管网或排放到城市道路。

4. 安排专人对工地门口 300m 范围内进行清扫，确保渣土车在行驶道路上无泥渍。

（六）土（石）方作业管理

1. 加强土石方作业管理，土石方作业严格按照要求采取湿法作业，设置雾炮及洒水车进行洒水，确保不起扬尘。

2. 土（石）方开挖应随挖随运，土方回填应及时平整压实，尽量减少开挖和回填

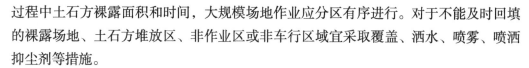

过程中土石方裸露面积和时间，大规模场地作业应分区有序进行。对于不能及时回填的裸露场地、土石方堆放区、非作业区或非车行区域宜采取覆盖、洒水、喷雾、喷洒抑尘剂等措施。

3. 施工总承包单位应梳理统计剩余土（石）方方量，确定施工时间以及运输路线方案，并确保按计划严格落实。

4. 地下明挖车站等大型基坑开挖，施工总承包单位可采用防尘天幕或防尘水幕，实现对覆盖范围内扬尘的有效控制，减少对周边环境影响。

5. 土石方施工宜采用具备车载喷雾系统的挖掘机。

（七）拌和站物料堆放管理

1. 拌和站应采取封闭防尘措施，上料斗、搅拌机、储料仓等均进行封闭防尘，水泥等易产生扬尘污染的建筑材料要在库房内存放或严密遮盖，严禁物料露天堆存。

2. 对施工现场及拌和站砂石、水泥、石灰、矿粉等产尘物料，应利用仓库、储藏罐、封闭或半封闭堆场等形式分类存放，运输、转运、上料过程必须采取抑尘措施，余料及时回收并采取抑尘措施。

3. 拌和站必须设置集水池、沉淀池和污水过滤池，混凝土罐车的洗灌及冲洗废水需处理达标后才可排放；拌和站出入口必须设置洗车平台，对进出车辆进行冲洗。

（八）渣土、垃圾存放及焊接管理

1. 应选用具备资质的渣土运输单位，渣土消纳证、渣土准运证应在有效期内。

2. 对施工区域的建筑垃圾及渣土进行全面清运，具备绿化条件的立即进行绿化施工，确需留存且具备现场留存条件的，严格按规定报备，提交留存渣土处置计划，明确存放期限，并使用绿色密目网（不低于 2000 目 /100cm^2）进行全覆盖，做好防尘措施。

3. 各拌和站、办公区及生活区应设置密闭式垃圾站。施工垃圾、生活垃圾分类存放，并及时清运出场；临时存放的，应采取洒水、覆盖防尘网、喷洒抑尘剂等防尘措施。

4. 夜间渣土运输作业，应设置专门值班人员，并落实进门查证、出门查车制度。

5. 各参建单位应不定期巡查施工范围及周边是否存在建筑垃圾私拉乱倒现象，对发现有乱倒问题应及时上报建设单位及有关部门，确定责任单位后及时清运。

6. 施工现场严禁露天喷（刷）漆；脚手架钢管防腐与刷漆及其他需防腐处理的各类钢结构构件、围栏、铸铁管、焊接钢管等，应集中在密闭且有废气收集处理设施的场所处理焊接优先选取环保型焊丝，采取二氧化碳保护焊，须配备大气污染物收集处理设施。

（九）非道路移动机械管理

1. 施工现场使用的非道路移动机械须符合国家关于非道路移动机械环境监管的规定要求，应采用有编码登记的非道路移动机械，禁止使用超过污染物排放标准和有明显可见烟的非道路移动机械，推广使用新能源车辆。

2. 建立非道路移动机械用油管理制度，制定用油台账和计划，与正规单位签订用油协议，留存用油进货凭证和发票，做好非道路移动机械成品油使用管理，做好出入管理报备落实环保登记喷码要求。

3. 建立施工现场非道路移动机械管理清单、台账，施工总承包单位应加强日常管理，监理单位对施工现场超过污染物排放标准的机械设备，责令其停工并撤场更换。

4. 对装用选择性催化还原系统（SCR）的，车辆使用人或所有人要在出车前，要查看仪表盘上的车用尿素液位表，当尿素低液位警示灯点亮时，应及时、足量添加符合标准要求的车用尿素；及时查看 OBD 系统故障预警情况，当 OBD 故障预警灯（ML）点亮时，应进行维修维护，ML 灯消除后方可上路行驶。

（十）视频监控管理

1. 施工现场应配备扬尘在线监测及远程视频监控系统，完善视频监控设施确保视频监控系统正常运行，并能实时查看扬尘防治措施落实情况。

2. 施工总承包单位、监理单位应组织开展常态化视频巡查，每日对扬尘设备视频监控监管平台进行检查。

（十一）资料管理

1. 施工总承包单位、监理单位应如实记录施工现场扬尘防治情况，记录内容应真实可靠，具有可追溯性。施工总承包单位、监理单位应建立扬尘防治资料档案。

2. 施工总承包单位应建立的资料主要包括：扬尘防治专项施工方案、扬尘防治技术交底、非道路移动机械出入登记台账、施工现场扬尘防治检查表、扬尘防治问题整改通知单、扬尘防治问题整改报告。

3. 监理单位应建立的资料：施工现场扬尘防治检查记录、监理工程师整改通知单、施工总承包单位问题整改报告。

四、应急管理

参建单位应建立健全突发事件应急处置机制，建立统一、规范、有序、高效的应急指挥体系，成立应急救援队伍并建立制度及台账，每季度对应急演练开展、应急救援队伍建设、隐患排查、应急物资储备等进行督导检查。健全完善预警与应急响应联动机制、预警信息发布机制、通信视频连线及通讯保障机制等汛期应急"叫应"工作机制。事故或险情发生后，应按规定程序逐级上报，根据预案要求启动应急响应并及时开展应急处置工作，严禁迟报、漏报、谎报、瞒报。

（一）物资储备

参建单位应当根据不同工程特点储备常用应急救援物资，各施工现场设置应急物资库，现场储备常用的应急物资，应急物资清单应上传信息化平台并纳入应急管理体系，应急仓库建设要以防汛、消防、堵漏等物资设备为主。

（二）应急队伍建设

1. 为处置突发事件做好保障，施工总承包单位应建立健全应急救援队伍，配备应

急救援人员并设置一名专职应急管理人员，负责应急管理工作。

2.应急救援队伍应储备足够的应急专业抢险物资和设备，并定期对应急物资和设备进行检查维保，以备应急之需。

3.凡在城市轨道交通建设工程中从事勘察设计、施工承包、工程材料设备供应、第三方监测或其他业务的企业，均有义务承担、支持突发事件抢险救援工作，服从统一调度，统一管理。

（三）应急预案

1.各参建单位均应当建立健全本单位应急预案体系，依法依规编制综合应急救援预案、专项应急救援预案和现场处置方案，并向本单位从业人员和社会公布，预案应经专家评审，并按照要求进行备案。

2.各参建单位应将应急预案的培训纳入安全生产培训年度计划，对生产安全事故应急预案、应急知识、自救互救和避险逃生技能进行专项培训。

3.各参建单位应制定年度应急预案演练计划，明确演练类别、演练频次及演练责任部门（单位），定期和不定期开展应急预案的演练，每半年至少组织一次综合或者专项应急救援预案演练，每两年对所有专项应急救援预案至少组织一次演练，每半年对所有现场处置方案至少组织一次演练。演练包括建设单位、施工总承包单位演练和多单位（部门）协同演练，以提高防范能力和应急反应能力。

4.各参建单位应建立定期评估制度，对预案内容的针对性、实用性和可操作性进行分析，实现应急预案的动态化和科学规范管理，每2年至少进行1次应急预案评估。

（四）应急预警

1.各参建单位应指定人员负责收集、分析和报告特殊天气预警信息并与上游（左右）水库等蓄水设施管理单位建立联系机制。

2.各参建单位应及时按照预案规定程序向相关人员传达特殊天气预警信息。

3.各参建单位应按预警等级要求停止室外作业或其他危险性较大作业（如吊装作业），并撤离人员到安全地带。

4.各参建单位应明确不同种类、不同程度的恶劣气候下施工禁止行为，特殊气候结束后、复工前应进行专项安全检查。

（五）汛期应急防范

1.各参建单位汛期施工应按照特殊天气预警要求安排人员应急值守、巡查。施工总承包单位应对相关施工人员配齐安全防护必需品，施工前应对管理人员或施工人员进行特殊天气安全教育。

2.施工组织方案中应制定汛期施工及特殊天气下采取的相应安全施工措施。

3.施工总承包单位应加强施工现场及周边建筑物、道路、管线等监测和安全巡视，及时掌握施工现场及周边环境安全状况。

4.防汛沙袋和抽排水设备准备到位，及时封堵和抽排积水，如出现危及人员安全时，有序组织相关人员撤离至安全地带。

5. 监理单位组织施工总承包单位对临电系统进行全面检查，受雨淋或浸泡的配电箱不得直接投入使用；组织检查现场各类机械设备、整体提升架、电动吊篮等设备设施的电气控制装置是否符合安全使用要求，存在安全隐患的不得投入使用。

6. 现场有序抽排基坑内积水，在抽排积水的同时加密监测点和加大监测频率，及时检查基坑边坡的稳定性，基坑出现滑移、开裂等征兆时，立即组织人员对涉险范围内人员、车辆等进行疏散，对涉险范围设立安全警戒线，会同交警部门进行交通的临时封闭与疏解工作。

7. 塔式起重机基础发生不均匀沉降、塔身发生倾斜、超过极限值的要立即划定安全警戒范围，禁止无关人员进入，合理制定措施，必要时组织拆除。

8. 监理单位组织施工总承包单位检查脚手架、支架等主要杆件垂直度是否满足规范要求，出现垂直度偏差过大的架体，要进行加固或拆除。脚手架、支架基础受雨水浸泡发生严重沉降的，要进行加固，确保基础承载力满足要求。

（六）大风防范

1. 当风力达到 6 级以上时应停止起重吊装等作业。

2. 大风预警发布后要立即对临时建（构）筑物、围挡或其他高大设施采取加固措施，当室外遭遇强风时应及时组织人员进行躲避。

（七）雷电防范

1. 对在防雷保护范围以外的临时设施和机械设备应设置避雷装置，避雷装置应符合防雷规范要求。

2. 雷电天气时应按要求停止高空（含脚手架）作业、起重吊装作业，及时对在空旷场所施工人员组织撤离。

（八）低温冰雪（雹）、大雾防范

1. 低温冰雪（雹）时应对基础结构、土体存在开裂或存在被积雪浸泡风险的部位及时采取相应防护措施。

2. 低温冰雪（雹）时应采取相应措施防止临时建筑设施因冰雪荷载发生损坏。

3. 低温冰雪（雹）、大雾时确因安全需要登高作业的，脚手架、梯道及临边洞口应及时进行清理并做防滑措施。

4. 极端天气预警后应按照预警信息立即停止室外作业。

五、围挡及交通疏导

（一）施工围挡

1. 施工总承包单位应根据施工图纸、相关技术标准及现场实际情况编制围挡施工专项方案，若涉及占道施工，应编制交通疏导专项施工方案，经交通主管部门审批后方可实施。

2. 围挡出入口应设置大门及门禁系统，并设专职门卫看管，工程相关人员进出工地，应出示相关有效证件（如检查证、上岗证等）并登记后由门禁系统进出；工程相关车辆、材料、机械设备进出时应登记后从大门进出，相关人员及车辆出入登记台账应及时留存备查。

3. 标准围挡（含基础）高度统一设置为 3m，基础高度 0.5m，围挡板高度 2.5m。围挡宜采用拼装式组合围挡，基础优先选用预制块基础，有利于周转使用，明柱基础入地部分尺寸，根据地质情况具体设计并进行受力验算；现浇基础与预制基础之间、相邻两预制块之间应有效连接，保证整体稳定性。为保证围挡牢固可靠，施工现场还应设置斜撑措施（围挡斜撑推荐采用 30mm×50mm×3mm 镀锌方钢管，也可采用其他形式加固）。

4. 在条件受限或工期较短的位置（如部分桥梁、路基段，部分绿化迁改施工段），可酌情使用可拆卸、可移动的短期或临时围挡对施工区域进行封闭，临时围挡的设置高度不低于 1.0m。

5. 道路转角处应加设透明围挡。透明围挡应以"暗柱"为转角轴心，将两个明柱之间的围挡分为左右两幅。每幅透明围挡长度不得低于 2.8m，可以根据道路转角的具体情况适当对长度加长，围挡暗柱及框架立杆，应安装"红白反光条纹"安全警示板，条纹统一高度为 12cm。透明围挡的相邻围挡上，应安装安全警示标识。

（二）出入口大门

1. 施工现场除主出入口应设置大门外，可以根据场地功能需要，设置"副门"，副门宽度 6m～8m，副门仅限用于货物车辆、机械设备进出施工现场，禁止用于施工人员进出施工现场。

2. 侧门：施工现场除主、副门外，原则上不宜开侧门，若受现场条件限制，可酌情加设，并安排专人值守。侧门仅限用于货物车辆、机械设备进出施工现场，禁止用于施工人员进出施工现场。

3. 主要出入口处应设置"七牌两图"，即工程概况牌、工程目标牌、管理人员名单及监督电话牌、消防保卫牌、安全生产牌、文明施工牌、入场须知牌、施工现场总平面图、建筑工程立面图。七牌两图位于工地大门内适当位置，按顺序一字排开，图牌尺寸宜为 1.5m×1.2m（高 × 宽）。

（三）交通疏导

1. 道路施工作业交通组织方案设计完成后，由工程相关责任单位组织专家进行论证，方案论证完成后，由交通主管部门负责组织审查。

2. 交通组织方案实施后的前 7 日内，仅在每日高峰时段发生小范围交通拥堵的应对交通组织方案进行调整；交通组织方案实施后的前 7 日内，日均发生 1 次大面积区域性交通拥堵的，应对交通组织方案重新评估、调整。

3. 现场组织交通疏导应满足施工作业控制区沿线居民、单位工作人员的基本出行需求，优先采取修建临时便道等方法，降低占道施工作业对交通的影响，占道施工路段允许通行的车道或临时便道应满足安全通行的最小宽度要求。视情调整公交线路、站点，临时公交站点应保障乘客安全上下车；同时应制定交通应急预案，降低交通事故或其他突发事件导致的交通拥堵发生。

4. 占用、挖掘道路应按规定设置交通疏解告示、行人绕行提示、文明施工用语等施工标志；在围挡外应设置防来车碰撞墩或交通警示灯；基坑便桥应设置限载、限速和禁止超车、停车等标志。

5. 安全设施设置要求：围挡拐角处顶端设置爆闪灯，拐角处前 0.5m 设置警示灯、反光条、防撞桶（填充砂土，填充量不小于额定容积 2/3）等设施，围挡顶部每隔 15m 设置小型警示灯，距离交叉路口 20m 范围内应设置透明围挡，夜间施工增加可变导向标志灯。

六、机械设备

（一）制度及方案管理

1. 设备进场前应做好相关评估工作，确保进场设备完好。

2. 各类机具设备应有完整的机械产品合格证以及相关的技术资料。

3. 施工现场的安全防护用具、机械设备、施工机具及配件必须由专人管理，建立相应的资料档案。

4. 各类机具设备应制定维修保养制度，定期进行维修保养并如实填写保养、运转记录。

5. 邻近铁路等营业线施工使用大型机械设备必须编制专项方案，经监理、建设单位审查后报产权单位审批后实施，并设专人负责盯控作业。

（二）进场管理

1. 严禁使用国家明令淘汰的机具设备，达到国家报废标准应禁止使用。

2. 施工总承包单位应根据工程需要选择合适的机械设备，地下施工时机械的选型和功能应满足施工地质条件和环境安全要求，相关机械设备的出厂合格证、使用说明书等相关资料上报监理单位并审核通过后方可进入施工现场。

3. 施工机械设备上的各种安全防护和保险装置及各种安全信息装置必须齐全有效，经监理单位验收合格后应在明显位置悬挂张贴机具、设备安全操作规程。

（三）人员管理

1. 操作人员、场内车辆驾驶人员等应体检合格并应经过专业培训、考核合格取得建设行政主管部门颁发的操作证或公安部门颁发的机动车驾驶执照后方可持证上岗。

2. 新进场的工人，必须接受三级安全培训教育，经考核合格后方能上岗。

3. 在工作中操作人员和配合作业人员必须按规定穿戴劳动保护用品。

（四）场地管理

1. 机械集中停放场所应有专人看管并应设置消防器材及工具，大型内燃机械应配

备灭火器，机房、操作室及机械四周不得堆放易燃、易爆物品。

2. 场内应有限速标识，施工机械及设备必须按规定路线和速度行驶。

3. 作业前，必须查明施工场地内明、暗铺设的各类管线等设施，并应采用明显记号标记，严禁在离地下管线、承压管道 1m 距离以内进行大型机械作业。

4. 作业前，应充分了解施工作业周边环境，对邻近建（构）筑物、地下管网等进行监测，并应制定对建（构）筑物及地下管线保护的专项安全技术方案。

（五）使用管理

1. 拼装机械设备必须由具有相应资质的单位承担，并应按规定进行监督检测且检测合格。

2. 挖掘机、起重机、打桩机等重要作业区域应设立警告标志及警戒区域。

3. 手持电动工具外壳、手柄不得出现裂缝、破损，各部位防护罩装置应齐全牢固。

4. 电瓶运输车应在指定地点充电，周边无可燃物和易燃物，停放、装载等待时，应确保空挡、断电且采取可靠的防溜措施。

5. 机械停止作业时，应停放在安全可靠区域。

6. 机械必须按照出厂使用说明书规定的技术性能、承载能力和使用条件，正确操作，合理使用，严禁超载作业或任意扩大使用范围。

（六）专用设备管理

1. 叉车上不准载人运行，不准在货叉上站人，不准行驶途中手机通话。

2. 钻机、静力压桩机、成槽机等机械设备施工时应确保地基承载力满足规范要求，操作时严禁违反操作规程。

3. 搅拌机设备应装有保护接零和漏电保护装置。

4. 电焊机应设置有漏电保护器与二次空载降压保护器，电焊机与焊钳间导线长度不得超过 30m，导线有受潮、断股等现象应立即更换。

5. 手持电动工具应采用双重绝缘或加强绝缘结构的电动机和导线。

七、起重吊装

（一）制度、方案管理

1. 施工总承包单位应建立健全特种作业人员管理、设备设施安全管理、生产设备设施验收管理、生产设备设施报废管理等管理制度。

2. 施工总承包单位应当建立基于起重机械安全风险防控的动态管理机制，结合工程现场实际情况落实自查要求，按照起重吊装安全风险管控清单，建立健全日管控、周排查、月调度工作制度和机制。

3. 施工总承包单位应当制定建筑工地起重机械事故应急预案，编制岗位安全操作规程。

4. 危险性较大的起重吊装作业时要编制专项施工方案，地基基础承载力和变形须满足设计要求,超过一定规模的起重吊装作业时,施工总承包单位应当组织专家对专项方案进行论证。

5. 施工现场安装拆卸施工起重机械,必须由具有相应资质的单位承担。

6. 起重机械安装拆卸作业要严格按照专项施工方案组织实施,相关施工管理人员及监理人员必须在现场监督旁站,发现不按照专项施工方案施工的,应当要求立即整改。

7. 起重吊装作业必须严格遵守安全操作规程和起重机械"十不吊"原则,严禁简化操作程序。

（二）进场管理

1. 设备进场前应做好相关评估工作,属于国家明令淘汰或者禁止使用的、超过安全技术标准或者制造厂家规定的使用年限的、经检验达不到安全技术标准规定的、没有完整安全技术档案的、没有齐全有效的安全保护装置的起重设备严禁使用。

2. 进场的履带式起重机应出具由政府相关部门发放的非道路机械环保编码,环保码以喷涂的形式设置在机械机身显著位置。

3. 施工总承包单位采购、租赁的起重机械设备应当具有制造许可证、产品合格证、特种设备制造监督检验证明、备案证明、安装使用说明书和自验合格证明等材料。

4. 建筑起重机械、龙门式起重机安装完毕后,施工总承包单位应当组织出租、安装、监理等有关单位进行验收,或者委托具有相应资质的检验检测机构进行验收,建筑起重机械、龙门式起重机经验收合格后方可投入使用,未经验收或者验收不合格的不得使用。

5. 施工总承包单位应当自建筑起重机械、龙门式起重机等特种设备安装验收合格之日起 30d 内,将建筑起重机械安装验收资料、建筑起重机械安全管理制度、特种作业人员名单等,向工程所在地建设主管部门办理使用登记,登记标志置于或者附着于该设备的显著位置。

（三）人员管理

1. 起重机械安装拆卸工、起重信号司索工、起重司机等特种作业人员应当经建设主管部门考核合格,并取得特种作业操作资格证书后,方可上岗作业。

2. 新进场的起重机械安装拆卸工、起重信号司索工、起重司机等人员必须接受三级安全培训教育及交底,经考核合格后方能上岗。

3. 起重机械安装拆卸工、起重信号司索工、起重司机等应当遵守建筑起重机械安全操作规程和安全管理制度,在作业中有权拒绝违章指挥和强令冒险作业,有权在发生危及人身安全的紧急情况时立即停止作业或者采取必要的应急措施后撤离危险区域。

（四）场地管理

1. 施工现场应提供符合起重机械作业要求的照明、通道、电源等工作场地和作业环境,基础与地基承载力应满足起重机械的安全使用要求并校核作业位置承载能力。

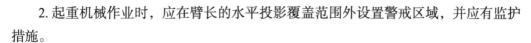

2.起重机械作业时，应在臂长的水平投影覆盖范围外设置警戒区域，并应有监护措施。

（五）钢丝绳、吊索具管理

1.钢丝绳断丝、钢丝绳直径减小、绳股断裂、腐蚀、变形和机械损伤、热损伤超出规范允许范围，应采取报废措施。

2.吊钩、吊环、卷筒、滑轮表面有裂纹、破口、变形以及磨损程度超过规范要求应及时更换，吊钩、卷筒、滑轮应安装钢丝绳防脱装置。

3.绳卡压板应与钢丝绳主绳（受力绳一侧）接触，U形部分与绳头接触；两绳卡间距应按照钢丝绳直径的6倍~7倍距离设置，绳卡数量不得少于3组。

4.不得使用铸造的吊钩，不得超负荷、补焊加强使用吊钩，吊钩上要有防止脱钩的安全装置。

（六）使用管理

1.机械上的各种安全防护和保险装置及各种安全信息装置必须齐全有效。

2.机械不得带病运转。运转中发现不正常时应先停机检查排除故障后方可使用。

3.吊装作业前应设置安全保护区域及警示标识，吊装作业时应安排专人监护，防止无关人员进入，严禁任何人在吊物或起重臂下停留或通过。

4.在露天有六级及以上大风或大雨、大雪、大雾等恶劣天气时，应停止起重吊装作业，雨雪过后作业前应先试吊，确认制动器灵敏可靠后方可进行作业。

5.起重臂和重物下方不得有人停留、工作或通过，不得使用吊车、物料提升机载运人员，不得在构件上堆放或悬挂零星物件；起吊时应匀速，不得突然制动，回转时动作应平稳，当回转未停稳前不得做反向动作。

6.建筑起重机械应办理安装、拆卸告知手续和及按规定办理使用登记，未经验收合格严禁投入使用；建筑起重机械安装、拆卸、顶升加节以及附着前应对结构件、顶升机构和附着设置以及高强度螺栓、销轴、定位板等连接件及安全装置进行检查；安全装置安齐全，严禁失效或者被违规拆除、破坏；主受力构件严禁有可见裂纹、严重锈蚀、塑性变形、开焊或其连接螺栓、销轴缺失或失效。

7.施工升降机附着间距和最高附着以上的最大悬高及垂直度须符合规范要求。

8.塔式起重机独立起升高度、附着间距和最高附着以上的最大悬高及垂直度须符合规范要求；与周边构建（构）筑物或群塔作业须保持安全距离，且要采取安全措施。

9.严禁使用达到报废标准的建筑起重机械，或严禁使用达到报废标准的吊索具进行起重吊装作业。

八、特种设备

（一）定义

特种设备是指涉及生命安全、危险性较大的锅炉、压力容器（含气瓶）、压力管道、电梯、起重机械、客运索道和场（厂）内专用机动车辆。

（二）相关特种设备目录

城市轨道交通施工过程中涉及的特种设备主要包含以下类型：

1. 压力容器：无缝气瓶。

2. 场（厂）内专用机动车辆：叉车。

3. 起重机械：

（1）桥式起重机械：通用桥式起重机、电动单梁起重机、电动葫芦桥式起重机；

（2）门式起重机械：通用门式起重机、电动葫芦门式起重机、架桥机；

（3）塔式起重机械：普通塔式起重机；

（4）流动式起重机械：轮胎式起重机、履带式起重机；桅杆式起重机；

（5）升降机：施工升降机、简易升降机。

4. 电梯。

（三）方案及制度管理

1. 施工总承包单位应当建立健全特种设备安全管理制度、岗位安全责任制度、安全风险管控清单等安全管理制度及操作规程，保证特种设备安全运行。

2. 施工总承包单位应当建立特种设备台账和安全技术档案，在日管控、周排查、月调度及相关验收资料中的结论应与现场实际情况应一致。

3. 施工总承包单位按规定组织编制、审核审批、论证专项施工方案、应急预案，委托检验检测，组织进场验收、使用验收及使用登记，定期检查、维护保养建筑施工机械。

4. 指定专职设备管理人员、专职安全生产管理人员对建筑施工机械相关单位进行过程协调和管理。

5. 采用非常规起重设备、方法，且单件起吊重量在100kN及以上的起重吊装工程，起重量300kN及以上，或搭设总高度200m及以上，或搭设基础标高在200m及以上的起重机械安装和拆卸工程属于超过一定规模的危险性较大的分部分项工程，应编制专项施工方案并由总承包单位组织专家对专项施工方案进行论证。

（四）进场管理

1. 施工总承包单位应当使用取得许可生产并经检验合格的特种设备，检验标志应置于显著位置，禁止使用国家明令淘汰和已经报废的特种设备。

2. 施工总承包单位购置、租赁、使用的特种设备应当具有制造许可证、产品合格证、制造监督检验证明等材料。

3. 施工总承包单位应根据不同施工阶段、周围环境以及季节、气候的变化，对特种设备的进退场、安装、使用、拆卸等作业条件采取相应的安全防护、文明施工措施。

4. 安拆单位应编制、审核符合现场实际情况的特种设备安装、拆卸工程专项施工方案、应急预案，并按专项方案及操作规程组织施工、验收，安拆单位应加强过程管理，接受施工总承包单位的管理和协调。

5. 监理单位应按规定审核特种设备相关资料，按规定编制特种设备监理细则，监督、巡视特种设备专项施工方案的实施，并参与特种设备的验收及日常检查。

6. 施工总承包单位应当在特种设备投入使用前或者投入使用后 30d 内，向负责特种设备安全监督管理的部门办理使用登记，取得使用登记证书。登记标志应当置于该特种设备的显著位置。

（五）人员管理

1. 施工总承包单位应设置安全管理机构或者配备专职的特种设备安全管理人员，施工总承包单位应当对特种设备施工人员进行安全教育培训及交底，保证特种设备施工人员具备必要的特种设备安全知识及技能，并留存特种设备施工人员培训考核记录。

2. 起重机械、场（厂）内专用机动车辆的施工人员及其相关管理人员等，应当按照国家有关规定经特种设备安全监督管理部门考核合格，取得国家统一格式的特种作业人员证书，方可从事相应的作业或者管理工作。

3. 特种设备施工人员在作业中应当严格执行特种设备的操作规程和有关的安全规章制度。

4. 特种人员进场前必须经体检机构体检，出具体检报告，确认满足相应岗位身体条件要求的方可上岗。

（六）安全技术档案

1. 特种设备的设计文件、制造单位、产品质量合格证明、使用维护说明等文件以及安装技术文件和资料。

2. 特种设备的定期检验和定期自行检查的记录。

3. 特种设备的日常使用状况记录。

4. 特种设备及其安全附件、安全保护装置、测量调控装置及有关附属仪器仪表的日常维护保养记录。

（七）资质管理

1. 施工总承包单位应当审核特种设备制造许可证、产品合格证、制造监督检验证明、备案证明等文件。

2. 施工总承包单位应当审核安装单位的资质证书、安全生产许可证和特种作业人员的特种作业操作资格证书。

3. 从事建筑起重机械安装、拆卸活动的单位应当依法取得建设主管部门颁发的相应资质和建筑施工企业安全生产许可证且在有效期内，并在其资质许可范围内承揽建筑起重机械安装、拆卸工程。

（八）政府监管

1. 特种设备拟停用一年以上的，施工总承包单位应当自停用之日起 30d 内，告知县（市、区）人民政府特种设备安全监督管理部门；重新启用的，应当经检验合格，并在启用前告知县（市、区）人民政府特种设备安全监督管理部门。

2. 特种设备在验收合格之日起 30d 内，特种设备使用单位应当向特种设备安全监督管理部门办理使用登记，登记标志应当置于或者附着于该特种设备的显著位置。

3. 安装单位应当在建筑起重机械安装（拆卸）前 2 个工作日内通过书面形式告知政府主管部门，同时按规定提交经施工总承包单位、监理单位审核合格的有关资料。

4. 向负责特种设备政府主管部门办理使用登记，取得使用登记证书或备案。登记标志应当置于该特种设备的显著位置。

（九）停用办理

1. 特种设备需要停止使用的，施工总承包单位应自行封存停用设备，并到特种设备登记机关办理备案手续。

2. 停用的特种设备需重新启用的，应向特种设备登记机关申请特种设备启用，领回原使用登记证。重新启用前需定期检验的，经检验合格后方可使用。

（十）使用管理

1. 特种设备使用单位应当对在用特种设备的安全附件、安全保护装置、测量调控装置及有关附属仪器仪表进行定期校验、检修，并作好记录。

2. 特种设备使用单位应当按照安全技术规范的定期检验要求，在安全检验合格有效期届满前 1 个月向特种设备检验检测机构提出定期检验要求。

3. 特种设备出现故障或者发生异常情况，使用单位应当对其进行全面检查，消除事故隐患后，方可重新投入使用。

4. 特种设备的使用应当具有规定的安全距离、安全防护措施。

5. 轻小型起重设备、桥式起重机、门式起重机每 2 年 1 次定期检验；塔式起重机、升降机、流动式起重机每年 1 次定期检验。场（厂）内专用机动车辆定期检验周期为 1 年。

6. 办理使用登记，领取《特种设备使用登记证》，设备注销时交回使用登记证。

九、施工用电

（一）用电管理

1. 施工现场临时用电设备在 5 台及以上或设备总容量在 50kW 及以上者，应编制用电工程组织设计，并进行审核、审批，施工组织设计由电气工程技术人员组织编制，经相关部门审核及具有法人资格企业的技术负责人批准后实施。用电设备在 5 台以下或设备总容量在 50kW 及以下者，应制定安全用电和电气防火措施。

2. 施工现场临时用电应采取 TN-S 系统，符合"三级配电两级保护"，达到"一机一闸一漏一箱"的要求；三级配电是指总配电箱、分配电箱、开关箱三级控制，实行分级配电；两级保护是指总剩余电流动作保护器和末端剩余电流动作保护器，实行至少两级保护，也可采用总保护、中间保护、末端保护所组成的三级剩余电流保护系统。

3. 施工现场临时用电应建立安全技术档案，临时用电工程应定期检查，定期检查

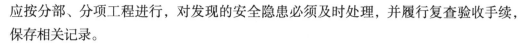

应按分部、分项工程进行，对发现的安全隐患必须及时处理，并履行复查验收手续，保存相关记录。

4. 电工应经过按国家现行标准考核合格后，持证上岗，安装、巡检、维修临时用电设备和线路应由电工完成，并应有人监护。

（二）外电防护

1. 在建工程外电架空线路正下方不得有人作业、建造生活设施，或堆放建筑材料、周转材料及其他杂物等。

2. 在建工程（含脚手架）的周边与外电架空线路的边线之间的最小安全操作距离应符合规范要求。当安全距离达不到规范要求时，必须采取绝缘隔离防护措施，并应悬挂醒目的警告标识。

3. 在施工现场一般采取搭设防护架，其材料应使用木质等绝缘性材料，且对外电线路的隔离防护应达到 IP30 级。防护架距外电线路不小于 2m，并根据外电线路电压等级进行调整，满足规范要求。搭设时采用线路暂时停电或其他可靠的安全技术措施，并应经有关部门批准，电气工程技术人员和专职安全人员监护。

4. 当架空线路在塔式起重机等起重机械的作业半径范围内时，其线路上方也应有防护措施，应计算考虑风荷载、雪荷载。为警示起重机作业，可在防护架上端间断设置小彩旗，夜间施工应有彩色灯带或红色爆闪灯。

5. 施工现场开挖沟槽边缘与外电埋地电缆沟槽边缘之间的距离不应小于 0.5m。

（三）接地与接零保护系统

1. 施工现场专用变压器供电的 TN-S 系统中，电气设备的金属外壳与保护接地导体（PE）连接；保护接地导体（PE）应由工作接地线处引出。

2. 在 TN-S 系统中，保护接地导体（PE）应与中性导体（N）分开敷设；PE 接地应与保护接地导体（PE）相连接，不得与中性导体（N）相连接。保护接地导体（PE）和保护接地中性导体（PEN）上严禁装设开关、断路器或熔断器，保护接地导体（PE）严禁通过工作电流，且严禁断线。

3. 在 TN-S 系统中，电气设备不带电的外露可导电部分应与保护接地导体（PE）做电气连接。

4. 保护接地导体（PE）应采用绝缘导线，所用材质与相导体、中性导体（N）相同时，其最小截面应符合规范要求。配电装置和电动机械相连接的保护接地导体（PE）应为截面面积不小于 2.5mm² 的绝缘多股铜线。I 类绝缘的手持式电动工具的保护接地导体（PE）应为截面面积不小于 1.5mm² 的绝缘多股铜线。

5. TN-S 系统中的保护接地导体（PE）除应在配电室或总配电箱处做接地外，还应在配电系统的中间处和末端处做 PE 接地。保护接地导体（PE）每一处接地装置的接地电阻值不应大于 10Ω。每一组接地装置的接地线应采用 2 根及以上导体，在不同点与接地极做电气连接。不得采用铝导体做接地极或地下接地线。垂直接地极宜采用角钢、钢管或光面圆钢，角钢板厚不小于 4mm，钢管壁厚不小于 3.5mm，圆钢直径不小于 10mm，不得采用螺纹钢。接地可利用自然接地极，但应保证其电气连接和热稳定。

6. 施工现场起重机、物料提升机、施工升降机、脚手架防雷措施应符合要求，当机械设备已做防雷接地时，机械本身的电气设备所连接的保护接地导体（PE）应同时做 PE 接地，同一台机械电气设备的 PE 接地和机械的防雷接地可共用同一接地极，但接地应符合 PE 接地电阻值的要求。防雷装置的冲击接地电阻值不得大于 30Ω。

（四）配电线路

1. 架空线路的挡距不应大于 35m，架空线路的线距不应小于 0.3m，靠近电杆的两导线的间距不应小于 0.5m；架空线最大弧垂与地面的最小垂直距离为 4m。

2. 电缆线路应采用埋地或架空敷设，不得沿地面明设；埋地电缆路径应设标识桩；电缆直接埋地敷设的深度不应小于 0.7m，并应在电缆周围均匀敷设不少于 50mm 厚的细砂，然后覆盖砖或混凝土板等硬质保护层。

3. TN-S 系统采用三相四线供电时应选择五芯线缆，采用单相供电时应选择三芯线缆。中性导体（N）绝缘层应是淡蓝色，保护接地导体（PE）绝缘层应是黄/绿组合色，严禁混用。

4. 埋地电缆穿越建（构）筑物、道路、易受到机械损伤、介质腐蚀场所及引出地面从 2.0m 高到地下 0.2m 处，必须加设防护套管，防护套管内径不应小于电缆外径的 1.5 倍。

5. 架空电缆应沿电杆、支架或墙壁敷设，并采用绝缘子固定，绑扎线采用绝缘线，敷设高度沿墙壁时最大弧垂距地面不应小于 2m。

（五）配电室与配电装置

1. 配电室应靠近电源，并设置在灰尘少、潮气少、振动小、无腐蚀介质、无易燃易爆物及道路畅通的地方；配电室应能自然通风，并应采取防止雨雪侵入和动物进入的措施。

2. 配电柜侧面的维护通道宽度不小于 1m；配电室顶棚与地面的距离不低于 3m。

3. 配电室的建筑物和构筑物的耐火等级不低于 3 级，室内配置砂箱和可用于扑灭电气火灾的灭火器；配电室的照明分别设置正常照明和事故照明。

4. 成列的配电柜和控制柜两端应与保护接地导体（PE）做电气连接。配电室内配电柜的操作通道应铺设橡胶绝缘垫。

5. 发电机组应采用电源中性点直接接地的三相四线制供电系统和独立设置 TN-S 接零保护系统。发电机组电源必须与其他电源互相锁闭，严禁并列运行。

（六）配电箱与开关箱

1. 总配电箱应设在靠近电源的区域，分配电箱应设在用电设备或负荷相对集中的区域，分配电箱与开关箱的距离不应超过 30m，开关箱与其控制的固定式用电设备的水平距离不宜超过 3m。

2. 配电箱、开关箱应装设端正、牢固。固定式配电箱、开关箱的中心点与地面的垂直距离应为 1.4m ~ 1.6m。移动式配电箱、开关箱应装设在坚固、稳定的支架上。其中心点与地面的垂直距离宜为 0.8m ~ 1.6m。

3. 配电箱的电器安装板上应分设 N 线端子板和 PE 端子板。N 线端子板应与金属电器安装板绝缘；金属电器安装板应与 PE 端子板做电气连接。进出配电箱的 N 线回路线缆应通过 N 线端子板进出；保护接地导体（PE）应通过 PE 端子板进出。

4. 配电箱、开关箱的进、出线口应配置固定线卡，进出线应加绝缘护套并成束卡固在箱体上，不得与箱体直接接触。移动式配电箱、开关箱的进、出线应采用橡皮护套绝缘电缆，不得有接头。

5. 配电箱、开关箱内的连接线应采用铜芯绝缘导线，导线在配电箱、开关箱内不得有接头。配电箱、开关箱的金属箱体、金属电器安装板以及电器正常不带电的金属底座、外壳等应通过 PE 端子板与保护接地导体（PE）做电气连接，金属箱门与金属箱体应通过采用黄 / 绿相间软绝缘导线做电气连接。

6. 总配电箱中漏电保护器的额定漏电动作电流应大于 30mA，额定漏电动作时间应大于 0.1s，其额定漏电动作电流与额定漏电动作时间的乘积不应大于 30mA·s。开关箱中漏电保护器的额定漏电动作电流应不大于 30mA，额定漏电动作时间应不大于 0.1s。

7. 总配电箱内的电器装置应具备电源隔离，正常接通与分断电路以及短路、过负荷、剩余电流保护功能。当总路设置总剩余电流动作保护器时，还应装设总隔离开关、分路隔离开关以及总短路、过负荷保护电器，分路短路、过负荷保护电器。当所设总剩余电流动作保护器是同时具备短路、过负荷、剩余电流保护功能时，可不设总短路、过负荷保护电器。

8. 分配电箱应装设总隔离开关、分路隔离开关以及总短路、过负荷保护电器或分路短路、过负荷保护电器。当剩余电流动作保护器是同时具备短路、过负荷、剩余电流保护功能时，可不设分路短路、过负荷保护电器。

9. 开关箱应装设隔离开关，短路、过负荷保护电器，以及剩余电流动作保护器。当剩余电流动作保护器同时具有短路、过负荷、剩余电流保护功能时，可不装设短路、过负荷保护电器。隔离开关应采用具有可见分断点，同时断开电源所有极的隔离电器，并应设置于电源进线端。

10. 开关箱中的隔离开关只可直接控制照明电路和容量不大于 3.0kW 的动力电路，但不得频繁操作。容量大于 3.0kW 的动力电路应采用断路器控制，操作频繁时还应附设接触器或其他启动控制装置。

11. 电源进线端严禁采用插头和插座做活动连接。

（七）现场照明

1. 照明用电应与动力用电分设。照明变压器应使用双绕组型安全隔离变压器，不应使用自耦变压器。

2. 一般场所宜选用额定电压为 220V 的照明，使用行灯的电源电压不应大于 36V。潮湿场所应选用密闭型防水照明器；含有大量尘埃但无爆炸和火灾危险的场所，应选用防尘型照明器；有爆炸和火灾危险的场所，应按危险场所等级选用防爆型照明器；存在较强振动的场所，应选用防振型照明器；有酸碱等强腐蚀介质场所，应选用耐酸碱型照明器。

3. 室外 220V 灯具距地面不应低于 3m，室内 220V 灯具距地面不应低于 2.5m。普通灯具与易燃物距离不宜小于 300mm；对于自身发热较高灯具与易燃物距离不宜小于 500mm，且不得直接照射易燃物，推荐使用 LED 灯带照明。

4. 在隧道、人防工程、高温、有导电灰尘、潮湿场所的照明，灯具离地面高度低于 2.5m 等场所的照明，或者使用行灯时电源电压不应大于 AC 36V。

5. 易触及带电体场所的照明，电源电压不应大于 AC 24V。

6. 导电良好的地面、锅炉或金属容器等受限空间作业的照明，电源电压不应大于 AC 12V。

7. 照明灯具的金属外壳必须与 PE 线相连接，照明开关箱内必须设置隔离开关、短路与过载保护器和剩余电流动作保护器。

8. 坑、洞、井、隧道、管廊、厂房、仓库、地下室等自然采光差的场所或需要夜间施工的场所，应设一般照明或混合照明。在一个工作场所内，不得只设局部照明。停电后，操作人员需及时撤离施工现场，必须装设自备电源的应急照明。

9. 阴暗作业场所、通道口应设置照明、应急疏散灯、疏散标识等。

十、高处作业

（一）制度及方案管理

1. 施工总承包单位应在施工组织设计或施工方案中制定高处作业安全技术措施，按照规定编制应急预案并进行演练。

2. 危险性较大的分部分项工程施工必须依据现行相关标准规范并结合工程实际编制专项施工方案，方案应具有针对性和可操作性，方案编制人员必须是相关专业工程技术人员；专项施工方案必须经施工总承包单位技术负责人和项目总监理工程师审批，超过一定规模的危险性较大的分部分项工程专项施工方案必须组织专家论证；危险性较大的分部分项工程必须严格按照专项施工方案组织施工，落实各项安全防护措施。

3. 高处作业专项方案可包括高处作业的安全防范措施、施工中"三宝"（安全帽、安全带、安全网）的正确使用、如有交叉作业时的注意事项、明确项目各级管理人员及施工人员的安全生产职责等。

（二）作业条件核查

1. 高处作业（指在坠落高度基准面 2m 及以上有可能坠落的高处进行的作业）人

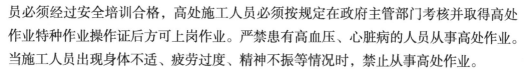

员必须经过安全培训合格，高处施工人员必须按规定在政府主管部门考核并取得高处作业特种作业操作证后方可上岗作业。严禁患有高血压、心脏病的人员从事高处作业。当施工人员出现身体不适、疲劳过度、精神不振等情况时，禁止从事高处作业。

2. 施工总承包单位应将专业分包和劳务分包单位的安全帽、安全带纳入统一管理，实施统一采购，落实进场验收及见证送检制度，严禁从业人员佩戴自购、自带的安全帽、安全带。高处施工人员必须戴好安全帽和系好安全带，安全带的挂钩或者安全绳必须系挂在结实牢固的构件上，并高挂低用。

3. 进行高处作业前，应针对作业内容和与作业活动相关的人员、设备、环境的管理进行风险辨识，并制定相应的作业程序及安全措施。危险辨识可采用交流法、安全检查表法、作业危害分析法等方法。

4. 各种场景的高处作业实施前，应进行作业审批。作业审批可采用《高处作业许可证》《高处作业票》或其他适当形式，审批内容至少包括：高处作业安全技术方案或计划、施工人员和监护人员职责、施工人员高处作业专项培训、应急预案的现场处置方案、按类别对安全防护设施进行检查、验收等。高处作业场景变化应重新进行作业审批。

5. 对施工人员和监护人员进行安全技术交底，告知工作场所和周围环境的风险状况、安全注意事项、安全防范措施。交底记录应留存备查。现场设置风险告知牌，告知作业区域、作业内容、存在的风险、安全防范措施、紧急撤离通道、作业负责人及联系方式等。根据作业特点，在高处作业现场醒目位置还应设置安全警示标识。

（三）作业前安全检查

1. 对施工人员教育培训、持证上岗、岗位操作规程遵守、劳动防护用品使用情况进行检查。

2. 对安全技术交底内容、参加交底的施工人员、监护人员、安全防范措施、作业中注意事项、签字确认情况进行检查，确保审批文件的有效性及安全防控措施得到落实。

3. 对作业环境、安全防护措施，包括通道、操作平台、安全网、生命绳、防坠器的设置，临边、孔洞的防护，交叉作业的防护等进行检查，确保脚手架、操作平台、吊笼、梯子、防护围栏、挡脚板等安全设施坚固、牢靠。

4. 对作业审批的办理和管理情况进行检查，确保现场所有存在坠落风险的物件已被先行清理、撤除或加以固定。

（四）作业中安全管控

1. 应设置警戒区域，并派监护人监护。

2. 应正确佩戴、使用劳动防护用品，建筑施工高处施工人员应使用全身式安全带（五点式安全带），在移动频率较高或需频繁变动系挂点的高处作业时，必须使用双钩安全带；在移动频率较低的高处作业时可使用单钩安全带。

3. 涉电安全距离应符合规范有关要求；带电设备和线路附近使用的作业机具应接地。

4. 上下梯子应双手把扶，双脚接触，面向梯子，在任何情况下都应确保 3 个接触点。

5. 作业过程中所使用的工具、材料、零件等应装入工具袋；工具在使用时应系安全绳，不用时放入工具袋中。

6. 现场按规范搭设的脚手架、防护网、防护栏等设施必须符合安全规定。

7. 在涉彩钢瓦、轻型棚等不承重物高处作业前，必须采取搭设稳定牢固的承重板等防护措施。

8. 钢结构安装时，钢梁吊装就位前应按规定在钢梁上连续设置双道安全钢丝绳。

9. 钢柱吊装就位前，应按规定在钢柱上设置钢爬梯和防坠器，防坠器上端严禁与钢爬梯连接。

10. 使用吊篮作业时，必须为施工人员设置挂设安全带专用的安全绳。

11. 高处作业时，施工总承包单位、监理单位的现场监护人员负责作业现场的安全确认、监护、通信联络等工作，发现高处作业安全隐患及时制止并立即整改，监护人员作业期间不得离开现场。

12. 禁止事项。

（1）严禁在不坚固、不牢靠或在拆除过程中的结构物上作业。

（2）严禁在未固定（可移动或转动）、无防护设施的构件及管道上进行作业或通行。

（3）作业期间应采取轮换作业方式，施工人员不得在工作平台、孔洞边缘和通道内休息。

（4）存在交叉作业时，严禁进行上下垂直作业，如需分层进行作业，中间应有隔离措施。

（5）施工人员应沿着通道、梯子上下，严禁沿着绳索、立杆或栏杆攀爬。

（6）在恶劣天气如6级以上强风、浓雾、大雨、大雪、雷电等条件下，禁止进行高空作业。

13. 作业中止和撤离。

（1）作业期间发现安全防护设施有缺陷或隐患时，应立即停止作业进行解决；因作业需要，临时拆除或变动安全防护设施时，应经作业负责人同意，并采取相应的措施，作业后应立即恢复。

（2）施工人员在作业中如果发现情况异常，应发出信号，并迅速撤离现场。

（五）作业完工安全要求

1. 应清点作业现场的工器具，清理、清运拆卸下的物件、物料。

2. 拆除作业。

（1）拆除脚手架、防护棚时应设警戒区，不得上部和下部同时施工，并派专人监护。

（2）如有临时用电线路的拆除，应由具有特种作业操作证书的电工进行操作。

（3）作业验收人确认人员安全、工器具清点无误、安全防护设施已恢复后，并在相关文件上签字。

十一、易燃易爆

（一）人员及制度管理

1. 施工总承包单位应针对施工现场建立易燃易爆危险品安全管理制度，应根据易燃易爆危险品的性质，制定详细的安全操作规程，并明确安全责任人。

2. 施工总承包单位应当对从业人员进行安全教育培训及技术交底，经考试合格后方可上岗，未经教育培训或考试不合格者不得上岗作业；进行电焊、气焊等具有火灾危险的作业的人员必须持由住房城乡建设部门或应急管理部门颁发的证件上岗。

3. 易燃易爆物品应指定专人管理，严格落实进出人员登记、巡查等责任制度，易燃易爆物品进库、出库、领用、清退必须按严格的规定手续和安全程序办理。

4. 隧道开挖或联络通道等开挖须用民用爆炸物品进行爆破作业的，施工总承包单位或施工总承包单位委托的作业单位应当对本单位的爆破作业人员、安全管理人员、仓库管理人员进行专业技术培训，爆破工程技术负责人、安全管理人员、仓库管理人员、爆破员必须持公安机关颁发的证件方可从事爆破作业。

5. 使用易燃易爆物品时，应加强对电源、火源的管理，加强监护措施，作业场所应备足相应的消防器材，严禁烟火。

6. 施工总承包单位应当制定专项应急预案或现场处置方案，配备必要的应急救援器材、设备，并定期组织应急救援演练。

7. 建设工程开工前，建设单位或者施工总承包单位应当向燃气经营企业或者城建档案管理机构查明地下燃气设施的相关情况，建设工程施工可能影响燃气设施安全的，建设单位或者施工总承包单位应当与燃气经营企业协商采取相应的安全保护措施，并在专业技术人员的监督下施工。

（二）场地布局

1. 严格工地用火管理。宿舍、仓库等易燃易爆场所不准使用明火；电焊、气割等生产用火时必须远离易燃和可燃物并落实防范措施，动火前，必须履行动火审批手续，严禁违章用火。

2. 规范敷设电气线路。工地电路须由持证上岗的专业电工进行敷设，严禁私自敷设临时线路，严禁超负荷用电，定期对电气线路进行安全检查和保养。

3. 易燃易爆物品专库应独立设置，保持良好的通风条件，严禁在施工建筑内部存放易燃可燃材料；遇火燃烧、爆炸和怕冻、易燃、可燃的物品，不得存放在潮湿、露天、低温和容易积水的地点；库房应有防潮、保温等措施；应在醒目位置公示库房消防负责人信息和防火警示标识等。

4. 配备齐全的消防设施。在建工地应配备有足够的消防器材设施，现场或周边应有满足施工现场临时消防用水的水源，并设立临时消防车道并保持畅通。

（三）钢瓶

1. 钢瓶外表面应无裂纹、严重腐蚀、明显变形及其他严重外部损伤缺陷；钢瓶必须配备总阀和减压阀，总阀、减压阀泄漏时，不得继续使用；阀门损坏时，严禁在瓶内有压力的情况下更换阀门；不可将气瓶内的气体全部用完，要保留一定的残留压力，其中氧气瓶内剩余气体的压力不应小于 0.1MPa。

2. 乙炔瓶应配备防震圈 2 个，氧气瓶应配备防震圈 3 个，不连接减压阀时应装设安全帽。

3. 丙烷气瓶、乙炔气瓶附近不得有氧化性物质，乙炔使用时不得采用铜质器具；氧气瓶附近不得有油脂性物质和还原性物质；钢瓶应直立储存，扣上气瓶帽，并采取防倾倒措施。

4. 不应使用翻斗车或者铲车搬运钢瓶，使用叉车搬运时，应将钢瓶装入集装格或者集装篮内；装卸钢瓶应轻装轻卸，避免钢瓶相互碰撞或者与其他坚硬的物体碰撞，不应采用抛、滚、滑、摔、碰等方式装卸气瓶。

5. 装卸钢瓶时应配备好瓶帽，注意保护钢瓶阀门，防止撞坏；卸车时，要在钢瓶落地点铺上铅垫或橡皮垫，应逐个卸车，不应多个钢瓶连续溜放。

6. 在安全储存及安全使用条件下发现乙炔钢瓶有发热现象，说明乙炔已发生分解，应立即关闭气阀，并用水冷却瓶体，同时最好将钢瓶移至远离人员的安全处加以妥善处理；发生乙炔燃烧时，绝对禁止用四氯化碳灭火。

7. 装卸作业时，不应将阀门对准人身，钢瓶应直立转动，不准脱手滚瓶或传接，钢瓶直立放置时应稳妥牢靠。

8. 现场使用时乙炔瓶不得卧放，氧气瓶、乙炔瓶应放置平稳，不得靠近热源或在太阳下暴晒，并满足与明火的距离不小于 10m 的要求；使用过程中，乙炔瓶应放置在通风良好的场所，与氧气瓶的距离不应少于 5m。

9. 冬天当乙炔软管和回火防止装置冻结时，严禁用火焰烘烤。

10. 钢瓶阀出口必须配置专用的减压器和回火防止器，乙炔瓶使用过程中，开闭乙炔瓶瓶阀的专用扳手应始终装在阀上。

（四）储存条件

1. 储存易燃易爆危险品的库房，应按规范要求设置相应的防爆、防火、防雷、报警、防晒、调温、消除静电等安全装置与设施。

2. 有避雷及防静电接地设施，库房内一般不宜安装电器设备，如需安装时，应根据易燃易爆物品性质，安装防爆或密封式的电器照明设备，并按规定设防护隔墙；库房内禁止私自乱接电源和违章、违规使用电。

3. 易燃易爆危险品库房单个房间的建筑面积不应超过 20m²。易燃易爆危险品存放及使用场所，应配置灭火器。

4. 氧气、乙炔、油品等危险品仓库屋面采用轻型结构的应设置气窗、底窗，门、窗应向外开启。

5. 在爆破作业现场临时存放民用爆炸物品的，应当具备临时存放民用爆炸物品的

条件，并设专人管理、看护，不得在不具备安全存放条件的场所存放民用爆炸物品。

6.氧气瓶、乙炔瓶必须分开存放；氧气瓶或乙炔瓶的空瓶和实瓶同库存放时，应分开放置，空瓶和实瓶的间距不应小于 1.5m。

（五）现场管理

1.动火作业应办理动火许可证；动火许可证的签发人收到动火申请后，应前往现场查验并确认动火作业的防火措施落实后，再签发动火许可证。

2.具有火灾、爆炸危险的场所严禁明火；裸露的可燃材料上严禁直接进行动火作业。

3.五级（含五级）以上风力时，应停止焊接、切割等室外动火作业；确需动火作业时，应采取可靠的挡风措施。

4.焊接、切割、烘烤或加热等动火作业应配备灭火器材，并应设置动火监护人进行现场监护，每个动火作业点均应设置 1 名监护人。

5.动火作业后，应对作业现场进行检查，并应在确认无火灾危险后，动火操作人员再离开。

6.隧道施工应进行有毒有害气体监测，瓦斯隧道应加强隧道通风、使用防爆电器，按要求编制爆破作业专项施工方案，履行行业许可审批隧道内动火作业并安排专人监管，且隧道爆破作业单位和人员应满足爆破作业资质、资格要求；爆破器材应按规定进行存放、领用、退库，不得私自加工、销毁爆破器材；须使用专用车辆运输民爆物品，不得人药混装运输。

（六）办公及生活区

1.电动自行车、电动汽车应集中停放充电区，充电区应设置在办公区和生活区的室外，并与其他建筑物保持防火间距。

2.办公及生活区内不应储存可燃包装材料、汽油、柴油等危险品，办公及生活区内不应私拉乱接用电和使用明火。

（七）厨房操作间

1.厨房操作间应使用电灶具或市政燃气设施，设专人负责管理。

2.施工现场生活区因条件不允许确需要液化气钢瓶的，使用前要对液化气钢瓶认真检查，要使用具有二维码标牌并可追溯的合格钢瓶，并要仔细查看钢瓶日期，钢瓶使用期限为 8 年，期间每 4 年检验一次，禁止使用超期钢瓶；燃具从售出当日起，燃气灶具的判废年限为 8 年；液化气钢瓶调压器与燃具采用软管连接时，应采用专用燃具连接软管，软管的使用年限不应低于燃具的判废年限。

3.燃气灶具连接胶管要定期检查和更换，胶管容易硬化、老化、龟裂，若无管卡固定极易发生脱落导致漏气，同时胶管长度不应超过 2m，建议使用更安全、可靠的金属波纹管。

4.液化气必须使用不可调节的减压阀，不得私自乱拆、乱动减压阀、角阀等设备，防止造成漏气；在使用液化气时，应先开启钢瓶上的角阀，后开启燃气器具阀门，用气完毕时，应先关闭钢瓶上的角阀，后关闭燃气器具阀门；液化气用户安装可燃气体报警器和与报警器联动的切断阀，报警器安装位置适当（距离地面不超过 0.3m）。

5. 厨房操作间的集烟罩和烟道入口处 1m 范围内，应每日进行清洗；排油烟道应至少 60d 内清理一次，并做好记录。

十二、有限空间作业

有限空间是指封闭或者部分封闭，未被设计为固定工作场所，进出口受限但人员可以进入，通风不良，易造成有毒有害物质、易燃易爆气体积聚或者氧含量不足的空间。生活中常见的通风不良、容易造成有毒气体积聚和缺氧的设备、设施、场所都是有限空间，比如污水井（池）、锅炉、料仓、涵洞、地下管道等。

（一）制度及方案管理

1. 企业主要负责人是有限空间作业安全第一责任人，应组织制定有限空间作业安全管理制度，明确有限空间作业审批人、监护人员、施工人员的职责，以及安全培训、作业审批、防护用品、应急救援装备、操作规程和应急处置等方面的要求。

2. 施工总承包单位每年第一次组织开展有限空间作业或施工人员每年第一次开展有限空间作业前，必须对有限空间作业负责人、监护人员、施工人员和应急救援人员进行一次专项安全培训，如实记录培训情况；未经培训考核合格的员工不得上岗作业。培训内容主要包括本单位有限空间危险有害因素和安全防范措施、作业审批和现场安全要求、检测仪器和劳动防护用品的正确使用、应急处置措施，以及本行业的典型事故案例。

3. 施工总承包单位应强化日常安全教育，要严格落实"开工第一课"和安全生产班前会等制度，提高施工人员安全防范意识和能力，加强有限空间作业典型事故案例警示教育，把别人的事故当成自己的事故，让施工人员及管理人员真正受到警醒，深刻汲取教训，自觉引以为戒。

4. 施工总承包单位应对作业实行安全许可或审批，办理《有限空间安全作业证》，作业期限不得超过 24h，保存期限满足 1 年；未经作业审批人批准，不得实施有限空间作业。

5. 施工总承包单位应实行有限空间作业监护制度，明确专职或者兼职的监护人员，负责监督有限空间作业安全措施的落实，监护人员应当具备与监督有限空间作业相适应的安全知识和应急处置能力，能够正确使用气体检测、机械通风、呼吸防护、应急救援等用品、装备。

6. 施工总承包单位应对有限空间进行辨识并开展有限空间排查，施工总承包单位要对所施工的区域全面排查有限空间，明确有限空间数量、位置、类型以及危险因素等信息，逐一登记造册，建立有限空间管理台账，并及时更新。

7. 施工总承包单位应将有限空间作业事故应急演练纳入本单位应急演练计划，组织开展桌面推演、现场实操等形式的演练，提高有限空间作业事故应急救援能力。应

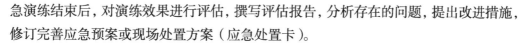

急演练结束后，对演练效果进行评估，撰写评估报告，分析存在的问题，提出改进措施，修订完善应急预案或现场处置方案（应急处置卡）。

（二）作业前准备

1. 作业前，应当组织对施工人员进行安全交底，监护人员应当对通风、检测和必要的隔断、清除、置换等风险管控措施逐项进行检查，确保各项作业条件符合安全要求。

2. 现场应配备呼吸器、防毒面罩、检测设备、强制通风设备、通信设备、安全绳索等应急装备和器材，应确认防护用品能够正常使用，同时隔离作业区域应设置安全警示标识。

3. 明确应急处置措施，施工总承包单位对作业环境进行评估，检测和分析存在的危险有害因素，明确本次有限空间作业应急处置措施并纳入作业方案，确保作业现场负责人、监护人员、施工人员、救援人员了解本次有限空间作业的危险有害因素及应急处置措施。

4. 确定联络信号，作业现场负责人会同监护人员、施工人员、救援人员根据有限空间作业环境，明确声音、光、手势等一种或多种作为安全、报警、撤离、支援的联络信号；有条件的可以使用符合当前作业安全要求的即时通信设备，如防爆对讲机等。

5. 作业现场应配备必要的应急救援装备，作业前救援人员正确选用应急救援装备，并检查确保处于完好可用状态，发现存在问题的应急救援装备，立即修复或更换。

6. 作业前施工总承包单位必须编制翔实的作业方案，明确现场人员职责、安全措施、操作流程等，并经本单位安全生产管理人员审核、负责人批准；未经审核和批准的有限空间作业，一律不得实施。

（三）通风检测

1. 作业应做到"先通风、再检测、后作业"，检测的时间应不早于作业开始前30min 或作业中断未超过 30min，施工人员再次进入有限空间作业前应重新通风、检测合格。

2. 检测指标包括氧浓度值、易燃易爆物质（可燃性气体、爆炸性粉尘）浓度值、有毒气体浓度值等。最低限度应检测下列三项：氧浓度应在 19.5% ~ 23.5% 范围内，易燃/可燃气体浓度应小于最低爆炸极限的 10%，一氧化碳浓度应小于 30mg/m³。

3. 未经检测合格，严禁施工人员进入有限空间。

4. 在作业环境条件可能发生变化时，应对作业场所中危害因素进行持续或定时检测。

5. 气体检测设备必须经有检测资质单位检测合格，每次使用前应检查，确认其处于正常状态；气体取样和检测应由培训合格的人员进行，取样应有代表性，取样点应包括受限空间的顶部、中部和底部。检测次序应是氧含量、易燃易爆气体浓度、有毒有害气体浓度；进入受限空间作业期间，应当根据作业许可证或安全工作方案中规定的频次进行气体监测，并记录监测时间和结果，结果不合格时应立即停止作业；气体监测应当优先选择连续监测方式，若采用间断性监测，间隔不应超过 2h；检测时应做好检测记录，包括检测时间、地点、气体 种类和检测浓度等。

6. 存在爆炸风险的，应当采取消除或者控制措施，相关电气设施设备、照明灯具、应急救援装备等应当符合防爆安全要求。

（四）作业过程

1. 作业过程中应对作业场所中的危险有害因素进行定时检测或者连续监测，定时检测间隔不应超过 2h，气体检测应安排专人负责，作业期间不得擅自离岗。

2. 严禁无监护措施作业，作业过程中，现场负责人必须全过程组织指挥，监护人员必须监督作业方案执行并始终与施工人员保持联系，不得离开作业现场或者进入有限空间参与作业，一旦发现有人员身体不适等情形，要立即停止作业并撤离全部人员。

3. 发现通风设备停止运转、有限空间内氧含量浓度低于或者有毒有害气体浓度高于国家标准或者行业标准规定的限值时，必须立即停止作业，清点施工人员，撤离作业现场。

4. 发现异常情况时，严禁盲目施救。监护人员应当立即组织施工人员撤离现场，发生有限空间作业事故后，应当立即按照应急预案或现场处置方案进行应急救援，组织科学施救，严禁不佩戴任何防护装置进入有限空间施救，严防外来人员进入作业区域，防止伤亡人数扩大。

（五）其他要求

1. 进入特别狭小空间作业，施工人员应系好安全可靠的保护绳，使用照明灯具（头灯、手电）电压应不大于 24V；在积水、结露等潮湿环境的有限空间和金属容器中，电压应不大于 12V。

2. 施工人员必须按要求佩戴个人防护装备。进入有限空间施工人员必须佩戴符合国家标准的个体防护用品、安全防护装备以及便携式气体检测报警仪，鼓励采用外部控制或者机器人作业的技术改造措施。严禁不佩戴任何防护用品和装置的人员进入有限空间作业。

3. 加强高风险环境施工人员防护装备的配备。有限空间存在易燃易爆风险的，施工人员要穿着防静电工作服和工作鞋，使用防爆型低压灯具和防爆工具；在垂直区域有限空间内作业应佩戴安全带并设置救生绳、救援三脚架；在排污管道、隧道、涵洞、电缆沟等因受作业环境限制不易充分通风换气的场所内作业，应佩戴符合国家标准的隔离式空气呼吸防护用品。

4. 若将有限空间作业依法发包给其他单位实施的，施工总承包单位应当与分包单位签订专门的安全生产管理协议，或者在分包合同中约定各自的安全生产管理职责，施工总承包单位对有限空间作业安全承担主体责任，必须对分包单位的安全生产工作统一协调、管理，对分包单位的作业方案和实施的作业进行审批和管理。分包单位对

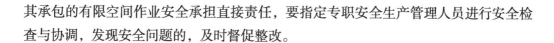

其承包的有限空间作业安全承担直接责任，要指定专职安全生产管理人员进行安全检查与协调，发现安全问题的，及时督促整改。

十三、冬期施工

（一）制度及方案管理

1. 当室外日平均气温连续 5d 稳定低于 5℃即进入冬期施工，当室外日平均气温连续 5d 稳定高于 5℃即解除冬期施工。

2. 冬期施工前，施工总承包单位应编制切实可行的冬期施工方案及安全保障措施，必要时进行施工工艺试验验证，监理单位进行严格的审查和验收，并编制冬期施工监理实施细则。

3. 冬期施工前建设单位、监理单位、施工总承包单位应认真学习贯彻国家有关冬期施工的规范、规程的相关规定，组织所有参加冬期施工的人员进行冬施培训及技术交底。

4. 班组负责人在每天开工之前，做好班前安全讲评，向班组施工人员强调本班施工作业安全注意事项，重点强调雨雪天气高空作业安全。

（二）防人身伤害

1. 在防护设施周边设置醒目的预防高空坠落的安全警示牌；施工现场搭设的防护棚、防护栏杆等防护设施，必须符合国家和行业标准要求的要求，使用定型化、工具化的安全防护设施；脚手架与建筑物之间距离过大超出规范要求的，要采取安全防护措施。

2. 登高施工人员（结构施工支架搭设、基坑开挖、钢支撑安装等）必须佩戴防滑鞋、防护手套等防滑、防冻设施；高空施工人员必须按要求正确系好安全带，必须将安全带挂钩挂到安全牢固的物体上，严禁在安装模板时将安全带挂在模板上。

3. 遇到雨雪等恶劣天气时，要及时清除施工现场的积水、积雪，严禁雨雪和大风天气强行组织施工作业。

4. 对施工现场脚手架、安全网等防护设施的拆除，要实行严格的内部审批制度，不得随意拆除；为保持防护架体的稳定性和可靠性，在栏杆架体中间部位应加设一道保护杆件。

5. 严禁使用非载人机械载人从事高处作业，严禁人员乘坐起重机械（汽车式起重机）进行高处作业。

6. 高处施工人员不坐在平台或孔洞的边缘，不骑坐在栏杆上，不站在栏杆外作业或凭借栏杆起吊物件；上下传递物件应用绳索吊送，严禁抛掷。

7. 遇有六级及以上大风或恶劣气候时，应停止露天高处作业，在夜间或光线不足的地方从事高处作业，必须设置足够的照明。

（三）防火

1. 加强用火管理，制订防火制度，健全用火审批制度，现场要严加控制火源，尤其是存在易燃易爆物质的区域，应对电焊、气焊、油漆等施工人员进行专门的防火安全教育，建立各级防火安全责任制度。

2. 消防设施及器材应做到齐全、完好和能正常使用，消防道路要畅通。

3. 必须定期对施工区进行消防检查，主要查看施工区是否设有临时消防车通道并畅通，建构（筑）物施工高度超过 24m 时是否设置临时消防水源、安装消火栓并配备水带水枪，电焊、气焊施工人员是否持证上岗，现场灭火器是否配置规范、合理等。

4. 必须定期对办公区、生活区进行消防检查，主要查看临时办公用房、宿舍建筑构件燃烧性能等级是否达到 A 级，员工集体宿舍是否与施工作业区分开设置，员工及施工人员集体宿舍内是否存在私拉乱接电气线路等违章用电现象，是否使用其他金属丝代替保险丝，是否使用大功率电器，是否违规使用明火等情况。

（四）防中毒窒息

1. 冬期施工所用的抗冻、早强剂种类较多，这些化学添加剂多数对人体有害，特别是亚硝酸钠类似食盐。因此施工总承包单位一定要加强对施工人员食品安全教育，制定严格的亚硝酸钠等有毒物品运输、存放、保管和领用制度，以防中毒。

2. 现浇梁采用暖棚法施工时，暖棚出入口应设专人管理，并应采取防止棚内温度下降或引起风口处混凝土受冻的措施；在混凝土养护期间应将烟或燃烧气体排至棚外。应采取防止烟气中毒和防火的措施，防止发生烟气中毒及火灾事故。

（五）防触电

1. 冬期施工来临前，应对施工现场所有用电设备及电缆进行一次全面检查，发现电气故障应立即排除。

2. 电源开关、控制箱等设施要统一布置，加锁保护，防止乱拉电线，设专人负责管理，防止漏电触电。经常移动的机具导线不得在地面上拖拉，不得浸入水中，应架空绝缘良好，凡露天使用的务必有防雨防潮设施。

3. 雨雪天禁止电焊，电焊机等机电设施要有防淋措施。

（六）防交通事故

1. 广泛开展冬季行车安全教育，落实防冻、防滑、防雾和防火等具体措施，进一步提高驾驶员的冬季行车安全意识。

2. 加强车辆的维护、保养，杜绝由于车辆故障而引发事故。按照规定及时安排对车辆进行维修和保养，做到定期检查、计划维修、合理使用，使车辆始终保持良好的状况。

3. 认真贯彻落实车辆的各项管理制度，做好车辆的换季保养工作，要采用符合冬期使用的防冻液、润滑油和制动液、发动机和散热器外壳要安装防寒保温罩，尤其是刹车系统、转向系统、灯光系统必须完好可靠，确保车辆处于良好的技术状况。

4. 教育司机遵守交通规则和职业道德，严禁酒后开车、无照驾驶、疲劳驾驶、不强行超车，做到礼让"三先"确保行车安全。

5. 遇严重冰雪路面要求加装防滑链、车辆行进中应保持行车距离，并适当拉长车距降低车速，防止追尾事故的发生。

6.雪后发现路面有积雪、结冰现象，立即组织施工人员，清理事故道路，并对重要路口路段进行清理；保证施工道路通畅的同时，确保社会交通的安全，避免发生社会交通事故而影响工程施工。

7.注意控制工地大门口冲洗保洁和围挡喷淋设施的运行状况，避免因作业导致工地周边路面出现湿滑或结冰现象，给过往行人和车辆带来安全隐患。

（七）脚手架工程

1.冬期施工前，要对所使用到的各类脚手架进行严格细致的检查，确保其构型安全、基础牢固可靠，在冬季温差下不会过度变形而造成应力集中，严禁使用未经检验和不明厂家的产品。

2.冬季大风降温、雨雪天气等不符合施工条件时要严禁施工，并严禁人员随意进出工地；雨雪天气过后复工前，要及时清理脚手架上的积雪、杂物，减小脚手架的额外荷载，避免出现人员滑倒事故。

3.在大风天气时，要实时加强脚手架与结构间的拉接，提高其抗风荷载能力。待到天气回暖时，要及时检查脚手架基础是否稳定，避免由于土层解冻造成脚手架下沉、倾斜，酿成事故。

4.应对各类脚手架进行全面检查和加固，脚手架外侧必须按标准进行立体防护，无论是立网还是平网均应严密、牢固。对正在施工的现浇梁、悬灌梁、斜拉桥、钢结构、站房等临边须严加防护，生产综合楼等高层建筑工程须进行立体防护。

（八）机械（具）设备

1.进行冬期施工前，应对使用的设备、机具、防护设施进行检修、保养和防寒，更换设备防冻剂和冬期用油，消除隐患。

2.冬期施工使用的储气罐、氧气瓶、乙炔瓶、连接胶管发生冻结时，不得使用明火烘烤或用金属器具敲击。

3.起重机械在雨雪冰冻天气作业前，要派专人对保养情况、钢丝绳、限位装置、制动装置等关键部位严格检查，确保作业机械的安全性，严禁违章操作和超载运行；要增加检查和保养次数，特别注意保护制动装置和安全装置的灵敏度和可靠性，防止机械事故发生。

（九）钢结构安装

1.运输堆存钢结构时必须采取防滑措施，注意加装加固链，同一型号构件叠放时，要保证合理的水平度，垫块确保在同一垂线，防止构件溜滑。

2.安装前要根据负温条件对构件进行复验，若发现构件变形大于安全标准时，必须在地面进行修理、矫正合格后方能起吊安装。

3.构件上有积雪、结冰、结露时，要及时进行清除，操作时一定要注意防止损伤涂层和结构。

4.绑扎、起吊钢构件的钢索与钩件直接接触时，要加防滑隔垫。直接使用吊环、吊耳起吊构件时要检查吊环、吊耳连接焊缝有无损伤。与构件同时起吊的节点板、安装人员使用的挂梯、校正用的卡具、绳索必须绑扎牢固。

5.在负温度下安装作业，所使用的专用机具应按相关标准和要求进行检验，确定合格后才能继续作业；钢结构安装完后应立即进行校正并进行永久固定。当天安装的构件，要形成空间稳定体系，保证钢结构的安装质量和结构的安全。

6.高强度螺栓接头安装时，所有杂物必须清理干净，有冻结现象的也要融化清理干净。栓钉焊接前，应根据负温度值的大小，对焊接电流、焊接时间等参数进行测定，保证栓钉在负温度下的焊接质量。

（十）做好应急管理工作

要完善现场事故应急预案，建立冬期施工安全生产值班制度，落实抢险救灾人员、设备和物资，一旦发生突发事故、重大异常情况时，确保能够高效、有序地做好紧急抢险救灾工作，最大限度地减轻灾害造成的人员伤亡和经济损失。

第三节　工序作业类隐患排查要点

一、围护结构施工

（一）一般要求

1.工程开工前，施工总承包单位应组织人员进行现场踏勘，核实施工现场及毗邻区域内各种管线（道）及建（构）筑物情况，不能确定相关管线（道）具体位置的，应主动向建设单位和相关产权单位沟通获取相关信息，配合建设单位落实管线保护方案制定、会商等，现场并采取相应安全保护措施。

2.施工前，必须经管线（道）权属单位进行现场交底，对管线（道）的布置、走向、数量、埋深等信息进行现场确认，并与管线（道）产权单位签署安全协议，管线（道）产权单位应派人配合施工。

3.发现相关管线（道）安全警示标识缺失、移位或地下管线（道）与实际情况不符、不明管线的，应立即停止施工，设置警戒区，并采取相应的措施进行保护，及时通知管线（道）权属单位、建设单位、设计和监理等相关单位到现场进行确认，并对管线的位置走向进一步探明，各方明确处理方案后，管线（道）权属单位、设计单位要重新进行交底。

4.施工总承包单位要对现场负责人、施工班组、作业人员等进行交底，交底须有文字记录且经双方签字确认，作业人员变更及现场管线有变化的要重新交底。

5.施工总承包单位要严格按照已经审批的施工组织设计、管线保护方案进行施工，施工前要采用人工探挖的方式对影响区域内的管线（道）进行核查，不得擅自移动、覆盖、涂改、拆除、裸露、悬空、破坏各种管线（道）、附属设施及安全警示标识。

6. 邻近高压线或营业线施工时，钻机、起重吊装等设备要采取可靠的防触电、防倾覆措施。

7. 夜间施工时，施工现场要有足够的照明，作业地点位于道路位置或人员活动频繁区域时，要悬挂各种安全警示标志（识）及警示灯带等。

8. 施工现场道路布置、材料堆放、车辆行走路线等应符合设计荷载控制要求；当需设置施工栈桥时，应按设计文件要求编制施工栈桥的施工、使用及保护方案。

9. 遇有雷雨、六级以上大风等恶劣天气时，应暂停施工，并应对现场的人员、设备、材料等采取相应的保护措施。

（二）钻孔桩

1. 钻孔场地布置应满足桩基础平面尺寸、钻机作业及移位要求，泥浆循环系统布置、混凝土浇筑作业、排水系统要安全科学合理；同时应满足施工设备安全进、退场要求。

2. 根据钻机机械特点，要对机械就位回转范围内的地上和地下建筑物、水利设施、通信设施以及电力设施等应进行针对性防护。

3. 钻机电气设备均须有良好的接地接零，接地电阻不大于 4Ω，并装有可靠的漏电保护装置。配电箱以及其他供电设备不得置于水中或者泥浆中，电线接头要牢固，并且要绝缘，输电线路必须设有漏电开关。

4. 钻机就位过程中应符合下列规定：

（1）安装钻孔机前，应掌握勘探资料，并确认地质条件是否符合该钻机要求，确保地下无埋设物，作业范围内无障碍物，施工现场与架空输电线路的安全距离符合要求；

（2）自行式钻机行走就位前，应检查安全栓销的锁固情况，就位过程中应采取可靠的防倾覆措施；

（3）吊装就位前，应对吊装锁具进行检算和检查，吊装过程中应按机械设计吊点进行捆绑，严禁违章操作。

5. 钻机就位后应安放稳固，底架应水平，不得产生位移和沉陷。必要时应采取设置缆风绳等措施进行锚固。钻杆应保持竖直，钻头中心与孔位中心的偏差不大于 2cm；钻机就位后应进行试运转，运转正常后方可进行钻进。

6. 钻孔过程发现异常现象时，应立即停钻，查明原因和位置，采用适宜的处理措施。处理卡钻和掉钻时，严禁人员进入没有护筒或其他防护设施的钻孔内，必须进入有防护设施的钻孔时，应按照有限空间作业要求探明孔内无有害气体，备齐防毒、防溺等安全设备，经负责人审批后方可进入。

7. 成孔施工前以及过程中应检查钢丝绳、卡扣及转向装置，冲击施工时应控制钢丝绳放松量；钻进过程中要始终保持护筒内水位高于护筒底部 50cm 以上，防止塌孔。

8. 作业现场必须采用封闭式管理，孔口及泥浆池周围设围栏和警示标志，严格禁止无关人员进入现场。

9.钻机在作业中，应设专人指挥，并由专人操作，其他人不得随意登机；操作人员在当班中，不得擅自离岗。

（三）钢板桩

1.钢板桩堆放场地应平整坚实，组合钢板桩堆高不宜超过3层。板桩施工作业区内应无高压线路，作业区应有明显标志或围栏；桩锤在施打过程中，监视距离不宜小于5m。

2.当板桩围护墙基坑有邻近建（构）筑物及地下管线时，应采用静力压桩法施工，并应根据环境状况，控制压桩施工速率。

3.静力压桩作业时，应有统一指挥，压桩人员和吊装人员应密切联系，相互配合，起重机吊桩进入夹持机构，进行接桩或插桩作业后，操作人员在压桩前应确认吊钩已安全脱离桩体。压桩机发生浮机时，严禁起重机作业；若起重机已起吊物体，应立即将起吊物卸下，暂停压桩，在查明原因采取相应措施后，方可继续施工。

4.钢板桩围护施工过程中，应加强周边地下水位以及孔隙水压力的监测。

（四）SMW工法桩

1.型钢插入有困难时可采取辅助措施，严禁采用多次重复起吊型钢并松钩下落的插入方法。

2.前后插入的型钢应可靠连接，当采用振动锤插入时，应通过环境监测检验其适用性。

3.型钢拔除应采取跳拔方式，并宜采用液压千斤顶配以吊车进行，拔除前水泥土搅拌桩与主体结构外墙之间的空隙必须回填密实，拔出时应对周边环境进行监测，拔出后应对型钢留下的空隙进行注浆填充。

4.当基坑内外水头不平衡时，不宜拔除型钢。

5.周边环境条件复杂、环境保护要求高、拔除对环境影响较大时，型钢不应回收。

6.水泥土未达到设计强度前，沟槽两侧应设置防护栏杆及警示标志等。

（五）沉井

1.周边存在既有建（构）筑物、管线和环境保护要求严格时，不宜采用沉井施工，必须设置时，应采取安全措施。

2.刃脚混凝土达到设计强度后方可进行后续施工，抽承垫木时应有专人统一指挥，分区域、按规定顺序进行，并在抽承垫木及下沉时，严禁人员从刃脚、底梁和隔墙下通过。

3.沉井挖土下沉应分层、均匀、对称进行，并应根据现场施工情况采取止沉或助沉措施，沉井下沉应平稳，下沉过程中应及时纠偏。

4.施工过程中，应安排专人负责观察现场情况，发现涌水、涌砂时，井内作业人员应及时撤离。

5.沉井水下混凝土封底时，工作平台应搭设牢固，导管、平台周围应有栏杆，平

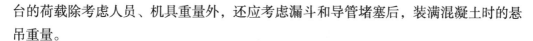

台的荷载除考虑人员、机具重量外，还应考虑漏斗和导管堵塞后，装满混凝土时的悬吊重量。

6.沉井施工，应尽量避开汛期，特别是在初沉阶段不得在汛期内。如需度过汛期、凌期时，应采取稳定可靠的安全防护措施。

7.沉井的内外脚手，如不能随同沉井下沉时，应和沉井的模板、钢筋分开。井字架、扶梯等设施均不得固定在井壁上，防止沉井突然下沉时被拉倒。

8.在筑岛上，沉井下沉中，如刃脚尚未达到原河床以前，而需接高沉井时，应在沉井内回填砂土，并分层灌注混凝土，防止沉井接高加重，产生不均衡下沉，造成沉井倾斜。

（六）地下连续墙

1.地下连续墙成槽施工应符合下列规定：

（1）地下连续墙成槽前应设置钢筋混凝土导墙及施工道路。导墙养护期间，重型机械设备不应在导墙附近作业或停留；

（2）地下连续墙成槽前应进行槽壁稳定性验算；

（3）对位于暗河区、扰动土区、浅部砂性土中的槽段或邻近建筑物保护要求较高时，宜在连续墙施工前对槽壁进行加固；

（4）地下连续墙单元槽段成槽施工宜采用跳幅间隔的施工顺序；

（5）在保护设施不齐全、监管人员不到位的情况下，严禁人员下槽、孔内清理障碍物。

2.槽段接头施工应符合下列规定：

（1）成槽结束后应对相邻槽段的混凝土端面进行清刷，刷至底部，清除接头处的泥沙，确保单元槽段接头部位的抗渗性能；

（2）槽段接头应满足混凝土浇筑压力对其强度和刚度的要求，安放时，应紧贴槽段垂直缓慢沉放至槽底。遇到阻碍时，槽段接头应在清除障碍后入槽；

（3）周边环境保护要求高时，宜在地下连续墙接头处增加防水措施。

3.地下连续墙钢筋笼吊装应符合下列规定：

（1）吊装所选用的吊车应满足吊装高度及起重量的要求，主吊和副吊应根据计算确定。钢筋笼吊点布置应根据吊装工艺通过计算确定，并应进行整体起吊安全验算，按计算结果配置吊具、吊点加固钢筋、吊筋等；

（2）吊装前必须对钢筋笼进行全面检查，防止有剩余的钢筋断头、焊接接头等遗留在钢筋笼上；

（3）采用双机抬吊作业时，应统一指挥，动作应配合协调，载荷应分配合理；

（4）起重机械起吊钢筋笼时应先稍离地面试吊，确认钢筋笼已挂牢，钢筋笼刚度、焊接强度等满足要求时，再继续起吊；

（5）起重机械在吊钢筋笼行走时，载荷不得超过允许起重量的70%，钢筋笼离地不得大于500mm，并应拴好拉绳，缓慢行驶；

（6）起重机械行走区域及吊装区域应进行验算并满足地基承载力要求。

4.预制墙段的堆放和运输应符合下列规定：

（1）预制墙段应达到设计强度100%后方可运输及吊放；

（2）堆放场地应平整、坚实、排水通畅。垫块宜放置在吊点处，底层垫块面积应满足墙段自重对地基荷载的有效扩散。预制墙段叠放层数不宜超过3层，上下层垫块应放置在同一直线上；

（3）运输叠放层数不宜超过2层。墙段装车后应采用紧绳器与车板固定，钢丝绳与墙段阳角接触处应有护角措施。异形截面墙段运输时应有可靠的支撑措施。

5.预制墙段的安放应符合下列规定：

（1）预制墙段应验收合格，待槽段完成并验槽合格后方可安放入槽段内。

（2）安放顺序为先转角槽段后直线槽段，安放闭合位置宜设置在直线槽段上。

（3）相邻槽段应连续成槽，幅间接头宜采用现浇接头。

（4）吊放时应在导墙上安装导向架；起吊吊点应按设计要求或经计算确定，起吊过程中所产生的内力应满足设计要求；起吊回直过程中应防止预制墙段根部拖行或着力过大。

6.起重机械及吊装机具进场前应进行检验，施工前应进行调试，施工中应定期检验和维护。

7.成槽机、履带吊应在平坦坚实的路面上作业、行走和停放。外露传动系统应有防护罩，转盘方向轴应设有安全警告牌。成槽机、起重机工作时，回转半径内不应有障碍物，吊臂下严禁站人。

（七）土钉墙

1.土钉墙支护施工应配合土石方开挖和降水工程施工等进行，分层开挖厚度应与土钉竖向间距协调同步，逐层开挖并施工土钉，严禁超挖。

2.开挖后应及时封闭临空面，完成土钉墙支护；在易产生局部失稳的土层中，土钉上下排距较大时，宜将开挖分为二层并应控制开挖分层厚度，并及时喷射混凝土底层。

3.上一层土钉墙施工完成后，应按设计要求或间隔不小于48h后开挖下一层土方。

4.施工期间坡顶应按超载值设计要求控制施工荷载。

5.严禁土方开挖设备碰撞上部已施工土钉，严禁振动源振动土钉侧壁。

6.对环境调查结果显示基坑侧壁地下管线存在渗漏或存在地表水补给的工程，应反馈修改设计，提高土钉墙设计安全度，必要时应调整支护结构方案。

7.干作业法施工时，应先降低地下水位，严禁在地下水位以下成孔施工；当成孔过程中遇有障碍物或成孔困难需调整孔位及土钉长度时，应对土钉承载力及支护结构安全度进行复核计算，根据复核计算结果调整设计。

8.喷射混凝土施工时作业人员应佩戴防尘口罩、防护眼镜等防护用具，并应避免直接接触液体速凝剂，接触后应立即用清水冲洗；非施工人员不得进入喷射混凝土的

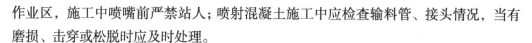

作业区，施工中喷嘴前严禁站人；喷射混凝土施工中应检查输料管、接头情况，当有磨损、击穿或松脱时应及时处理。

9. 喷射混凝土作业中如发生输料管路堵塞或爆裂时，必须依次停止投料、送水和供风。

10. 冬期在没有可靠保温措施条件时不得施工土钉墙。

11. 施工过程中应对产生的地面裂缝进行观测和分析，及时反馈设计，并应采取相应措施控制裂缝的发展。

（八）土层锚杆

1. 当锚杆穿过的地层附近有地下管线或地下构筑物时，应查明其位置、尺寸、走向、类型、使用状况等情况后，方可进行锚杆施工。

2. 锚杆施工前宜通过试验性施工，确定锚杆设计参数和施工工艺的合理性，并应评估对环境的影响。

3. 锚孔钻进作业时，应保持钻机及作业平台稳定可靠，除钻机操作人员还应有不少于 1 人协助作业。高处作业时，作业平台应设置封闭防护设施，作业人员应佩戴防护用品。注浆施工时相关操作人员必须佩戴防护眼镜。

4. 锚杆钻机应安设安全可靠的反力装置。在有地下承压水地层钻进时，孔口必须设置可靠的防喷装置，当发生漏水、涌砂时，应及时封闭孔口。

5. 注浆管路连接应牢固可靠，保证畅通，防止塞泵、塞管。注浆施工过程中，应在现场加强巡视，对注浆管路应采取保护措施。

6. 锚杆注浆时注浆罐内应保持一定数量的浆料防止罐体放空、伤人。处理管路堵塞前，应消除管内压力。

7. 预应力锚杆张拉施工应符合下列规定：

（1）预应力锚杆张拉作业前应检查高压油泵与千斤顶之间的连接件，连接件必须完好、紧固。张拉设备应可靠，作业前必须在张拉端设置有效的防护措施。

（2）锚杆钢筋或钢绞线应连接牢固，严禁在张拉时发生脱扣现象。

（3）张拉过程中，孔口前方严禁站人，操作人员应站在千斤顶侧面操作。

（4）张拉施工时，其下方严禁进行其他操作；严禁采用敲击方法调整施力装置，不得在锚杆端部悬挂重物或碰撞锚具。

8. 锚杆试验时，计量仪表连接必须牢固可靠，前方和下方严禁站人。

9. 锚杆锁定应控制相邻锚杆张拉锁定引起的预应力损失，当锚杆出现锚头松弛、脱落、锚具失效等情况时，应及时进行修复并对其进行再次张拉锁定。

10. 当锚杆承载力检测结果不满足设计要求时，应将检测结果提交设计复核，并提出补救措施。

（九）重力式水泥土墙

1. 重力式水泥土墙应通过试验性施工，并应通过调整搅拌桩机的提升（下沉）速度、喷浆量以及喷浆、喷气压力等施工参数，减小对周边环境的影响。施工完成后应检测墙体连续性及强度。

2. 水泥土搅拌桩机运行过程中，其下部严禁站立非工作人员；桩机移动过程中非工作人员不得在其周围活动，移动路线上不应有障碍物。

3. 重力式水泥土墙施工遇有河塘、洼地时，应抽水和清淤，并应采用素土回填夯实。在暗浜区域水泥土搅拌桩应适当提高水泥掺量。

4. 钢管、钢筋或竹筋的插入应在水泥土搅拌桩成桩后及时完成，插入位置和深度应符合设计要求。

5. 施工时因故停浆，应在恢复喷浆前，将搅拌机头提升或下沉 0.5m 后喷浆搅拌施工。

6. 水泥土搅拌桩搭接施工的间隔时间不宜大于 24h；当超过 24h 时，搭接施工时应放慢搅拌速度。若无法搭接或搭接不良，应作冷缝记录，在搭接处采取补救措施。

（十）预制方桩

1. 预制方桩起吊时起重机臂先伸至合适位置，角度、回转半径等须符合施工方案及操作规程的要求，严禁超负荷起吊。

2. 正式吊装前先进行试吊装，将起吊物吊离地面 10cm ~ 15cm，检查所有捆绑点及吊索具工作状况，确认无误后，进行正式吊装。

3. 在吊装区域内须设安全警戒线，非工作人员严禁入内，同时起吊过程由专人指挥，统一行动，起重臂下严禁站人。

4. 起重机在起重满负荷或接近满负荷时不得同时进行两种操作动作。

5. 起重机作业过程中，严禁靠近架空输电线路，要保持安全距离。

6. 夜间施工要有足够的照明设施。施工场地要做好清理工作，不乱堆乱放物品，保持工作面整洁。现场配备手电筒若干，以备检查使用。

7. 起重吊装设备运行线路及吊装区域应进行地基承载力验算，满足设计及规范要求后方可进行预制方桩吊装。

（十一）内支撑

1. 支撑系统的施工与拆除，应按先撑后挖、先托后拆的顺序，拆除顺序应与支护结构的设计工况一致，并应结合现场支护结构内力与变形的监测结果进行。

2. 支撑体系上不应堆放材料或运行施工机械，当需利用支撑结构兼做施工平台或栈桥时，应进行专项设计，未经专项设计的支撑上不允许堆放施工材料和运行施工机械。

3. 钢支撑吊装就位时，吊车及钢支撑下方严禁人员入内，现场应做好防下坠措施，吊钩上必须有防松脱的保护装置。钢支撑吊装过程中应缓慢移动，操作人员应监视周围环境，避免钢支撑刮碰坑壁、冠梁、上部钢支撑等。起吊钢支撑应先进行试吊，检查起重机的稳定性、制动的可靠性、钢支撑的平衡性、绑扎的牢固性，确认无误后，

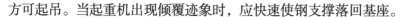

方可起吊。当起重机出现倾覆迹象时，应快速使钢支撑落回基座。

4.钢支撑预应力施加应符合下列规定：

（1）支撑安装完毕后，应及时检查各节点的连接状况，经确认符合要求后方可均匀、对称、分级施加预压力；

（2）预应力施加过程中应检查支撑连接节点，必要时应对支撑节点进行加固；预应力施加完毕、额定压力稳定后应锁定；

（3）钢支撑使用过程应定期进行预应力监测，必要时应对预应力损失进行补偿；在周边环境保护要求较高时，宜采用钢支撑预应力自动补偿系统。

5.当采用人工拆除作业时，施工人员应站在稳定的结构或脚手架上操作，支撑构件应采取有效的防下坠控制措施，对切断两端的支撑拆除的构件应有安全的放置场所。当钢筋混凝土支撑采用爆破拆除施工时，现场应划定危险区域，并应设置警戒线和相关的安全标志，警戒范围内不得有人员逗留，并应派专人监管。

6.拆撑作业施工范围严禁非操作人员入内，切割和吊运过程中工作区严禁人员入内，拆除的零部件严禁随意抛落。钢支撑可采用人工拆除和机械拆除，钢支撑拆除时应避免瞬间预加应力释放过大而导致支护结构局部变形、开裂，并应采用分步卸载钢支撑预应力的方法对其进行拆除。

7.支撑拆除施工过程中应加强对支撑轴力和支护结构位移的监测，变化较大时，应加密监测，并应及时统计、分析上报，必要时应停止施工并加强支撑。

8.机械拆除施工应符合下列规定：

（1）应按施工组织设计选定的机械设备及吊装方案进行施工，严禁超载作业或任意扩大拆除范围；

（2）作业中机械不得同时回转、行走；

（3）对尺寸或自重较大的构件或材料，必须采用起重机具及时下放；

（4）拆卸下来的各种材料应及时清理，分类堆放在指定场所；

（5）供机械设备使用和堆放拆卸下来的各种材料的场地地基承载力应满足要求。

二、地下水与地表水控制

（一）一般要求

1.地下水和地表水控制应根据设计文件、基坑开挖场地工程地质、水文地质条件及基坑周边环境条件编制施工组织设计或施工方案，降排水施工方案应包含各种泵的扬程、功率，排水管路尺寸、材料、路线，水箱位置、尺寸，电力配置等；降排水系统应保证水流排入市政管网或排水渠道，应采取措施防止抽排出的水倒灌流入基坑。

2.当支护结构或地基处理施工时，应采取措施防止打桩、注浆等施工行为造成管井、点井失效；截水帷幕与灌注桩间不应存在间隙，当环境保护设计要求较高时，应在灌注桩与截水帷幕之间采取注浆加固等措施。

3. 当基坑内出现临时局部深挖时，可采取集水明排、盲沟等技术措施，并应与整体降水系统有效结合；当坑底下部的承压水影响到基坑安全时，应采取坑底土体加固或降低承压水头等治理措施；抽水应采取措施控制出水含砂量。含砂量控制应满足设计及有关规范要求。

4. 应进行中长期天气预报资料收集，编制晴雨表，根据天气预报实时调整施工进度；降雨前应对已开挖未进行支护的侧壁采用覆盖措施，并应配备设备及时排除基坑内积水；因地下水或地表水控制原因引起基坑周边建（构）筑物或地下管线产生超限沉降时，应查找原因并采取有效控制措施。

（二）排水与降水

1. 排水沟和集水井宜布置于地下结构外侧，距坡脚不宜小于 0.5m；单级放坡基坑的降水井宜设置在坡顶，多级放坡基坑的降水井宜设置于坡顶、放坡平台。

2. 当基坑开挖深度超过地下水位后，排水沟与集水井的深度应随开挖深度加深，并应及时将集水井中的水排出基坑。

3. 轻型井点降水系统运行应符合下列规定：总管与真空泵接好后应启动真空泵开始试抽水，检查泵的工作状态；真空泵的真空度应达到 0.08MPa 及以上；正式抽水宜在预抽水 15d 后进行；应及时做好降水记录。

4. 管井降水抽水运行应符合下列规定：正式抽水宜在预抽水 3d 后进行；坑内降水井宜在基坑开挖 20d 前开始运行；应加盖保护深井井口；车辆行驶道路上的降水井，应加盖市政承重井盖，排水通道宜采用暗沟或暗管。

5. 真空降水管井抽水运行应符合下列规定：

（1）井点使用时抽水应连续，不得停泵，并应配备能自动切换的电源；

（2）当降水过程中出现长时间抽浑水或出现清后又浑情况时，应立即检查纠正；应采取措施防止漏气，真空度应控制在 -0.06MPa ~ -0.03MPa；

（3）当真空度达不到要求时，应检查管道漏气情况并及时修复；

（4）当井点管淤塞太多，严重影响降水效果时，应逐个用高压水反复冲洗井点管或拔出重新埋设；

（5）应根据工程经验和运行条件、泵的质量情况等配备一定数量的备用射流泵；

（6）对使用的射流泵应进行日常保养与检查，发现不正常应及时更换。

6. 系统安装前应对泵体和控制系统做一次全面细致的检查；检查的内容包括检验电动机的旋转方向、各部位连接螺栓是否拧紧，润滑油是否充足、电缆接头的封口是否松动、电缆线有无破损等情况，然后试转 1d 左右，如无问题，方可投入使用。安装完毕应进行试抽水，满足要求后方可投入正常运行。

（三）截水帷幕

1. 水泥土截水帷幕施工应保证施工桩径，并确保相邻桩搭接要求，当采用高压喷射注浆法作为局部截水帷幕时，应采用复喷工艺，喷浆下沉或提升速度不应大于

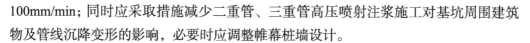

100mm/min；同时应采取措施减少二重管、三重管高压喷射注浆施工对基坑周围建筑物及管线沉降变形的影响，必要时应调整帷幕桩墙设计。

2. 注浆法帷幕施工前应进行现场注浆试验，试验孔的布置应选取具有代表性的地段，并应在土层中采用钻孔取芯结合注水试验检验截水防渗效果，注浆管上拔时宜采用拔管机；当土层存在动水或土层较软弱时，可采用双液注浆法来控制浆液的渗流范围，两种浆液混合后在管内的时间应小于浆液的凝固时间。

3. 三轴水泥土搅拌桩截水帷幕施工应采用套接孔法施工，相邻桩的搭接时间间隔不宜大于24h，当帷幕墙前设置混凝土排桩时，宜先施工截水帷幕，后施工灌注排桩，当采用多排三轴水泥土搅拌桩内套挡土桩墙方案时，应控制三轴搅拌桩施工对基坑周边环境的影响。

4. 钢板桩截水帷幕施工应评估钢板桩施工对周围环境的影响，在拔除钢板桩前应先用振动锤振动钢板桩，拔除后的桩孔应采用注浆回填，钢板桩打入与拔除时应对周边环境进行监测。

5. 兼作截水帷幕的钻孔咬合桩施工宜采用软切割全套管钻机施工，砂土中的全套管钻孔咬合桩施工，应根据产生管涌的不同情况，采取相应的克服砂土管涌的技术措施，并应随时观察孔内地下水和穿越砂层的动态，按少取土多压进的原则操作，确保套管超前，套管底口应始终保持超前于开挖面2.5m以上；当遇套管底无法超前时，可向套管内注水来平衡第一序列桩混凝土的压力，阻止管涌发生。

6. 冻结法截水帷幕施工应具备可靠稳定的电源和预备电源，冻结管接头强度应满足拔管和冻结壁变形作用要求，冻结管下入地层后应进行试压；冻结站安装应进行管路密封性试验，并应采取措施保证冻结站的冷却效率；正式运转后不得无故停止或减少供冷，施工过程应采取措施减小成孔引起土层沉降，及时监测倾斜；开挖前应对冻结壁的形成进行检测分析，并对冻结运转参数进行评估；检验合格以及施工准备工作就绪后应进行试开挖判定，具备开挖条件后可进行正式开挖；开挖过程应维持地层的温度稳定，并应对冻结壁进行位移和温度监测；冻结壁解冻过程中应对土层和周边环境进行连续监测，必要时应对地层采取补偿注浆等措施；冻结壁全部融化后应继续监测直到沉降达到控制要求；冻结工作结束后，应对遗留在地层中的冻结管进行填充和封孔，并应保留记录；冻结站拆除时应回收盐水，不得随意排放。

7. 截水措施失效时，可采用设置导流水管，遇水膨胀材料或压密注浆、聚氨酯注浆等方法堵漏，快硬早强混凝土浇筑护墙，在基坑外壁增设高压旋喷或水泥土搅拌桩截水帷幕，增设坑内降水和排水设施等措施。

（四）回灌

1. 根据降水布置、出水量、现场条件建立回灌系统，回灌点应布置在被保护建筑与降水井之间，并应通过现场试验确定回灌量和回灌工艺。

2. 回灌注水量应保持稳定，在贮水箱进出口处应设置滤网，回灌水的水头高度可根据回灌水量进行调整，严禁超灌引起湿陷事故。

3. 回灌砂井中的砂宜选用不均匀系数为 3 ~ 5 的纯净中粗砂，含泥量不宜大于 3%，灌砂量不少于井孔体积的 95%。

4. 回灌水水质不得低于原地下水水质标准，回灌不应造成区域性地下水质污染。

5. 回灌管路产生堵塞时，应根据产生堵塞的原因，采取连续反冲洗方法、间歇停泵反冲洗与压力灌水相结合的方法进行处理。

三、基坑施工

（一）一般要求

1. 支护结构施工和开挖过程中，施工总承包单位对支护结构自身、已施工的主体结构和邻近道路、市政管线、地下设施、周围建（构）筑物等进行施工监测，还应采用信息施工法，及时调整施工方法及采取预防风险措施，可通过采用设置隔离桩、加固既有建筑地基基础、反压与配合降水纠偏等技术措施，控制邻近建（构）筑物产生过大的不均匀沉降。

2. 当遇有可能产生相互影响的邻近工程进行桩基施工、基坑开挖、边坡工程、盾构顶进、爆破等施工作业时，应确定相互间合理的施工顺序和方法，必要时应采取措施减少相互影响。

3. 施工总承包单位在土方开挖过程中应加强监测，合理安排土方开挖顺序，优化施工工艺，以减小基坑开挖的影响；土方开挖时，应清除支撑底模，避免底模附着在支撑底部；若采用混凝土垫层作底模，为方便清除，应在支撑与混凝土垫层底模之间设置隔离措施，在支撑以下土方开挖时应清理干净，否则附着的底模在基坑后续施工过程中一旦脱落，可能造成人员伤亡事故。

（二）专项方案

1. 基坑工程施工应编制专项施工方案，开挖深度超过 3m（含 3m）的基坑（槽）的土方开挖、支护、降水工程，开挖深度虽未超过 3m，但地质条件、周围环境和地下管线复杂，或影响毗邻建（构）筑物安全的基坑（槽）的土方开挖、支护、降水工程应单独编制专项施工方案。

2. 开挖深度超过 5m（含 5m）的基坑（槽）的土方开挖、支护、降水工程专项施工方案，应组织专家进行论证。

3. 当基坑周边环境或施工条件发生变化时，专项施工方案应重新进行审核、审批。

4. 明（盖）挖基坑工程施工前，应由建设单位委托具备相应资质的第三方单位对基坑工程实施现场监测，监测单位应编制监测方案。地质和环境条件很复杂的基坑工程；邻近重要建（构）筑物和管线，以及历史文物、近代优秀建筑、地铁、隧道等影响甚至破坏后果很严重的基坑工程；已发生严重事故，重新组织实施的基坑工程；采用新技术、新工艺、新材料的一、二级基坑工程及其他必须论证的基坑工程应进行专家论证。

（三）施工准备阶段

1.基坑工程设计前必须调查地质水文、周边环境及地下管线等情况，严禁情况不明开展设计工作；基坑围护结构设计选型应与地质情况匹配；应保证围护结构坚固可靠，嵌入深度满足稳定性和强度要求，确保基坑围护结构止水措施到位。

2.基坑工程设计应进行坍塌风险辨识、分析，编制风险清单并制定相应措施，计算围护（支撑）体系内力和变形，结合已完工程经验判断设计成果合理性。

3.基坑施工必须有可靠的地下水控制方案，临河道、湖泊基坑应做好防汛措施，应在确保地下水得到有效控制的前提下开挖。

4.基坑施工前应按照相关规定编制专项施工方案并组织专家论证，确保按照经审查合格的设计文件和方案组织实施，做好方案交底，严禁擅自改变施工方法。

5.围护结构施工前，做好地上及地下建（构）筑物、管线等周边环境调查和变形监测点布设等工作。

（四）基坑开挖

1.基坑开挖前应组织开展关键节点施工前安全条件核查，包括钻孔、成槽等动土作业和土方开挖施工，重点核查可能出现渗漏的围护体系施工质量；未经安全条件核查或条件核查不合格的，不得开挖施作。

2.土方开挖时严格遵循自上而下分层分段进行，严格控制开挖与支撑之间的时间、空间间隔，严禁超挖；软弱地层支撑应采用钢筋混凝土支撑等加强措施；应先撑后挖，采用换撑方案时应先撑后拆；支撑不到位严禁开挖土体；严格落实换撑、拆撑验收，严禁支撑架设滞后、违规换撑、拆撑。

3.基坑内土坡坡度和支护方法应符合施工方案规定，基坑开挖分层分段时，应做好超前降水、排水，确保坑内土体安全坡度，基坑分段分期开挖时，必须保证临时隔离结构及支护的工程质量；对周边环境要求严格的地区，可采用伺服式钢支撑。

4.钢支撑架设必须设置防坠落装置；钢支撑架设时严格按规范要求分级施加预应力，做好钢支撑预应力锁定，钢支撑出现应力损失应及时查明原因并进行应力补偿。

5.基坑分段开挖长度应符合施工方案要求。基坑开挖见底后尽早施作底板结构，确保基底及时封闭，严禁长距离、长时间暴露。

6.基坑（槽）开挖后应及时进行地下结构和安装工程施工，基坑（槽）开挖或回填应连续进行；施工过程中应随时检查坑（槽）壁稳定情况。

7.应防止地表水流入基坑（槽）内造成边坡塌方或土体破坏，基坑施工时应做好坑内和地表排水组织，调查基坑周边的管网渗漏情况，避免地表水流入基坑或给水排水管网渗漏、爆管。场地周围出现地表水汇流、排泄或地下水管渗漏时，应组织排水，对基坑采取保护措施。

8.采用爆破施工时，应编制专项方案，防止爆破震动影响边坡及周边建（构）筑物稳定，并符合当地管理部门要求。

9.基坑工程应按照设计文件规定进行支撑轴力、围护结构变形、地下水位、地面沉降等监控量测，监控量测数据超过预警值应科学分析并及时处置，超过控制值时应分析查明原因并制定有效处置措施，未采取处置措施前，严禁组织后续施工。

（五）基坑周边堆载控制

1.基坑周边使用荷载不应超过设计限值，无支护基坑（槽）周边严禁在坑底边线周边与开挖深度相等范围内堆载。

2.坑边严禁重型车辆通行。当支护设计中已考虑堆载和车辆运行时，必须按设计要求进行，严禁超载。

3.在基坑边1倍基坑深度范围内建造临时住房或仓库时，应经基坑支护设计单位允许，并经施工总包单位技术负责人、工程项目总监理工程师批准。

4.在基坑的危险部位、临边、临空位置应设置明显的安全警示标识或警戒，在基坑边1.5m范围内拉警戒线，警戒线范围内设置"严禁堆载"的警示语。

5.管沟开挖工程施工坑顶两侧1m范围内严禁堆放弃土，1m以外的堆土高度超过1.5m的必须开展边坡稳定性验算，堆土高度加基坑深度之和超过5m的必须按照危险性较大的分部分项工程标准实施管控；周边施工材料、设施或车辆荷载严禁超过设计要求的地面荷载限值；管沟开挖施工必须采取有效措施，确保主要影响区范围内的建（构）筑物和地下管线安全。

（六）基坑监测

1.基坑开挖前应制定系统的开挖监测方案，监测方案应包括工程概况、监测依据、监测目的、监测项目、测点布置、监测方法及精度、监测人员及主要仪器设备、监测频率、监测报警值、异常情况下的监测措施、监测数据的记录制度和处理方法、工序管理及信息反馈制度等。

2.监测单位应严格实施监测方案，及时分析、处理监测数据，并将监测结果和评价及时向建设单位及相关单位作信息反馈；当监测数据达到监测报警值时必须立即通报建设单位及相关单位。

3.当基坑工程设计或施工有重大变更时，监测单位应及时调整监测方案。

4.基坑工程监测不应影响监测对象的结构安全、妨碍其正常使用。

5.车站基坑工程整个施工阶段内，每天均应有专人进行现场巡查，明（盖）挖法车站基坑工程施工现场巡查宜包括以下几方面。

（1）施工工况：开挖长度、分层高度及坡度，开挖面暴露时间；开挖面岩土体的类型、特征、自稳性，渗漏水量大小及发展情况；如降水或回灌等地下水控制效果及设施运转情况；基坑侧壁及周边地表截、排水措施及效果，坑边或基底积水情况；如支护桩（墙）后土体裂缝、沉陷，基坑侧壁或基底的涌土、流砂、管涌情况；基坑周边的超载情况；放坡开挖的基坑边坡位移、坡面开裂情况。

（2）支护结构：支护桩（墙）的裂缝、侵限情况；冠梁、围檩的连续性，围檩与桩（墙）之间的密贴性，围檩与支撑的防坠落措施；冠梁、围檩、支撑的变形或裂缝情况；支撑架设情况；盖挖法顶板的变形和开裂，顶板与立柱、墙体的连接情况；锚杆、土钉垫板的变形、松动情况；止水帷幕的开裂、渗漏水情况。

6.基坑开挖期间，观察频率为1次/d；情况异常时，加密观察频率，主体结构完成后结束。

7.周边环境现场巡查应包括下列内容：建（构）筑物、桥梁墩台或梁体、既有城市轨道交通结构等裂缝位置、数量和宽度，混凝土剥落位置、大小和数量，设施的使用状况；地下构筑物积水及渗水情况，地下管线的漏水、漏气情况；周边路面或地表裂缝、沉陷、隆起、冒浆的位置、范围等情况；河流湖泊的水位变化情况，水面出现漩涡、气泡及其位置、范围，堤坡裂缝宽度、深度、数量及发展趋势等；工程周边开挖、堆载、打桩等可能影响工程安全的生产活动。

8.明（盖）挖法基坑支护结构和周围岩土体监测项目应符合规范要求。

9.当遇到下列情况时，应对工程周围岩土体进行监测：基坑深度较大、基底土质软弱或基底下存在承压水且对工程影响较大时，应进行坑底隆起（回弹）监测；基坑侧壁、隧道围岩的地质条件复杂，岩土体易产生较大变形、空洞、坍塌的部位或区域，应进行土体分层竖向位移或深层水平位移监测；在软土地区，基坑或隧道邻近对沉降敏感的建（构）筑物等环境时，应进行孔隙水压力、土体分层竖向位移或深层水平位移监测；工程邻近或穿越岩溶、断裂带等不良地质条件，或施工扰动引起周围岩土体物理力学性质发生较大变化，并对支护结构、周边环境或施工可能造成危害时，应结合工程实际选择岩土体监测项目。

（七）汛期施工安全措施

1.施工现场应确保场地排水系统排水能力满足规范要求，定期检查，确保无淤积、堵塞等现象；抽排水设施管（孔）口应设置防客水倒灌措施；雨季期间，通往基坑、明挖隧道的所有可能进水管（口）应进行可靠封堵；设专人检查，及时疏浚排水系统，确保施工现场排水畅通。

2.基坑（竖井、斜井）、车站出入口等周边挡水墙强度、相对高度应满足防汛要求，并定期检查挡水墙完好性，及时修补处理。

3.雨期开挖基坑（槽、沟）时，应注意边坡稳定，应加强对边坡坡脚、支撑等处理，暴雨期间应停止土石方作业。

4.汛期前，应做好周边河流、管线渗漏等情况摸排，对隐患部位及时进行处理；汛期施工时，应落实值班巡查制度，加强监测，与气象、防汛等部门建立防汛联动机制，及时掌握气象、水文等信息。根据当地防汛预警等级要求，及时启动防汛应急预案。

四、脚手架施工

（一）一般要求

1. 专项施工方案实施前，应将专项施工方案向施工现场管理人员与作业人员进行安全技术交底。

2. 脚手架搭设和拆除作业应由专业架子工实施，并应持证上岗，操作人员应佩戴个人防护用品，穿防滑鞋系安全带。

3. 脚手架材料与构配件的性能指标应满足脚手架使用需要，质量应符合国家现行相关标准规定。脚手架材料与构配件应有产品质量合格证明文件。

4. 严禁在未固定、无防护设施的构件及管道上进行作业或通行。

（二）专项方案

1. 脚手架应根据使用功能和环境进行设计。架体搭设作业之前，应根据工程特点编制专项施工方案，并经监理单位审批后实施。若涉及危险性较大的分部分项工程专项施工方案应组织专家进行论证。

2. 专项施工方案应包括施工安全质量保证措施及计算书。

（三）承插型盘扣式钢管作业脚手架

1. 作业架的高宽比宜控制在 3 以内；当作业架高宽比大于 3 时，应设置抛撑或缆风绳等抗倾覆措施。

2. 双排作业架的外侧立面上应设置竖向斜杆。并应符合下列条件：

（1）在脚手架的转角处、开口型脚手架端部应由架体底部至顶部连续设置斜杆。

（2）应每隔不大于 4 跨设置一道竖向或斜向连续斜杆；当架体搭设高度在 24m 以上时，应每隔不大于 3 跨设置一道竖向斜杆。

（3）竖向斜杆应在双排作业架外侧相邻立杆间由底至顶连续设置。

3. 双排外脚手架的连续搭设高度不宜大于 24m，斜拉杆沿架体外侧纵向每 5 跨每层应设置一根竖向斜拉杆或每 5 跨间应设置扣件钢管剪刀撑。

4. 双排外脚手架的架体步距、跨距要求：步距宜取 2m，立杆纵距宜取 1.5m 或 1.8m，且不宜大于 2.1m，立杆横距宜取 0.9m 或 1.2m。

5. 对于双排脚手架的每步水平杆层，当无挂钩钢脚手板加强水平层刚度时，应每 5 跨设置水平斜杆。

6. 连墙件和架体的连接点，至盘扣节点距离不应大于 300mm。

（四）承插型盘扣式钢管模板支撑架

1. 对于长条状的独立高支模架，支撑架的高宽比宜控制在 3 以内，高宽比大于 3 的支撑架应采取与既有结构刚性连接等抗倾覆措施。

2. 当支撑架搭设高度大于 16m 时，顶层步距内应每跨布置竖向斜杆。

3. 支撑架可调托撑伸出顶层水平杆或双槽托梁中心线的悬臂长度不应超过 650mm，且丝杆外露长度不应超过 400mm，可调托撑插入立杆或双槽托梁长度不得小于 150mm。

4. 支撑架可调底座丝杆插入立杆长度不得小于 150mm，丝杆外露长度不宜大于 300mm，作为扫地杆的最底层水平杆中心线距离可调底座的底板不应大于 550mm。

5. 当支撑架搭设高度超过 8m、周围有既有建筑结构时，应沿高度每间隔 4 个 ~ 6 个标准步距与周围已建成的结构进行可靠拉结。

6. 支撑架应沿高度每间隔 4 个 ~ 6 个标准步距设置水平剪刀撑。

7. 当以独立塔架形式搭设支撑架时，应沿高度每间隔 2 个 ~ 4 个标准步距与相邻的独立塔架水平拉结。

8. 当搭设高度不超过 8m 时内支撑步距不宜超过 1.5m，当搭设高度超过 8m 时内支撑步距不得超过 1.5m。

（五）施工人员管理

1. 盘扣式脚手架支架的搭设和拆除必须由经过培训的专业架子工担任，持证上岗；非特种作业人员不得从事搭设或拆除施工。

2. 架子工进入施工现场必须正确戴好安全帽、系好安全带，在架体上的作业人员要配备防滑手套、防滑鞋和工具安全钩或袋，作业工具要挂在安全钩上或放入袋内。

3. 作业人员必须严格执行安全技术交底和上岗前的工作安排规定。

4. 支架在搭设时，严禁在安全禁区内穿行和进行交叉作业，要采取切实措施保证材料、配件、工具传递和使用安全，并根据现场情况在交通道口、作业部位上下方设安全哨监护；在支架使用期间需设置安全通道或进行交叉作业时，必须搭设安全防护网。

5. 严禁作业人员在支架上奔跑、退行、嬉闹和坐在杆件上，避免发生碰撞、闪失、脱手、滑跌、落物等不安全作业；严禁酒后作业。

6. 有高血压、心脏病、癫痫病和其他不适应高空作业的疾病人员不得从事支架施工。

（六）脚手架分阶段检查和验收

当搭设高度达到设计的高度要求后以及浇筑混凝土之前，对盘扣式支撑架重点检查以下内容：

1. 基础应符合设计要求，并应平整坚实，立杆与基础间应无松动、悬空现象。

2. 搭设的架体三维尺寸应符合设计要求，搭设方法和斜杆等设置应符合规范规定。

3. 可调托座及可调底座伸出水平杆的悬臂长度必须符合规范限定要求。

4. 检查支撑架竖向斜杆的销板是否打紧，是否平行与立杆；水平杆的销板是否垂直于水平杆。

5. 检查各种杆件的安装部位、数量、形式是否符合设计要求。

6. 支撑架的所有销板都必须处于锁紧状态；悬挑位置要准确，各阶段的水平杆、竖向斜杆安装完整，销板安装紧固，各项安全防护到位。

7. 水平安全网等相应安全措施符合专项施工方案要求。

8. 搭设的施工记录和质量检查记录应及时、齐全。

（七）脚手架拆除

1. 混凝土及预应力管道压浆达到设计强度（应有强度报告），架体拆除时应按施工方案设计的拆除顺序进行。

2. 支撑架拆除前应派专人检查支撑架上的材料、杂物是否清理干净，支撑架拆除前必须划出安全区，并设置醒目的警示标志；架体拆除作业应统一组织，并应设专人指挥，不得交叉作业。

3. 拆除时应遵循先上后下、后搭先拆、一步一清的原则（即从挠度变形较大处开始拆除），部件拆除的顺序与安装顺序相反，严禁上下同时进行。同层杆件和构配件应按先外后内的顺序拆除；剪刀撑、斜撑杆等加固杆件应在拆卸至该部位杆件时拆除；作业脚手架连墙件应随架体逐层、同步拆除，不应先将连墙件整层或数层拆除后再拆架体。

4. 支撑架拆除时，为使架体保持稳定，拆除的最小留置区段的高宽比严禁大于 3 : 1。

5. 卸料时应由作业人员将各配件逐次传递到地面，严禁从高空抛掷拆除后的脚手架材料与构配件。

6. 运至地面的构配件应及时检查、整修与保养，清除杆件及螺纹上的沾污物，变形严重的，送回修整；配件经检查、修整后，按品种、规格分类存放，妥善保管。

7. 拆除杆件时，要互相告知，协调作业，已松开连接的杆部件要及时拆除运出，避免发生误扶误靠。

8. 当日完工后，应仔细检查岗位周围情况，如发现留有隐患的部位，应及时进行修复或继续完成至一个程序、一个部位的约束，方可撤离岗位。

五、移动模架

（一）一般要求

1. 移动模架施工现场应具备场地平整、道路通畅、排水顺畅等条件，现场布置应按批准的总平面图进行。

2. 移动模架在施工时应在周围应设立危险警戒区，拉警戒线，设警示标志，夜间施工，要有足够的照明设施。

3. 移动模架操作平台上应设专人负责消防工作，不得存放易燃易爆物品，平台上不得超载存放建筑材料、构件等。

4. 跨（临）铁路、高速公路、市政道路、航道等移动模架下部应设置能防止穿透的防护棚；起重设备、混凝土输送管、上下通道等设施不得与移动模架相连接。

5. 移动模架应有风速仪、避雷针和防风锚定设施。

（二）专项方案

1. 移动模架施工前应编制专项施工方案，专项施工方案应组织专家论证，并经施工总承包单位、监理单位和建设单位相关人员签字，施工总承包单位应按审批后的专项方案组织施工。

2.移动模架装置的设计、制作及移动模架施工应符合国家现行标准及规定，其中吊架、临时拼装支架、移动模架采用非定型产品时应进行专项设计，移动模架的设计和制造必须具有相应资质和加工能力的单位承担，出厂前应进行试拼装、验收并提供设备出厂合格证等。

3.定型移动模架应有设计、安装技术资料以及操作手册等技术文件，非定型移动模架所用的承重构配件和连接件应有质量合格证、材质证明，其品种、规格、型号、材质应符合模架设计要求，所采用的液压或卷扬等装置应有产品合格证等。

4.移动模架工程施工前，施工总承包单位技术负责人应按照移动模架专项施工方案的要求，向参加移动模架施工的现场管理人员和施工人员进行安全技术交底；参加移动模架工程的施工人员，应通过专业培训考核合格后方能上岗工作。

（三）模架结构

1.定型移动模架产品及所用构配件应与所施工的混凝土梁各项施工要求相适应。

2.非定型移动模架的主承重梁的支承位置、间距应符合模架设计要求。

3.非定型移动模架的主承重梁的纵、横向连接的型号位置和连接方式应符合模架设计要求，连接应牢固可靠。

4.下行式模架的托架采用对拉连接时，精轧螺纹钢筋的使用次数不应超过设计要求。

5.下行式模架的托架采用非对拉连接安装时，托架位置、构造方式应符合模架设计要求。

（四）移动模架施工

1.移动模架应按产品操作手册安装，并由移动模架设计制造厂家派专人现场指导安装与调试。

2.临时拼装支架地基基础应坚实可靠，架体结构应牢固可靠、构造合理，支架搭设材料及构件的质量应符合国家现行相关标准要求。

3.下行式模架的托架采用对拉连接时，张拉精轧螺纹钢筋预拉力应符合设计要求，双螺帽应紧固。

4.上行式模架后支腿应置于已浇筑梁段腹板中心线上，支承面积应满足模架设计要求。

5.模架拼装过程中，支腿托架、主梁、横联应及时连接，防止模架整体失稳。

6.模架在首孔梁浇筑位置首次安装就位后应按不小于 1.2 倍施工总荷载进行预压试验，每次重新组装后应按最大施工组合荷载的 1.1 倍进行模拟荷载试验，检验合格后应由制造厂家和使用单位共同签认，符合移动模架设计要求后方可正式投入使用。

（五）检查验收

1.移动模架拼装采用的临时支架或吊架施工完成后应办理验收手续。

2.移动模架进场后，应清点、检查所有部件，并对重点部位焊缝进行无损探伤检测。

3. 采用对拉连接的托架安装前，应对精轧螺纹钢筋、夹具及连接器进行外观检查，并应进行力学试验，合格后方可使用。

4. 移动模架拼装完成后应对电路、液压系统的运行情况进行检查。

5. 移动模架组装后首次使用前应组织设计制造和安装单位共同进行检查验收。

6. 过孔前后应对模架的关键部位和支承系统进行全面检查。

7. 各阶段检查验收应采用经审批的表格形成记录，并应由相关责任人签字确认。

8. 验收合格后应在明显位置悬挂验收合格牌。

（六）模架过孔

1. 移动模架过孔应在梁体预应力初张拉完成后方可进行。

2. 模架打开过孔前应确认电路、油路运行正常，并应解除所有影响模架位移的约束。

3. 模架纵向移动时两侧的承重主梁应保持同步。

4. 模架横向开启及合拢过程中，左右两侧模架、同侧模架前后端均应保持同步。

5. 纵移到最后 1m 时，应按点动按钮前进；移动模架应有可靠的纵向过孔限位和制动装置。

6. 移动模架过孔后应及时将外模系统合拢，并应将支腿吊架、主梁、横联及时连接。

7. 移动模架安装完成或纵移定位后，支撑主梁的油缸应处于锁定状态。

8. 移动模架在过孔时的抗倾覆稳定系数不应小于 1.5。

（七）使用与监测

1. 移动模架使用前，应在显著位置悬挂移动模架安全使用规程。

2. 移动模架移动过孔时，应对模架的运行状态进行监控。

3. 浇筑混凝土时，应对承重主梁变形进行监测，并应形成监测记录。

4. 模架中的动力和照明线路应由专业人员敷设，并应定期检查清理，消除短路、漏电等隐患。

5. 移动模架浇筑作业面上的施工荷载应在模架设计允许范围内。

6. 混凝土浇筑应由悬臂端向已浇筑梁端进行，左右两侧腹板及翼缘混凝土对称下料，以保证主梁结构受力均匀，变形一致。

7. 风力大于 6 级时，不得进行移动模架施工作业，所有支腿均应处于锚固和锁定状态，外模板应闭合。

8. 移动模架现场使用单位应对其安全技术资料建立安全技术档案。

（八）移动模架拆除

1. 模架拆除前，应设置围栏和警示标志，并应派专人监护。

2. 移动模架拆除应在不带电的状态下进行。

3. 移动模架拆除应对称进行，防止整体结构失衡失稳。

4. 拆除主梁等大型构件前，应采取增设缆风绳、临时支撑等措施，防止倾覆。

5. 拆下的构件应堆放稳定，防止倾翻伤人。

六、液压爬升模板

（一）一般要求

1. 上架体高度、宽度应能满足支模、脱模、绑扎钢筋和浇筑混凝土的操作需要。

2. 下架体高度应能满足油缸、导轨、挂钩连接座和吊平台的安装和施工要求，宽度应能满足上架体模板水平移动 400mm ~ 600mm 的空间需要，并应能满足导轨爬升、模板清理和涂刷脱模剂要求。

3. 上架体和下架体均应采用纵向连系梁将平面架体连成整体。

4. 架体主框架水平支承跨度不应大于 6m，架体的水平悬臂长度不得大于水平支承跨度的 1/3。

5. 在爬升和使用工况下，架体竖向悬臂高度均不应大于架体高度的 2/5，且不得大于 6m。

6. 上下操作平台间应设置专用通行梯道，梯道应牢固保持畅通、满铺脚手板且牢固固定。

7. 上下架体全高范围及吊平台底部应按临边作业要求设置安全防护栏杆和安全立网，下操作平台及吊平台与结构表面之间应设置翻板和兜网。

8. 操作平台上的施工荷载应均匀，并应在设计允许范围内，操作层应在外侧设置高度不低于 180mm 的挡脚板，操作平台上应按消防要求设置消防设施。

9. 爬模操作人员应经培训并定岗作业，操作平台与地面之间应有可靠的通信联络，并统一指挥。

10. 爬模装置安装、爬升、拆除时应设置安全警戒，并应设置专人监护。

（二）专项方案

1. 爬模施工前应编制专项施工方案，专项施工方案应组织专家论证，并经施工总承包单位、监理单位和建设单位相关人员审核、审批，施工总承包单位应按审批后的专项方案组织施工。

2. 爬模施工前应编制完整的设计文件，并应进行结构设计计算。

3. 专项施工方案实施前，应进行安全技术交底，并应有文字记录。

（三）承载体

1. 锥形承载接头的安装位置应符合爬升模板设计要求，其定位中心允许偏差应为 ±5mm。

2. 挂钩连接座应采用专用承载螺栓固定，并应与结构物表面有效接触。

3. 锥体螺母长度不应小于承载螺栓外径的 3 倍。

4. 预埋件和承载螺栓拧入锥体螺母的深度均不应小于承载螺栓外径的 1.5 倍。

5. 承载螺栓螺杆露出螺母长度不得小于 3 扣，垫板尺寸不应小于 100mm × 100mm × 10mm。

6. 承载螺栓应与锥体螺母扭紧。

（四）防倾与防坠装置

1. 导轨的垂直度偏差不应大于导轨高度的 5/1000，且不得大于 30mm，工作状态中的最大挠度不应大于 5mm。

2. 防倾装置的导向间隙不应大于 5mm。

3. 防坠装置必须灵敏可靠，其下坠制动距离不得大于 50mm。

4. 液压系统应具有超载和油缸油管破裂时的液压保护功能。

5. 油缸不同步时应能启动调节功能。

（五）爬升机构性能与设置

1. 导轨的梯挡应与油缸行程相匹配，并应能满足与防坠爬升器相互运动要求。

2. 导轨顶部应与挂钩连接座可靠挂接或销接，中部应穿入架体防倾调节支腿中。

3. 上、下防坠爬升器的定位销、限位器、导向板、承力块等组装件应转动灵活，定位正确可靠。

4. 防坠爬升器换向应灵敏可靠，并应能确保棘爪支承在导轨的梯挡上，有效防止架体坠落。

5. 油缸机位间距应符合爬模设计要求。

6. 油缸选用的额定荷载不应小于工作荷载的 2 倍。

（六）架体爬升

1. 爬模装置爬升时，承载体受力处混凝土的强度不应小于 10MPa，并应满足爬模设计要求。

2. 架体爬升前，应解除下层附墙连接装置及相邻分段架体之间、架体与构筑物之间的连接。

3. 架体爬升前，应清除操作平台上的堆料。

4. 防坠爬升器的工作状态应与导轨或架体的爬升状态相一致。

5. 导轨爬升前，导轨锁定销键和导轨底部调节支腿应处于松开状态。

6. 架体爬升前，架体防倾调节支腿应退出，挂钩锁定销应处于拔出状态。

7. 架体爬升到位后，挂钩连接座应及时插入承力销和挂钩锁定销，并应确保防倾调节支腿紧密顶撑在混凝土结构上。

8. 架体爬升到位后，应及时建立下层附墙连接装置及相邻分段架体之间、架体与构筑物之间的连接。

9. 架体爬升过程应设专人检查防坠爬升器，确保棘爪处于正常工作状态。

（七）检查验收

1. 承载体、爬升装置、防倾和防坠装置以及架体结构的主要构配件进场应进行验收。

2. 应提供至少两个机位的出厂前爬模装置的安装试验、爬升性能试验和承载试验检验报告。

3. 爬模装置安装完毕应办理完工验收手续，并形成验收记录。

4. 架体每次爬升前应组织安全检查，并应形成安全检查记录。

5. 检查验收内容和指标应有量化内容，并应由责任人签字确认。

七、悬臂浇筑连续梁施工

（一）一般要求

1. 支架设计、施工、验收应符合规定要求。支架应根据施工设计图进行制作和安装，所用钢支架或钢构件的规格、质量应符合国家相关标准的规定；严格控制竖杆的垂直度、剪刀撑及扫地杆的间距和数量，保证钢管及支架整体稳定性。

2. 模板应具有足够的强度、刚度和稳定性，并能承受新浇混凝土的重力、侧压力和施工期间可能产生的各项荷载，模板的进场验收合格资料应齐全。

3. 桥涵工程施工预应力筋在使用前必须做张拉、锚固试验，并应进行管道摩阻、喇叭口摩阻等预应力损失测试，以保证预施应力准确。

4. 油压千斤顶、油泵、油管和压力表等，在使用前应按规定进行检验标定。

5. 悬臂浇筑混凝土应对称、平衡施工，两侧悬臂段实际不平衡偏差不得大于设计要求。

（二）专项方案

1. 连续梁施工应按规定编制连续梁施工专项施工方案，挂篮、悬臂吊机安装、拆卸专项施工方案，连续梁合龙段浇筑吊机锁定及压重专项施工方案。

2. 根据工程的特点和施工工艺编制安全技术措施，并向作业人员进行安全技术交底。

（三）支架搭设及验收

1. 对支架搭设区域进行地基处理，地基承载力满足要求，基础及承台、墩柱上预埋地脚螺栓、法兰盘等位置准确，不得在支架基础及邻近处进行挖掘作业。

2. 支架搭设应按规定设置抱墩附墙刚性支撑及安全平网、立体交叉作业防护网和防雷、临时用电接地装置；在支撑体系之外，设置必要的作业平台、防护栏杆、施工爬梯及地面围栏等安全设施。

3. 钢管立柱应确保垂直，支架焊接处焊缝应饱满，焊缝质量、焊缝厚度、长度符合规范要求。

4. 支架搭设、验收完毕后，支架预压时的加载顺序应与梁体混凝土浇筑顺序一致。支架预压的方法和加载顺序应按照专项施工方案组织实施，预压过程中应加强监控量测和防护警戒支架预压期间应进行监控测量，详细记录预压时间及沉降量，预压荷载应不小于最大施工荷载的 1.1 倍，并分级加载、分级卸载；采用砂袋预压时应采取防雨防水措施。

（四）支座安装

1. 支座安装前，应检查验收支座品种、规格、配件质量和调高量等应符合设计要求和相关标准的规定。不得任意松动上、下板连接螺栓。墩顶及支座锚栓孔中的积雪、冰冻、积水和其他杂物应清理干净，并采取必要的防滑措施。

2. 墩台顶应设置栏杆、施工爬梯等安全防护设施，支座在墩顶存放应固定牢固；吊运支座时，墩顶作业人员应待支座稳定后再扶正就位。人工抬运支座时，应协调一致，防止挤压手脚。

3. 安装支座时，上支座板与梁底预埋钢板间不得有空隙。箱梁支座浆体强度达到20MPa后，拧紧下支座板锚栓，并拆除各支座上、下连接钢板及螺栓。

（五）钢筋施工

1. 电焊工应持证上岗，作业时按规定佩戴护目镜、面罩、绝缘手套、绝缘鞋等防护用品。

2. 钢筋加工、焊接、运输、绑扎应严格按照操作规程执行，严禁三违现象发生，现场施工应符合国家相关法律法规和检查清单的有关规定。

（六）模板安装

1. 模板应具有足够的强度、刚度和稳定性，并能承受新浇混凝土的重力、侧压力和施工期间可能产生的各项荷载。模板结构应简单、牢固，便于安装、拆卸和周转使用。板面应平整、光洁，接缝应平齐、严密。缝隙应采取措施封堵严密，严防漏浆。

2. 模板安装施工前应制定安全技术措施，并向作业人员进行安全技术交底；作业人员登高应走专用斜道或爬梯，不得利用模板支撑和脚手架上下攀登。

3. 模板安装、拆除应严格按照国家相关法律、法规和规定，现场施工作业应符合检查清单的有关规定。

4. 拆除作业时安全管理人员已到位，有专人指挥，作业人员必须服从指挥，步调一致；跨铁路、公路、航道拆除支架时，相关设备管理单位人员按要求到位把关。

（七）混凝土浇筑与养护

1. 振捣器或振动器应安装漏电保护器。电源线规格应满足设备要求，确保绝缘无破损，接头连接牢固，保护零线应符合规定。

2. 检修或停止作业时，应切断电源，不得用电缆线、软管拖拉或吊挂振捣器或振动器。

3. 洒水养护时，作业人员应避让混凝土结构物顶面的障碍物和孔洞，拉移水管时不得倒退行走，严禁向输电线路及电气设施上喷水。

（八）预应力张拉

1. 张拉施工之前必须配套标定张拉设备，对千斤顶、压力表、油泵进行校验，合格后，将其组合成全套设备。

2. 张拉设备的校准期限不得超过半年，且不应超过200次张拉作业。油压表检定周期不应超过一周，且宜采用耐震压力表。当采用0.4级压力表时，检定周期可为30d，但每周应进行定期校准。千斤顶张拉吨位不应小于张拉力的1.2倍，且不应大于张拉力的 2 倍。

3. 预应力张拉悬空作业时，应搭设操作平台。雨天张拉时，应搭设防雨棚。

4. 张拉区两端应设置防护挡板，且应高出最上一组张拉钢筋 0.5m，挡板应宽出张拉端两侧各不小于 1m。

5. 张拉人员应在张拉端侧面作业。张拉时，千斤顶后面不得站人，不得踩踏高压油管。油泵工作时，操作人员不得离岗。

（九）管道压浆

1. 张拉作业完成后尽快压浆，在 24h 内完成管道压浆，特殊情况必须 48h 内完成。

2. 压浆时应调整好安全阀。关闭阀门时，作业人员应站在侧面，并应穿防护服、戴护目镜。

（十）合龙段施工

1. 合龙段长度、合龙施工顺序、合龙口临时锁定方法应符合设计要求；合龙梁段混凝土浇筑前应将合龙口单侧梁墩的临时固结约束解除，并应尽快快速浇筑合龙梁段混凝土；反力座位置准确，标高与箱梁线形一致，顶面平顺，固定牢靠，设置在靠近箱梁腹板内侧，上下、左右对称。刚性支撑安装平行，标高一致刚性支撑锁定在温度变化幅度最小的时间区间内，全桥对称、均衡同步锁定。

2. 预加压重应在混凝土浇筑过程中按等量换重的方式逐步解除；调整龙口悬臂高差所加压重在合龙梁段预应力筋张拉完毕后拆除。悬臂施工梁段在距合龙口 2 个～3 个梁段时，对龙口两侧悬臂段的中线及高程进行联测调控，偏差控制在允许范围内。

3. 合龙梁段混凝土应在一天中气温最低时间快速、连续浇筑，以使混凝土在升温环境中凝固。合龙段锁定前，对悬臂断面进行 48h 连续观测，观测气温与标高变化、合龙段长度变化、梁体温度变化，以确定合龙时间和方式。

4. 合龙段模板、钢筋、预应力管道、预埋件等应验收合格。

5. 合龙段混凝土施工时应平衡施工，两侧施工荷载的实际不平衡偏差不应大于设计允许值，保证结构稳定。

八、挂篮施工

（一）一般要求

1. 挂篮必须由具备资质的单位进行专项设计，由有资质的厂家制造，挂篮所用的承重构配件和连接件应有质量合格证、材质证明，其品种、规格、型号、材质应符合挂篮设计要求。

2. 挂篮所采用的钢吊带或吊杆（含销轴）应进行无损探伤检测，并应出具合格证明。

3. 挂篮所采用的液压或卷扬等装置应有产品合格证。

4. 挂篮承力主体结构构件、连接件严禁存在显著的扭曲和侧弯变形、严重超标的挠度以及严重锈蚀剥皮等缺陷。

5. 挂篮在施工时应在周围应设立危险警戒区，拉警戒线，设警示标志，夜间施工，要有足够的照明设施。

6. 挂篮临边作业处应设置稳固的操作平台，操作平台应满铺防滑板，并应固定牢固；操作平台应设置防护栏杆、挡脚板和安全立网；上下操作平台间梯道应牢固，并应保持畅通。

7. 预留孔数量、位置、尺寸及预埋件型号、位置、标高应符合专项施工方案要求。

8. 跨（临）铁路、高速公路、市政道路、航道等挂篮下部应设置能防止穿透的防护棚；起重设备、混凝土输送管、脚手架、物料周转平台等设施不得与挂篮相连接。

（二）专项方案

1. 挂篮施工前应编制专项施工方案，专项施工方案应组织专家论证，并经施工总承包单位、监理单位和建设单位相关人员审核、审批，施工总承包单位应按审批后的专项方案组织施工。

2. 挂篮施工前应编制完整的设计文件，并应对挂篮结构、构件和附属设施进行设计，图纸和计算书应齐全。

3. 专项施工方案实施前，应进行安全技术交底，并应有文字记录。

（三）挂篮加工制作

1. 挂篮各部件加工完成后应进行试拼装，并应形成拼装记录。

2. 挂篮采用螺栓连接进行拼装时，严禁对螺栓孔进行切割扩孔。

3. 挂篮制作完成后应经厂家自检合格，并应出具合格证。

4. 挂篮焊接各部位焊缝应饱满，焊药应清除干净，不得有未焊透、夹砂、咬肉、裂纹等缺陷。

5. 螺栓连接或销接处应连接紧密，螺栓应拧紧，销轴端头应安装保险销。

（四）挂篮结构

1. 挂篮的总重量应控制在设计规定限重之内。

2. 挂篮的主桁架间应按设计要求设置具有足够刚度的横联。

3. 连续梁采用挂篮进行悬浇施工时，应设置墩梁临时固结装置。

4. 采用挂篮浇筑主梁 0 号段及相邻梁段浇筑施工时，采用的支架系统应牢固可靠、构造合理，支架搭设材料及构件的质量应符合国家现行相关标准要求。

5. 挂篮悬臂端最大变形不应超过 20mm。

6. 采用精轧螺纹钢筋作为吊杆时，必须使用双螺帽锁紧。

7. 挂篮的行走装置、锚固装置应按设计规定的位置和方式进行设置，挂篮主桁架之间要有足够刚度的横联，挂篮增加设施时必须检算，不得损害挂篮结构或影响其受力平衡状态。

8. 挂篮在梁段混凝土浇筑及行走时的抗倾覆安全系数、自锚固系统的安全系数、斜拉水平限位系统的安全系数以及上下水平限位的安全系数，均不应小于 2。

9. 挂篮拼装应对称进行，随时做好构件稳固，及时形成稳定结构；在坡道上拼装或移动挂篮时，应设置防溜装置。

10. 挂篮前端应设有作业平台且牢固，挂篮应设有调控前吊杆高低设备和调整模板前端高程设备。

（五）行走与锚固

1. 挂篮行走应制定专项操作指导书。专人指挥挂篮移位，无关人员撤离至安全区域。

2. 走行轨应铺设平顺、平行，走行轨之间连接牢固可靠，并按规定做好锚固，使用螺栓连接的，采用双螺母锁紧；轨道、反扣板和前支座等部件齐全；设置制动及限位装置。

3. 挂篮移动前，应解除所有吊挂系统和模板系统的约束，完成悬吊系统的转换，必要时设置防挂篮坠落的双保险措施。

4. 挂篮移动前，应完成锚固体系的可靠转换，并应设置临时锚固等保险措施。

5. 挂篮行走前应检查行走系统、吊挂系统和模板系统，并应形成检查记录。

6. 墩两侧挂篮应对称、平稳移动。挂篮前移应根据不同移动方式、驱动动力的操作要求进行，并应保持主桁处于水平状态；挂篮前移不得使用卷扬机钢丝绳作为牵引动力。

7. 挂篮行走速度不应超过 0.1m/min；挂篮移动过程中应设置防倾覆装置。

8. 挂篮行走到位后应及时锚固，锚固点应设置醒目标志。

9. 后锚使用的精轧螺纹钢筋应通长使用、定位准确，确保垂直受力，确需接长时应确保钢筋接头位于连接器中心，精轧螺纹钢筋端头处应采用双螺母锁紧，并采取防松脱、防损伤的保护措施。

（六）模板安装

1. 模板应具有足够的强度、刚度和稳定性，并能承受新浇混凝土的重力、侧压力和施工期间可能产生的各项荷载。模板结构应简单、牢固，便于安装、拆卸和周转使用。板面应平整、光洁，接缝应平齐、严密。缝隙应采取措施封堵严密，严防漏浆。

2. 模板安装施工前应制定安全技术措施，并向作业人员进行安全技术交底；作业人员登高应走专用斜道或爬梯，不得利用模板支撑和脚手架上下攀登。

3. 模板安装、拆除应严格按照国家相关法律法规和规定，现场施工作业应符合检查清单的有关规定。

4. 拆除作业时安全管理人员已到位，有专人指挥，作业人员必须服从指挥，步调一致；跨铁路、公路、航道拆除支架时，相关设备管理单位人员按要求到位把关。

（七）安全防护

1. 跨越公路、通航河道作业时，应事先与当地行政主管部门联系，商定有关施工期间的安全协调事项，按规定设置安全防护设施和警示标志。

2. 挂篮四周设网状封闭式安全防护网，工作平台底部进行全封闭，防止施工过程中机具、材料、杂物等掉落。

3. 挂篮悬臂施工过程中，应加强对滑道、主桁节点、锚固、吊挂和模板等系统的日常检查，桥面上禁止堆放不平衡荷载，确保施工安全。

（八）检查验收

1. 挂篮设备进场时应对各构件规格、型号、尺寸、数量、外观质量、配件及专用工具的配备进行检查验收。

2. 采用挂篮浇筑主梁 0 号段及相邻梁段浇筑施工时，采用的支架系统施工完成后应办理验收手续。

3. 挂篮拼装完成后，应办理完工验收手续，全面检查制作和安装质量。

4. 挂篮现场首次组拼后，应按不小于 1.2 倍施工总荷载进行模拟荷载试验，每次重新组装后应按最大施工组合荷载的 1.1 倍进行模拟荷载试验，检验合格后应由制造厂家和使用单位共同签认，符合挂篮设计要求后方可正式投入使用。

5. 挂篮行走到位固定后，浇筑混凝土前应检查锚固系统吊挂系统和模板系统。

6. 各阶段检查验收应采用经审批的表格形成记录，并应由相关责任人签字确认。

7. 挂篮验收合格后应在明显位置悬挂验收合格牌。

（九）使用与监测

1. 挂篮使用中，千斤顶、滑道、捯链、钢丝绳、保险绳、后锚固筋及连接器等应完好可靠。

2. 挂篮使用前，应在显著位置悬挂挂篮安全使用规程。

3. 混凝土应对称、平衡地浇筑，两悬臂端挂篮上的荷载不平衡偏差不应超过设计规定，并应控制同一挂篮轴线两侧的荷载均衡。

4. 混凝土浇筑应按从悬臂端向已完梁段的顺序分层浇筑。

5. 挂篮浇筑作业面上的施工荷载应在挂篮设计允许范围内。

6. 挂篮使用过程中应对挂篮各部位的变形进行监测，并应形成监测记录。

7. 严禁在精轧螺纹钢筋吊杆上进行电焊、搭火作业。

8. 挂篮行走过程中，构件上严禁站人。

9. 雨雪天或风力超过挂篮设计移动风力时，不得移动挂篮。

10. 施工现场应建立挂篮的安全技术档案。

（十）挂篮拆除

1. 挂篮拆除前，专项施工方案编制人员或项目技术负责人应向现场管理人员和作业人员进行安全技术交底。

2. 挂篮后移过程中应设专人统一指挥。

3. 拆除作业应按先拆除模板和吊挂系统，后拆除主桁受力系统的顺序进行。

4. 模板系统和吊挂系统拆除前，应完成体系转换。

5. 两悬臂端挂篮后移和拆除应对称同步进行。

6. 挂篮拆除过程中，前端严禁堆放物料。

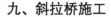

九、斜拉桥施工

（一）一般要求

1. 斜拉桥施工涉及的模板、支架、钢筋、混凝土、钢制构件等应各自满足相关标准规定；斜拉桥施工使用的起重吊装设备、机具、索具和吊具等应符合现行行业标准。

2. 水上作业时应按规定配备救生圈、救生衣等救生设备，作业时应穿好救生衣，作业人员上下通道应挂设安全网，跳板要固定，水上操作平台四周应设置防护栏杆和安全网，并应有防冻防滑措施。

3. 索塔分节立模浇筑前，应搭好脚手架、扶梯、人行道及护栏。每层脚手架的缝隙处，应设置安全网，建议两层间距不超过 4m。

4. 浇筑塔身混凝土，混凝土输送泵不得碰撞脚手架、模板、防护栏杆等，采用塔式起重机吊放料斗施工时应确保料斗在上升及下放期间的平稳性和安全性，切勿超载或超速使用料斗。

5. 塔底与桥墩为铰接时，施工中必须将塔底临时固定。塔身建筑施工到一定高度后，必须设置风缆，斜缆索全部安装并张拉完成后，方可撤除风缆并恢复铰接。

6. 斜拉桥的塔底与墩固结时，脚手架必须在墩上搭设；当索塔与悬臂段同时交错施工，并分层浇筑索塔时，脚手架不得妨碍索塔的摆动。

7. 斜拉桥施工过程中，必须对主梁各个施工阶段的拉索索力、主梁标高、塔梁内力以及索塔位移值等进行监测，并应及时将有关数据反馈给设计单位，分析确定下一施工阶段的拉索张拉值和主梁线形、高程及索塔位移控制量值等，直至合龙。

8. 随着索塔升高到20m以上或高度不足20m但附近无高大建筑物提供防雷保护时，必须设置防雷设施。

9. 施工期间，应及时密切注意天气变化，大风、雷雨天气时应立即停止作业。

（二）专项方案

1. 斜拉桥的索塔施工属于高处或超高处作业，应根据结构、高度及施工工艺的不同情况，制定相应的安全施工组织设计、专项施工方案。

2. 专项施工方案按规定程序组织专家进行论证、评审，按规定组织关键节点施工前条件验收。

3. 锚固段钢横梁、钢锚箱在编制施工方案时应规定安装方法并应有安全技术措施。

4. 斜拉桥施工前，施工总承包单位技术负责人应按照审批的施工方案向现场所有管理人员和施工人员进行安全技术交底，高空作业人员、电焊工、信号司索工等特种作业人员应通过专业培训且考核合格后方能上岗工作。

（三）索塔施工

1. 主塔施工应设警戒区，人行通道应按要求搭设防护棚及设置避雷装置，并定期检测防雷接地电阻，主塔、横梁等高处作业，形成主塔塔身封闭的高处作业系统，每层施工面应设置安全立网和平网，网格、网距、受力等应符合要求。

2. 风力六级及以上、大雨、雷暴、大雾等恶劣天气，不得进行脱模爬升等高处作业，爬模施工中，爬架与施工升降机间必须设置安全通道通道口应设置安全门。

3. 模板爬升体系应设置保险装置，模板连接螺栓应按设计要求上全上紧，现场不应对模板进行随意切割或改动，并保证爬架附墙预埋件位置准确、连接牢靠，严禁采用点焊方式进行临时固定。

4. 爬升前，应对爬模系统进行全面检查，拆除所有障碍物，确认符合要求后方可爬升。用液压千斤顶作为爬升设备时，除了纠偏需要外，千斤顶应保持同步，模板在爬升过程中，应稳起、稳落和平稳就位，模板卡住时，应立即停止爬升，查明原因并采取措施。爬升时，施工人员不得站在爬升的模板或爬架上。

5. 索道管位置必须测量定位准确，保证梁、塔索道孔道位于同一直线上，并应固定在劲性骨架上，防止浇筑混凝土过程中位移。

6. 索塔为 A 形、倒 Y 形和钻石形时，应采用对拉杆或钢管（型钢桁架）、主动撑等横向支撑系统控制塔柱施工过程中因自重和施工荷载而引起的应力及位移，并应有保证自身结构安全和作业人员施工安全的措施。

7. 拉索锚固钢横梁、钢锚箱加工制作、安装应满足规范相关安全要求，钢横梁、钢锚箱加工后应在加工厂预拼合格。

（四）主梁施工

1. 主梁高处作业、挂索、安装锚具、张拉拉索等作业工序，应在拉索锚端及索管部位设置安全网、临边围护、操作平台等安全防护设施。

2. 钢主梁加工制作、试拼装、焊接、高强度螺栓连接、现场安装与涂装等作业应满足相关规范安全要求。

3. 混凝土主梁采用悬臂浇筑法施工时应符合下列规定：

（1）与索塔不固结的主梁，施工时应将塔、梁临时固结，并随时观察确认牢固，解除临时固结应符合设计规定；

（2）主梁施工应缩短双悬臂持续时间，必要时应采取临时抗风措施；

（3）桥墩两侧悬臂浇筑混凝土应对称、平衡施工，两侧悬臂段实际不平衡偏差不得大于设计要求；

（4）严格进行施工合龙控制，合龙施工顺序执行设计、规范要求和已审批的专项施工方案规定。

（五）斜拉索施工

1. 塔端挂索施工平台应搭设牢固，平台四周及人员上下通道应设置防护栏杆，护栏外侧应满挂安全网，人员上下通道脚手板应铺满。

2. 斜拉索塔端锚头挂设时，应在挂索施工区域设置警戒区，斜拉索展开时，锚头小车应保持平衡，操作人员与索体距离不得小于 1m，梁端移动挂索平台应搭设牢固，

滑车及轨道应保持完好。

3. 斜拉索的吊装方法应根据塔高、布索方式、索长、索重、索的刚柔程度和起重设备情况、现场作业条件等选用。较硬或较厚防护层的斜拉索，不得采用单吊点法吊装，索夹经过验收合格，螺栓的紧固力及重紧次数应符合设计要求，锚具应逐个进行探伤检验，锚锁牢固。

4. 钢绞线斜拉索单根挂索时，应控制各挂索点的挂索进度，使同一塔柱的中、边跨索力及节段梁两束索的总索力差控制在允许范围之内。

5. 斜拉索安装后，在抗振和减振装置安装前，两端锚具和索道管应有临时防护措施，防止雨水浸入和异物撞击锚头。

6. 在全部施工过程中均应注意对斜拉索的保护，拖索、牵引、锚固、张拉及调整的各道工序中均要避免扭、碰、压、折、刮伤斜拉索。

7. 斜拉索的索力调整值和调整程序应符合设计要求。桥梁施工到下述阶段时，全桥应测核索力：

（1）桥梁悬臂施工到合龙前。

（2）跨中合龙后，梁体内预应力筋全部张拉完成时。

（3）梁上铺砟、铺轨和安装附属设备完成时。

十、运架梁施工

（一）一般要求

1. 运架梁作业人员必须经过基本作业技能、安全生产教育培训考核合格后方可上岗，特种设备作业人员必须持证上岗；施工前对施工人员进行安全教育和安全技术交底，做到合理安排，分工明确，责任到人。

2. 架梁设备进场必须经特种设备检验机构监督检验合格，设计文件、产品质量合格证明等资料应齐全，投入使用前或者投入使用后30d内向负责特种设备安全监督管理的部门办理使用登记，取得使用登记证书，严禁未经检验合格即投入使用。

3. 运架梁作业必须落实定人、定机、定责制度，按规定维护、保养，作业前应对运架梁设备的技术性能、安全装置等进行全面检查，确保设备安全，严禁设备带病作业。

4. 架梁设备必须安装安全防护装置，并达到规定的安全技术工作状态，保持正常的工作性能，架桥机应设有接地装置、避雷设施、电气绝缘，且应符合规范要求；恶劣天气情况下禁止架梁作业且必须采取可靠防护措施防止架梁设备倾覆。

5. 架梁前必须按规定组织对运架梁走行线路和桥头路基、桥梁墩台、支承垫石等的质量安全情况及安全防护设施进行检查，严禁在运架梁走行线路不符合通行条件、桥头路基等质量不合格情况下进行运架梁作业。

6. 移、存或完成箱梁架设后，梁体两侧应有防止倾倒的可靠支撑或牵拉保护措施，架桥机过孔前应按规定焊接临时横向连接，进行横向临时紧固，严禁架桥机在梁体横向连接和紧固不到位的情况下过孔。

7. 桥梁运输作业必须严格运输计划管理，落实桥梁运输"一度停车"和限速制度，箱梁运输便道的承载力和相关参数应与选用的运架设备有关性能相匹配，长大下坡道运梁必须按规定进行制动试验，严禁无计划进行运梁作业。

8. 架梁作业区域、桥下影响范围应设置明显的安全警示标志和可靠的防护措施，并由专门安全防护人员进行现场监督，严禁行人、车辆、船只擅自通行或停留。

（二）专项方案

1. 架梁作业（含运架设备首次使用）和架梁设备的安装、拆卸必须编制专项施工方案及应急预案，专项施工方案按规定程序组织专家进行论证、评审，按规定组织关键节点施工前条件验收。

2. 所有运、架梁作业人员均应经过安全培训，熟悉运、架梁工艺过程，严禁无方案、无交底施工或不按方案、交底施工，作业过程由专职安全生产管理人员进行现场监督。

3. 地面运梁通过的各既有桥梁（箱涵）须进行检测、评估，检测、评估不符合要求的须进行加固并符合要求或更改运梁路线。运梁线路（方案）应取得交通主管部门批准且各种手续齐全。

（三）预制梁场

1. 制梁、存梁台座及门式起重机走行轨道的地基应进行验算，确保有足够的承载力，台座应有足够的强度、刚度和稳定性，必要时应进行加固处理。

2. 制梁及存梁台座宜设在地势较高的位置且确保四周具有良好的排水系统，防止积水浸泡产生不均匀沉降或冻胀。

3. 钢模板翼模外侧应设置人行通道及防护栏杆，桥梁两端应设置人员上下扶梯。

4. 钢筋骨架和箱梁内模在龙门式起重机整体吊装时应配备专用吊具，多吊点均匀起吊。两台起重机同时起吊时，应统一指挥，同步起吊和横移，同时配备信号司索工等专业起吊人员。

5. 预制梁混凝土浇筑完成后，抽拔预应力孔道胶管时，应清除卷扬机工作区域内障碍物，梁端附近严禁站人，防止胶管回弹伤人。

6. 混凝土浇筑后应加强梁内通风，拆除内模时应缓慢匀速进行，内模内不得站人，应将已拆下的端模及侧模支撑固定。

7. 后张法制梁时钢绞线开盘时纠正乱盘和扭结，使用砂轮机切割下料，并配置专门防护架，防止钢绞线弹出伤人。

8. 张拉时应设置专用工作平台，平台应有防护屏障，设置明显的警示标志，非工作人员禁止入内；张拉时千斤顶后面及油管接头附近不得站人，张拉设备异常时应立即停机检查维修，锚外钢绞线采用砂轮机切割，切割时不得伤害锚具，张拉后应严禁撞击锚具、钢束。

9. 先张法制梁时张拉台座应能满足直线和折线配筋的工艺要求，张拉横梁受力后的最大挠度不得大于 2mm，锚板受力中心应与预应力筋合力中心一致。抗倾覆安全系数不小于 1.5，抗滑移系数不小于 1.3。

10. 张拉千斤顶、油泵、压力表等应配套校验，确定张拉力与压力表读数的关系曲线，校验有效期一般不超过半年且不超过 200 次张拉作业。

11. 张拉预应力筋时，应采取防护网、防护墙等安全防护措施，操作人员应站在千斤顶的两侧；浇筑混凝土时，振捣器不得撞击钢绞线，梁体混凝土强度、弹性模量和龄期达到设计要求时放松预应力筋。

（四）提梁、移梁

1. 移梁前应对提梁机进行检查调试，确保设备运转正常，划定提梁机行走路线，清除起重作业区域和走行限界内的障碍物。

2. 提梁前应对吊索具进行检查，连接是否可靠，调整各吊杆螺距，确保受力均衡。

3. 移梁设备的走行道路（轨道）对不能满足承载力要求的地基进行加固处理，走行道路（轨道）的宽度、平整度、坡度、曲线半径等应符合移梁设备性能要求，走行道路（轨道）应经常进行检查和维护。

4. 起吊梁体时应在顶板下缘吊孔处垫以钢垫板，垫板配置缓冲橡胶垫，并与梁顶板底密贴。箱梁吊放应缓慢在信号指挥人员指挥下进行。梁体吊运前应先进行试吊，试吊高度 300mm ~ 500mm，确认吊杆螺栓紧固、提升和下落制动可靠后方可继续作业。

5. 提梁机停止作业时吊钩应升至规定高度，大、小车收回到规定位置，锁定运行装置；制动器要保持在工作状态，操纵杆放在空挡；关闭所有操作按钮并切断电源，锁闭操作室及电控柜。

6. 风力六级及以上、大雨、大雪、大雾天气或气温低于搬梁机设计容许工作范围时应停止搬梁作业，台风来临或风力达到十级以上时应将搬梁机可靠锚定，楔紧两端专用木楔，梁存放时，应采取防倾覆措施。

（五）装、运梁

1. 装梁时，搬（提）梁机应低位运行，距运梁车 3m 处应一度停车，调整梁体高出运梁车顶面 300mm 左右后，平稳对位落梁。

2. 装梁完成后，应全面检查运梁车及梁体的支垫情况，确认受力平衡、设备液压管线及接头无渗后方可启动运行。

3. 运梁前，应检查所经道路和已架桥梁，确认运梁通道通畅，标识出中心线及边线，运梁车应严格按照规定路线行驶。

4. 装梁、架梁过程中应采取"四点起吊，三点平衡"的方式，避免梁体扭曲受力。

（六）架梁

1. 架梁前应检查支座板处混凝土密实情况，有空洞或不密实的严禁使用。

2. 架桥机架梁前，应编制施工组织设计、施工工艺和安全操作细则，认真组织实施，并建立完善的检修、保养制度，定期对重要部件进行探伤检查，定期对架桥机进行工作检查。

3. 架梁前应对架桥机具进行验收、试吊检验并进行关键节点条件核查，架桥机的运载、行走、提升、支承托架等机构进行重载试验并形成记录；架桥机结构件安装位置、线形应符合设计要求，联结螺栓不得漏装、错装且未拧紧，焊接焊缝应符合设计要求。

4. 严格控制箱梁及梁上工具等设备重量不得超过箱梁设计及对其他结构物设计验算的允许值。

5. 架桥机架梁作业时，抗倾覆稳定系数不得小于1.3；过孔时，起重小车应位于对稳定有利的位置，抗倾覆稳定系数不得小于1.5。

6. 架桥机过孔前应进行全面检查，确保设备各部件处于正常状态。架桥机走行过程中应安排专人监控走行速度、承载支脚受力状况、中线、支垫情况。六级及以上大风不得运、架梁。

7. 架梁作业过程中，各种安全装置应全部安装牢固，且工作正常；各类限位器、吊点、吊具、电路仪表、通信设备、报警系统应定期检查、整修。

8. 采用龙门式起重机架梁时，应先对两台龙门式起重机和起重小车进行同步试验并试吊，提梁架设时两台龙门式起重机的升降、移动必须保持同步，在梁体未安装完成前不得解除龙门式起重机的提吊状态。

9. 夜间作业时，应配备足够的照明。

（七）设备安拆和转场

1. 架桥机安装、拆卸的场地应平整、坚实、无积水和影响拼装、拆卸的障碍物。场地四周挂设警示标志，闲杂人员不得入内；临时支墩及其他地基基础应经设计验算。

2. 龙门式起重机拼装和拆除时，应对龙门式起重机的柔性支腿、刚性支腿和主梁等及时采取可靠的提吊稳固或支撑措施，杆件、螺栓材料等严禁高空抛掷。

3. 龙门式起重机安装、拆卸时，高处作业人员应有可靠的防坠措施；风力六级及以上、大雾时，不得进行龙门式起重机的安装、拆卸和架梁作业。

4. 转场前，提前对转场的起点和终点进行勘察，校核其运行线路及作业位置的承载能力；现场确保具备良好的装卸条件，场地要平整、坚实，有足够的空间进行设备的装卸和停放。

5. 小解体、驮运转场时，应确认起重小车稳固在规定位置。转运托架应与主梁及运梁车固定牢靠，低速行驶并设置监视人员。

6. 运梁车进入或退出架桥机腹腔时，应设专人监控运梁车与架桥机之间的距离。

7. 架桥机应与运梁车牢靠固定，检查并确认各部件摆放到指定位置。

8. 架桥机由运梁车载运到位，应先确认架桥机前后支腿和临时支撑稳固后，方可将运梁车上的升降托架下降，退出运梁车。

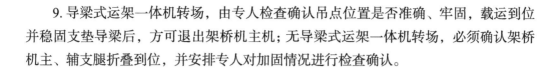

9. 导梁式运架一体机转场，由专人检查确认吊点位置是否准确、牢固，载运到位并稳固支垫导梁后，方可退出架桥机主机；无导梁式运架一体机转场，必须确认架桥机主、辅支腿折叠到位，并安排专人对加固情况进行检查确认。

十一、矿山法施工

（一）一般要求

1. 矿山法施工前应收集并分析水文气象资料、岩土工程勘察报告、周边环境调查报告、安全风险评估报告、设计文件、施工组织设计等相关资料，并进行现场踏勘。

2. 隧道施工应规划人员安全通道并保持畅通，用警示牌、安全标志等标识其位置，并设置应急照明。

3. 隧道内施工应制定防火责任制，并配备消防器材。

4. 施工总承包单位应核实施工图阶段风险评估结果，制定施工阶段风险管理实施细则，开展施工阶段的风险管理，落实风险控制措施和风险防范工作要求，制定风险应急预案并组织实施；动态跟踪风险变化状态，上报风险监测情况；组织风险交底，开展岗前培训，公告现场施工风险等。

5. 监理单位应制定风险管理实施细则，参与施工阶段风险管理，审核施工风险处置措施、风险监测方案、专项施工方案和应急预案，监督检查风险控制措施的落实情况，并做好相关记录，参与风险后期评估工作。

6. 施工总承包单位应建立掌子面与地面的通信联络机制，通信联络可采用有线电话、无线电话、网络通信、广播设备等方式。确保两种以上联络方式畅通。

7. 施总承包单位应严格落实作业人员进出登记管理制度，加强作业人员位置监控，做到准确掌握地下作业人员位置信息。

（二）专项方案

1. 编制专项施工方案前应对工程周边环境进行核查，并应进行安全评估；矿山法专项施工方案、爆破专项施工方案、超规模的非标准段支模体系专项施工方案等，应组织专家进行论证，专项施工方案或专项措施应按照程序进行审核、审批。

2. 钻爆作业应编制爆破专项施工方案，进行爆破设计；针对特殊地质地段，有毒气体地层，穿越既有管线或结构物，降水，洞口、横通道、竖井或正洞连接处，断面尺寸变化处，工程周边环境保护等特殊部位、工序，应制定专项施工方案或专项措施。

3. 应对模板台车、作业架进行专项设计并符合相关规范要求。

4. 专项施工方案实施前，应强化进洞施工人员管控和安全技术交底，加强对作业人员岗位安全生产和应急避险知识的培训教育，以及典型事故案例警示教育，对超前处理、钻孔、爆破、找顶、支护、衬砌、动火、铺轨等关键作业工序，监理人员应加强监督，施工总承包单位管理人员必须进行旁站。

5. 对于按照规定需要进行第三方监测的危险性较大的分部分项工程，建设单位应当委托独立的第三方单位进行监测。

（三）洞口及交叉口工程

1. 洞口应按专项施工方案要求采取加固措施。

2. 洞口边坡和仰坡应按设计要求施工，并应按自上而下顺序进行，截、排水系统应完善。

3. 横通道、竖井与正洞连接处应按设计要求进行加固。

4. 进出洞、上下井应建立登记管理制度，并应形成登记记录。

5. 洞口邻近建（构）筑物时应按设计要求采取防护措施。

（四）地层超前支护加固

1. 超前支护、加固应符合设计要求，并应对地下管线等周边环境进行保护。

2. 超前加固前，掌子面应按设计要求进行封闭。

3. 超前支护的大管棚或小导管的材质、规格、长度、间距、外插角等应符合设计要求。

4. 管棚、超前小导管或开挖面深孔等部位注浆参数应符合设计要求，注浆完成后，应在注浆体强度达到设计要求后再进行开挖。

5. 浆液配置或存放过程中应设专人管理，浅埋地段应按设计要求进行地面注浆加固。

（五）隧道开挖

1. 开挖前应进行开挖面地质描述，并应按专项施工方案进行地质超前预报。

2. 开挖应控制每循环进尺、相邻隧道作业面纵向间距，严禁超挖、严禁仰挖，当围岩地质情况发生变化时，应及时调整开挖方法。

3. 作业面周围应支护牢固，松动石块应及时清理。

4. 核心土留置、台阶长度、导洞间距应符合设计要求，不良地质地段掌子面应及时支护、封闭。

5. 支护参数应根据地质变化及时进行调整。

6. 双向开挖面相距 15m ～ 30m 时，应改为单向开挖。

7. 开挖过程中降水作业应按专项施工方案实施。

8. 不良地质地段（断层、浅埋富水等）隧道开挖应根据实际情况采取"先预报、管超前、短进尺、控爆破、早支护、快封闭、勤量测"的施工方法。

（六）爆破作业

1. 爆破器材应具有检验合格证、技术指标和说明书，爆破器材的存储、运输和处置应符合相关规定。

2. 起爆设备或检测仪表应定期标定，装药量应符合设计要求。

3. 工作面爆破后，应对爆破面进行全面检查，全面找顶，盲炮处理时应符合有关安全规定。

4. 爆破作业应在上一循环喷射混凝土终凝大于4h后进行。

5. 爆破工程技术负责人、安全管理人员、仓库管理人员、爆破员必须持公安机关颁发的证件方可从事爆破作业。

6. 爆破时人员、设备与爆破点的距离应大于爆破安全距离，不满足要求时，应有安全防护措施。

7. 采用爆破开挖时，优先选择对围岩扰动程度小的爆破方式，以减小对邻近既有建（构）筑物的影响。

8. 爆破作业和爆破物品的管理还必须符合现行《爆破安全规程》GB 6722—2014和《民用爆炸物品安全管理条例》有关规定。

（七）初期支护

1. 型钢、钢格栅、混凝土、锚杆、钢筋网等支护材料的材质、规格应符合设计要求，钢架间距应符合设计要求，钢架与围岩之间应顶紧密贴。

2. 钢架节段间接长应按设计要求连接，钢架底脚基础应坚实、牢固、无悬空，不得有积水、浸泡；钢架之间应采用纵向钢筋连成整体，连接钢筋直径、间距应符合设计要求。

3. 钢筋网的钢筋间距、搭接长度应符合设计要求，且应与锚杆连接牢固。

4. 锚杆及锁脚锚管材质、规格、长度及花眼布置应符合设计要求，锚管应按设计要求注浆。

5. 初期支护应按设计要求及时封闭成环，支护结构变形、损坏应及时进行处理。

6. 喷射混凝土外观应完好，不应有裂缝、脱落或钢筋、锚杆外露现象，喷射混凝土厚度、强度应符合设计要求。

7. 初期支护应及时进行背后回填注浆，初期支护断面侵限处理（换拱）应符合专项施工方案要求。

（八）二次衬砌施工

1. 二次衬砌应及时施作，二次衬砌与掌子面距离应符合设计规定的安全距离。

2. 模板台车的工作平台面应满铺防滑板，并应固定牢固四周应按临边作业要求设置防护栏杆。

3. 模板台车应设置登高扶梯，并应设置栏杆和扶手。

4. 厂家生产的模板台车应提供合格证明，模板台车使用前应进行验收，模板台车移动时应统一指挥，设备、电线、管路应撤除并应采取保护措施，模板台车堵头拆除应采取防护措施，模板台车应设置安全警示标志及警示灯带等。

5. 非标准段采用支模施工时应编制专项施工方案，并对支撑体系进行设计。

6. 厂家生产的作业架应提供合格证明，作业架的工作平台面应满铺防滑板，并应固定牢固，四周应按临边作业要求设置防护栏杆、登高扶梯、扶手；作业架使用前应进行验收。

7. 钢筋绑扎工程，钢筋骨架呈不稳定状态时，需设临时支撑架。钢筋骨架未形成整体且稳定前，严禁拆除临时支撑架。

（九）隧道施工运输

1. 竖井垂直运输材料过程中，井下作业人员应撤离至安全地带。

2. 洞内运输车辆应制动有效，不得人料混载、超载、超宽、超高运输。

3. 洞内车辆照明、信号系统应完善。

4. 洞内应设置交通引导标志和车辆限速标志，车辆张贴反光膜并严禁超速行驶。

5. 隧道内车辆行驶道路应畅通，不得有堆积物料、积泥等影响车辆通行。

（十）作业环境

1. 施工前应编制通风、防尘专项方案，并应对通风量进行计算。

2. 施工前应进行职业危害安全技术措施交底。

3. 隧道施工前应按时测定粉尘和有害气体的浓度，浓度超限时应采取有效处理措施。

4. 作业面应通风良好，风速、送风量应满足施工要求；风管应完好，不得有破损、漏风，吊挂应平直。

5. 爆破后应通风，通风时间不应少于15min，凿岩、放炮、喷射混凝土等扬尘作业，应采取喷雾，洒水净化等防尘措施。

6. 作业人员在粉尘较大场所应戴防尘口罩，在凿岩等噪声较大场所应戴防噪声护具，风、水、电线路应按专项施工方案要求布设，作业面、运输道路应无积水、泥泞。

7. 洞内光线不足时应设置足够照明，洞内应设置警示、应急避险、通信、排水设施。

（十一）施工监测

1. 隧道施工应按监测方案实施施工监测，并应明确监测项目、监测报警值、监测方法和监测点的布置、监测周期等内容。

2. 监测的时间间隔应根据施工进度确定，当监测结果变化速率较大时，应加密观测次数。

3. 隧道施工监测过程中，应按设计及工程实际及时处理监测数据，并应按设计要求提交阶段性监测报告，及时反馈、指导施工。

4. 当监测值达到所规定的报警值时，应停止施工，查明原因，采取补救措施。

5. 未按设计和方案开展监测工作的，严禁开挖施工。

十二、盾构施工

（一）一般要求

1. 盾构施工前应收集并分析水文气象资料、岩土工程勘察报告、周边环境调查报告、安全风险评估报告、设计文件、施工组织设计等相关资料，并进行现场踏勘。

2. 应根据工程水文地质情况及周边环境情况，以适应项目工程特点、保证施工安

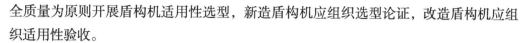

全质量为原则开展盾构机适用性选型，新造盾构机应组织选型论证，改造盾构机应组织适用性验收。

3. 盾构出厂前应经工厂调试并验收通过。新造或改造盾构机应有出厂验收记录；对于既有盾构机，进场前施工总承包单位应组织设备分析评估，并经生产厂家或具有相应资质的鉴定机构验收合格。盾构机主要系统（刀盘、液压系统、集中润滑系统、电气系统、PLC系统、人闸、主驱动密封等）维修后应进行测试或检测，形成记录并出具检测评估报告，报告应具有详细准确的检测结果描述和明确的结论。

4. 盾构开舱应坚持有计划、安全可靠及对地面环境影响小的原则实施。施工单位应根据区间地面环境、地质情况、区间长度、刀具耐磨性等情况，有预见性地制定换刀、检修等开舱作业计划，确定开舱地点与开舱方法；开舱地点尽量选择在区间风井、联络通道或地质条件较好、地层较稳定的地段，避免在建筑物、城市主干道及管线下方，如不具备以上条件时，须对地层进行加固处理，确保开舱作业的安全。

气压作业前，开挖舱内气压必须通过计算和试验确定。应充分考虑开舱引起地面沉降变形、建（构）筑物变形等影响，尽量减小影响范围及程度。

（二）专项方案

1. 应编制重要部位/工序（盾构吊装、始发、接收、解体、掉头、过站，端头加固，围护结构破除，负环及洞门管片拆除，穿越重要建筑物、管线、水体、既有轨道线路，盾构开舱作业，联络通道、施工监测等）的专项施工方案，方案内容应齐全，具有针对性，符合设计、施工规范要求。其中盾构机吊装/拆卸、始发/接收、穿越重大风险或复杂环境、空推段施工、盾构开仓作业、联络通道施工、施工监测等专项方案应经专家论证。

2. 监理单位应编制监理实施细则，并对盾构施工安全质量及管片生产质量实施监理，按规定组织关键节点施工前条件核查和施工验收等。

3. 第三方监测单位应编制盾构施工监测方案，对盾构施工开展监测，现场巡视、预警发布、响应和处置效果跟踪等；应建立线路控制网并定期复核，对盾构隧道施工测量结果进行复核，开展贯通测量和断面测量等。

（三）盾构机及配套设备维护保养与人员管理

1. 盾构施工前应制定盾构及其配套设备检查及维修保养制度，编制检查及维修保养计划，开展日常检查及维修保养工作，并做好检查及维保记录，确保设备使用的安全性、稳定性、可靠性。

2. 盾构机操作人员、电瓶车司机等职业技能人员应经职业技能培训、考核合格后上岗，盾构施工应配备具有盾构施工履历且经过培训的机械、土木、测量等相关专业技术人员进行生产管理。

（四）盾构机工地组装调试及吊装拆除管理

1. 盾构吊装区域应经地基承载力验算，并按照方案进行必要的加固。监理单位应组织施工总承包单位进行场地条件检查验收，验收通过后吊车方可就位。

2. 盾构吊装及拆除前，施工总承包单位应及时组织专家对盾构吊装、拆除方案进行评审；应选用有吊装专业资质且具有盾构或大件设备吊装经验的单位进行盾构吊装作业，施工总承包单位应按照要求将吊装单位的相关资质、人员、设备等资料报送监理单位审核。

3. 吊车司机及指挥人员应持有效证件上岗，宜选用具有类似吊装作业经验的人员；吊装时须设置临时警戒区，相关司索工、信号工及指挥人员须到场，施工总承包单位、监理单位应安排安全工程师全程旁站。

4. 盾构吊装及拆除前，施工总承包单位及监理单位应校核作业位置承载能力，应对吊装设备（包括吊车、钢丝绳、吊钩、卸扣和手拉葫芦等）进行安全可靠性检查，对吊装人员和持证上岗和安全技术交底情况进行检查。

盾构吊耳焊接完成后，施工总承包单位应委托具有专业检测资质的单位对吊耳做探伤检验并出具检测报告，合格后方可进行吊装。

5. 盾构组装应按作业安全操作规程和组装方案进行。组装后，先进行各系统的空载调试，然后进行整机的空载调试。

6. 施工总承包单位在现场进行盾构机组装调试并完成自检后，监理单位组织现场验收并形成验收报告。验收依据为设备制造商提供的验收大纲、合同文件、设计联络资料、专家论证意见、现行有关规范、标准及相关会议纪要等。

（五）端头加固

1. 为保证盾构始发及接收端土体的稳定性，地层加固应根据地质、周边环境、盾构机性能等条件综合确定选用注浆、旋喷、搅拌桩、冷冻、降水等工法。端头加固长度应超出盾构机主机长度至少 1.5 环管片幅宽，加固条件受限或不具备加固条件时，宜采用钢套筒配合使用；地质层为富水地层、软硬不均等特殊地层宜采用素桩（墙）、降水、钢套筒等措施。

2. 盾构始发及接收端周边有敏感管线、建（构）筑物等复杂环境时，加固方案应组织专家进行论证。始发及接收端头区域应严格按照批复的专项方案进行加固，确保提高土体稳定性、承载力和止水效果。

3. 盾构机进入始发、接收区域前，应对地层加固效果进行检验验收合格。

（六）始发、掘进、接收

1. 始发前应对反力架或托架受力进行验算和定位测量。盾构始发前施工总承包单位必须对始发条件进行自检，合格后报监理单位预验收，监理单位预验收通过后方可组织正式条件核查。

2. 盾构拼装负环时要做好防护及加固措施，防止负环管片掉落和盾体前移。始发过程中对负环管片进行紧固，防止松弛和掉落。盾尾密封刷进入洞门结构后，应及时进行洞门封堵和填充注浆。注浆完成后方可掘进。

3. 盾构施工应严格执行"严格控制掘进参数、评估掘进施工风险、监理全程跟机

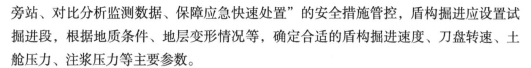

旁站、对比分析监测数据、保障应急快速处置"的安全措施管控，盾构掘进应设置试掘进段，根据地质条件、地层变形情况等，确定合适的盾构掘进速度、刀盘转速、土舱压力、注浆压力等主要参数。

4. 掘进过程中应及时监测记录盾构运转情况、掘进参数变化、出土量变化和监测数据变化情况，并及时分析反馈，以便调整掘进参数和控制盾构姿态。

5. 盾构穿越既有地铁线、建（构）筑物和特殊地段前应设置试验段，以确定盾构掘进参数和土体改良措施，并对盾构设备性能进行全面检查和保养，备足设备备用件。

在掘进前应加强对临近隧道的建（构）筑物的监测并采取保护措施，在掘进中应严格控制掘进参数，加强出渣量管理，保证同步注浆饱满；掘进中若地面或建（构）筑物出现较大沉降、变形时，可根据地面实施条件不同采取地面加固、洞内二次注浆或洞内深层注浆等措施。特殊情况时，施工总承包单位须立即组织人员疏散，确保人员安全。

6. 盾构到达前 100m 复核盾构姿态，对接收托架进行定位测量。盾构接收前须严格按照方案将管片纵、环向加固及螺栓复紧，并进行环箍注浆加固。盾构主机进入接收井后，及时注浆封堵洞门、施作洞门环梁。

7. 盾构接收时盾构机刀盘临近围护结构 50cm，方可进行洞门凿除，严禁未到先凿。

8. 施工总承包单位、监理单位须加强隧道沿线隐患排查整治，对存在安全隐患的建构筑物应提前制定专项方案，对区段内存在安全隐患的应进行地面探孔，发现空洞及时处理，并建立隐患排查处置台账，对高风险区域进行长期监测和巡查，其中应重点对 12 种风险较大区域进行监控和安全防护：

（1）盾构机停机位置（盾构机长时间停机且超 24h 区域）；

（2）盾构进舱位置；

（3）监测预警位置；

（4）盾构始发、接收端头；

（5）联络通道位置；

（6）出渣异常区域；

（7）盾构穿越Ⅰ级、Ⅱ级风险源区域；

（8）盾构穿越雨污水、燃气等重要管线区域；

（9）盾构掘进异常区域（刀盘结饼、卡刀盘、掘进困难、喷涌、出土异常、土压异常区域）；

（10）坍塌位置前后 50m 区域；

（11）沿线降水区域；

（12）频繁纠偏区域。

9. 各参建单位应建立健全信息反馈机制，提高安全应急处置能力，施工总承包单位及监理单位要加强对掘进参数、监测数据的对比分析，出现沉降速率或累计沉降超限时应尽快对沉降区进行加固处理，一旦出现突发事件，施工单位应立即打围隔离并启动应急预案。

（七）管片管理

1. 管片堆放场地应平整、坚实，通道通畅，有排水措施。现场应采用内弧面向上下垫管片托架的方式码放，管片之间应正确设置垫木，上下两层垫木应在同一轴线，码放高度应经计算确定。在管片翻转、吊装和运输过程中，应采取防护措施。

2. 管片应由专门的拼装手拼装，执行三定制度（定机、定人、定岗位）和操作规程，拼装作业过程监理单位、施工总承包单位应全程监控。管片吊运、拼装过程中应与拼装机连接牢固，且应有防滑落装置。拼装管片时，拼装机作业范围内严禁站人和穿行。

（八）施工运输

1. 轨行区应采取人车分行，设置人行通道，进出隧道人员应走人行通道；轨道端头应设置牢固可靠的车挡，防止车辆冲出轨道；隧道内应设置限速等警示标志。为防止电瓶车溜车，须增设车头防溜钩、铁鞋、列车编组二次软连接等装置，电瓶车编组各车辆应连接可靠，刹车装置完好，电瓶车须配备倒车影像系统，严禁电瓶车超速行驶和搭载人员。

2. 皮带机、管道输送/出渣应设专人检查管道铺设支架的固定螺栓松动、支架变形等异常情况；皮带机出渣应检查皮带机的跑偏、打滑等异常情况。

3. 加强对轨道轨距、高差、弧度、接缝、拉杆等重点部位的日常维护及检查，防止车辆脱轨。

4. 加强垂直运输管理，龙门式起重机司机、司索工等特种作业人员须培训合格后并持特种作业证上岗。龙门式起重机启用前应委托具有相应资质的检验检测机构进行检测，出具检测报告，并向特种设备安全监督管理部门办理使用登记。施工过程中应加强对龙门吊起升、行走和传动等机构的检查，严格执行定期检查制度和维护保养制度。龙门式起重机须配备吊钩视频监控系统。

（九）开仓作业

1. 开仓前安全条件确认。

（1）每次开仓作业严格执行开仓作业签认程序，按照有限空间作业"七必须一严禁"要求进行验收，经监理单位组织条件验收核查后方可实施。

（2）开仓作业前，作业人员、控制室内气压或闸门管理员及施工监测、第三方监测人员应进行专门的教育、培训、安全技术交底。

（3）对仓内有毒、有害、易燃、易爆气体进行检测，并将检测结果如实记入气体检测记录表。如气体检测结果超标，应采取有效措施加以处理，并确认安全之后方可开仓或继续作业。在进仓前及仓内作业过程中应不间断进行仓内通风，保证仓内空气质量。

（4）开仓作业应制定开仓操作规程，进仓作业期间，每次只允许2人进入土仓内（不允许超过2人）进行换刀或清仓作业，同时必须有1人在闸内、1人在盾构主控

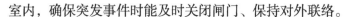

室内，确保突发事件时能及时关闭闸门、保持对外联络。

（5）作业过程中，安排具有丰富经验的技术管理人员观察土仓内和掌子面情况，出现坍塌、涌水等征兆时应通知作业人员立即紧急撤离。

（6）检查确认使用的材料机具符合安全要求，并做好详细的记录。

（7）在指定地点配置充足的应急物资，确认并确保紧急逃生通道畅通。

（8）作业区严禁烟火，人员着装应为全棉制品，不准穿用化纤织品及皮毛衣物，以防摩擦而产生静电火花。

（9）地面设置警戒区域，按照要求加设监测点，密切关注地表及周边建（构）筑物的沉降、变形。

2. 常压开仓作业。

（1）人闸内应配备通风、检测、照明、消防、通信、保温设备及应急救援设备和物资。仓外人员严禁进行转动刀盘、出渣、泥浆循环等危及仓内施工人员安全的操作。仓内应设置临时的上下通道，并应保证进、出开挖仓通道畅通。

（2）在开仓作业期间，当地层或地面建筑物、管线沉降值达到开仓方案确定的预警值时，监测单位应在第一时间（电话）告知施工单位的指定负责人，负责人在接到通知后应立即安排仓内人员撤离，并按相关要求进行应急处理。同时，应加大监测频率（每次不超过 2h）。

（3）进行换刀作业时，应尽量减少刀盘转动，力争刀盘转动一周刀具全部更换完。刀具更换顺序应结合地质和施工情况综合确定，应做到拆一把换一把，并做好刀具更换记录。刀具在舱内水平运输时，严禁操作人员站在正在运输的刀具下方。

（4）如需进行仓内动火作业，作业前应履行动火审批手续，对作业环境进行检查，清理仓内的易燃、易爆、有毒、有害物品，仓内不得带进可燃物品，配置足够的灭火器材。

（5）仓内作业须采用 24V 及以下安全电压，照明采用防爆灯具。

（6）作业过程中的平台、支撑、起吊装置等，应稳固架设，在使用前应进行安全检查。

（7）作业过程中需临时拆卸设备的，在完成作业后，应立即将设备装配好，并进行必要的检查和调试。

（8）开仓作业前应对盾尾后管片注快凝双液浆进行整环封堵，减少管片后方来水。

（9）开仓作业完毕后关闭舱门前，应对作业环境进行认真检查、清理，确保仓内没有操作人员且材料、机具已全部回收。检查完毕由施工单位现场负责人签认，确认后关闭仓门，仓门关闭情况由负责机械工程师确认，机电总工程师审核。完成后及时恢复掘进施工。

（10）开仓完成后恢复掘进前，土仓内应回填膨润土等材料或注入膨润土等细颗粒浆液后方可掘进。监理单位应对回填及盾构再次启动进行全程旁站。

3.带压进仓作业。

（1）作业人员必须经过系统培训，并在作业前经职业病医院体检合格，气压施工人员应持证上岗，有身体不适症状的人员严禁进仓作业。

（2）结合地面沉降监测对土仓进行保压试验，确定安全可靠的工作压力，且保压时间不少于2h，以检查设备在试验压力下的工作情况。

（3）除盾构本身电力空压机进行供气之外，还应备用至少一套柴油空压机，保证停电时也可以不间断供气。

（4）对带压进仓作业设备进行全面检查和试运行，两套压气调节设备应全部正常。严格遵守加、减压时间，加、减压应缓慢进行，压气过程中应有专业压气医师进行压气指导，以防止作业人员出现压缩空气病症。

（5）气压作业环境下进行明火作业时，应制订专项方案，且应经过专家评审后方可进行。

4.安全应急措施。

（1）施工总承包单位须成立安全应急救援领导小组，在每次开仓作业前，所有相关人员应处于待命状态（不能到岗的，由总监理工程师书面签批后，可由具备同等资格的人员代替），做好后勤服务、突发安全事故处理与抢救准备。

（2）发生险情后应及时启动应急预案。

（3）应在施工现场配备急救医药与器械，医护人员在现场值班。

（4）建立安全事故救援通道，确保在发生安全事故时能及时疏散人员。

（十）洞门及联络通道施工

1.洞门围护结构宜采用玻璃纤维筋配筋方式，洞门破除前需按照要求检测端头段加固效果，满足设计要求后进行洞门水平探孔，检查合格后方可进行洞门破除。

2.破除洞门范围内的围护结构一般情况下宜采用盾构刀盘直接破除围护结构（玻璃纤维筋），破除时应尽量减少推力，防止洞门处主体结构受损及发生安全隐患。无水条件且地面安全可控的情况下可由人工破除洞门范围内的围护结构（钢筋），盾构空推方式通过；洞门采用人工破除的，需编制专项施工方案，人工破除洞门作业时，作业台架必须搭设牢固，且必须有足够的作业空间、疏散通道及安全防护。

3.联络通道施工前应按专项方案对通道周围地层进行加固，对加固效果进行土体取芯检测。管片拆除前，应进行地质条件探测，应急设备、物资及人员应准备到位，监理应对照应急预案验收。

4.管片应从上向下，左右对称拆除，边拆除边检查隧道外缘和结构之间的加固土体强度，及时用速凝水泥和环形钢板按设计要求封闭，应设立专职安全员现场安全管理，监理旁站。

（十一）施工监测

1.施工监测方案应根据监测对象变形量和变形速率等进行调整，对突发的变形异

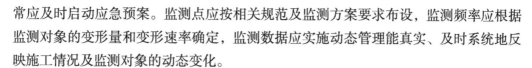

常应及时启动应急预案。监测点应按相关规范及监测方案要求布设，监测频率应根据监测对象的变形量和变形速率确定，监测数据应实施动态管理能真实、及时系统地反映施工情况及监测对象的动态变化。

2.施工过程中应根据不同地段建（构）筑物的具体情况及时调整监测频率并上报监测数据，重要建（构）筑物和特殊地段须建立预警、响应及消警机制。

3.施工总承包单位、监理单位要检查监测点的布置和保护情况，分析施工监测和第三方监测数据，发现异常时，及时向建设单位反馈，现场及时采取处置措施。

（十二）施工环境

1.施工前，应根据盾构设备状况、地质条件、施工方法、进度和隧道掘进长度等条件，选择通风方式、通风设备和隧道内温度控制措施。

2.隧道内作业场所应设置照明和消防设施，并应配备通信设备和应急照明。

3.隧道和工作井内应设置足够的排水设备。

4.隧道内作业位置与场所应保证作业通道畅通。

5.当存在可燃性或有害气体时，应使用专用仪器进行检测，并应加强通风措施，气体浓度应控制在安全允许范围内。

十三、轨行区施工

（一）一般要求

1.轨行区分为车站轨行区、区间轨行区及车辆段轨行区。其中，岛式站台轨行区为站台外侧与车站围护墙之间的空间范围，侧式车站轨行区为两站台板边缘之间空间范围，区间轨行区为结构两边墙、挂板之间空间范围，车辆段轨行区为线路中心向两侧各3m空间范围。

2.轨行区施工主要存在行车、局限空间内密集交叉作业、垂直吊装、消防与动火等安全风险，涉及土建、铺轨、接触网/环网、通信信号、风水电、建筑装修等单位。

3.轨行区实行封闭式管理，在每个车站站台设保安值守门岗，出入口在左右线分别设置，人员出入严格执行登记管理，原则上每个轨行区只保留一个出入口，其他通道全部封闭。

（二）专项方案

1.建设单位应制定轨行区安全管理办法，轨行区管理单位依据工程具体特点进一步细化管理措施，编制轨行区管理实施细则，报建设单位审核实施。

2.各行车单位的轨行车辆首次吊入轨行区，应编制专项吊装方案，并确定车辆的停放地点，经监理单位、轨行区管理单位审批通过后方可实施吊装。

3.轨行区施工实行首次交底制度，即各施工总承包单位申请进入轨行区作业前，由轨行区管理单位成立的联合调度室对进入轨行区作业的施工总承包单位进行安全教育培训及书面交底，参加培训人员应熟悉掌握请销点程序、应承担的责任义务、轨行区管理的各项规定和要求。

4. 施工总承包单位应与轨行区管理单位签定轨行区施工安全协议。

（三）施工请销点

1. 各申请单位必须设专职调度负责本单位计划申报及请销点等工作，要求保持24h通信畅通，如特殊情况有工作变动及时报告轨行区联合调度室。

2. 各施工总承包单位首次进入轨行区施工前须上报轨行区联络人员及施工总承包单位项目经理、现场负责人、专职调度员、监理监护员的人员名单及手机号码等信息至轨行区联合调度室。

3. 轨行区联合调度室应集中管理轨道车、平板车、焊轨车、接触网放线车及进入轨行区的所有平板车、梯车等上线运行设备及进入轨行区作业人员信息等，各施工总承包单位必须重视信息的及时性，现场有变化时，应提前一天上报调度室。

4. 每周应召开请销点会议，所有申报下周施工作业计划的单位必须到会，并携带纸质版施工作业计划书，计划书必须有施工总承包单位项目经理、监理单位总监理工程师本人签字并盖章。

5. 进入轨行区的施工总承包单位应按照计划及时办理请销点手续，未按要求请点的，施工人员、材料、工机具不得进入轨行区。

6. 施工结束后应及时办理销点或延迟销点手续，清点人员、材料、机具，做到工完场清；施工总承包单位现场负责人、监理监护人必须分别对工完料清的作业场地进行拍照，撤出轨行区车站出入口后，监理人员立即将工完料清照片上传至调度室。

7. 经批准进入轨道区域的施工总承包单位如因特殊原因需延时施工时，必须提前2h向轨行区联合调度室说明理由，经同意后可延时施工。

（四）轨行区作业安全

1. 轨行区作业必须严格遵守作业令规定的内容，在规定区域、规定时间内进行，不得超范围、超时间作业。

2. 轨行区作业必须采取安全防护措施并设置防护设施，具体要求如下：

（1）防护地点应设在作业区段两端各100m处（如遇曲线，防护地点设置在作业区段两端各150m处）。含联络线的作业区间也应在联络线处设防护点，其他影响临线行车时，对临线也应进行防护；

（2）每个防护点应设红闪灯，至少在每个作业区间两端的防护点各设一名防护员；

（3）防护工作要坚持"谁防护、谁撤除"的原则，防护一旦设置，其他人员不得擅自挪移、更改。在撤离作业人员和施工机具、施工垃圾后，由防护员撤除防护信号；

（4）防护员必须经过专业训练，专职防护，坚守岗位；对携带的红闪灯、对讲机、口哨等专用防护物品和工具进行检查，确保防护用品状态良好；

（5）作业区间两端防护员及作业负责人应各持一台对讲机进行联络；

（6）作业人员不得超出防护区域进行作业，否则将认定防护员的防护违规；

（7）防护员手持防护信号标志防护，当列车接近时，防护员不随意在线路中走动，应站在列车前进方向右侧（地铁是右侧行车制，面对来车方向左侧）显示防护信号。

3. 地下作业现场内严禁储存易燃、易爆、有毒、腐蚀危险物品，严禁堵塞消防通道及随意挪用消防设施，施工作业如需动火必须持本单位及监理单位批准的动火证方可进行动火作业，并向轨行区联合调度室申请动火手续，同时接受轨行区管理单位检查，作业时必须配备足够的人员及消防设备。

4. 作业人员作业时，应做好本单位及其他单位的成品保护；不得在未凝固的道床上行走及作业，不得破坏、污染道床，不得破坏成品管片，不得踩踏轨行区成品进行高处作业。

5. 在车站和区间严禁吸烟、随地大小便；施工垃圾应及时清理出施工现场，或装袋在线路两侧堆码整齐、定期清理，不得有渣土或油污；无施工废弃物，工器具和材料等侵限及遗留，做到人走料净场地清。

6. 轨道线路形成后轨行区应无侵限物品，轨道上禁止人员停留。

7. 进入轨行区的施工单位在轨行区布设电源及用电必须符合规范及轨行区管理单位的相关要求，不得私拉乱接、不得在钢轨上搭接、不得在轨行区的行车范围布线。作业临时电缆须从钢轨下侧通过，做绝缘防护，电缆不得侵限。注意保护既有的临电设施和电缆。

8. 开行工程列车区段属于封锁区域，原则上不允许进行其他作业。

9. 确需在封锁区段交叉进行作业时，应满足以下条件：

（1）作业计划应经轨行区联合调度室审核后报建设单位成立的轨行区管理小组审批通过；

（2）作业空间满足行车限界及人员安全避让条件；

（3）作业单位应增设专门安全管理人员，并在封锁区段增设专门现场防护员和区间两端防护员，负责与行车司机、区间防护员的联系，及时组织所有人员撤到安全地带并移开一切影响行车的侵限物品。

10. 供电设备、电缆、接触网自送电通告所示送电时刻起均视为带电区域，进入存在该设备的轨行区时，须先经带电区管理主责单位审批。作业前，须签署带电区安全协议，作业时须严格执行施工许可制度，严禁超范围作业。

11. 施工中一旦发生紧急情况及各类事故时，各参建单位要互相协助，及时救助伤员，保护事故现场，并由责任单位立即向轨行区管理单位、建设单位报告。

（五）行车与运输安全

1. 所有轨行车辆进场前必须要有相关的合格证明及检测检验报告，并在车身显著部位标识所属单位，经监理单位检查确认，报轨行区管理单位备案后，方可投入使用。

2. 轨行车辆出车前应进行出车检查，包括车辆制动系统性能、制动器材配备情况、轮箍状态、除轮箍外车辆其他部位是否低于轨面、照明情况及其他车辆安全规程规定的检查内容，并做好检查记录。

3. 车辆应进行定期保养、检查和检验，并将相关记录存档备查。

4. 轨行车辆通过车站的行车速度限制为 5km/h，区间最高速度限制为 15km/h，大件货物运输时的最高速度限制为 10km/h，进入尽头线的速度限制为 3km/h。轨行区隧道周围有下穿施工或其他可能影响隧道结构安全的施工时，轨行车辆行车速度根据现场情况可另行确定。

5. 轨行车辆停车作业时，应在作业面两端外 100m 外放置红闪灯防护，曲线为两端 150m 处设立防护，列车到达停车地点后，应先做好车辆的防溜措施，再进行相关作业，列车尾部必须挂有尾部标志灯防护。

6. 轨行车辆在通过车站或临时批准穿越其他单位作业区段时应鸣笛警示缓慢行驶。在距作业人员 100m 外看到黄色防护灯，应及时减速为 5km/h，必要时停车；看见红色防护灯应立即停车，在确认作业人员和材料撤离出轨行区限界后，再行通过。

7. 大件设备的运输，应使用必要的加固装置，并由安装单位的人员和轨行区管理单位共同对货物的超长、超重、偏重、重心位置、超限等情况加以确认。货物安放不牢靠的需采取措施，否则，不得出车。运输必须按规定速度行驶，不得超速、超限、超载运行。

8. 轨行车辆如需倒向行驶，必须由副驾驶员引导，确保司机在倒向行驶时的行车安全。

9. 轨行车辆司机必须持证上岗，并严格遵守各项规章制度，遵守行车纪律，确保行车安全，禁止疲劳、超速、酒后驾驶。

10. 轨道平板车严禁搭乘任何人员。轨道车只能搭乘核定人数的施工人员，任何单位不得自行组织其他单位、个人和任何形式的活动搭载人员。任何人员严禁跳车，必须等轨道车停稳后方可安全下车。

11. 因施工需要必须使用小平车、梯车、手推车等无动力小型车辆时，施工总承包单位必须采取相关的安全措施，报轨行区联合调度室同意，并严格按照计划在规定区段内行驶。

（1）施工单位使用小型车辆必须遵守规定的运行区段和时间，指定现场负责人必须跟随车辆进行现场指挥。

（2）施工前一天，行车单位与轨行区管理单位必须核对次日施工计划，双方确认后方可使用。

（3）小型车辆的使用必须派专人进行防护，防护距离 100m。

（4）小型车辆使用完毕后不得停留在线路上，在轨行区停留时，必须做好防溜工作，使用过程中不得出现人车分离等情况。

（5）小型车辆必须按照相关操作规程进行移动，不得有溜放或用脚踢等危险行为。

（6）坡度超过 20‰ 的区段严禁使用小型车辆。

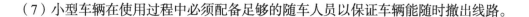

（7）小型车辆在使用过程中必须配备足够的随车人员以保证车辆能随时撤出线路。

十四、带电区施工

（一）一般要求

1.施工总承包单位建立带电区安全管理组织机构，带电区管理组织机构下设执行机构；应确定带电区安全负责人，同时应落实相关人员的带电区安全管理责任。

2.进入带电设备房的人员，必须服从带电区管理单位人员的安全监管，如发现存在危及人身安全风险或有严重危害带电设备的行为，带电区管理人员有权采取紧急措施，进行停电操作或切断电源，造成危害风险的责任方承担一切紧急停电造成的后果。

3.配电室内各种标识标牌应齐全、清楚、准确，设备上不应粘贴与运行无关的标识。

（二）专项方案

1.施工总承包单位应制定带电区安全管理制度，带电区安全管理制度应包括下列主要内容：

（1）带电区准入制度；

（2）带电区值班巡视制度；

（3）文明施工安全管理制度；

（4）带电区工作计划审批及工作票制度；

（5）带电区施工监护制度。

2.安全协议。

所有参建单位在进入带电区施工前，须与带电区管理单位提前签订带电区进场安全文明施工协议，并在施工过程中严格执行。

（三）消防安全

1.变配电室内应配置适用于电气火灾的灭火器材。

2.灭火器的配置数量应符合规范，且每个场所的灭火器数量不应少于两具；每两具灭火器防护面积不宜大于 $75m^2$。

3.灭火器应设置在位置明显和便于取用的地点，且不得影响安全疏散。

（四）绝缘工器具管理

1.变电所内应配备绝缘手套、绝缘靴和交、直流验电器、临时接地线。

2.绝缘手套、绝缘靴和交、直流验电器检验周期 6 个月；接地线检验周期 5 年。

3.绝缘手套、绝缘靴应与其他工具仪表分开存放，避免直接碰触尖锐物体；高压验电器应存放在防潮的匣内或专用袋内，绝缘工具不得挪作他用。

（五）带电公告张贴管理

1.10kV 及以上线路及设备首次送（带）电前由建设单位下发送电公告，带电区管理单位在送电前 7d 将公告张贴宣传。

2. 接触网设备在受电前 15d，带电区管理单位将公告张贴宣传。

3. 设备带电后，电缆沟槽应可靠封闭，带电设备安全锁闭，带电区管理单位应确保带电区及带电设备悬挂醒目的带电警示标志（识）。

（六）停送电管理

1. 在全部停电和部分停电的电气设备上工作时，应完成下列技术措施且符合相关规定：

（1）严格按照带电区停送电工作票制度进行停电操作；

（2）应在设备或线路切断电源，并经验电确认且无电后方可装设接地线；

（3）必须在停电开关的安全部位悬挂"有人工作，禁止合闸"标识牌。

2. 停送电倒闸作业，必须由经过专业培训考核合格的人员进行，严格按照电调审批通过的倒闸作业票进行操作。

3. 操作票要求：

（1）每张操作票只能填写一个操作任务。操作票票面应清楚整洁，不得任意涂改；

（2）变电所值班员向电力调度请令停电，电力调度下达停电调度命令后，变电所值班员执行停电倒闸操作。

4. 停电拉闸操作应按照先断开断路器（开关），然后拉开负荷侧隔离开关（刀闸），最后拉开母线侧隔离开关（刀闸）的顺序依次进行，送电合闸操作应按与上述相反的顺序进行。禁止带负荷拉合隔离开关。

（七）验电及接地

1. 作业前，应对验电器、接地线、绝缘手套、绝缘靴等防护用品进行检查。

2. 接地线作业由两人共同完成，一人操作，一人监护，操作人员应穿戴绝缘手套、绝缘靴。

3. 接到施工负责人接地命令后，先验电，确定停电后，挂接接地线。

4. 接地线位置应处在停电范围之内，作业范围之外，并不得随意改变接地线位置。

5. 检修关节式分相除在作业区两端装设接地线外，还应在中性区上增设接地线。

6. 挂接地线时，人体不得触及接地引线。接地线应可靠安装。

（八）带电区设备间管理

1. 倒闸人员必须经培训考试合格后上岗。

2. 施工人员要正确佩戴和使用安全防护用品。

3. 变电所应建立出入登记台账、巡视记录台账、倒闸作业台账。

4. 变电所外醒目位置应标识维护运行机构、人员、联系方式等信息。

5. 变电所内环境整洁，场地平整，设备间不应存放与运行无关的物品，不应有与其无关的管道和线路通过，巡视道路应畅通。

6. 变电所设备区域内应配有温、湿度计，有与现场一次设备和实际运行方式相符的一次系统模拟图。

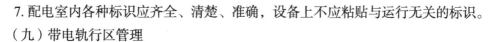

7. 配电室内各种标识应齐全、清楚、准确，设备上不应粘贴与运行无关的标识。

（九）带电轨行区管理

1. 各出入口门卫（安保）实行24h不间断值守。人员进出严格执行登记手续。

2. 设备带电后，除带电区管理单位外，其他所有参建单位人员（含所携带的工具）在距接触网及电源线2m距离以内、35kV/10kV电缆及电源线（桥梁、路基、隧道强电电缆槽内、支架、桥架等）1m距离范围内施工作业，必须向带电区管理单位提报施工申请并经审批后方可作业。

3. 在靠近带电部分工作时，应设专人监护。工作人员在工作中正常活动范围与设备带电部位的最小安全距离不得小于0.7m。

4. 轨行区及设备房触及高压设备侧作业时，应经停电、验电、挂接地线等操作后方可施工。

5. 明火作业应履行动火审批手续，配备动火监护人员。

6. 严禁携带长度超过2m及其以上长大物品进入带电轨行区。

（十）文明施工

1. 施工现场管理过程中，应严格遵守"谁施工谁负责安全管理，谁施工谁负责场地清理"的原则。

2. 严禁各施工单位在轨行区内吸烟、涂写、乱画；施工垃圾应及时清理出施工现场或整齐堆码在线路两侧定期清理；不得有渣土或油污，无施工遗弃、无安全协议规定范围之外的施工机具，做到工完料清场地净，共同营造一个干净整洁的施工环境。

3. 各作业单位对各自施工区域文明施工负责，每日作业结束后做到工完料清并加强成品保护。

十五、强电施工

（一）攀登作业安全管理

1. 攀登前应检查支柱、杆塔状态，观察支柱、杆塔上有无其他设备，选好攀登方向和条件。

2. 攀登时应手把牢靠脚踏稳准，宜避开支柱、杆塔上设备。用脚扣攀登时，脚扣应卡牢，防止滑落。

3. 多人同登一个支柱、杆塔或爬梯作业时，不得同时上下，且同一垂直面内不得上下同时作业。

（二）车梯作业安全管理

1. 应指定车梯负责人，车梯上的作业人员不得超过2人，应时刻注意和保持车梯稳定状态。作业人员登梯前应确认车梯安放牢靠、有人扶梯，应携带工具袋，不得将工具、材料放在高处，传递料具应用绳索吊上、递下，不得抛接。车梯上的作业人员不得将安全带系在车梯工作台框架上，作业人员应正确使用安全带，高挂低用。

2.作业中推动车梯应服从工作台人员指挥。当车梯工作台上有人时，推动车梯的速度不得超过 5km/h，不得发生冲击和急起、停。工作台上人员和车梯负责人应呼唤应答，配合妥当。

3.车梯在曲线上或遇大风时，车梯应采取防倾倒措施：当外轨超高不小于 125mm 或风力五级以上时采取固定措施不得登车梯作业；当车梯在长大坡道上时，应采取防止滑移的措施。

4.隧道内和夜间施工时，车梯应悬挂反光警示标志。

（三）轨行车辆作业安全管理

1.使用接触网作业车作业时，作业平台应由专人操作；作业平台动作或作业车移动时不得上、下人员。

2.在外轨超高大于 125mm 区段应使用具有自动调平功能的作业平台，有人员在平台作业时应开启调平功能；作业平台等旋转作业机构不得转向邻线有电区域或未封锁线路。

3.作业平台上有人作业时，作业车移动速度不得超过 10km/h，且不得急剧起、停车。

4.车辆移动过程中不得操作作业机构，作业车非作业运行时，作业平台上不得有人。

（四）支柱组立作业安全管理

1.支柱堆放地点应平坦坚实，支柱堆放应整齐稳固。

2.采用的高强度吊装带，强度必须满足相应的支柱起吊荷载。每次起吊前都应检查其磨损情况，损伤严重时，应及时更换。每次吊支柱离地时，应停顿一会，观察吊装带变形情况，确认安全后，继续施工。

3.大风、雨、雪等恶劣天气时，应停止施工，雾天能见度低时，应在距施工点两端 300m 外、设置防护和警示标志，防止其他车辆危及施工人员及施工机械的安全。

4.支柱吊装后每个基础螺栓都必须至少戴上一个主螺母并拧紧，整正时不得将主螺母完全退出。

（五）线索架设作业安全管理

1.架设前应检查架线车及工器具状态，架线时线索下方、坠陀下面及近旁不得有人。

2.架线车应行驶平稳且速度不得超过 5km/h。

3.架线过程中均应采用封口滑轮，并在曲线区段对滑轮加强固定。

4.进入低净空桥、隧前应降低作业台，并设专人监护、注意瞭望、加强联络。

（六）接触网设备安装作业安全管理

1.采用电动压接工具时，不得将手放入压接范围。

2.各零部件应按规定力矩要求紧固，安装时不得对主要零部件做临时固定。

3. 施工人员不得位于线索受力方向的反侧，曲线上的施工人员应位于曲线外侧，并应采取防止线索滑脱措施。

（七）电缆敷设作业安全管理

1. 电缆敷设使用地滚滑轮时，放置应稳固安全。

2. 进入电缆井放缆前，应先通风、再检测、后作业。

3. 牵引过程中施工人员不应扶、摸移动中的电缆，出现异常情况应停车处理。

（八）短路试验作业安全管理

1. 施工总承包单位应制定试验方案。

2. 试验前试验区段电力牵引供电系统应已全部完工，设备运行一切正常。

3. 核对短路试验区段的保护定值及动作时间配合的正确性，故障录波装置外壳应可靠接地，其电流电压采样回路应完好，防止电流互感器二次开路、电压互感器二次短路。

4. 短路接地线应能承载短路电流，并与接触网、钢轨可靠连接，确保最大短路电流下的动稳定和热稳定效应不会给既有设施带来任何损伤；短路接地线不应有扭曲缠绕。

5. 在试验过程中，接触网短路点线路两侧应设置防护标志，所有人员应远离短路连接点，短路试验结束后应清理现场，恢复供电系统到正式运行状态。

（九）变配电设备安装作业安全管理

1. 变、配电所内的设备安装前应对所内存放的设备和器材采取有效的防护措施。

2. 设备吊装作业时，应履行吊装安全要求；受限空间运输时，需提前规划线路，确保受限空间人员安全。

3. 设备运输时需设专人指挥和安全防护，现场施工人员必须服从统一指挥。

4. 变压器等高重设备运输过程中，倾斜角不应超过15°。

5. 用千斤顶或跨顶升变压器时，应在变压器下垫设坚实的木板，以防止千斤顶或跨顶发生故障时，造成变压器倾斜翻倒。

6. 电缆沟开挖应调查确认各类地下设施。在有可能影响或妨碍既有地下设施的地方开挖时，应事先与设施产权或运行维修单位签定安全施工协议，制定相应的安全措施后方可施工。

（十）电气试验作业安全管理

1. 电气设备的绝缘性能试验应在良好天气下进行，被试物与环境温度不应低于5℃，空气相对湿度不应大于80%，遇有雷雨、大雾或六级以上大风时应停止高压试验。

2. 测定绝缘、交流高压试验、直流高压试验时，试验人员不应少于2人，并应指定安全监护人和试验负责人。

3. 高压试验现场应设有防护围栏或标志旗绳，并设专人监护。防护围栏与高压部分的带电距离应符合相关规程的规定，并在防护围栏上向外悬挂"止步，高压危险"

的标示牌。电缆试品两端应有专人防护并有可靠的通信联络。

4. 被试设备的金属外壳应可靠接地：高压试验装置的金属外壳应使用截面不小于 4mm² 的多股软裸铜线进行良好接地。高压引线应尽量短捷，并采用专用的高压试验线。

（十一）冷滑试验作业安全管理

1. 冷滑试验前，应完成前置条件核查。

冷滑区域已通过限界检测并已出具限界检测报告；冷滑区域轨道精调已完成，并已出具轨道精调报告；冷滑区域内的接触网工程已全部完成；各施工单位已完成出清工作并提供出清证明，站端已封闭并设防；应确保与变电所相连接的隔离开关均处于断开位置并已加锁，在隔离开关接触接触网侧，连接有明显标记的临时接地线，并且可靠接地。

2. 接触网冷滑试验必须制订冷滑试验方案，明确各岗位负责人。冷滑试验前，对参与冷滑试验的人员进行技术交底。

3. 冷滑试验前，确认将要冷滑的线路上各种障碍均已拆除，满足运营车辆和受电弓安全运行的要求。

4. 试验前，在检测区段两端距离带电接触网 500m 处设置明显的安全距离标志牌，冷滑试验车辆应有可靠的制动、通信联络和照明设施，检测区段的线路上和接触网上应无施工人员和障碍物。

5. 冷滑试验车上应有紧急降弓装置。

（十二）送电开通及热滑作业安全管理

1. 热滑试验前，应完成前置条件核查。

热滑区域已通过限界检测、冷滑检测并已出具限界检测、冷滑检测报告。热滑区域区间无积水，无影响热滑试验电客车的障碍物。热滑区域各单位已完成出清工作并提供出清证明。接触网调试完成并已受电，具备电客车行车条件。

2. 施工总承包单位编制送电开通方案并报批，送电开通有关的各种规章制度已建立。方案应包括送电范围组织方式、机构设置地点、通信联络方式、送电启动程序、应急抢修措施等内容。

3. 参与送电开通的相关人员，应进行安全教育培训并考核合格。

4. 送电公告应在沿线车站及主要居民点完成发放、张贴及宣传。

5. 送电作业应执行工作票制度，应执行一人操作、一人监护及呼唤应答制度；操作人和监护人应穿绝缘靴，操作人应戴绝缘手套。

6. 加挂临时接地线时，应先连接接地端，并连接可靠，然后通过绝缘杆将另一端牢靠地悬挂在电气设备或导线裸露的导电部位上；撤除时与上述程序相反。

7. 根据热滑安排，下达轨行区封锁令和接触网送电命令，组织相关单位对热滑区段进行安全检查，确保热滑区段内无人员施工和异物侵入限界。

8. 热滑区段行车进路按照审批的进路图进行热滑，热滑时车上调度人员和司机应

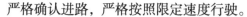

严格确认进路，严格按照限定速度行驶。

（十三）联调联试作业安全管理

1.联调联试方案应明确保证安全的组织措施和技术措施。

2.牵引供电远动系统调试：被控站远动设备的开启钥匙应由专人保管；扩容改造的调度中心应对新建数据单独划区，对既有数据设置权限；已受电的设备局部调试时，应对带电设备做好隔离，设置防误操作措施；调试接触网隔离开关应设专人监护。

（十四）临近营业线施工作业安全管理

1.应提前对施工现场、既有设备进行详细调查，必要时进行检测，并形成调查记录。

2.停电作业前，施工工具、安全用具及通信工具应进行安全检查，符合要求方可使用。

3.营业线及近营业线施工应编制专项施工方案。

4.参建单位应按照有关规定与设备管理和行车组织等单位签订有关安全协议。

5.施工总承包单位应在设备管理单位的配合下做好现场调查，掌握施工影响范围内的行车设备里程、位置关系、运输生产、地质水文、有关设施情况等。

6.在营业线附近倒车、卸车时应在其周边设置防护和安全警示标志并派专人监护。停放车辆、机械时应平行线路放置并采取防滑溜、失稳措施。停用的机械、车辆由监护人员保管，操作人员不得擅自启动机械作业。

十六、弱电施工

（一）仪器仪表使用安全管理

1.状态应良好，并在计量检定有效期内。

2.使用前应确认供电电源符合使用安全要求。

3.按使用说明书规定的方法连接和操作。

4.对有接地要求的仪器仪表做好接地连接。

5.严禁超量程使用。

（二）发电机使用安全管理

1.在线路上施工时，发电机应放置在钢轨外侧2m以外。

2.电源线横过钢轨时，应从钢轨底部穿过。

3.人孔、廊道、夹层等有限空间内施工时，发电机应设在作业空间外的下风口侧。

4.严禁将发电机存放在设备房屋内。

（三）喷灯作业安全管理

1.喷灯应使用规定的燃料，不得随意替代使用。

2.使用前应进行检查，发现燃料泄漏时不得使用。

3.喷灯使用完毕应及时熄灭火焰，喷灯完全冷却后释放压力。

4.使用或修理喷灯时应远离易燃、可燃物品。

5. 气体燃料喷灯应随用随点燃，不用时应立即关闭。

（四）电缆沟开挖作业安全管理

1. 开挖光电缆沟时，应及时回填、夯实平整，如遇特殊地段不能及时回填应设置警示标识。

2. 开挖光电缆沟弃土不应超过设计允许值，无支护基坑严禁在基坑底边线与开挖深度相等范围内堆载，且堆积高度不得超过轨面。

3. 大雨、连阴雨天气或施工现场有积水时，不得开挖光电缆沟。

（五）光、电缆敷设作业安全管理

1. 光电缆敷设应设专人统一指挥，配备通信工具。

2. 缆盘起重支架应放在坚固、平坦的地面上，盘轴应水平，严禁以横置缆盘方式放缆。

3. 转动缆盘时施工人员不得站在缆盘前方或把脚伸入缆盘下。

4. 遇有转弯或过障碍时应设专人防护。

5. 光电缆敷设完成后端头应盘好并固定。

（六）机房内走线槽／架安装作业安全管理

1. 走线槽／架安装应牢固可靠。

2. 走线槽／架突出的部位应采取保护措施，防止刮伤人员。

3. 不得攀扶或站、坐在走线槽／架上。

（七）机房内机柜／架设备安装作业安全管理

1. 在设备上方或附近墙壁钻孔时，应对设备进行遮盖，避免铁屑、灰尘落入设备内，钻孔完毕后应及时清理杂物。

2. 插拔板卡时，应采取防静电措施。

3. 设备安装牢固后方可布线。

（八）道岔转辙装置安装作业安全管理

1. 在道岔区段作业时，施工人员不得踩踏道岔可动部分，不得在道岔可动部分坐、卧、停留，防止挤伤。

2. 转换道岔试验应设专人统一指挥，严禁擅自转换道岔。

3. 电动调试前，应确认各牵引点手动转换正常；确认调试道岔及相关联的带动道岔、防护道岔符合转换条件。

（九）施工调试作业安全管理

1. 设备配线应核对无误，电源正负极连接正确。

2. 调试有防静电要求的设备时，施工人员应采取防静电措施。

3. 根据设备要求逐级加电。

（十）联调联试作业安全管理

1. 应按规定做好检测列车开行前的安全确认工作。

2.参与联调联试的施工人员应保持通信畅通。

3.测试期间需要进入现场处理故障时，应按规定办理上道施工手续，并按规定做好安全防护。

4.应编制有针对性的应急预案并组织演练，建立联调联试抢修、巡视检查组织，并专人负责，做好抢修人员、机械材料、工具的准备工作。

06

第六章

隐患排查

第一节　隐患排查方式

隐患排查开展方式主要有日常隐患排查、综合性隐患排查、专项隐患排查、季节性隐患排查、重大活动及节假日前隐患排查、事故类比隐患排查、复工前隐患排查外聘专家排查。

一、日常隐患排查

日常隐患排查是指施工作业班组、施工作业员工的交接班检查和班中巡回检查，以及项目部安全员和设备、电工等专业技术人员的日常性检查。

二、综合性隐患排查

综合性隐患排查是指以保障安全生产为目的，以安全责任制、各项专业管理制度和安全生产管理制度落实情况为重点，由各相关专业人员和部门共同参与的全面检查。

综合检查应该包含：

1. 隐患排查治理制度的制定和落实情况。

2. 安全生产教育和培训情况。

3. 特种作业人员持证上岗情况。

4. 生产装置和安全设施、设备运行状况以及日常维护、保养、检验、检测情况。

5. 有较大危险因素的场所和危险作业的安全管理情况。

6. 劳动防护用品的配备和佩戴使用情况。

7. 重大危险源管控情况。

8. 应急救援预案制定、演练和应急救援物资配备情况。

三、专项隐患排查

专项隐患排查主要是针对危险性较大的分部分项工程进行隐患排查，专项隐患排查实施前应制定工作方案，隐患排查工作方案中应明确排查要求，如：组织人员、排查方式方法、排查范围、工作程序等。

有下列情形之一的，参建单位应当进行专项排查：

1. 有关安全生产标准、规程发布或者修改的。

2. 新建、改建、扩建工程项目试生产的。

3. 复工复产的。

4. 周边环境、作业条件、设备设施、工艺技术发生改变的。

5. 发生事故或者险情的。

6. 其他应当进行专项排查的情形。

四、季节性隐患排查

季节性隐患排查是指根据各季节特点开展的隐患排查，主要包括：

1. 春季、秋季以防风、防火、防触电、防坍塌、高处坠落、临边防护、开工复查等为重点。

2. 夏季以防雷、防风、防洪、防暑降温、高处坠落、临边防护等为重点。

3. 冬季以防火、防雪、防冻、防滑、防风、高处坠落等为重点。

五、重大活动及节假日前隐患排查

重大活动及节假日前隐患排查主要是指在重大活动和节假日前，对施工是否存在异常状况、施工生产及应急物资储备、备品备件、消防安全、机械设备、用电安全、应急工作、企业保卫等进行的检查，特别是要对节日期间领导带班值班、备品备件及各类物资储备和应急工作进行重点检查。

六、事故类比隐患排查

事故类比隐患排查是指对企业内和同类企业发生事故后举一反三的安全检查。

七、复工前隐患排查

复工前隐患排查是工程因存在安全隐患下达停工令后，或因节假日等其他原因暂停施工时间较长，再次施工前进行的隐患排查。

八、外聘专家

聘请外部专家对企业进行全面的安全检查，借助专业力量发现和解决潜在的安全隐患。

第二节　组织级别

城市轨道交通参建单位应根据自身组织架构确定不同的排查组织级别，至少应包括企业、项目部、施工班组（包括专业分包、劳务分包单位）、作业人员四个级别。

1. 日常隐患排查的组织级别为项目部、施工班组级、作业人员。

2. 综合性隐患排查的组织级别为企业、项目部。

3. 专业性隐患排查的组织级别为企业、项目部，按照专业类别划分。

4. 季节性隐患排查的组织级别为企业、项目部。

5. 重大活动及节假日前隐患排查的组织级别为企业、项目部。

6. 事故类比隐患排查的组织级别为企业、项目部。

7. 复工前隐患排查的组织级别为项目部、施工班组。

8. 外聘专家排查级别为企业、项目部。

第三节　隐患排查频次

建筑施工企业应根据法律法规要求，结合企业自身组织架构、管理特点，确定日常综合、专项、季节、事故类比、复工等隐患排查类型的周期。隐患排查周期可根据安全形势的变化、上级主管部门的要求等情况，增加隐患排查的频次。

1. 日常隐患排查周期根据风险分级管控相关内容和各企业实际情况确定。

（1）建设单位对在建标段的排查频率至少 1 次 / 季，业主代表对所管辖标段每个单位工程的排查频率至少 1 次 / 周。

（2）总监理工程师及副总监理工程师对所管辖标段每个单位工程排查频率至少 1 次 / 周，监理专职安全管理人员对每个单位工程的排查频率至少 1 次 /d。

（3）项目经理、总工程师、生产副经理、安全副经理（安全总监）对所管辖标段每个单位工程排查频率至少 1 次 / 周，专职安全管理人员对每个单位工程的排查频率至少 1 次 /d。

2. 综合性隐患排查建设单位每季度至少组织一次；企业（或下属分公司、总包部）至少每月组织一次；参建单位项目部至少每周组织一次。

3. 专项隐患排查应由企业专业技术人员或相关部门针对风险较大的设备设施、作业活动至少每半年全部组织一次。

4. 季节性隐患排查应根据季节性特点及本项目的生产实际，至少每季度开展一次。

5. 重大活动及节假日前隐患排查应在重大活动及节假日前进行一次隐患排查。

6. 事故类比隐患排查应在同类企业或项目发生伤亡及险情等事故后，及时进行事故类比隐患排查。

7.复工前隐患排查应在停工工程准备复工前进行一次隐患排查。

8.外聘专家排查可根据工程实际需要组织专家进行检查。

第四节　隐患排查要求

隐患排查应做到全面覆盖、责任到人，确保横到边、纵到底，及时发现、不留死角。以排查项目清单为排查主要内容，按照"分级负责"的原则开展排查，定期排查与日常排查相结合，专业排查与综合排查相结合，一般排查与重点排查相结合。隐患排查的结果要与安全目标责任考核挂勾。

第五节　隐患排查计划

各参建单位应根据项目实际情况，制定隐患排查计划，明确各类型隐患排查的排查时间、排查目的、排查要求、排查范围、组织级别及排查人员等。

序号	排查类型	排查时间	排查目的	排查要求	排查范围	组织级别	排查人员	备注
1	日常隐患排查	每天	及时发现和消除日常隐患，确保施工安全	按照隐患排查清单进行检查和巡查	对所分管或负责的区域、设备、安全设施等进行全面排查	项目部、施工班组级、作业人员		
2	综合性隐患排查	××月份……	通过全面排查，发现和消除各类隐患，确保施工安全	按照隐患排查清单进行检查和巡查	对各级安全生产责任制、各项专业管理制度和安全生产管理制度落实情况进行全面排查	企业、项目部		
3	专项隐患排查	××月份……	及时发现和消除危险性较大的分部分项工程存在的各类问题和隐患，确保施工安全	按照隐患排查清单进行检查和巡查	对危险性较大的分部分项工程进行隐患排查及全面检查	企业、项目部		
4	季节性隐患排查	××月份……	防范和消除春季、夏季和冬季可能造成的各类隐患，确保施工安全	按照隐患排查清单进行检查和巡查	对所属区域内的设备、设施、人员等进行全面检查	企业、项目部		

续表

序号	排查类型	排查时间	排查目的	排查要求	排查范围	组织级别	排查人员	备注
5	重大活动及节假日前隐患排查	××月份……	防范重大活动及节假日可能造成的各类隐患，确保施工安全	按照隐患排查清单进行检查和巡查	对施工状况和应急物资等进行检查	企业、项目部		
6	事故类比隐患排查	—	吸取事故经验，防范类似事故再次发生，确保施工安全	按照隐患排查清单进行检查和巡查	对同类型作业活动或设备设施进行全面检查	企业、项目部		
7	复工前隐患排查	—	防范停工可能造成的各类隐患，确保施工安全	按照隐患排查清单进行检查和巡查	对停工区域进行全面检查	项目部、施工班组		
8	外聘专家排查	—	发挥专家排查隐患作用，全面提高安全检查的质量和效果	按照隐患排查清单进行检查	对施工安全管理状况进行系统性检查	企业、项目部		

第六节　隐患排查实施

实施隐患排查前，应根据排查类型、人员数量、时间安排和季节特点，在排查项目清单中选择确定具有针对性的具体排查项目，作为隐患排查的内容。隐患排查可分为基础管理类隐患排查、生产现场类隐患排查、工序作业类隐患排查，三类隐患排查可同时进行。

按照隐患排查治理要求，各相关层级的部门和单位对照隐患排查清单进行隐患排查，填写隐患排查记录。根据排查出的隐患类别，提出治理建议，一般应包含：

1. 针对排查出的每项隐患，明确治理责任单位和主要责任人。

2. 经排查评估后，提出初步整改或处置建议。

3. 依据隐患治理难易程度或严重程度，确定隐患级别及治理期限。

第七章

隐患治理

第一节　隐患治理要求

隐患治理实行分级治理、分类实施的原则。主要包括岗位纠正、班组治理、项目部治理、公司治理等。

隐患治理应做到方法科学、资金到位、治理及时有效、责任到人、按时完成。能立即整改的隐患必须立即整改，无法立即整改的隐患，治理前要研究制定防范措施，落实监控责任，防止隐患发展为事故，并保证整改措施、责任、资金、时限和预案"五到位"。

第二节　隐患治理流程

事故隐患治理流程包括：通报隐患信息、下发隐患整改通知、实施隐患治理、治理情况反馈、验收等环节。

1. 隐患排查结束后，将隐患名称、存在位置、不合规状况、隐患等级、治理期限及治理措施要求等信息向从业人员进行通报反馈，可以通过召开会议以图片讲解的形式通报，让从业人员掌握隐患信息。

2. 隐患排查组织部门应制发隐患整改通知书，应对隐患整改责任单位、措施建议、完成期限等提出要求，隐患排查部门和被排查单位的负责人应在隐患整改通知书上签字确认。

3. 隐患存在单位在实施隐患治理前应当立即组织相关人员对隐患存在的原因进行分析，并制定可靠的隐患治理措施，并组织人员进行治理。

4. 隐患存在单位在隐患治理结束后，应向隐患排查部门提交隐患整改报告，隐患整改报告应根据隐患整改通知单的内容，逐条将隐患整改情况进行回复。

5. 隐患排查部门在接到隐患整改报告后，应组织相关人员对隐患整改效果组织验收，并在隐患整改报告上对复查情况进行记录确认，对未消除的隐患应要求继续整改。

第三节　隐患报告

1. 参建单位人员发现事故隐患的，应当立即报告现场负责人或者项目负责人，接到报告的人员应当及时予以处理；发现直接危及人身安全的紧急情况时，从业人员有权停止作业或者采取可能的应急措施后撤离作业场所。

2. 事故隐患排查治理情况应如实记录，并通过职工大会或者职工代表大会、信息公示栏等方式向从业人员通报。其中，重大事故隐患排查治理情况应当及时向负有安全生产监督管理职责的部门和职工大会或者职工代表大会报告。

3. 当事故隐患无法及时消除并涉及相邻地区、单位，或者可能危及公共安全的或因其他单位的原因造成或者可能造成事故隐患的，参建单位应当及时向所在地人民政府及负有安全生产监督管理职责的部门报告。必要时应当立即通知相邻地区和有关单位，并在现场设置安全警示标志。

4. 对于因自然灾害可能引发的事故隐患，参建单位应当按照有关法律法规、规章、标准的要求进行排查治理，采取可靠的预防措施。参建单位在接到有关自然灾害预报时，应当及时发出预警通知；发生自然灾害可能危及参建单位人员安全的情况时，应当采取停止作业、撤离人员、加强监测等安全措施，并及时向所在地人民政府及其有关部门报告。

第四节　一般隐患治理

对于一般事故隐患，根据隐患治理的分级，由项目部、施工班组负责人或者有关人员负责组织整改。能够立即整改的隐患应立即组织整改，整改情况要安排专人进行确认；难以立即排除的应根据隐患整改通知单的要求，及时进行分析，制定整改措施并限期整改。

第五节　重大隐患治理

经判定或评估属于重大事故隐患的，各责任单位应当及时组织评估，并编制事故隐患评估报告书。评估报告书应当包括事故隐患的类别、影响范围和风险程度以及对事故隐患的监控措施、治理方式、治理期限及建议等内容。

隐患责任单位应根据评估报告书制定重大事故隐患治理方案，治理方案应当包括下列主要内容：

 1.治理的目标和任务。

 2.采取的方法和措施。

 3.经费和物资情况落实。

 4.负责治理的机构和人员。

 5.治理的时限和要求。

 6.安全措施和应急预案。

参建单位应及时将工程项目重大隐患排查治理的有关情况向建设单位报告。建设单位应积极协调勘察、设计、施工、监理、监测等单位，并在资金、人员等方面积极配合做好重大隐患排查治理工作。

第六节　挂牌督办

1.参建单位建立重大隐患挂牌督办制度，逐级对重大事故隐患实行挂牌督办，责任单位负责整改落实挂牌督办的重大事故隐患。建设单位及监理单位向各责任单位下发挂牌督办通知书，主要内容包括：

（1）重大事故隐患名称；

（2）督办事项；

（3）整改完成期限。

2.参建单位负责登记汇总需要挂牌督办的重大事故隐患，建立台账，责任单位接到挂牌督办通知书后，应立即组织落实整改要求，形成隐患整改报告，经监理单位总监理工程师审核后报建设单位。

3.属于政府部门下发的督办事项，相关责任单位应向工程所在主管部门报送治理报告，并提请解除督办。主管部门收到相关责任单位提出的重大隐患解除督办申请后，应当立即进行现场审查。审查合格的，依照规定解除督办。审查不合格的，继续实施挂牌督办。

第七节　隐患治理验收

隐患治理完成后，应根据隐患级别组织相关人员对治理情况进行验收，实现闭环管理。

1.隐患整改完毕后，应向隐患整改通知单签发部门提交隐患整改报告，隐患整改报告应包括隐患整改责任人、采取的主要措施、整改效果和完成时间，必要时应附以影像资料。

2. 隐患整改通知单签发部门应在接到隐患整改报告后，及时安排人员对其整改效果复查。隐患整改完成后，应根据隐患级别组织相关人员对整改情况进行验收，实现闭环管理。

3. 企业、项目部应及时建立隐患排查治理台账。

4. 重大隐患治理工作结束后，参建单位应当成立隐患治理验收组或委托第三方服务机构进行专项验收，验收组成员应包括企业负责人、安全管理部门负责人、相关部门负责人和 2 名以上相关专业领域具有一定经验的专业技术人员。验收组应根据隐患暴露出的问题，进行全面评估，出具验收结论，并经组长签字确认。

5. 对政府督办的重大隐患，按有关规定执行。验收报告应当及时向负有安全生产监督管理职责的部门报备。

第八章

隐患分析评估

第一节　隐患调查处理

城市轨道交通参建单位应强化事故隐患排查治理，推动安全生产治理模式向事前预防转型，对符合国务院有关部门制定的重大事故隐患判定标准或其他严重违反有关安全生产法律法规、部门规章及强制性标准，在施工过程中存在危害程度较大、可能导致群死群伤或造成重大经济损失，且现实存在危险的隐患按照"隐患就是事故"和"四不放过"原则进行调查处理，实现源头治理、关口前移。

城市轨道交通建设单位、监理单位、总承包单位按不同管理层级，对各自发现的隐患进行调查处理，总承包单位、监理单位自查发现的需进行调查处理的隐患，调查情况应及时向建设单位报告并备案。

隐患调查应成立调查组，实行组长负责制。调查组组长由各单位主要负责人担任，成员应包含分管安全负责人、安全总监和其他负有安全生产管理职责的人员组成，必要时可以聘请有关专家参与调查，隐患调查组应履行下列职责：

1. 查明隐患情况及其产生的经过、原因。

2. 认定造成隐患的责任。

3. 提出对隐患责任者处理意见和其他问责建议。

4. 提出下一步整改要求或措施。

5. 提交隐患调查报告。

6. 负责隐患闭环管理，督促提交隐患整改报告。

隐患调查主要采取现场检查，人员询问，查阅资料等方式，根据隐患实际情况，灵活选用针对性调查手段，确保检查得出的结论可靠、无异议，检查和询问内容可参照附录C相关表格开展。

调查完成后编写隐患调查处理报告，报告应包含责任单位信息、隐患基本情况、隐患原因分析、隐患责任分析、隐患处理意见、隐患整改要求等内容。隐患调查报告应对所有参建单位进行传达、学习、警示，以案为鉴、以案促改，切实让隐患教训成为经验。

通过对事故隐患进行深度分析，追溯管理致因、强化责任倒逼，查找安全管理过程中的漏洞、短板，攻坚解决一些顽症痼疾，推动建立常态化、制度化工作机制，全力提升安全管理能力。

第二节　统计分析

城市轨道交通参建单位应根据生产经营特点，每季度对本单位隐患排查治理情况进行评估和统计分析，编制统计分析表，经单位主要负责人签字后向建设单位及安全监管监察部门和有关部门书面报送，及时梳理、发现安全生产苗头性问题和规律，了解隐患的主要类型和分布情况，为制定针对性的隐患治理措施提供依据。

对隐患排查治理效果和改进内容提出相关建议，分析隐患产生的原因，从源头上预防和控制隐患的发生。跟进风险管控状态，斩断安全风险管控不到位变成事故隐患、隐患未及时被发现和治理演变成事故的传递链条。

通过统计分析发现隐患排查工作的不足之处，及时改进和完善隐患排查治理制度和方法，为后续的安全管理工作提供经验和借鉴，指导企业隐患排查治理工作及安全生产工作的持续改进。

第三节　资料整理

参建单位在隐患排查治理体系策划、实施及持续改进过程中，应完整保存体现隐患排查全过程的记录资料，并分类建档管理。至少应包括：

1. 隐患排查治理制度。

2. 隐患排查治理台账、隐患排查治理公示。

3. 隐患排查项目清单等内容的文件成果。

4. 隐患整改通知单、隐患整改报告。

5. 重大事故隐患治理方案，重大事故隐患排查、评估记录，隐患整改复查验收记录等应单独建档管理。

第九章

隐患排查治理效果考核

城市轨道交通参建单位应建立健全隐患排查治理考核奖惩制度，对隐患排查治理的运行情况进行目标考核，并根据考核结果进行奖惩，建设单位对其他参建单位在识别和治理潜在安全隐患方面所取得的成效进行评估。

第一节　考核内容

考核内容主要包含隐患排查治理制度的执行情况、隐患识别与报告的准确性、隐患治理措施的有效性、隐患治理成果的持续性等方面。

1. 隐患排查治理制度的执行情况：评估企业或组织是否建立了完善的隐患排查治理制度，包括定期巡查、专项检查、员工自查等，以及制度是否得到严格执行。

2. 隐患识别与报告的准确性：检查隐患记录是否完整、准确，包括隐患的位置、性质、可能造成的后果等信息。同时要关注员工是否能够及时发现并报告隐患。

3. 隐患治理措施的有效性：评估企业或组织针对已发现的隐患所采取的治理措施是否有效，是否能够及时消除隐患风险。

4. 隐患治理成果的持续性：考察隐患治理工作是否取得了长期稳定成果，是否能够有效预防类似隐患再次发生。

第二节　考核方法

（一）查阅文档资料

收集和分析隐患排查治理的相关文档资料，如检查记录、隐患报告、治理措施等，以便了解工作开展的全面情况。

（二）现场检查

对施工现场进行实地检查，观察隐患的实际状况以及治理措施的执行情况。

（三）员工访谈

与员工进行访谈，了解他们对隐患排查治理工作的看法和建议，以及他们在日常工作中的实际操作情况。

第三节　考核结果应用

（一）激励与惩罚

根据考核结果，对在隐患排查治理工作中表现优秀的部门或个人给予奖励，对表现不佳的部门或个人予以惩罚，以激发员工参与隐患排查治理的积极性。

（二）问题改进

针对考核中发现的问题和不足，制定具体的改进措施并跟踪落实，确保问题得到有效解决。

（三）经验总结与推广

总结隐患排查治理工作中的成功经验和做法，进行宣传与推广，以提高整个现场隐患排查治理能力。

隐患排查治理效果考核是安全生产管理的重要手段之一。通过科学、有效的考核，可以推动各参建单位不断完善隐患排查治理体系，提高安全生产管理水平，激发全员参与安全生产管理的积极性和主动性。

第十章

持续改进

第一节　评审

各参建单位应适时和定期对隐患排查治理体系运行情况进行评审，以确保其持续的适宜性、充分性和有效性。评审应包括体系改进的可能性和对体系进行修改的需求。评审每年应不少于一次，当发生更新时应及时组织评审，并保存评审记录。

第二节　更新

各参建单位应主动根据以下情况变化对隐患排查治理体系的影响，及时更新隐患排查治理的范围、隐患等级和类别、隐患信息等内容，主要包括：

1. 法律法规及标准规程变化或更新。
2. 政府规范性文件提出新要求。
3. 企业组织机构及安全管理机制发生变化。
4. 企业生产工艺发生变化、设备设施增减、使用原辅材料变化等。
5. 企业自身提出更高要求。
6. 事故事件、紧急情况或应急预案演练结果反馈的需求。
7. 其他情形出现应当进行评审。

第三节　沟通

各参建单位应建立不同职能和层级间的内部沟通和用于与相关方的外部沟通机制，及时有效传递隐患信息，提高隐患排查治理的效果和效率。

各参建单位应主动识别内部各级人员隐患排查治理相关培训需求，并纳入培训计划，组织相关培训，不断增强从业人员的安全意识和能力，使其熟悉、掌握隐患排查的方法，消除各类隐患，有效控制岗位风险，减少和杜绝安全生产事故发生，保证安全生产。

第四节 改进

通过隐患排查治理体系的建设，各参建单位应至少在以下方面有所改进：

1. 风险控制措施全面持续有效。

2. 风险管控能力得到加强和提升。

3. 隐患排查治理制度进一步完善。

4. 各级排查责任得到进一步落实。

5. 员工隐患排查水平进一步提高。

6. 对隐患频率较高的风险重新进行评价、分级，并制定完善控制措施。

7. 生产安全事故明显减少。

8. 职业健康管理水平进一步提升。

附录 A   基础管理类隐患排查清单

安全管理制度检查清单 表 A.0.1

工程名称		检查内容	检查地点及记录		
序号	检查项目		是否合格（√）	检查记录	复查记录
1	总承包单位相关制度	1.建立健全并落实安全生产责任制及责任制考核制度，编制全员安全生产责任制清单			
		2.建立健全并落实安全生产教育和培训制度			
		3.建立健全并落实安全生产检查制度			
		4.建立健全并落实安全技术交底制度			
		5.建立健全并落实安全会议制度，定期组织召开安全生产会（日碰头会、班前会、安全生产周例会、月度例会、季度例会、专题会、年度安全生产总结会等）			
		6.建立健全并落实安全生产费用管理制度和项目安全生产费用核算制度			
		7.建立健全并落实安全防护与职业卫生用品管理制度			
		8.建立健全并落实安全生产奖惩、事故隐患报告和举报奖励制度			
		9.建立健全并落实风险分级管控制度和事故隐患排查治理制度（包含重大危险源、危险性较大的分部分项工程管理等内容）			
		10.建立健全并落实实名制安全管理制度			
		11.建立健全并落实消防安全管理制度（包含消防安全教育与培训制度、可燃及易燃易爆危险品管理制度、用火、用电、用气管理制度、消防安全检查制度）			
		12.建立健全并落实班前安全活动制度（包含班前会制度）			
		13.建立健全并落实事故报告与调查处理制度（包含事故应急救援等内容）			
		14.建立健全并落实应急管理制度（包含应急预案、应急演练、应急物资等管理制度）			
		15.建立健全并落实现场安全文明施工管理制度（包含临时用电、交通导改、围挡施工等管理）			
		16.建立健全并落实危险作业管理制度			
		17.建立健全并落实项目负责人、技术负责人、安全负责人等主要管理人员现场带班制度			

工程名称		检查内容	检查地点及记录		
序号	检查项目		是否合格（√）	检查记录	复查记录
1	总承包单位相关制度	18. 建立健全并落实安全设施和设备管理制度（包含进场验收、报废等制度）			
		19. 建立健全并落实工程重要部位、环节施工前条件核查制度（包括进入有限空间、压力/高压设备调试区域的安全许可制度）			
		20. 建立健全并落实轨行区管理制度			
		21. 建立健全并落实起重机械安全管理制度			
		22. 建立健全并落实特种设备及特种作业人员管理制度			
		23. 建立健全并落实治安保卫安全管理制度			
		24. 建立健全并落实安全生产信息化制度			
		25. 建立健全并落实分包（供）方安全生产管理制度			
		26. 建立健全并落实专项施工方案报审制度			
		27. 建立健全并落实隐蔽工程验收与中间验收制度			
		28. 建立健全并落实特殊气候管理制度，应编制特殊气候应急预案和人员应急值守值班名单			
		29. 应建立健全并落实宿舍、食堂等生活办公区域卫生管理制度			
		30. 建立健全并落实安全警示标志管理制度			
		31. 建立完善资料管理制度			
2	监理单位相关制度	1. 建立健全并落实安全生产责任制及责任制考核制度，编制全员安全生产责任制清单			
		2. 建立健全并落实监理例会制度			
		3. 建立健全并落实施工组织设计、专项施工方案审批制度			
		4. 建立健全并落实施工现场安全检查、巡视制度			
		5. 建立健全并落实施工机械验收核查制度			
		6. 建立健全并落实危险性较大的分部分项工程验收制度			
		7. 建立健全并落实监理报告制度			
		8. 建立健全并落实安全生产教育和培训制度			
		9. 建立健全并落实举牌验收制度			
		10. 建立健全并落实实名制安全管理制度			
		11. 建立完善监理文件资料管理制度			
		12. 监理规划、监理细则编制制度			
		13. 人员到岗履职考核管理制度			

续表

工程名称		检查内容	检查地点及记录		
序号	检查项目		是否合格（√）	检查记录	复查记录
3	其他问题				
检查依据		1.《中华人民共和国安全生产法》 2.《中华人民共和国特种设备安全法》 3.《建设工程安全生产管理条例》国务院令第 393 号 4.《山东省安全生产条例》 5.《企业安全生产标准化基本规范》GB/T 33000—2016 6.《施工企业安全生产管理规范》GB 50656—2011 7.《建设工程监理规范》GB/T 50319—2013 8.《建筑起重机械安全监督管理规定》建设部令第 166 号 9.《城市轨道交通工程建设安全生产标准化管理技术指南》建办质〔2020〕27 号 10.《关于修改〈建筑工人实名制管理办法（试行）〉的通知》建市〔2022〕59 号 11.《山东省企业安全生产班前会制度规范（试行）》鲁安发〔2022〕4 号			
检查评价		初次检查评价：	二次检查（复查）评价：		
签字栏		施工现场责任人签字：	施工现场责任人签字：		
		检查人员签字：	复查人员签字：		
检查日期		年 月 日	年 月 日		

安全管理人员检查清单 表 A.0.2

工程名称		检查内容	检查地点及记录		
序号	检查项目		是否合格（√）	检查记录	复查记录
1	证件配备要求	1. 企业主要负责人，是指对本企业生产经营活动和安全生产工作具有决策权的领导人员。企业主要负责人包括法定代表人、总经理（总裁）、分管安全生产的副总经理（副总裁）、分管生产经营的副总经理（副总裁）、技术负责人、安全总监等。企业主要负责人应取得安全生产管理人员 A 类证书			
		2. 项目负责人，是指取得相应注册执业资格，由企业法定代表人授权，负责具体工程项目管理的人员。项目负责人应取得安全生产管理人员 B 类证书			
		3. 专职安全生产管理人员，是指在企业专职从事安全生产管理工作的人员，包括企业安全生产管理机构的人员和工程项目专职从事安全生产管理工作的人员。专职安全生产管理人员应取得安全生产管理人员 C 类证书			
		4. 企业主要负责人、项目负责人、专职安全生产管理人员应与所在企业确立劳动关系，安全生产管理人员证书注册单位应为其所在企业			
2	专职安全生产管理人员证件要求	1. 专职安全生产管理人员 C 类证书分为三类：机械类专职安全生产管理人员代码为 C1，土建类专职安全生产管理人员代码为 C2，综合类专职安全生产管理人员代码为 C3			
		2. 机械类专职安全生产管理人员可以从事起重机械、土石方机械、桩工机械等安全生产管理工作			
		3. 土建类专职安全生产管理人员可以从事除起重机械、土石方机械、桩工机械等安全生产管理工作以外的安全生产管理工作			
		4. 综合类专职安全生产管理人员可以从事全部安全生产管理工作			
		5. 建筑施工企业安全生产管理机构和建设工程项目中，应当具有可以从事起重机械、土石方机械、桩工机械等安全生产管理工作的专职安全生产管理人员，也应有从事除起重机械、土石方机械、桩工机械以外的安全生产管理工作的专职安全生产管理人员			
3	建安／交安证适用领域	1. 建安证：从事房屋建筑和市政基础设施工程（以下简称房屋市政工程）施工活动的企业和项目的安全生产管理人员应配备建安证			

续表

工程名称		检查内容	检查地点及记录		
序号	检查项目		是否合格（√）	检查记录	复查记录
3	建安/交安证适用领域	2. 交安证：交通运输工程安管人员安全生产考核分为公路工程和水运工程两个领域。从事公路工程和水运工程项目企业和项目的安全生产管理人员应配备交安证书			
4	项目安全管理人员人数配备要求	1. 建筑工程、装修工程按照建筑面积配备：1万 m² 以下的工程不少于1人；1万～5万 m² 的工程不少于2人；5万 m² 以上的工程不少于3人，且每增加5万 m²，应当至少增加1名专职安全生产管理人员			
		2. 市政基础设施工程按照工程合同价款配备：5000万元以下的工程不少于1人；5000万～2亿元的工程不少于2人；2亿元以上的工程不少于3人，且每增加2亿元，应当至少增加1名专职安全生产管理人员			
		3. 劳务分包单位施工人员在50人以下的，应当配备1名专职安全生产管理人员；50人～200人的，应当配备2名专职安全生产管理人员；200人及以上的，应当配备3名及以上专职安全生产管理人员，并根据所承担的分部分项工程施工危险实际情况增加，不得少于工程施工人员总人数的5‰			
		4. 施工活动涉及大型机械设备的，应当至少增加1名机械类专职安全生产管理人员			
检查依据		1.《建筑施工企业主要负责人、项目负责人和专职安全生产管理人员安全生产管理规定》住房城乡建设部令第17号 2.《建筑施工企业安全生产管理机构设置及专职安全生产管理人员配备办法》建质〔2008〕91号			
检查评价		初次检查评价：	二次检查（复查）评价：		
签字栏		施工现场责任人签字：	施工现场责任人签字：		
		检查人员签字：	复查人员签字：		
检查日期		年 月 日	年 月 日		

特种作业人员检查清单　　　　　表 A.0.3

工程名称		检查内容	检查地点及记录		
序号	检查项目		是否合格（√）	检查记录	复查记录
1	特种作业人员要求	1. 特种作业人员应当按照国家有关规定取得相应资格，方可从事相关工作。特种作业人员应当严格执行安全技术规范和管理制度，保证特种作业安全			
2	特种作业人员定义	1. 特种作业：容易发生事故，对操作者本人、他人的安全健康及设备、设施的安全可能造成重大危害的作业。特种作业人员，是指直接从事特种作业的从业人员，管理单位为应急管理部	—	—	—
		2. 特种设备作业人员：锅炉、压力容器、电梯、起重机械、客运索道、大型游乐设施、场（厂）内专用机动车辆的作业人员及其相关管理人员。如起重工（指挥、司机）、叉车司机、焊工等，管理单位为市场监管总局	—	—	—
		3. 建筑施工特种作业人员：在房屋建筑和市政工程施工活动中，从事可能对本人、他人及周围设备设施的安全造成重大危害作业的人员。如建筑电工、建筑架子工、建筑起重信号司索工、建筑起重机械司机、建筑起重机械安装拆卸工、高处作业吊篮安装拆卸工，管理单位为住房和城乡建设部	—	—	—
3	用人单位	1. 用人单位应与持有效资格证书的特种作业人员订立劳动合同			
		2. 用人单位应制定并落实本单位特种作业安全操作规程和有关安全管理制度			
		3. 用人单位应书面告知特种作业人员违章操作的危害			
		4. 用人单位应向特种作业人员提供齐全、合格的安全防护用品和安全的作业条件			
		5. 用人单位应按规定组织特种作业人员参加年度安全教育培训或者继续教育，培训时间不少于24h			
		6. 用人单位应建立本单位特种作业人员管理档案			
		7. 用人单位应查处特种作业人员违章行为并记录在档			
4	监理监管职责	1. 作业人员进场前，总承包单位应将特种作业人员相关资料报监理项目部审查。特种作业人员应持证上岗，特种作业操作资格证书应真实有效，年检合格。通过特种作业人员平台官方网站核对特种作业人员资格信息，并报监理单位审核			
		2. 建立特种作业人员台账，台账包含姓名、性别、年龄、工种类别、身份证号、资质证件号、有效期、承包商、查验人、报验资料编号等			

续表

工程名称		检查内容	检查地点及记录		
序号	检查项目		是否合格（√）	检查记录	复查记录
4	监理监管职责	3. 监理单位应加大抽查力度，每周至少进行一次动态核查，发现不符合要求的，向责任单位发出《监理通知单》并抄报建设单位			
5	应急管理部特种作业目录	1. 特种作业操作证，管理单位：应急管理部（安监总局）			
		2. 电工作业 指对电气设备进行运行、维护、安装、检修、改造、施工、调试等作业（不含电力系统进网作业）。 2.1 高压电工作业 指对 1 千伏（kV）及以上的高压电气设备进行运行、维护、安装、检修、改造、施工、调试、试验及绝缘工、器具进行试验的作业。 2.2 低压电工作业 指对 1 千伏（kV）以下的低压电器设备进行安装、调试、运行操作、维护、检修、改造施工和试验的作业。 2.3 防爆电气作业 指对各种防爆电气设备进行安装、检修、维护的作业。适用于除煤矿井下以外的防爆电气作业			
		3. 焊接与热切割作业 指运用焊接或者热切割方法对材料进行加工的作业（不含《特种设备安全监察条例》规定的有关作业）。 3.1 熔化焊接与热切割作业 指使用局部加热的方法将连接处的金属或其他材料加热至熔化状态而完成焊接与切割的作业。适用于气焊与气割、焊条电弧焊与碳弧气刨、埋弧焊、气体保护焊、等离子弧焊、电渣焊、电子束焊、激光焊、氧熔剂切割、激光切割、等离子切割等作业。 3.2 压力焊作业 指利用焊接时施加一定压力而完成的焊接作业。适用于电阻焊、气压焊、爆炸焊、摩擦焊、冷压焊、超声波焊、锻焊等作业。 3.3 钎焊作业 指使用比母材熔点低的材料作钎料，将焊件和钎料加热到高于钎料熔点，但低于母材熔点的温度，利用液态钎料润湿母材，填充接头间隙并与母材相互扩散而实现连接焊件的作业。适用于火焰钎焊作业、电阻钎焊作业、感应钎焊作业、浸渍钎焊作业、炉中钎焊作业，不包括烙铁钎焊作业			

续表

工程名称		检查内容	检查地点及记录		
序号	检查项目		是否合格（√）	检查记录	复查记录
5	应急管理部特种作业目录	4. 高处作业 指专门或经常在坠落高度基准面 2m 及以上有可能坠落的高处进行的作业。 4.1 登高架设作业 指在高处从事脚手架、跨越架架设或拆除的作业。 4.2 高处安装、维护、拆除作业 指在高处从事安装、维护、拆除的作业。 适用于利用专用设备进行建筑物内外装饰、清洁、装修，电力、电信等线路架设，高处管道架设，小型空调高处安装、维修，各种设备设施与户外广告设施的安装、检修、维护以及在高处从事建筑物、设备设施拆除作业			
6	市场监管总局特种作业目录	1. 特种设备从业人员（特种设备操作证），管理单位：市场监管总局			
		2. 特种设备安全管理（特种设备安全管理 A）			
		3. 锅炉作业（工业锅炉司炉 G1、电站锅炉司炉 G2、锅炉水处理 G3）			
		4. 压力容器作业（快开门式压力容器操作 R1、移动式压力容器充装 R2、氧舱维护保养 R3）			
		5. 气瓶作业（气瓶充装 P）			
		6. 电梯作业（电梯修理 T）			
		7. 起重机作业（起重机指挥 Q1、起重机司机 Q2）			
		8. 客运索道作业（客运索道修理 S1、客运索道司机 S2）			
		9. 大型游乐设施作业（大型游乐设施修理 Y1、大型游乐设施操作 Y2）			
		10. 场（厂）内专用机动车辆作业（叉车司机 N1、观光车和观光列车司机 N2）			
		11. 安全附件维修作业（安全阀校验 F）			
		12. 特种设备焊接作业（金属焊接操作）			
7	住房和城乡建设部特种作业目录	1. 建筑施工特种作业，管理单位：住房和城乡建设部			
		2. 建筑电工			
		3. 建筑架子工：建筑架子工（普通脚手架）、建筑架子工（附着升降脚手架）			
		4. 建筑起重信号司索工			
		5. 建筑起重机械司机：建筑起重机械司机（塔式起重机）、建筑起重机械司机（施工升降机）、建筑起重机械司机（物料提升机）			

续表

工程名称		检查内容	检查地点及记录		
序号	检查项目		是否合格（√）	检查记录	复查记录
7	住房和城乡建设部特种作业目录	6.建筑起重机械安装拆卸工：建筑起重机械安装拆卸工（塔式起重机）、建筑起重机械安装拆卸工（施工升降机）、建筑起重机械安装拆卸工（物料提升机）			
		7.高处作业吊篮安装拆卸工			
		8.经省级以上人民政府建设主管部门认定的其他特种作业			
	检查依据	1.《中华人民共和国安全生产法》 2.《特种设备安全监察条例》 3.《特种作业人员安全技术培训考核管理规定》安监总局令第80号 4.《建筑施工特种作业人员管理规定》建质〔2008〕75号 5.《特种设备作业人员考核规则》市场监管总局公告2019年第24号			
	检查评价	初次检查评价：		二次检查（复查）评价：	
	签字栏	施工现场责任人签字：		施工现场责任人签字：	
		检查人员签字：		复查人员签字：	
	检查日期	年　月　日		年　月　日	

安全教育培训检查清单　　　　　　　　　　　表 A.0.4

工程名称		检查内容	检查地点及记录		
序号	检查项目		是否合格（√）	检查记录	复查记录
1	组织领导、机构及人员	1. 参建单位应设置安全教育培训管理部门或责任人。应当以自主培训为主，可以委托具有相应资质的安全培训机构			
		2. 从业人员应经安全生产培训合格，再上岗作业			
		3. 参建单位应进行安全培训的从业人员包括主要负责人、安全生产管理人员、特种作业人员和其他从业人员			
2	培训制度	1. 应按照安全生产法和有关法律法规，建立健全安全培训工作制度			
		2. 应明确安全教育培训的职责要求，包括主责部门和参与部门等			
		3. 培训制度应包括：培训需求分析、培训对象、培训内容、培训频次、培训考核要求、培训效果评估以及培训档案的建立与管理要求			
		4. 项目主要负责人应组织制度的制定与实施			
3	培训计划	1. 培训计划应由项目主要负责人组织制定			
		2. 培训计划的制定应明确培训时间、培训对象、培训内容、培训地点、培训课时等内容			
		3. 培训计划内容应有针对性、分层次、分类别、分岗位			
		4. 培训计划中必须包含安全生产开工"第一课"，并应由项目主要负责人亲自组织			
		5. 培训计划应覆盖习近平总书记关于安全生产重要论述、安全生产法、省市安全生产管理要求、双重预防体系相关知识等必学必训内容			
		6. 培训计划应覆盖全员			
		7. 应将生产安全事故应急预案、应急知识、自救互救和避险逃生技能纳入年度培训计划并组织实施			
		8. 应针对最新法规和规范性文件进行培训计划的增补			
4	培训资料和内容	1. 应针对自身行业安全特点、风险特点并结合实际编制应知应会培训资料			
		2. 应收集或制作警示培训资料形成资料数据库			

续表

工程名称		检查内容	检查地点及记录		
序号	检查项目		是否合格（√）	检查记录	复查记录
4	培训资料和内容	3. 项目主要负责人安全培训应当包括下列内容： （1）国家安全生产方针、政策和有关安全生产的法律法规、规章及标准。 （2）安全生产管理基本知识、安全生产技术、安全生产专业知识。 （3）重大危险源管理、重大事故防范、应急管理和救援组织以及事故调查处理的有关规定。 （4）职业危害及其预防措施。 （5）国内外先进的安全生产管理经验。 （6）典型事故和应急救援案例分析。 （7）其他需要培训的内容			
		4. 安全生产管理人员安全培训应当包括下列内容： （1）国家安全生产方针、政策和有关安全生产的法律法规、规章及标准。 （2）安全生产管理、安全生产技术、职业卫生等知识。 （3）伤亡事故统计、报告及职业危害的调查处理方法。 （4）应急管理、应急预案编制以及应急处置的内容和要求。 （5）国内外先进的安全生产管理经验。 （6）典型事故和应急救援案例分析。 （7）其他需要培训的内容			
		5. 建筑企业应对新职工进行至少 32 学时的安全培训，每年进行至少 20 学时的再培训			
		6. 特种作业人员应进行专门的安全作业培训，依法取得特种作业人员操作资格证书，特种作业人员实习至少 3 个月后方可独立上岗，每年应进行不小于 24 学时的针对性安全教育培训或继续教育			
		7. 应对作业人员普及触电、高处坠落或有限空间中毒（窒息）等事故应急救援知识			
		8. 一级（公司）岗前安全培训内容应当包括： （1）本单位安全生产情况及安全生产基本知识。 （2）本单位安全生产规章制度和劳动纪律。 （3）从业人员安全生产权利和义务。 （4）有关事故案例等			

城市轨道交通施工安全隐患排查治理标准化指南

续表

工程名称		检查内容	检查地点及记录		
序号	检查项目		是否合格（√）	检查记录	复查记录
4	培训资料和内容	9. 二级（项目部）岗前安全培训内容应当包括： （1）工作环境及危险因素。 （2）所从事工种可能遭受的职业伤害和伤亡事故。 （3）所从事工种的安全职责、操作技能及强制性标准。 （4）自救互救、急救方法、疏散和现场紧急情况的处理。 （5）安全设备设施、个人防护用品的使用和维护。 （6）该项目安全生产状况及规章制度。 （7）预防事故和职业危害的措施及应注意的安全事项。 （8）有关事故案例。 （9）其他需要培训的内容			
		10. 三级（班组）岗前安全培训内容应当包括： （1）岗位安全操作规程。 （2）岗位之间工作衔接配合的安全与职业卫生事项。 （3）有关事故案例。 （4）其他需要培训的内容			
5	考试与考核	1. 项目主要负责人、安全总监和安全生产管理人员以及特种作业人员应持证上岗			
		2. 应建立针对各级各类人员、不同岗位和工种的考试题库			
		3. 应针对培训进行考试，且建立考试成绩单，对培训考试试卷进行完好保存			
6	培训实施	1. 应按照培训计划实施培训			
		2. 应建立健全安全培训过程记录，包括培训人员花名册、培训签到记录等；应保证签到记录等材料真实			
		3. 调整工作岗位或离岗一年以上重新上岗时，应重新接受二级（项目部）和三级（班组）的安全培训			
		4. 实施新工艺、新技术或者使用新设备、新材料时，应对有关从业人员重新进行有针对性的安全培训			
7	档案管理	1. 应建立包括安全教育培训计划、培训教材或资料、培训过程签到和考勤记录、培训考试考核记录等的档案资料			
		2. 应建立承包方、特种作业人员、劳务派遣、建筑工人以及其他灵活用工人员等的教育培训档案			
8	培训保障	1. 应专门列支安全生产培训专项经费			

续表

工程名称		检查内容	检查地点及记录		
序号	检查项目		是否合格（√）	检查记录	复查记录
8	培训保障	2. 应设置安全教育培训场所，配备多媒体等现代教学设施			
9	班前会制度	1. 采取白班工作制的企业于每天早晨正式开工前召开，采取连续工作制的企业于每班正式开工前召开			
		2. 班前会应以班组或车间等一线参建单位为单元，由带班负责人或班组长主持召开			
		3. 班前会时间应不少于 5min，并在监控视频范围内进行，以便核查监督			
		4. 所有作业人员应全部参加班前会，并由本人在会议记录上签名			
		5. 班前会组织程序和内容应包含以下内容： （1）组织会前点名。带班负责人或班组长是晨会的具体组织人员，应对当班作业人员进行点名，确保无错漏。 （2）检查与会人员状态。通过观察和询问，了解上岗人员身体、心理和情绪状况，排查安全生产不放心人员。对排查出的不放心人要有管理措施，安排帮扶人员和顶岗人员。 （3）安排部署任务。传达贯彻上级、企业有关文件、会议精神和安全生产安排，布置当班工作任务。 （4）组织教育培训。结合工作现场实际和天气情况，针对每个环节、每道工序、每个作业点强调安全生产注意事项，点评、解析存在的隐患或可能出现的问题，提出应急措施和整改办法。 （5）强调注意事项。结合当班工作任务，针对当前安全生产重点工作、岗位注意事项、应知应会知识、工作任务、工艺参数、防护装备佩戴、应急装备使用等重点内容抽查 2 人至 3 人，结合同类企业事故案例开展警示教育。 （6）整理资料。晨会主要内容、员工签到等资料应齐全并存档备查			
		6. 应将班前会纳入本单位安全生产会议制度体系，将班前会制度落实纳入全年安全生产工作重点内容，并将班前会制度落实情况纳入职工考核			
10	其他问题				

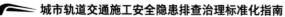

续表

工程名称		检查内容	检查地点及记录		
序号	检查项目		是否合格（√）	检查记录	复查记录
	检查依据	1.《中华人民共和国安全生产法》 2.《山东省安全生产条例》 3.《生产经营单位安全培训规定》2015年国家安监总局令第80号修订版 4.《国务院安委会关于进一步加强安全培训工作的决定》安委〔2012〕10号 5.《城市轨道交通工程建设安全生产标准化管理技术指南》建办质〔2020〕27号 6.《山东省生产安全事故应急办法》山东省人民政府令第341号 7.《山东省企业安全生产班前会制度规范（试行）》鲁安发〔2022〕4号 8.《关于规范和加强安全生产培训考核工作的指导意见》鲁安发〔2022〕6号 9.《安全生产培训质量控制规范》DB 37/T 1915 10.《山东省安全生产培训考核管理规定（试行）》鲁应急发〔2023〕6号			
	检查评价	初次检查评价：	二次检查（复查）评价：		
	签字栏	施工现场责任人签字：	施工现场责任人签字：		
		检查人员签字：	复查人员签字：		
	检查日期	年 月 日	年 月 日		

风险管理检查清单　　　　　　　　　　　　　　表 A.0.5

工程名称		检查内容	检查地点及记录		
序号	检查项目		是否合格（√）	检查记录	复查记录
1	总体要求	1.各参建单位应建立并落实安全风险分级管控和隐患排查治理双重预防工作机制，建立安全风险分级管控制度，定期组织风险分析会议，确定风险分级和对应管控措施			
		2.总承包单位应建立本企业的施工安全风险源辨识清单库，由总承包单位技术负责人、分管安全负责人审批后发布			
		3.总承包单位应对安全风险分级、分层、分类、分专业进行管理，逐一落实企业、项目部、班组和岗位的管控责任			
		4.施工阶段应实施风险动态管理，利用现场监测数据和风险记录，实现施工风险动态跟踪与控制			
		5.施工阶段风险管理应包括开展风险深入辨识、动态评估、危险性较大的分部分项工程专项方案论证、关键节点施工前条件核查、风险告知、风险监测、现场巡视、预警、响应、处置、消警等风险管控工作。建立相应的风险清单、管理记录、台账及资料文件，并形成安全风险管理档案			
		6.施工中发生突发风险事件或事故时，相关单位应按照有关规定和自身制定的应急预案，及时启动应急响应，进行应急处置			
		7.参建各方应在建设各阶段建立真实、完整的风险管控档案			
2	风险辨识和分级	1.风险等级划分原则。根据风险发生的可能性和风险损失程度，工程建设风险等级标准分为特别重大（Ⅰ级）、重大（Ⅱ级）、较大（Ⅲ级）及一般（Ⅳ级）四个等级，可用红、橙、黄、蓝四种颜色标示			
		2.各参建单位工程施工前，总承包单位依据初步设计阶段、施工图设计阶段安全风险评估报告，充分结合施工图设计、详勘报告、环境调查报告、建（构）筑物及管线排查等资料，全面深入开展工程地质和周边环境的安全风险辨识，形成风险辨识清单			
		3.总承包单位应根据设计文件工程风险等级划分情况，根据工程条件、施工方法以及设备，按照工程施工进度和工序，对施工风险进行动态风险评估和整理，确定安全风险等级，对工程的重大风险进行梳理和分析，并提出规避措施和事故预案，形成风险源清单，原则上每月进行分析更新			

续表

工程名称		检查内容	检查地点及记录		
序号	检查项目		是否合格（√）	检查记录	复查记录
2	风险辨识和分级	4.风险辨识完成后应编制风险辨识报告，说明风险辨识采用的方法、辨识范围、参与人员和风险识别清单			
3	风险分级包保实行"六定一留"管理	1.定点。根据年度工程建设实际情况，分析确定施工风险工点			
		2.定级。按照安全风险清单和风险分析会议讨论结果确定风险级别			
		3.定人。Ⅰ级风险工点由建设单位（公司级）、建设单位（项目级）、监理单位、总承包单位项目部（总包部）、工区五级人员包保；Ⅱ级风险工点由建设单位（项目级）、监理单位、总承包单位项目部（总包部）、工区四级人员包保；Ⅲ级及以下风险工点由监理单位、总承包单位工区两级人员包保			
		4.定内容。重点控制工程风险工点包保管控必检内容由每月的风险分析会确定并印发			
		5.定频次。每月检查频次Ⅰ级风险工点不少于以下检查频次：工点现场第一责任人8次，项目部包保人4次，监理单位包保人4次，建设单位包保人2次。 Ⅱ级风险工点不少于以下检查频次：工点现场第一责任人6次，项目部包保人2次，监理单位包保人2次，建设单位包保人1次。 Ⅲ级及以下风险工点不少于以下检查频次：工点现场第一责任人4次，项目部包保人2次，监理单位包保人2次			
		6.定考核。总承包单位项目部（总包部）、监理单位每月对现场包保人员考核一次。建设单位（项目级）在月度、季度检查中对总承包单位、监理单位风险包保情况进行考核			
		7.留痕迹。各包保工点均要留存包保实登记簿，各包保人每次都按规定的检查内容填写检查记录，对发现的问题督促按期整改闭合销号			
4	风险管理领导带班	1.各总承包单位、监理单位建立企业负责人、项目负责人和项目管理人员现场带班制度，明确带班检查、带班生产的职责权限、组织形式、带班内容、方式以及考核奖惩等具体事项，并存档备查			
		2.领导带班检查和带班生产期间认真做好检查记录并留存影像资料			

续表

工程名称		检查内容	检查地点及记录		
序号	检查项目		是否合格（√）	检查记录	复查记录
4	风险管理领导带班	3. 对于超过一定规模的危险性较大的分部分项工程、恶劣气候、发生险情或重要节假日期间等情况施工的，施工和监理项目负责人等应全过程带班生产			
5	施工前期准备风险管理	1. 施工准备期建设、施工、监理、第三方监测、风险咨询等单位应建立健全安全风险管理体系，体系主要包括以下内容：安全风险管理组织机构及职责；安全风险管理制度和分级管理办法；安全风险管控相关方案编制；监测方案及监测预警标准；信息报送及施工期风险预警、响应和消警管理办法；监控量测和现场巡查管理办法；工程风险应急预案，风险抢险队伍与设备物资准备			
		2. 总承包单位应在环境调查成果、施工图设计文件等基础上，对工程影响范围内的周边环境进行全面核查，形成核查记录，监理单位进行审查，当核查情况与建设单位提供的环境调查成果出现差异时，应形成核查报告报建设单位			
		3. 开工前，总承包单位应结合勘察资料、环境调查资料、施工图设计文件和风险分级清单等，对工程影响范围内的工程自身、周边环境、不良地质、自然灾害、施工作业等工程风险以工序为单元进行深入辨识与全面分析，对设计阶段的风险清单补充、完善和分级调整，形成施工阶段安全风险清单，清单应全面、完善			
		4. 总承包单位应根据施工阶段安全风险清单等文件，结合自身管控水平、施工组织设计，综合考虑单一风险因素以及多重风险因素相互作用关系，编制安全风险评估报告，制定风险管控措施			
		5. 总承包单位应针对施工阶段风险清单编制风险控制方案，针对每一个风险制定相应的风险处置措施、风险巡查频率、风险巡查重点、应急处置方案等内容			
		6. 总承包单位应针对重大风险、危险性较大的分部分项工程、关键节点等编制专项施工方案、监测方案及应急预案，并按照规定进行监理审批和专家论证。监理单位应结合专项施工方案，按照规定编制相应的安全风险监理实施细则，总监理工程师审核后报建设单位备案			
6	施工过程中风险管理	1. 施工过程中的风险管理主要应完成以下工作：施工中的动态风险辨识和更新，施工风险动态跟踪管理；施工对邻近建（构）筑物影响风险分析；施工风险预警预报；施工风险通告；现场重大事故上报及处置			

续表

工程名称		检查内容	检查地点及记录		
序号	检查项目		是否合格（√）	检查记录	复查记录
6	施工过程中风险管理	2.施工、监理、第三方监测、风险咨询单位应定期进行现场风险巡查，并形成巡查记录			
7	安全生产风险告知	1.根据风险分级管控要求，在施工现场采用安全生产风险标识牌、职业病危害风险告知牌、岗位安全生产告知卡、安全警示标志、安全技术交底等形式进行安全风险告知			
8	其他风险管控措施	1.落实工序"举牌验收"制度。监理单位对具有安全风险的隐蔽工程实行现场作业人员举牌验收，对其作业内容负责			
		2.落实问题整改闭合管理制度			
		3.确保各级单位安全生产费用的投入			
		4.落实风险管理会议制度。各参建单位每月至少要召开一次安全风险管理分析例会			
		5.落实作业指导书			
		6.落实专项方案审批制度			
		7.落实隐患排查整治制度			
		8.落实培训和学习制度			
		9.落实大型或特种机械设备定期或不定期维护保养和检测制度			
		10.落实安全事故应急预案和事故报告制度			
		11.落实责任追究制度			
		12.落实风险监测制度			
9	检查考核	1.各参建施工、监理单位对本单位相关人员和下属单位、部门严格考核，并制定相应的考核管理办法			
10	其他问题				
	检查依据	1.《中华人民共和国安全生产法》 2.《城市轨道交通工程质量安全检查指南》建质 3.《山东省安全生产风险管控办法》省政府令第 331 号 4.《城市轨道交通工程安全质量管理暂行办法》建质〔2010〕5 号 5.《建筑施工企业负责人及项目负责人施工现场带班暂行办法》建质〔2011〕111 号 6.《城市轨道交通地下工程建设风险管理规范》GB 50652—2011 7.《城市轨道交通工程建设安全生产标准化管理技术指南》建办质〔2020〕27 号			
	检查评价	初次检查评价：		二次检查（复查）评价：	
	签字栏	施工现场责任人签字：		施工现场责任人签字：	
		检查人员签字：		复查人员签字：	
	检查日期	年 月 日		年 月 日	

关键节点施工前联合验收检查清单 表 A.0.6

工程名称		检查内容	检查地点及记录		
序号	检查项目		是否合格（√）	检查记录	复查记录
1	关键节点	关键节点是指城市轨道交通工程开（复）工或施工过程中风险较大、风险集中或工序转换时容易发生事故和险情的关键工序和重要部位			
2	关键节点管控内容	1.制定现场工程建设风险管理实施制度			
		2.具备关键节点工程建设风险管理专项文件			
		3.突发事件或事故应急预案编制情况			
		4.关键节点清单并实行动态管理情况			
		5.专项施工方案编制、审批和专家论证			
		6.监测方案编制审批及落实情况			
		7.施工安全技术交底情况			
		8.勘察和设计交底完成情况			
		9.安全技术措施落实情况			
		10.周边环境核查和保护措施落实情况			
		11.材料、施工机械准备情况			
		12.项目管理、技术人员、劳动力组织及相应岗位人员资质等情况			
		13.应急预案编制审批和救援物资储备情况			
		14.相关工程质量检测资料			
		15.分包队伍资质、许可证、安全生产协议及相应岗位人员资质等情况			
3	关键节点验收流程	1.总承包单位编制《单位工程关键节点识别清单》报监理单位审批			
		2.总承包单位组织关键节点施工前条件自检自评			
		3.总承包单位提交《关键节点施工前联合验收申请表》，监理单位进行预验收			
		4.监理单位核对参加验收人员资格，组织开展验收并填写《关键节点施工前联合验收记录表》，形成核查意见			
		5.核查验收问题整改情况，关键节点开工			
4	验收人员	1.超危项目由总监理工程师组织联合验收，验收成员至少包括：建设单位业主代表，设计单位项目（或专业）负责人，总承包单位项目负责人、项目安全负责人、项目技术负责人等，第三方监测单位项目负责人，参与方案论证的部分专家（不少于两名）。必要时，勘察单位、第三方检测单位、第三方测量单位和咨询单位相关人员应当参加			

续表

工程名称		检查内容	检查地点及记录		
序号	检查项目		是否合格（√）	检查记录	复查记录
4	验收人员	2.危险性较大的分部分项工程项目由总监理工程师代表组织联合，验收成员至少包括：业主代表，总承包单位项目负责人、项目技术负责人、项目安全负责人等。必要时，设计单位项目专业负责人、第三方监测单位专业人员、勘察单位专业负责人或相关专家等也应当参加			
5	验收原则	1.根据施工现场安全管理实际，可以增加需进行联合验收的关键节点或将"危大类"升格为"超危类"进行联合验收，但不得将"超危类"降格为"危大类"进行联合验收，也不得擅自减少明确纳入的关键节点			
		2.未进行施工前联合验收或验收未通过的，总承包单位不得进行施工			
6	其他问题				
检查依据		1.《城市轨道交通地下工程建设风险管理规范》GB 50652—2011 2.《城市轨道交通建设项目管理规范》GB 50722—2011 3.《关于加强城市轨道交通工程关键节点风险管控的通知》建办质〔2017〕68号 4.《危险性较大的分部分项工程安全管理规定》住房和城乡建设部令第37号			
检查评价		初次检查评价：	二次检查（复查）评价：		
签字栏		施工现场责任人签字：	施工现场责任人签字：		
		检查人员签字：	复查人员签字：		
检查日期		年 月 日	年 月 日		

停复工检查清单 表 A.0.7

工程名称		检查内容	检查地点及记录		
序号	检查项目		是否合格（√）	检查记录	复查记录
1	停工	1. 节假日连续停工 3d 及以上时，应进行停工前安全检查			
		2. 应编制停工专项方案，内容包括但不限于项目概况，涉及的风险、危险性较大的分部分项工程、危险源梳理及管控措施，停工前及停工期间安全检查重点内容，值班计划等			
		3. 应编制停工期间值班表，并针对值班值守、隐患排查治理、应急管理等要求对值班人员进行交底			
		4. 对停工期间仍需用电的区域进行全面检查，其他区域应断电，所有配电箱上锁，安排专职电工值班并进行巡视			
		5. 对办公区及生活区进行统一打扫、清除易燃杂物，对暂时停用的宿舍停电，并上锁贴封条，停用期间加强巡视，做好消防管理工作			
		6. 对停工点组织安全隐患大排查，落实停工期间风险分级管控和隐患排查治理工作，涉及危险性较大的分部分项工程施工的，严格落实巡视巡查			
		7. 落实停工期间应急物资、应急人员、应急值守等应急工作			
		8. 临边洞口防护设施齐全有效，材料集中清理堆放			
		9. 对围挡进行全面检查，确保围挡连续无缺口，加固牢固			
		10. 各出入口应进行封闭，并悬挂"禁止入内"的警示牌，安排专人看守			
		11. 监理单位停工检查符合要求，由总监理工程师签发工程暂停令			
2	复工	1. 总承包单位应编制复工专项方案，不限于项目概况、人员准备、材料准备、机械准备、教育培训情况、各类制度和操作规程自查、不同工序安全检查内容、开工第一课准备情况等内容			
		2. 施工、监理单位应对主要管理人员配备情况进行自查；施工、监理单位对特种作业人员持证情况进行自查			
		3. 应落实关键人员到岗到位要求；企业主要负责人、技术负责人、安全负责人、特种设备操作人员不到岗到位不得开工			
		4. 总承包单位应对复工前新进场人员进行体检，并根据人员工种特点按学时要求完成教育培训，未完成教育培训的禁止进入现场作业			

续表

工程名称		检查内容	检查地点及记录		
序号	检查项目		是否合格（√）	检查记录	复查记录
2	复工	5. 总承包单位应根据现场作业工序特点，编制详尽的安全生产条件检查表，对项目复工安全生产条件进行全面自查自纠，并形成自查报告，作为复工申请附件，报至监理单位，由监理单位审核后对复工申请书进行审批			
		6. 总承包单位组织安全风险辨识与研判。对复工复产进行一次安全风险分析研判，分级开展安全风险辨识，并逐项落实风险管控措施			
		7. 监理单位应审查总承包单位报送的工程复工报审表及有关资料，总监理工程师签署审查意见，并报建设单位批准后签发工程复工令			
3	其他问题				
检查依据		1.《住房和城乡建设部办公厅关于印发房屋市政工程复工复产指南的通知》建办质〔2020〕8号			
检查评价		初次检查评价：	二次检查（复查）评价：		
签字栏		施工现场责任人签字：	施工现场责任人签字：		
		检查人员签字：	复查人员签字：		
检查日期		年 月 日	年 月 日		

信息化施工检查清单　　　　　　　　　　表 A.0.8

工程名称		检查内容	检查地点及记录		
序号	检查项目		是否合格（√）	检查记录	复查记录
1	全员实名制	1.建设单位应组织建立"信息化平台"，不断提升安全管理信息化水平			
		2.在特种设备和特种作业人员进场施工前，总承包单位应通过"信息化平台"备案相关人员、设备信息等，并据进退场情况及时更新			
		3.总承包单位在分包单位进场施工前完成分包单位在"信息化平台"的备案			
		4.总承包单位、监理单位主要管理人员每日到岗和离岗时需在"信息化平台"进行考勤打卡			
		5.总承包单位、监理单位主要管理人员请假离开岗位前，将审批签字的假条在"信息化平台"备案			
		6.总承包单位在建筑工人进场作业前完成相关工人实名制信息、人脸图像在"信息化平台"的录入			
		7.总承包单位需在开工前将实名制管理门禁考勤设备接入"信息化平台"，并保障日常考勤数据正常传输			
2	风险分级管控	1.总承包单位和监理单位每月按照风险管控清单上传更新风险信息，确定风险分级和对应管控措施			
		2.监理单位按要求及时收集安全风险管控资料并监督相关单位上传至"信息化平台"。主要包括：勘察文件、环境调查资料、设计文件、施工方案、环境风险评估报告、初步设计阶段风险评估报告、施工阶段风险工程清单、第三方监测总体方案、第三方监测实施方案、专家巡视报告、风险相关会议纪要、监理资料、风险工程库、测点库、仪器清单等			
		3.监理单位与第三方监测单位每日根据风险管控清单对现场风险点进行巡视，并将巡视报告上传至信息化平台			
		4.总承包单位、第三方监测单位每日监测数据在当日上传至信息化平台			
		5.总承包单位、监理单位、第三方监测单位每日监测或巡视完毕后，判断监测数据或作业面达到预警状态时，应立即通过"信息化平台"发布预警信息			
		6.预警发布后，总承包单位、监理单位、第三方监测单位应及时进行预警处置并同步在"信息化平台"响应及上传处置信息			
		7.总承包单位在预警处置完成后及时编制消警报告上传系统，并推送给相关单位			

续表

工程名称		检查内容	检查地点及记录		
序号	检查项目		是否合格（√）	检查记录	复查记录
3	隐患排查治理	1.参建单位开展隐患排查工作，应将所排查到的隐患上传信息化平台隐患排查系统			
		2.总承包单位应及时对各级单位排查出的隐患做出响应，并按照规定时限完成问题整改。监理单位、建设单位应该根据问题响应流程，及时完成隐患整改的审核工作			
		3.总承包单位按相关规范进行问题整改，项目经理和分管领导监督整改，整改反馈中应详细描述整改措施，应上传同位置、同角度的整改后照片			
		4.监理单位应及时审核整改情况，督促总承包单位完善回复内容，对整改后仍不符合规范的，应予以驳回			
4	应急管理	总承包单位应在编制或新修订综合应急预案、专项应急预案、现场处置方案后及时在系统上传更新，并将应急救援队伍、应急救援物资信息、演练计划、演练方案、演练记录与评估上传"信息化平台"			
5	文明施工	1.总承包单位应按照相关技术要求设置现场环境监测点，安装监测设备，在满足政府监管的同时，将扬尘和噪声监测数据接入"信息化平台"，并保障数据传输正常			
		2.项目竣工、停工或环境监测点撤销时，总承包单位应及时将设备报停			
		3.总承包单位应安排专人关注扬尘、噪声等动态监测数据，当数据超过标准阈值时，应采取有效措施进行整改消警			
6	视频监控	1.总承包单位须在正式开工前完成现场监控系统建设，施工各阶段应对监控点位进行动态调整；通过专线网络将监控画面接入"信息化平台"			
		2.总承包单位应按相关要求进行摄像头点位设置。须满足数量和参数要求，做到重要部位全覆盖、无死角			
		3.总承包单位负责对视频监控系统进行日常维护和保养，保障视频监控系统设备24h工作；确保现场有足够的备品备件，当系统故障时，立即启用备品备件，确保视频不中断			
		4.建设单位、总承包单位、监理单位需建立视频监控巡查值班制度，设置视频监控值班室，安排专人进行24h视频监控巡查值班，监督现场安全质量文明施工管理情况			
		5.总承包单位应确保摄像头通道名称符合格式要求			

续表

工程名称		检查内容	检查地点及记录		
序号	检查项目		是否合格（√）	检查记录	复查记录
6	视频监控	6.因完工、停工或设备线路严重损坏等原因需要对现场监控设备进行报停时，总承包单位应进行报批			
7	盾构监控	1.总承包单位须在盾构始发前将盾构实时监控数据接入"信息化平台"，并指派专人负责数据导入，导入的数据须经总承包单位技术负责人确认			
		2.总承包单位负责"信息化平台"盾构运行参数上传与录入，并保障盾构姿态、扭矩、注浆量和出土量等参数实时准确上传			
		3.总承包单位、监理单位每天结合盾构出渣量、注浆量、监测情况进行盾构区间安全评估，并上传至"信息化平台"			
		4.盾构机状态异常时，总承包单位及时在"信息化平台"填报原因说明			
8	拌和站	1.建设单位、总承包单位、监理单位应分别按照信息化管理工作要求配备拌和站信息化所需的软、硬件设施；选用的采集应用管理软件须符合信息化管理要求			
		2.根据搅拌站生产的具体需求，在数据库中设定合适的配合比参数			
		3.混凝土拌和机全部纳入信息化监管，对接至"信息化平台"拌和站系统，按照验标规定对拌和机盘、工单、原材料用量、拌和时间等生产信息进行监控，实现自动采集数据和分析、拌和机生产数据的实时上传、报警闭环管理等功能			
		4.拌和时间不足或者材料用量偏差超出规范要求时，拌和站智能系统应立即短信提醒相关负责人。总承包单位相关负责人收到偏差预警信息应立刻进行排查处理。消除偏差后方可恢复生产，并将问题原因、处理方式、处理结果上传反馈			
9	其他问题				
检查依据		1.《中华人民共和国安全生产法》 2.《山东省安全生产风险管控办法》（省政府令第331号） 3.《山东省生产安全事故隐患排查治理办法》省政府令第347号 4.《城市轨道交通工程安全质量管理暂行办法》建质〔2010〕5号 5.《建筑施工企业信息化评价标准》JGJ/T 272—2012			
检查评价		初次检查评价：	二次检查（复查）评价：		
签字栏		施工现场责任人签字：	施工现场责任人签字：		
		检查人员签字：	复查人员签字：		
检查日期		年 月 日	年 月 日		

实名制管理检查清单 表 A.0.9

工程名称		检查内容	检查地点及记录		
序号	检查项目		是否合格（√）	检查记录	复查记录
1	管理体系建设	1. 各参建单位应编制建筑工人实名制管理方案并严格落实			
		2. 总承包单位成立实名制管理组织机构，明确分管领导并配备专职实名制管理人员			
		3. 进入施工现场的建设单位、承包单位、监理单位的项目管理人员及建筑工人均纳入建筑工人实名制管理范畴			
		4. 总承包单位应配备实现建筑工人实名制管理所必需的硬件设施设备，施工现场原则上实施封闭式管理，设立进出场门禁系统，采用人脸、指纹、虹膜等生物识别技术进行电子打卡；不具备封闭式管理条件的工程项目，应采用移动定位、电子围栏等技术实施考勤管理			
2	进场管理	1. 总承包单位对进场建筑工人的基本信息进行登记造册，坚持先签订劳动合同后进场施工			
		2. 总承包单位在工人进场施工作业前完成对进场建筑工人体检、安全培训、三级教育、技术交底及劳动保护用品的管理发放			
3	合同管理	1. 与建筑工人依法签订劳动合同，对不符合建立劳动关系情形的，应依法制定并签订用工书面协议			
		2. 设备租赁合同中应仅包含设备租赁费用，设备操作或司机人员工资、奖金、津贴等应另行签订劳动合同或用工书面协议			
4	一人一档	1. 总承包单位对建筑工人信息资料严格按照"一人一档"进行收集和管理，并按要求实时动态更新。所有"一人一档"资料，总承包单位应完整保存至项目完工且工人工资全部结清后2年以上。 "一人一档"应收集的资料包括但不限于：工人基本信息表、身份证和技能证书复印件、劳务合同或用工协议、体检报告、教育记录、工资发放记录、工资支付结算清单、退场承诺书和工人签字时的影像资料			
5	平台应用	1. 建筑工人实名制信息应在地方政府建筑工人工资支付监管平台录入，录入信息应当准确，并根据人员进退场情况及时更新			
		2. 实名制考勤系统硬件设备（面部识别考勤机、身份证阅读器和闸机通道等硬件设备）必须按规定配置，且正常对接至地方政府建筑工人工资支付监管平台和建设单位"信息化平台"，考勤数据应当完整且实时传输			

工程名称		检查内容	检查地点及记录		
序号	检查项目		是否合格（√）	检查记录	复查记录
6	规范用工	1.进入现场的建筑工人必须佩戴工作卡，注明姓名、身份证号、工种、所属分包企业；现场工人必须档案齐全、防护用品完善			
		2.临时用工须按要求提前审批报备；临时用工人员进场资料和现场防护用品、用工书面协议须符合要求			
		3.工人退场时，总承包单位对发放的工资与签订的合同金额进行核对，由退场工人本人在工资支付结算清单和退场承诺书签字、按手印，并留存影像资料			
7	工资支付	1.总承包单位按月足额支付工人工资，并制定工资发放统计表；地方政府建筑工人工资支付监管平台上代发工资人员与线下考勤人员应一致			
		2.工人工资应由建筑工人工资专用账户统一进行代支付；工资支付清单中建筑工人本人和所属分包队伍负责人均需确认签字，并按手印，留存清晰的相关影像资料			
		3.总承包单位与建设单位或总承包单位与分包单位因工程数量、质量、造价等产生争议的，总承包单位不得因争议不按时足额发放工人工资			
8	公示公告	1.应在施工现场显著位置设置"建筑工人维权告示牌"，公开相关信息			
		2.每月工资发放完成后，将发放情况在施工现场显著位置进行公示			
9	监理单位管理体系建设	1.明确分管副总监，配备专职实名制管理员，负责本单位及所负责施工标段单位的实名制管理			
		2.监理单位需在监理服务合同签订后15d内制定实名制监理细则			
10	监理单位监督检查和整改反馈	1.监理单位负责对总承包单位实名制实施方案的审核、报批；定期组织实名制管理落实情况专项检查，检查内容包括现场人员信息采集情况、劳动合同/临时用工协议签订、动态管理台账等，在相关例会中对工作落实情况进行通报			
		2.监理单位负责审核总承包单位每日更新上报的人员花名册；监督总承包单位在监管平台对工人实名制信息采集录入，督促总承包单位按要求进行实名制信息采集录入和打卡考勤；监督落实施工现场人员实名制管理情况，并在监理日志中予以记录			
		3.配合政府相关部门、建设单位的检查，参与实名制管理考核工作			

续表

工程名称		检查内容	检查地点及记录		
序号	检查项目		是否合格（√）	检查记录	复查记录
10	监理单位监督检查和整改反馈	4. 对未按通知要求实施实名制管理工作的总承包单位及时下发隐患整改通知单，负责监督整改，并向建设单位报告			
11	建设单位监督检查	1. 负责监督参建单位实名制管理体系建设、制度执行及工作落实			
		2. 监督检查参建单位在监管平台对工人实名制信息采集录入；监督总承包单位按要求进行现场门禁实名制信息采集录入和打卡考勤			
		3. 定期对各参建单位进行实名制管理情况检查			
12	其他问题				
检查依据		1.《中华人民共和国建筑法》 2.《中华人民共和国劳动合同法》 3.《保障建筑工人工资支付条例》 4.《建筑工人实名制管理办法（试行）》建市〔2022〕59号			
检查评价		初次检查评价：	二次检查（复查）评价：		
签字栏		施工现场责任人签字：	施工现场责任人签字：		
		检查人员签字：	复查人员签字：		
检查日期		年　月　日	年　月　日		

监理、施工安全日志检查清单   表 A.0.10

工程名称		检查内容	检查地点及记录		
序号	检查项目		是否合格（√）	检查记录	复查记录
1	监理日记	1.各级监理人员应每天记录各自当天监理工作情况，形成每个人的监理日记			
		2.监理单位对监理日记工作实行逐级抽查签认制度，并在监理日记备注栏内填写检查具体意见、落款签字，并注明检查日期			
		3.每天记录的内容应按当天监理工作时间的先后顺序，依次详细记录，每项监理工作记录的主要内容应包括工作时间、地点、涉及主要人员、工作内容、发现的问题及整改情况、陪同各级检查情况等			
		4.工作内容应包含巡视、旁站、验收、平行检验、见证检验、工作会议、签发监理指令、审核签署文件、现场实测实量、专业学习等各项监理工作			
		5.项目监理机构应及时收集《监理日记》，并建立归档台账			
		6.各级监理人员应按照监理规范、规程或管理部门规定的频次，定期及时检查所分管监理人员的《监理日记》，并签署意见			
		7.《监理日记》应按监理工作日期连续记录个人每天的工作内容，监理人员在整本记录完成后及时上交监理单位登记保存			
		8.监理单位应及时收集《监理日记》，并建立归档台账，台账载明填写人和记录时段等信息			
2	监理日志	1.监理单位应按监理规范要求指定现场专业监理工程师做好《监理日志》记录工作			
		2.监理单位应及时收集《监理日志》，并建立归档台账			
		3.项目监理机构应按要求统一印刷《监理日志》，满足监理竣工资料归档要求			
		4.专业监理工程师应按照《监理日志》中规定的格式和内容认真填写，内容应详细、真实、完整，不得擅自撕页，不得随意涂改			
		5.《监理日志》应记录监理人员在单位工程形成过程中，所进行的主要监理工作，记录的主要内容应包括主要人员和设备、主要工序检查验收情况、监控量测、试验检测、发现问题和处理情况、当日大事记等，其中监控量测、试验检测内容由测量工程师、试验检测工程师分别提供。监理日志填写应及时、准确、真实，书写工整，用语规范			
		6.专业监理工程师应将监理工作范围内的有关监理指令主要内容填入单位工程《监理日志》中，满足竣工资料归档要求			

工程名称		检查内容	检查地点及记录		
序号	检查项目		是否合格（√）	检查记录	复查记录
2	监理日志	7. 总监理工程师、副总监理工程师、监理组长应按定期检查所有《监理日志》，并签署检查意见			
		8. 监理单位应定期收集《监理日志》，归档保存，按竣工文件编制规定存档			
3	施工安全日志	1.《施工安全日志》包含表头信息、施工内容、检查记录等，检查记录应包含班前晨会开展情况、危险性较大的分部分项工程管控情况、现场高风险作业管控情况、重大事故隐患排查整治情况、一般隐患排查整治情况、事故（险情）处置情况、从业人员履职及其他安全管理情况等内容			
		2. 表头信息应当填写当日日期、天气情况、专职安全生产管理人员及身份证等相关信息			
		3. 施工内容应当填写项目当日施工的单位工程和分部分项工程名称、层段位置、工作班组、工作人数及进度情况等信息			
		4. 晨会开展情况应记录班前喊话情况，填写受教育人员所在班组名称、各班组受教育人数、教育人姓名、开展安全教育的时间地点等信息。告知施工作业人员危险事项，检查安全防护用品佩戴情况，检查施工作业人员身体状况			
		5. 危险性较大的分部分项工程管控情况应记录危险性较大的分部分项工程名称以及涉及部位、主要特征，各危险性较大的分部分项工程作业前专项施工方案及安全技术交底情况，对照相关标准规范、危险性较大的分部分项工程专项施工方案，检查执行情况，记录各危险性较大的分部分项工程施工安全生产检查情况，记录各危险性较大的分部分项工程第三方监测情况及危险性较大的分部分项工程验收情况			
		6. 现场高风险作业管控情况，应当逐项填写当日施工现场实施的高风险作业，包括高处作业、施工临时用电、有限空间作业、拆除作业、大体积混凝土浇筑作业、上下交叉作业、动火作业等，填写检查当日实施高风险作业的安全管控措施			
		7. 重大事故隐患排查整治情况，对项目当日排查发现的重大事故隐患，应当逐项填写重大事故隐患情形、隐患所处部位、整改责任人、整改措施、整改结果等信息（含已发现但仍未消除的重大事故隐患整改进展情况）。当日重大事故隐患整改工作未完成的，应当注明"整改工作未完成"。对已排查发现的重大事故隐患，且在前期施工安全日志中有记录，相关整改工作未完成的，应当逐项每日跟踪记录整改进展情况，直至整改工作完成之日，确保闭环			

续表

工程名称		检查内容	检查地点及记录		
序号	检查项目		是否合格（√）	检查记录	复查记录
3	施工安全日志	8. 一般隐患排查整治情况，对当日项目专职安全生产管理人员检查发现的危险性较大的分部分项工程、高处作业、临时用电、交叉作业等各类事故隐患（不含重大事故隐患），应当逐项填写隐患情形、所处部位，隐患整改责任人、整改措施、整改结果等。整改措施应当有较强的针对性和可操作性.整改结果应当如实记录.当日隐患整改工作未完成的，应当注明"整改工作未完成"。对施工安全日志中已有记录，但仍整改未完成的隐患，应当逐项每日跟踪记录整改进展情况，直至整改工作完成之日，确保闭环			
		9. 事故（险情）处置情况，应包括发生的时间（具体到分钟）、施工部位、发生时的施工情况和作业人员情况、简要经过、已经造成或者可能造成的伤亡人数（包括下落不明的人数）等。事故（险情）报告情况应包括总承包单位现场有关人员向总承包单位主要负责人报告的时间（具体到分钟）；总承包单位主要负责人或者项目负责人向工程所在地行政主管部门报告的时间（具体到分钟）			
		10. 从业人员履职情况，应记录分包单位安全生产管理人员持证上岗情况，特种作业人员持证上岗情况，对当日项目专职安全生产管理人员检查发现的存在无证、持假证、持失效证书上岗等违法行为，应当记录违法行为的具体情形，并在当日"重大事故隐患排查治理情况"中记录违法人员信息及处理结果			
		11. 制止和纠正违章指挥、强令冒险作业、违反操作规程情况，应对当日项目专职安全生产管理人员检查发现的从业人员违章指挥、强令冒险作业、违反操作规程等危及施工作业安全的行为，应当记录违法违规行为的具体情形、违法人员信息和处理结果			
		12. 其他安全管理情况，应当如实填写当日项目负责人、项目安全负责人、项目专职安全员以及相关管理人员、技术人员的请假情况。检查当日工程项目在施工过程中，是否存在压缩工期赶工情况。如实记录当日有关单位收到及下发的隐患整改单、局部停工令及罚款单。如实填写应急演练情况			
		13.《施工安全日志》填写时应当字迹清晰，不得随意涂改内容。做到每人每天一份日志，签名后分别上报项目安全负责人			

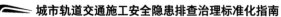城市轨道交通施工安全隐患排查治理标准化指南

续表

工程名称		检查内容	检查地点及记录		
序号	检查项目		是否合格（√）	检查记录	复查记录
3	施工安全日志	14.《施工安全日志》由总承包单位项目安全负责人、项目负责人签字确认。定期收集归档项目专职安全生产管理人员的施工安全日志			
4	其他问题				
检查依据		1.《建设工程监理规范》GB/T 50319—2013 2.《铁路建设项目监理工作规程》Q/CR 9572—2020			
检查评价		初次检查评价：	二次检查（复查）评价：		
签字栏		施工现场责任人签字：	施工现场责任人签字：		
		检查人员签字：	复查人员签字：		
检查日期		年　月　日	年　月　日		

档案管理检查清单 表 A.0.11

工程名称		检查内容	检查地点及记录		
序号	检查项目		是否合格（√）	检查记录	复查记录
1	人员制度要求	1. 各参建单位应建立完善资料管理制度，资料由专人管理，工程档案管理人员应经过专门培训，在项目建设期间不得随意更换			
		2. 参建单位建立符合建设单位要求的文件管理制度，制度应与建设单位的相关管理办法相适应并报建设单位确认			
		3. 各单位应配备满足工程档案安全保管要求的库房、装具以及设施设备，确保档案信息和实体的安全			
2	归档文件范围	1. 对与工程建设有关的重要活动、记载工程建设主要过程和现状资料、具有保存价值的各种载体的文件，均应收集齐全、整理立卷后归档			
		2. 应根据城市轨道交通工程文件归档相应规范要求，对相关内容进行归档			
		3. 声像档案应包含反应工程原址、原貌及周边状况的声像文件，记录工程建设活动的重大活动、重大事项，如拆迁情况、招商引资、签约仪式、工程招标与投标、奠基仪式等的声像文件，记录基础施工过程中的工程测量、放线、打桩、基槽开挖、桩基处理等关键工序的声像文件，记录主体工程施工过程中施工现场整体情况，钢筋、模板、混凝土施工，隐蔽工程施工，内外装修装饰的声像文件，反应工程采用的各种新技术、新材料、新工艺的声像文件，记录工程验收情况、竣工典礼的声像文件等			
3	档案编制规定	1. 在施工过程中按照工程进度同步收集、编制，不得事后补编			
		2. 隐蔽工程档案应当附有重要部位状况的图片或者录像；地下管线工程覆土前，还应当由具有测绘资质的单位进行竣工测量			
		3. 工程竣工图应当与工程实体相符，并加盖竣工图章（竣工）			
		4. 档案应当完整、准确、系统，并有编制单位技术负责人签章			
4	归档文件质量要求	1. 归档的纸质工程文件应为原件			
		2. 工程文件的内容必须真实、准确，应与工程实际相符合			
		3. 工程文件应字迹清楚、图样清晰，图表整洁，签字盖章手续完备			
		4. 工程文件中的文字材料幅面尺寸规格宜为 A4 幅面，图纸宜采用国家标准图幅			

续表

工程名称		检查内容	检查地点及记录		
序号	检查项目		是否合格（√）	检查记录	复查记录
4	归档文件质量要求	5.归档的建设工程电子文件应包含元数据，保证文件的完整性和有效性，应采用电子签名等手段			
		6.归档的建设工程电子文件的内容必须与其纸质档案一致			
5	文件立卷	1.监理文件应按单位工程、分部工程或专业、阶段等进行立卷			
		2.施工文件应按单位工程、分部（分项）工程进行立卷			
		3.竣工图应按单位工程分专业进行立卷			
		4.竣工验收文件应按单位工程分专业进行立卷			
		5.电子文件立卷时，每个工程（项目）应建立多级文件夹，应与纸质文件在案卷设置上一致，并应建立相应的标识关系			
		6.声像资料应按建设工程各阶段立卷，重大事件及重要活动的声像资料应按专题立卷，声像档案与纸质档案应建立相应的标识关系			
		7.专业承（分）包施工的分部、子分部（分项）工程应分别单独立卷			
		8.室外工程应按室外建筑环境和室外安装工程单独立卷			
		9.当施工文件中部分内容不能按一个单位工程分类立卷时，可按建设工程立卷			
		10.不同幅面的工程图纸，应统一折叠成A4幅面，应图面朝内，首先沿标题栏的短边方向以W形折叠，然后再沿标题栏的长边方向以W形折叠，并使标题栏露在外面			
		11.案卷内不应有重份文件，印刷成册的工程文件宜保持原状			
		12.文字材料应按事项、专业顺序排列。同一事项的请示与批复，同一文件的印本与定稿、主体与附件不应分开，并应按批复在前、请示在后，印本在前，定稿在后，主体在前、附件在后的顺序排列			
		13.当案卷内既有文字材料又有图纸时，文字材料应排在前面，图纸应排在后面			
6	其他问题				

续表

工程名称		检查内容	检查地点及记录		
序号	检查项目		是否合格（√）	检查记录	复查记录
	检查依据	1.《中华人民共和国档案法》 2.《地下铁道工程施工质量验收标准》GB/T 50299—2018 3.《建筑工程施工质量验收统一标准》GB/T 50300—2013 4.《建设工程文件归档规范》GB/T 50328—2014 5.《城市轨道交通工程档案整理标准》CJJ/T 180—2012 6.《建设电子档案元数据标准》CJJ/T 187—2012 7.《建设项目档案管理规范》DA/T 28—2018			
	检查评价	初次检查评价：	二次检查（复查）评价：		
	签字栏	施工现场责任人签字：	施工现场责任人签字：		
		检查人员签字：	复查人员签字：		
	检查日期	年 月 日	年 月 日		

职业病防治检查清单   表 A.0.12

工程名称		检查内容	检查地点及记录		
序号	检查项目		是否合格（√）	检查记录	复查记录
1	基本要求	1.用人单位应当为劳动者创造符合国家职业卫生标准和卫生要求的工作环境和条件，并采取措施保障劳动者获得职业卫生保护			
		2.用人单位应当建立、健全职业病防治责任制，加强对职业病防治的管理，提高职业病防治水平，对本单位产生的职业病危害承担责任			
		3.用人单位的主要负责人对本单位的职业病防治工作全面负责			
		4.用人单位必须依法参加工伤保险			
2	前期预防	1.用人单位应当依照法律法规要求，严格遵守国家职业卫生标准，落实职业病预防措施，从源头上控制和消除职业病危害			
		2.产生职业病危害的用人单位的设立除应当符合法律、行政法规规定的设立条件外，其工作场所还应当符合下列职业卫生要求： （1）职业病危害因素的强度或者浓度符合国家职业卫生标准； （2）有与职业病危害防护相适应的设施； （3）生产布局合理，符合有害与无害作业分开的原则； （4）有配套的更衣间、洗浴间、孕妇休息间等卫生设施； （5）设备、工具、用具等设施符合保护劳动者生理、心理健康的要求； （6）法律、行政法规和国务院卫生行政部门、安全生产监督管理部门关于保护劳动者健康的其他要求			
		3.用人单位工作场所存在职业病目录所列职业病的危害因素的，应当及时、如实向所在地安全生产监督管理部门申报危害项目，接受监督			
3	劳动过程中的防护与管理	1.用人单位应当采取下列职业病防治管理措施： （1）设置或者指定职业卫生管理机构或者组织，配备专职或者兼职的职业卫生管理人员，负责本单位的职业病防治工作； （2）制定职业病防治计划和实施方案			
		2.用人单位应当保障职业病防治所需的资金投入，不得挤占、挪用，并对因资金投入不足导致的后果承担责任			
		3.用人单位必须采用有效的职业病防护设施，并为劳动者提供个人使用的职业病防护用品，提供的职业病防护用品必须符合防治职业病的要求			

工程名称		检查内容	检查地点及记录		
序号	检查项目		是否合格（√）	检查记录	复查记录
3	劳动过程中的防护与管理	4. 用人单位应当优先采用有利于防治职业病和保护劳动者健康的新技术、新工艺、新设备、新材料，逐步替代职业病危害严重的技术、工艺、设备、材料			
		5. 对可能发生急性职业损伤的有毒、有害工作场所，用人单位应当设置报警装置，配置现场急救用品、冲洗设备、应急撤离通道和必要的泄险区			
		6. 总承包单位应当实施由专人负责的职业病危害因素日常监测，并确保监测系统处于正常运行状态			
		7. 总承包单位对采用的技术、工艺、设备、材料，应当知悉其产生的职业病危害，对有职业病危害的技术、工艺、设备、材料隐瞒其危害而采用的，对所造成的职业病危害后果承担责任			
		8. 总承包单位与劳动者订立劳动合同（含聘用合同）时，应当将工作过程中可能产生的职业病危害及其后果、职业病防护措施和待遇等如实告知劳动者，并在劳动合同中写明，不得隐瞒或者欺骗			
		9. 总承包单位的主要负责人和职业卫生管理人员应当接受职业卫生培训，遵守职业病防治法律法规，依法组织本单位的职业病防治工作			
		10. 总承包单位应当为劳动者建立职业健康监护档案，并按照规定的期限妥善保存			
4	职业病诊断与职业病病人保障	1. 总承包单位应当如实提供职业病诊断、鉴定所需的劳动者职业史和职业病危害接触史、工作场所职业病危害因素检测结果等资料；安全生产监督管理部门应当监督检查和督促总承包单位提供上述资料；劳动者和有关机构也应当提供与职业病诊断、鉴定有关的资料			
		2. 总承包单位和医疗卫生机构发现职业病病人或者疑似职业病病人时，应当及时向所在地卫生行政部门和安全生产监督管理部门报告。确诊为职业病的，总承包单位还应当向所在地劳动保障行政部门报告			
		3. 总承包单位应当保障职业病病人依法享受国家规定的职业待遇，应当按照国家有关规定，安排职业病病人进行治疗、康复和定期检查。不适宜继续从事原工作的职业病病人，应当调离原岗位，并妥善安置。对从事接触职业病危害的作业的劳动者，应当给予适当岗位津贴			

续表

工程名称		检查内容	检查地点及记录		
序号	检查项目		是否合格（√）	检查记录	复查记录
5	其他问题				
检查依据		1.《中华人民共和国职业病防治法》 2.《中华人民共和国工伤保险条例》国务院令第 375 号 3.《职业健康监护技术规范》GBZ 188—2014 4.《工作场所职业卫生监督管理规定》安监总局令第 47 号 5.《用人单位职业健康监护监督管理办法》安监总局令第 49 号 6.《用人单位职业病隐患排查治理体系细则》DB37/T 3012—2017			
检查评价		初次检查评价：	二次检查（复查）评价：		
签字栏		施工现场责任人签字：	施工现场责任人签字：		
		检查人员签字：	复查人员签字：		
检查日期		年　月　日	年　月　日		

劳动保护用品检查清单　　　　　　　　　　表 A.0.13

工程名称		检查内容	检查地点及记录		
序号	检查项目		是否合格（√）	检查记录	复查记录
1	基本要求	1.进入施工现场的施工人员和其他人员，应正确佩戴相应的劳动防护用品；作业人员必须戴安全帽、穿工作鞋和工作服，应按作业要求正确使用劳动防护用品；在 2m 及以上的无可靠安全防护设施的高处、悬崖和陡坡作业时，必须系挂安全带			
		2.采购、发放和使用的特种劳动防护用品必须具有安全生产许可证、产品合格证和安全鉴定证、使用说明书等；严禁采购、发放、使用无证、超过使用期限或假冒伪劣劳动防护用品			
		3.总承包单位为从业人员配备符合国家有关标准的劳动防护用品；应当建立健全劳动防护用品的采购、验收、保管、发放、使用、报废等管理制度；购买的劳动防护用品必须经本单位的安全生产技术部门或者管理人员检查验收			
		4.总承包单位应当安排用于配备劳动防护用品的专项经费，不得以货币或者其他物品替代应当按规定配备的劳动防护用品			
		5.劳动防护用品的配备，应按照"谁用工，谁负责"的原则，由总承包单位为作业人员按作业工种配备；总承包单位应教育并督促从业人员，按照安全生产规章制度和劳动防护用品使用规则正确佩戴和使用劳动防护用品；未按规定佩戴和使用劳动防护用品的，不应上岗作业；不应随意改制、转让或变卖劳动防护用品			
		6.生产管理、调度、保卫、安全检查以及实习、外来参观者等有关人员，应根据其经常进入的生产区域，配备相应的劳动防护用品			
		7.总承包单位应对危险性较大的作业场所及具有尘毒危害的作业环境设置安全警示标识及应佩戴安全防护用品的告知牌			
		8.总承包单位在劳动防护用品配备时，工种相同但实际劳动强度不同的，应根据实际劳动强度增发或延长使用期限，不应超过产品标准规定的有效使用期；当劳动防护用品出现损坏或其他因防护性能降低不能再保护佩戴者安全的情况，应更换新的劳动防护用品			
		9.特种劳动防护用品安全标志标识应由图形和特种劳动防护用品安全标志编号构成			

工程名称		检查内容	检查地点及记录		
序号	检查项目		是否合格（√）	检查记录	复查记录
1	基本要求	10.用人单位应对已配备劳动防护用品的从业人员进行培训，培训的内容应包括劳动防护用品的法规、技术标准、使用维护方法和储存要求等；培训人员还应在教师指导下，在有经验的使用者监督下进行防护装备的实际操作培训，在培训结束时应对培训效果进行考核			
		11.用人单位应按照工作岗位配备发放劳动防护用品，并建立配备发放档案；劳动防护用品分个人配备和岗位配备，不需要发放到个人的防护用品，应发放到岗位，并要指定专人维护、管理和定期检查			
2	各工种防护用品配备要求	1.架子工、塔式起重机操作人员、起重吊装工应配备灵便紧口的工作服、系带防滑鞋和工作手套；信号指挥工应配备专用标志服装；在自然强光环境条件作业时，应配备有色防护眼镜			
		2.维修电工应配备绝缘鞋、绝缘手套和灵便紧口的工作服；安装电工应配备手套和防护眼镜；高压电气作业时，应配备相应等级的绝缘鞋、绝缘手套和有色防护眼镜			
		3.电焊工、气割工应配备阻燃防护服、绝缘鞋、鞋盖、电焊手套和焊接防护面罩；在高处作业时，应配备安全帽与面望连接式焊接防护面罩和阻燃安全带；从事清除焊渣作业时，应配备防护眼镜；在密闭环境或通风不良的情况下，应配备送风式防护面罩			
		4.油漆工在从事涂刷、喷漆作业时，应配备防静电工作服、防静电鞋、防静电手套、防毒口罩和防护眼镜；从事砂纸打磨作业时，应配备防尘口罩和密闭式防护眼镜			
		5.从事抬、扛物料作业时，应配备垫肩；从事拆除工程作业时，应配备保护足趾安全鞋、手套			
		6.混凝土工应配备工作服、系带高腰防滑鞋、鞋盖、防尘口罩和手套，宜配备防护眼镜；从事混凝土浇筑作业时，应配备胶鞋和手套；从事混凝土振捣作业时，应配备绝缘胶靴、绝缘手套			
		7.瓦工、砌筑工应配备保护足趾安全鞋、胶面手套和普通工作服；抹灰工应配备高腰布面胶底防滑鞋和手套，宜配备防护眼镜			
		8.木工从事机械作业时，应配备紧口工作服、防噪声耳罩和防尘口罩，宜配备防护眼镜			
		9.钢筋工应配备紧口工作服、保护足趾安全鞋和手套；从事钢筋除锈作业时，应配备防尘口罩，宜配备防护眼镜			

工程名称		检查内容	检查地点及记录		
序号	检查项目		是否合格（√）	检查记录	复查记录
2	各工种防护用品配备要求	10. 防水工从事涂刷作业时，应配备防静电工作服、防静电鞋和鞋盖、防护手套、防毒口罩和防护眼镜；从事沥青熔化、运送作业时，应配备防烫工作服、高腰布面胶底防滑鞋和鞋盖、工作帽、耐高温长手套、防毒口罩和防护眼镜			
		11. 电梯安装工、起重机械安装拆卸工从事安装、拆卸和维修作业时，应配备紧口工作服、保护足趾安全鞋和手套			
		12. 从事电钻、砂轮等手持电动工具作业时，应配备绝缘鞋、绝缘手套和防护眼镜；从事蛙式夯实机、振动冲击夯作业时，应配备具有绝缘功能的保护足趾安全鞋、绝缘手套和防噪声耳塞（耳罩）；从事可能飞溅渣屑的机械设备作业时，应配备防护眼镜；从事地下管道检修作业时，应配备防毒面罩、防滑鞋（靴）和工作手套			
3	头部防护	1. 头部防护用具包含安全帽和工作帽；对于可能存在物体坠落、撞击的工作场所，必须佩戴安全帽，不得以其他形式的防护帽替代			
		2. 安全帽应自购买之日起 1 年内从同一批次中按有关规定随机抽取样品按要求进行冲击吸收性能、耐穿刺性能、特殊技术性能或相关方约定的项目进行测试；如不合格，则停止使用该批次安全帽			
4	眼、面部防护	1. 眼、面部防护类包含护目镜、防护罩（分防冲击型、防腐蚀型、防辐射型等）			
		2. 对眼部可能受铁屑等杂物飞溅伤害的工种，使用普通玻璃镜片受冲击后易碎会引起佩戴者眼睛间接受伤，必须佩戴防冲击眼镜			
5	呼吸器官防护	1. 呼吸器官防护包含防尘口罩、防毒面具、空气呼吸器等			
		2. 防毒护具的发放应根据作业人员可能接触毒物的种类，准确地选择相应的滤毒罐（盒），每次使用前应仔细检查是否有效，并按国家标准规定，定时更换滤毒罐（盒）			
		3. 生产作业场所有密闭或半密闭空间及高毒的生产岗位，应配备空气呼吸器，并应按使用规则正确佩戴和使用			
		4. 纱布口罩不得作防尘口罩使用			

工程名称		检查内容	检查地点及记录		
序号	检查项目		是否合格（√）	检查记录	复查记录
5	呼吸器官防护	5. 呼吸防护用品应按国家有关规定，在选择一种新的呼吸防护用品时，应按《呼吸防护用品的选择、使用与维护》GB/T 18664—2002 给出的方法进行适合性检验；对在用的呼吸防护用品应定期进行适合性检验；在每次使用密合型面罩的呼吸防护用品时，使用人员应按《呼吸防护用品的选择、使用与维护》GB/T 18664—2002 给出的方法进行佩戴气密性检查			
6	听觉、耳部防护	应根据作业场所噪声的强度情况，为从业人员配置相应的护耳器（耳塞、耳罩和防噪声帽、头盔等）			
7	手、足部防护	1. 手部防护包含防腐蚀、防化学药品手套，绝缘手套，搬运手套，防火防烫手套等			
		2. 足部防护包含绝缘鞋、保护足趾安全鞋、防滑鞋、防油鞋、防静电鞋等			
		3. 用人单位应根据劳动者在作业中防割、磨、烧、烫、冻、电击、静电、腐蚀、浸水等伤害的实际需要，配备不同防护性能和材质的手套			
		4. 绝缘手套和绝缘鞋除按时更换外，还应做到每次使用前做绝缘性能的检查和每 6 个月做一次绝缘性能复测；对超过 24 个月（自生产日起计算）的产品须逐只进行电性能预防性检验，每次预防性检验结果有效期不超过 6 个月。对绝缘性能不符合要求的，应及时报废和更换			
8	防护服	1. 进入易燃易爆生产作业场所的人员应穿戴防静电工作服、防静电鞋，并应按使用规则正确穿戴和使用			
		2. 防静电服和电绝缘鞋除按时更换外，还应对使用期达到 6 个月或存放期达 1 年的防静电服和电绝缘鞋进行抽样送检复测。对防静电性能不符合要求的，应及时报废和更换			
		3. 冬季室外作业或作业环境温度低于 5℃时，应为作业人员配备防寒服、鞋、帽、手套等特种或普通劳动防护用品；雨季室外作业应为室外作业人员配备雨衣、雨鞋等劳动防护用品；对环境潮湿及水中作业的人员应配备相应的劳动防护用品；对野外作业人员夏季应发放驱蚊虫和防晒劳动防护用品			
9	高处坠落防护	1. 在距坠落高度基准面 2m 及 2m 以上、有发生坠落危险的场所作业，应使用坠落悬挂安全带或区域限制安全带，并应按使用规则正确佩戴和使用			

续表

工程名称		检查内容	检查地点及记录		
序号	检查项目		是否合格（√）	检查记录	复查记录
9	高处坠落防护	2. 高处作业场所必须按规定架设安全网			
		3. 在作业中，如工作平面高于坠落高度基准面3m 及 3m 以上，对人群进行坠落防护时，应在存在坠落危险的部位下方张挂安全平网，外侧垂直张挂安全立网；对人群和物品同时进行坠落防护时，应在存在坠落危险的部位下方张挂安全平网，外侧垂直张挂 A 级密目式安全立网			
		4. 围杆作业安全带、坠落悬挂安全带自购买之日起 2 年内应从同一批次中随机抽取 2 条按要求进行动态力学性能测试以及静态力学性能测试，此后每年进行一次抽检，如测试不合格，则停止使用该批次安全带；区域限制安全带自购买之日起 2 年内应从同一批次中随机抽取 2 条按要求进行静态力学性能测试，此后每年进行一次抽检，如测试不合格，则停止使用该批次安全带			
		5. 安全平网、立网自购买之日起 2 年内应从同一批次中随机抽取 2 张按要求进行抗冲击性能测试以及静态力学性能测试，此后每年进行一次抽检，如测试不合格，则停止使用该批次安全网；密目式安全立网应每年从同一批次中随机抽取 2 张按要求进行抗冲击性能测试以及阻燃性能测试，如测试不合格，则停止使用该批次安全网			
10	劳动防护用品判废规定	1. 所选用的劳动防护用品技术指标不符合国家相关标准或行业标准的应做判废处理；符合国家相关标准或行业标准但与所从事的作业类型不匹配的，且本企业其他作业岗位不适合使用的应做判废处理			
		2. 所选用的劳动防护用品经定期检验和抽查为不合格的应做判废处理			
		3. 未超过使用期限但受到意外损坏或储存将要超过产品储藏标准期限的特种劳动防护用品应按有关规定进行检测检验，检验合格的方可使用，检验不合格的应做判废处理			
		4. 被有毒有害物质污染的劳动保护用品，应及时做判废处理，并按照相关法律法规及标准要求妥善处理，以避免其对环境造成污染和危害			
		5. 判废后的劳动防护用品应立即封存销毁，并建立封存销毁记录			
11	其他问题				

工程名称		检查内容	检查地点及记录		
序号	检查项目		是否合格（√）	检查记录	复查记录
	检查依据	1.《个体防护装备配备规范 第1部分：总则》GB 39800.1—2020 2.《头部防护 安全帽》GB 2811—2019 3.《坠落防护 安全带》GB 6095—2021 4.《安全网》GB 5725—2009 5.《建筑施工作业劳动防护用品配备及使用标准》JGJ 184—2009			
	检查评价	初次检查评价：	二次检查（复查）评价：		
	签字栏	施工现场责任人签字：	施工现场责任人签字：		
		检查人员签字：	复查人员签字：		
	检查日期	年　月　日	年　月　日		

附录 B 生产现场类隐患排查清单

消防安全检查清单 表 B.0.1

工程名称		检查内容	检查地点及记录		
序号	检查项目		是否合格（√）	检查记录	复查记录
1	组织架构	1.施工现场应建立消防安全管理组织机构，确定消防安全负责人和消防安全管理人员，落实相关人员的消防安全管理责任			
2	管理制度	1.总承包单位消防安全教育培训应专人分管，制定消防安全管理制度，签订《消防安全责任书》			
		2.消防安全管理制度应包括下列主要内容： （1）消防安全教育培训制度。 （2）可燃及易燃易爆危险品管理制度。 （3）用火、用电、用气管理制度。 （4）消防安全检查制度。 （5）应急预案演练制度			
3	防火技术方案	1.总承包单位应编制施工现场防火技术方案，防火技术方案应包括下列主要内容： （1）施工现场重大火灾危险源辨识。 （2）施工现场防火技术措施。 （3）临时消防设施、临时疏散设施配备。 （4）临时消防设施和消防警示标识布置图			
4	灭火及应急疏散预案	1.总承包单位应编制施工现场灭火及应急疏散预案，灭火及应急疏散预案应包括下列主要内容： （1）应急灭火处置机构及各级人员应急处置职责。 （2）报警、接警处置的程序和通讯联络的方式。 （3）扑救初起火灾的程序和措施。 （4）应急疏散及救援的程序和措施			
5	消防安全教育、培训	1.施工人员进场时，施工现场消防安全管理人员应向施工人员进行消防安全教育和培训，消防安全教育和培训应包括下列内容： （1）施工现场消防安全管理制度、防火技术方案、灭火及应急疏散预案的主要内容。 （2）施工现场临时消防设施的性能及使用、维护方法。 （3）扑灭初起火灾及自救逃生的知识和技能。 （4）报警、接警的程序和方法			

工程名称		检查内容	检查地点及记录		
序号	检查项目		是否合格（√）	检查记录	复查记录
6	消防安全技术交底	1.施工作业前，施工现场的施工管理人员应向作业人员进行消防安全技术交底，消防安全技术交底应包括下列主要内容： （1）施工过程中可能发生火灾的部位或环节。 （2）施工过程应采取的防火措施及应配备的临时消防设施。 （3）初起火灾的扑救方法及注意事项。 （4）逃生方法及路线			
7	消防安全检查记录	1.消防安全负责人应定期组织消防安全管理人员对施工现场的消防安全进行检查，消防安全检查应包括下列主要内容： （1）可燃物及易燃易爆危险品的管理是否落实。 （2）动火作业的防火措施是否落实。 （3）用火、用电、用气是否存在违章操作，电、气焊及保温防水施工是否执行操作规程。 （4）临时消防设施是否完好有效。 （5）临时消防车道及临时疏散设施是否畅通			
8	施工现场总平面图布局	1.临时用房、临时设施的布置应满足现场防火、灭火及人员安全疏散要求			
		2.施工现场出入口不宜少于2个，仅设置1个时应设置环形车道			
		3.易燃易爆危险品库房应远离明火作业区、人员密集区和建筑物相对集中区			
		4.可燃材料堆场及其加工场、易燃易爆危险品库房不应布置在架空电力线下			
9	防火间距	1.易燃易爆危险品库房与在建工程的防火间距不应小于15m；可燃材料堆场及其加工场、固定动火作业场与在建工程的防火间距不应小于10m；其他临时用房、临时设施与在建工程的防火间距不应小于6m			
10	消防车道	1.临时消防车道宜为环形，设置环形车道确有困难时，应在消防车道尽端设置尺寸不小于12m×12m的回车场			
		2.临时消防车道、临时疏散通道、安全出口应保持畅通，不得遮挡、挪动疏散指示标识，不得挪用消防设施			
11	宿舍、办公用房防火	1.建筑构件的燃烧性能等级应为A级；当采用金属夹芯板材时，其芯材的燃烧性能等级应为A级			

工程名称		检查内容	检查地点及记录		
序号	检查项目		是否合格（√）	检查记录	复查记录
11	宿舍、办公用房防火	2. 发电机房、变配电房、厨房操作间、锅炉房、可燃材料库房及易燃易爆危险品库房的防火设计应符合下列规定： （1）建筑构件的燃烧性能等级应为 A 级。 （2）层数应为 1 层，建筑面积不应大于 200m²。 （3）可燃料库房单个房间的建筑面积不应超过 30m²，易燃易爆危险品库房单个房间的建筑面积不应超过 20m²。 （4）房间内任一点至最近疏散门的距离不应大于 10m，房门的净宽度不应小于 0.8m			
		3. 宿舍、办公用房不应与厨房操作间、锅炉房、变配电房等组合建造			
		4. 会议室、文化娱乐室等人员密集的房间应设置在临时用房的第一层，其疏散门应向疏散方向开启			
		5. 各生活区明确消防安全管理专员			
		6. 宿舍、办公用房应配备专职电工，必须持证上岗，用电作业必须由专职电工完成，且设置监护人			
		7. 宿舍、办公用房应清理疏散通道、安全出口杂物，确保疏散畅通，二层临时用房应设逃生杆			
		8. 高层建筑的消防车道、救援场地设置应符合要求，不得占用，影响火灾扑救			
		9. 应按标准购置、配备灭火器；灭火器的最大保护距离不超过 25m；各种消防器材应放置在明显和方便提取的位置，定期检查灭火器的有效性，检查频率不得低于 2 次 / 月			
		10. 宿舍、办公用房定期对场所内消防设施进行检查；定期组织场所内人员进行消防演练和相关教育培训，并做好记录			
		11. 在人员密集场所严禁违反消防安全规定使用、储存或销售易燃易爆危险品			
		12. 宿舍、办公用房应及时更换、处理不符合要求的电气设备，严禁使用绝缘老化或失去绝缘性能的电气线路；使用不燃材料进行电器线路、燃气管道的敷设；应定期对电气设备和线路的运行及维护情况进行检查			
12	在建工程防火	1. 在建工程作业场所的临时疏散通道应采用不燃、难燃材料建造，并应与在建工程结构施工同步设置，也可利用在建工程施工完毕的水平结构、楼梯			

续表

工程名称		检查内容	检查地点及记录		
序号	检查项目		是否合格（√）	检查记录	复查记录
12	在建工程防火	2. 在建工程作业场所临时疏散通道的设置应符合下列规定： （1）耐火极限不应低于 0.5h。 （2）设置在地面上的临时疏散通道，其净宽度不应小于 1.5m；利用在建工程施工完毕的水平结构、楼梯作临时疏散通道时，其净宽度不宜小于 1.0m；用于疏散的爬梯及设置在脚手架上的临时疏散通道，其净宽度不应小于 0.6m。 （3）临时疏散通道为坡道，且坡度大于 25° 时，应修建楼梯或台阶踏步或设置防滑条。 （4）临时疏散通道不宜采用爬梯，确需采用时，应采取可靠固定措施。 （5）临时疏散通道的侧面为临空面时，应沿临空面设置高度不小于 1.2m 的防护栏杆。 （6）临时疏散通道设置在脚手架上时，脚手架应采用不燃材料搭设。 （7）临时疏散通道应设置明显的疏散指示标识。 （8）临时疏散通道应设置照明设施			
		3. 既有建筑进行扩建、改建施工时，必须明确划分施工区和非施工区；施工区不得营业、使用和居住；非施工区继续营业、使用和居住时，应符合下列规定： （1）施工区和非施工区之间应采用不开设门、窗、洞口的耐火极限不低于 3.0h 的不燃烧体隔墙进行防火分隔。 （2）非施工区内的消防设施应完好和有效，疏散通道应保持畅通，并应落实日常值班及消防安全管理制度。 （3）施工区的消防安全应配有专人值守，发生火情应能立即处置。 （4）总承包单位应向居住和使用者进行消防宣传教育，告知建筑消防设施、疏散通道的位置及使用方法，同时应组织疏散演练。 （5）外脚手架搭设不应影响安全疏散、消防车正常通行及灭火救援操作，外脚手架搭设长度不应超过该建筑物外立面周长的 1/2			
		4. 高层建筑、既有建筑改造工程外脚手架、支模架的架体宜采用不燃或难燃材料			
		5. 下列安全防护网应采用阻燃型安全防护网： （1）高层建筑外脚手架的安全防护网。 （2）既有建筑外墙改造时，其外脚手架的安全防护网。 （3）临时疏散通道的安全防护网			
		6. 作业场所应设置明显的疏散指示标志，其指示方向应指向最近的临时疏散通道入口			

工程名称		检查内容	检查地点及记录		
序号	检查项目		是否合格（√）	检查记录	复查记录
12	在建工程防火	7. 作业层的醒目位置应设置安全疏散示意图			
		8. 总承包单位应做好施工现场临时消防设施的日常维护工作，对已失效、损坏或丢失的消防设施应及时更换、修复或补充			
		9. 施工期间，不应拆除临时消防设施及临时疏散设施			
		10. 水泥、钢筋等材料，不准堆放在消防通道上			
		11. 地下工程的施工作业场所宜配备防毒面具			
13	临时消防给水	1. 临时消防设施应与在建工程的施工同步设置；房屋建筑工程中，临时消防设施的设置与在建工程主体结构施工进度的差距不应超过3层			
		2. 在建工程可利用已具备使用条件的永久性消防设施作为临时消防设施；当永久性消防设施无法满足使用要求时，应增设临时消防设施			
		3. 施工现场的消火栓泵应采用专用消防配电线路；专用消防配电线路应自施工现场总配电箱的总断路器上端接入，且应保持不间断供电			
		4. 临时消防给水系统的贮水池、消火栓泵、室内消防竖管及水泵接合器等应设置醒目标识			
		5. 临时用房建筑面积之和大于1000m² 或在建工程单体体积大于10000m³ 时，应设置临时室外消防给水系统			
		6. 给水管网宜布置成环状；室外临时给水干管不应小于DN100；室外消火栓间距不应大于120m；消火栓的最大保护半径不应大于150m			
		7. 建筑高度大于24m 或单体体积超过30000m³ 的在建工程，应设置临时室内消防给水系统			
		8. 临时室内消防给水竖管的管径不应小于DN100；各结构层应设置室内消火栓接口及消防软管接口			
		9. 在建工程结构施工完毕的每层楼梯处应设置消防水枪、水带及软管，且每个设置点不应少于2套			
		10. 严寒和寒冷地区的现场临时消防给水系统应采取防冻措施			
14	灭火器	1. 在建工程及临时用房的下列场所应配置灭火器： （1）易燃易爆危险品存放及使用场所。 （2）动火作业场所。 （3）可燃材料存放、加工及使用场所。 （4）厨房操作间、锅炉房、发电机房、变配电房、设备用房、办公用房、宿舍等临时用房。 （5）其他具有火灾危险的场所			

工程名称		检查内容	检查地点及记录		
序号	检查项目		是否合格（√）	检查记录	复查记录
14	灭火器	2.灭火器的配置数量应符合规范，且每个场所的灭火器数量不应少于2具			
15	应急照明	1.施工现场的下列场所应配备临时应急照明： （1）自备发电机房及变配电房。 （2）水泵房。 （3）无天然采光的作业场所及疏散通道。 （4）高度超过100m的在建工程的室内疏散通道。 （5）发生火灾时仍需坚持工作的其他场所			
		2.作业场所应急照明的照度不应低于正常工作所需照度的90%，疏散通道的照度值不应小于0.5lx			
		3.临时消防应急照明灯具宜选用自备电源的应急照明灯具，自备电源的连续供电时间不应小于60min			
16	施工现场用火	1.动火作业应办理动火许可证；动火许可证的签发人收到动火申请后，应前往现场查验并确认动火作业的防火措施落实后，再签发动火许可证			
		2.动火操作人员应具有相应资格			
		3.焊接、切割、烘烤或加热等动火作业前，应对作业现场的可燃物进行清理；作业现场及其附近无法移走的可燃物应采用不燃材料对其覆盖或隔离，施工现场的重点防火部位或区域应设置防火警示标识			
		4.施工作业安排时，宜将动火作业安排在使用可燃建筑材料的施工作业前进行。确需在使用可燃建筑材料的施工作业之后进行动火作业时，应采取可靠的防火措施			
		5.裸露的可燃材料上严禁直接进行动火作业			
		6.焊接、切割、烘烤或加热等动火作业应配备灭火器材，并应设置动火监护人进行现场监护，每个动火作业点均应设置1名监护人			
		7.五级（含五级）以上风力时，应停止焊接、切割等室外动火作业；确需动火作业时，应采取可靠的挡风措施			
		8.动火作业后，应对现场进行检查，并应在确认无火灾危险后，动火操作人员再离开			
		9.具有火灾、爆炸危险的场所严禁明火			
		10.施工现场严禁吸烟，施工现场不应采用明火取暖			
		11.厨房操作间炉灶使用完毕后，应将炉火熄灭，排油烟机及油烟管道应定期清理油垢			

续表

工程名称		检查内容	检查地点及记录		
序号	检查项目		是否合格（√）	检查记录	复查记录
16	施工现场用火	12. 施工现场的重点防火部位或区域应设置防火警示标识			
		13. 动火、动焊禁止与铺设保温材料等交叉作业			
		14. 切割、焊接、防水施工等明火作业应清理作业点及其周边和下方易燃、可燃杂物；钢筋、板材切割、加工、压缩等作业应清理作业点及其周边易燃、可燃杂物			
		15. 明火源应安排专人负责、现场监护，做到人走火灭			
17	其他问题				
检查依据		1.《建设工程施工现场消防安全技术规范》GB 50720—2011 2.《建设工程施工现场供用电安全规范》GB 50194—2014 3.《建筑灭火器配置设计规范》GB 50140—2005 4.《建筑与市政工程施工现场临时用电安全技术标准》JGJ/T 46—2024			
检查评价		初次检查评价：	二次检查（复查）评价：		
签字栏		施工现场责任人签字：	施工现场责任人签字：		
		检查人员签字：	复查人员签字：		
检查日期		年　月　日	年　月　日		

管线迁改及保护检查清单　　　　　　　　　　　　　表 B.0.2

工程名称		检查内容	检查地点及记录		
序号	检查项目		是否合格（√）	检查记录	复查记录
1	管线勘察	1. 勘察单位应依据相关规范要求，对场地稳定性和工程建设适宜性做全面、准确的评价；并根据物探管线图核对勘探点，邀请管线权属单位到现场进行管线交底，并形成成果，地下管线探测成果资料整理应符合有关报告书编制的要求			
2	管线设计	1. 设计单位应对高风险工程及影响结构安全的管线进行全面排查，并与主体工程同步进行专项设计			
		2. 设计单位根据踏勘结果及工程需要，进行管线迁改设计			
3	管线交底	1. 建设单位及时组织所涉及地下管线的权属单位或管理单位向施工、监理单位进行交底；书面记录交底内容明确各方职责，由建设单位、管线的权属单位或管线管理单位、监理单位、总承包单位四方签字确认，后附管线书面资料			
4	管线保护及迁改施工	1. 施工前，总承包单位应全面掌握周边环境相关资料，根据城市轨道交通工程的线路位置、敷设方式、埋置深度、施工方法、结构形式及所处水文地质条件等因素综合确定环境调查的范围，进行工程踏勘、环境核查，对现场管线进行全面调查摸底，进行现场开挖探槽查明管线位置（埋深、走向），准确地掌握作业范围内可能影响到的各类管线情况，做好相应记录和标识标牌，形成周边环境核查报告			
		2. 对作业现场进行安全风险辨识，按照施工进度和工序，对施工风险进行动态风险评估，确定安全风险等级，形成专项风险清单，按要求落实风险分级包保和领导带班管理要求			
		3. 施工总承包单位根据管线资料及现场探勘结果，在施工组织设计方案中明确管线保护措施及相应的应急预案，报监理审批，通过后实施；制定管线保护管理办法，成立管线安全管理小组，确定专人管理涉及管线安全的施工作业，明确责任人及相关责任			
		4. 施工总承包单位应对施工影响范围内的重要管线采取专项防护措施；保护措施应符合规范，经管线的权属单位或管线管理单位认可后，按规定与管线的权属单位或管线管理单位签订管线保护协议、安全生产管理协议			
		5. 对于电力、燃气等风险较大的管线，总承包单位需编制管线迁改专项施工方案，明确保护措施，经权属单位审批通过后方可实施；在作业中，应由权属单位监护人现场监护方可作业			

工程名称		检查内容	检查地点及记录		
序号	检查项目		是否合格（√）	检查记录	复查记录
4	管线保护及迁改施工	6. 在管线安全保护范围内施工前应核查开工条件，经监理单位审核后实施；每日按照规定开具危险作业票证，并对危险作业票证进行现场查验			
		7. 施工前对施工人员进行管线保护安全技术交底，并进行专项培训教育；施工时必须由专职安全员现场监护，在管线周围要设置施工围挡和警示标志			
		8. 在不能确定地下管线准确位置的情况下，总承包单位应开挖探槽，探槽深度和宽度以能探明施工影响范围内的现有管线为标准；探槽应采用人工方式开挖，并通知产权单位采取相应安全防护措施			
		9. 管线保护： （1）总承包单位应在现场标识地下管线安全保护范围并竖立警示标志，按要求落实人防、物防、技防措施；应做到不摸清地下管线位置不施工，影响地下设施运转不施工，没有采取有效保护措施不施工。 （2）对于短时施工的采用平面法铺设钢板施工，钢板过车两端加设减速带缓冲，长期施工的采用下沉法铺设钢板施工。 （3）架空金属管线与架空输电线、电气化铁路的馈电线交叉时应采取接地保护措施。 （4）河底敷设的工程管线应选择在稳定河段，管线高程应按不妨碍河道整治和管线安全的原则确定			
		10. 总承包单位管线迁改或临近管线施工过程中应加强对管线监测，第三方监测单位应进行抽检，定期观测管线沉降量，出现情况及时预警，并采取有效处置措施后及时消警			
		11. 总承包单位在进行施工作业尤其是机械作业时要严格遵守相关的作业程序和操作规程，施工前确认作业人员的上岗资格、身体状况以及配备的劳动防护用品是否符合安全作业要求，做好交底工作，现场确定专人进行作业的统一指挥，施工中需暴露管线通道的，应提前与权属单位联系，严禁野蛮施工，严禁超范围施工。安排专门人员负责管线施工日常安全巡视，定期巡查，并做好整改			
		12. 监理单位应编制管线保护监理细则，在管线保护区内作业，监理单位必须全过程旁站，督促总承包单位按专项施工方案进行施工			

工程名称		检查内容	检查地点及记录		
序号	检查项目		是否合格（√）	检查记录	复查记录
4	管线保护及迁改施工	13. 施工中如遇不明管线或管线位置与图纸不符，应立即报告监理、建设单位，组织管线的权属单位或管理单位现场确认，并采取相应处置措施。 总承包单位编制管线保护应急预案，并定期开展应急演练			
5	地下管线的安全保护范围和安全控制范围	1. 石油、天然气 管道中心线两侧各 5m 范围内禁止取土、采石、用火、爆破、堆放重物以及修建其他建筑物、构筑物，确需作业的，应经政府主管部门批准			
		2. 燃气 安全保护范围内施工作业，应当提前通知产权单位，保护措施得到产权单位认可后，方可施工； （1）城市次高压燃气管道管壁及设施外缘两侧 1.5m 以内的区域。 （2）城市高压燃气管道、天然气长输管道管壁及设施外缘两侧 5m 以内的区域。 （3）低压、中压燃气管道及附属设施外缘周边 0.5m 范围内的区域			
		3. 给水排水 排水干线管道两侧各 5m 以内施工，应在施工前与给水排水设施运营单位确定保护措施，并由给水排水运营单位监督实施			
		4. 电力 任何单位或个人不得在电力设施保护区内堆放垃圾、易燃物、易爆物、兴建建筑物或种植树木、竹子； （1）地下电力电缆线路地面标桩两侧各 0.75m 所形成的两平行线内的区域。 （2）任何单位和个人不得在距电力设施周围 500m 范围内（指水平距离）进行爆破作业。 （3）架空线 10kV 为 5m，35kV～110kV 为 10m，220kV 为 15m，500kV 为 20m			
		5. 通信 地下电缆或管道电缆正上方地面两侧各 1m 范围，任何单位或个人不得擅自取土、钻探、挖沟或其他危及通信设施安全的行为			

续表

工程名称		检查内容	检查地点及记录		
序号	检查项目		是否合格（√）	检查记录	复查记录
5	地下管线的安全保护范围和安全控制范围	6. 地铁 在安全保护区内进行施工作业的应按要求申请行政许可或经地铁经营单位同意，并接受安全监督； （1）地下车站与隧道周边外侧 50m 内。 （2）地面和高架车站以及线路轨道外边线外侧 30m 内。 （3）出入口、通风亭、变电站等建筑物、构筑物外边线外侧 10m 内			
6	其他问题				
检查依据		1.《电力设施保护条例》 2.《城市轨道交通工程质量安全检查指南》建质〔2016〕173 号 3.《城市轨道交通工程建设安全生产标准化管理技术指南》建办质〔2020〕27 号 4.《城市地下管线探测技术规程》CJJ 61—2017 5.《城市工程管线综合规范》GB 50289—2016			
检查评价		初次检查评价：	二次检查（复查）评价：		
签字栏		施工现场责任人签字：	施工现场责任人签字：		
		检查人员签字：	复查人员签字：		
检查日期		年　月　日	年　月　日		

扬尘防治检查清单 表 B.0.3

工程名称		检查内容	检查地点及记录		
序号	检查项目		是否合格（√）	检查记录	复查记录
1	管理制度及落实	1.总承包单位应建立文明施工专项方案及扬尘防治管理制度，经监理单位审批通过后实施，方案调整时需重新办理报批手续			
		2.施工总承包单位、分包单位应在施工现场配备专（兼）职扬尘防治管理人员，负责日常检查施工现场扬尘措施落实情况			
		3.施工现场应在主出入口显著位置设置扬尘防治公示牌，公示工程项目基本信息、责任单位及负责人、扬尘监督管理主管部门、举报电话、施工扬尘防治承诺书等信息			
		4.施工现场应建立并严格落实扬尘防治逐级技术交底制度			
		5.监理单位应将施工扬尘防治纳入监理细则，明确扬尘防治监理措施			
2	运输道路	1.总承包单位应根据施工需要配备洒水车、清扫车、高压水枪等机械设备，安排人员每天定时洒水清扫路面			
		2.现场临时道路设置宜永临结合，对施工便道与既有市政道路接口的泥结碎石施工便道进行硬化，对不符合要求的便道进行整修，加强道路的日常维保			
		3.加强渣土运输车辆管理，对各渣土车司机进行教育、交底，对渣土车防尘罩进行检查维修，保证渣土运输过程中的密闭性			
		4.严禁渣土车在行驶中"抛撒滴漏"，运输车辆不得超量装载，装载渣土最高点不得超过槽帮上缘			
3	裸土覆盖施工围挡	1.加强土石方作业管理，土石方作业严格按照要求采取湿法作业，设置雾炮及洒水车进行洒水，确保不起扬尘			
		2.弃土场、弃渣场等裸露部分全部用绿色密目网（不低于 2000 目 /100cm²）覆盖，同时加强日常检查和防护，确保全部覆盖			
		3.加强对临时土方存放区管理，对土方存放区进行封闭管理，所有的渣土进行覆盖，车辆进出设专人进行管理			
		4.围挡高度及基础形式应符合相关要求			
		5.对靠近市政主干道的围挡确保各喷淋等扬尘防治设施正常运转，对不符合要求的围挡进行更换，确保施工区域全封闭施工			

续表

工程名称		检查内容	检查地点及记录		
序号	检查项目		是否合格（√）	检查记录	复查记录
3	裸土覆盖施工围挡	6. 要安排专人对围挡进行清洗，确保围挡干净整洁			
4	车辆清洗	1. 施工现场严格按要求设置洗车台，保证每台出入工地的车辆冲洗干净			
		2. 对所有的洗车台定期进行维护保养，每日对洗车台堆积的泥土及时进行清理，定期对沉淀池、排水沟等排水通道进行疏通，保证排水通畅			
		3. 洗车污水应经三级沉淀，严禁将未沉淀污水直接排入市政管网或排放到城市道路			
		4. 安排专人对工地门口及周边影响范围进行清扫，确保渣土车在行驶道路上无泥渍			
5	土（石）方作业管理	1. 土石方作业严格按照要求采取湿法作业，设置雾炮及洒水车进行洒水，确保不起扬尘			
		2. 土（石）方开挖应随挖随运，土方回填应及时平整压实，尽量减少开挖和回填过程中土石方裸露面积和时间，大规模场地作业应分区有序进行			
		3. 不能及时回填的裸露场地、土石方堆放区、非作业区或非车行区域宜采取覆盖、洒水、喷雾、喷洒抑尘剂等措施			
		4. 明确土石方施工时间以及运输路线方案，并严格落实			
		5. 地下明挖车站等大型基坑开挖，可采用防尘天幕或防尘水幕，实现对覆盖范围内扬尘的有效控制，减少对周边环境影响			
		6. 土石方施工宜采用具备车载喷雾系统的挖掘机			
6	拌和站物料堆放管理	1. 拌和站应采取封闭防尘措施，上料斗、搅拌机、储料仓等均进行封闭防尘，水泥等易产生扬尘污染的建筑材料要在库房内存放或严密遮盖，严禁物料露天堆存			
		2. 拌和站必须设置集水池、沉淀池和污水过滤池，混凝土罐车的洗灌及冲洗废水需处理达标后才可排放；拌和站出入口必须设置洗车平台，对进出车辆进行冲洗			
7	渣土、垃圾存放及焊接管理	1. 应选用具备资质的渣土运输单位，渣土消纳证、渣土准运证应在有效期内			
		2. 对施工区域的建筑垃圾及渣土及时清运，具备绿化条件的立即进行绿化施工，确需留存且具备现场留存条件的，使用绿色密目网进行全覆盖，做好防尘措施			

续表

| 工程名称 | | 检查内容 | 检查地点及记录 | | |
序号	检查项目		是否合格（√）	检查记录	复查记录
7	渣土、垃圾存放及焊接管理	3. 施工垃圾、生活垃圾分类存放，并及时清运出场			
		4. 夜间渣土运输作业，应设置值班人员，并落实进门查证、出门查车制度			
		5. 施工现场严禁露天喷（刷）漆；脚手架钢管防腐与刷漆及其他需防腐处理的各类钢结构构件、焊接钢管等，须配备大气污染物收集处理设施			
8	非道路移动机械管理	1. 施工现场使用的非道路移动机械须采用有编码登记的非道路移动机械，禁止使用超过污染物排放标准和有明显可见烟的非道路移动机械			
		2. 建立非道路移动机械用油管理制度，制定用油台账和计划，与正规单位签订用油协议，留存用油进货凭证和发票，做好非道路移动机械成品油使用管理			
		3. 建立施工现场非道路移动机械管理清单、台账			
		4. 对装用选择性催化还原系统（SCR）的，车辆使用人或所有人要在出车前，要查看仪表盘上的车用尿素液位表，当尿素低液位警示灯点亮时，应及时、足量添加符合标准要求的车用尿素；及时查看 OBD 系统故障预警情况，当 OBD 故障预警灯（ML）点亮时，应进行维修维护，ML 灯消除后方可上路行驶			
9	视频监控管理	1. 在建项目应配备扬尘在线监测及远程视频监控系统；完善视频监控设施，确保视频监控系统正常运行，能实时查看扬尘防治措施落实情况			
		2. 组织开展常态化视频巡查，监理单位每日对扬尘设备视频监控平台进行检查			
10	资料管理	1. 总承包单位、监理单位应如实记录施工现场扬尘防治情况，记录内容应真实可靠，具有可追溯性；施工、监理单位应建立扬尘防治资料专卷			
		2. 总承包单位应建立以下资料： （1）扬尘防治专项施工方案。 （2）扬尘防治技术交底。 （3）非道路移动机械出入登记台账。 （4）施工现场扬尘防治检查表。 （5）扬尘防治问题整改通知单。 （6）扬尘防治问题整改报告			
		3. 监理单位应建立以下资料： （1）施工现场扬尘防治检查记录。 （2）监理工程师整改通知单。 （3）总承包单位问题整改报告。 （4）施工现场扬尘防治检查表			

续表

工程名称		检查内容	检查地点及记录		
序号	检查项目		是否合格（√）	检查记录	复查记录
11	其他问题				
检查依据		1.《城市轨道交通工程质量安全检查指南》建质〔2016〕173 号 2.《房屋建筑施工扬尘防治技术规程》DB37/T 5252—2023 3.《建筑与市政工程绿色施工管理标准》鲁建标字〔2021〕35 号 4.《城市轨道交通工程建设安全生产标准化管理技术指南》建办质〔2020〕27 号			
检查评价		初次检查评价：	二次检查（复查）评价：		
签字栏		施工现场责任人签字：	施工现场责任人签字：		
		检查人员签字：	复查人员签字：		
检查日期		年　月　日	年　月　日		

应急防汛检查清单   表 B.0.4

工程名称		检查内容	检查地点及记录		
序号	检查项目		是否合格（√）	检查记录	复查记录
1	基本规定	1.总承包单位应成立应急救援队伍并根据季节性变化规律和水文地质情况，结合项目特点根据需要编制建立制度及台账，同时将应急预案、演练计划、物资储备等上传至"信息化平台"纳入建设单位防汛应急管理体系			
		2.总承包单位应每季度对应急演练开展、应急救援队伍建设、隐患排查、应急物资储备进行督导检查			
		3.总承包单位应健全完善预警与应急响应联动机制、预警信息发布机制、音视频连线通信保障机制等汛期应急"叫应"工作机制			
		4.总承包单位应严格落实 24 h 领导带班和专人值守制度，严明值班纪律，确保通信畅通			
		5.事故或险情发生后，总承包单位应按规定程序逐级上报，并根据预案要求启动应急响应，开展应急处置，严禁迟报、漏报、谎报、瞒报			
		6.当遇大雨、雷电、高温、暴雪、六级及以上大风等特殊天气时，不得进行脚手架搭设、拆除作业及起重吊装等露天作业			
		7.雨季施工前，总承包单位应对施工场地、在建工程、材料堆放场、设备存放场、运输便道等的防洪设施进行检查、加固，疏通排水沟渠；对有可能被洪水淹没的河流、滩涂等地带的临时房屋、设备、物资应采取搬迁措施			
2	物资储备	1.总承包单位应建立应急物资仓库并张贴应急物资清单			
		2.总承包单位应按照季节性及特殊天气施工方案的要求储备必要的应急物资，针对工程施工工艺及特点配备专业应急救援装备			
		3.总承包单位应在应急仓库内张贴应急联系人及电话，将水泵等应急物资进行安装调试，达到随时使用状态			
3	应急队伍建设	1.总承包单位应成立应急救援队伍并建立制度及台账			
		2.总承包单位应设一名应急管理人员，负责应急管理工作			
		3.总承包单位应对装备、预案、方案等制定培训计划，按要求开展培训并形成培训台账，培训台账包含培训内容、培训照片、培训签到、培训总结等			

续表

工程名称		检查内容	检查地点及记录		
序号	检查项目		是否合格（√）	检查记录	复查记录
4	应急预案	1.总承包单位应建立完善的应急预案体系，编制综合应急预案、专项应急预案、现场处置方案，预案应经评审，并按要求进行备案			
		2.总承包单位应制定应急预案演练计划，并向本单位从业人员公布			
		3.总承包单位应将应急预案的培训纳入安全生产培训年度计划，对生产安全事故应急预案、应急知识、自救互救和避险逃生技能进行专项培训			
		4.总承包单位应每半年至少组织一次生产安全事故应急预案演练，演练内容必须覆盖工地现场可能发生的坍塌、火灾、水灾、中毒、爆炸、物体打击、高处坠落、机械伤害、触电等灾害事故			
		5.总承包单位应建立定期评估制度，每3年进行1次应急预案评估			
5	汛期施工	1.总承包单位应按照特殊气候预警要求安排人员应急值守、巡查			
		2.总承包单位应对相关人员配齐安全防护必需品			
		3.总承包单位应对管理人员或作业人员进行特殊气候安全教育			
		4.施工组织方案应明确特殊气候下施工采取的相应安全措施			
6	应急预警	1.总承包单位应指定部门及人员负责收集、分析和报告特殊气候预警信息或与上游（左右）水库等蓄水设施管理机构建立联系机制			
		2.总承包单位应及时按照预案规定程序向相关人员传达特殊气候预警信息			
		3.总承包单位应按预警等级要求停止室外作业或其他危险性较大作业（如吊装作业），并撤离人员到安全地方			
		4.总承包单位应明确不同种类、不同程度的恶劣气候下施工禁止行为			
		5.特殊气候结束后、复工前应进行专项安全检查			
7	暴雨、地质灾害应急防范	1.施工现场或生活区等不应设置在低洼易涝或易受地质灾害（滑坡、泥石流）影响的区域			
		2.总承包单位应对基坑（竖井、斜井）、车站出入口等周边挡水墙强度或高度不足的地方进行加固或封堵处理			

续表

工程名称		检查内容	检查地点及记录		
序号	检查项目		是否合格（√）	检查记录	复查记录
7	暴雨、地质灾害应急防范	3. 场地排水系统排水能力（截面尺寸、坡度、淤积、堵塞情况等）应满足排水条件			
		4. 通往基坑（隧道）、地下室的所有可能进水管（口）应进行可靠封堵			
		5. 抽排水设施管（孔）口应有防水倒灌措施，临时建筑、围墙和工程的基础结构或土体（如暗挖、明挖作业面、边坡）暴雨来临前应采取抗渗、抗冲刷、防浸泡等措施（注浆加固、混凝土封闭或彩条布覆盖）			
		6. 非应急需要的露天电气设备应在暴雨来临前及时切断电源			
8	大风防范	1. 当风力达到六级以上时应停止起重作业并采取防止起重机械移动、倾覆措施			
		2. 对临时建（构）筑物、围挡或其他高大设施采取特殊加固措施			
		3. 室外遭遇龙卷风时应及时组织人员按照龙卷风影响方向的反方向或侧方向移动躲避			
9	雷电防范	1. 总承包单位应对在防雷保护范围以外的临时设施和突出机械设置避雷装置			
		2. 雷电天气时应按要求停止高空（含脚手架）作业、起重吊装作业，及时组织在空旷场所作业人员撤离			
10	低温冰雪（雹）、大雾防范	1. 临时建筑、围墙和工程的基础结构、土体存在开裂并应及时采取相应防护措施			
		2. 临时建筑设施因冰雪荷载发生损坏，应采取相应措施			
		3. 确因安全需要登高作业的，脚手架、梯道及临边洞口应及时进行清理或做出防滑措施			
		4. 冰雹预警后应及时组织室外人员撤离到室内			
		5. 低温冰雪（雹）、大雾天气橙色、红色预警信号停止室外作业			
		6. 除应急需要的露天电气设备在暴雪来临前及时切断电源			
11	其他问题				

续表

| 工程名称 | | 检查内容 | 检查地点及记录 | | |
序号	检查项目		是否合格（√）	检查记录	复查记录
检查依据		1.《中华人民共和国突发事件应对法》 2.《中华人民共和国安全生产法》 3.《生产经营单位生产安全事故应急预案编制导则》GB/T 29639—2020			
检查评价		初次检查评价：	二次检查（复查）评价：		
签字栏		施工现场责任人签字：	施工现场责任人签字：		
		检查人员签字：	复查人员签字：		
检查日期		年　月　日	年　月　日		

围挡及交通疏导检查清单   表 B.0.5

工程名称		检查内容	检查地点及记录		
序号	检查项目		是否合格（√）	检查记录	复查记录
1	总体要求	1. 总承包单位应对现场施工边界内管线、建（构）筑物、工程水文地质等资料进行现场踏勘，根据施工现场总平面布置图、实际情况及相关标准规范，合理规划围挡的设置			
		2. 总承包单位应根据施工图纸、相关技术标准及现场实际情况编制围挡施工专项方案，若涉及占道施工，也应编制交通疏导专项施工方案，报交通主管部门审批实施			
		3. 总承包单位应根据审批的围挡施工方案对现场作业人员进行安全技术交底			
		4. 监理单位应根据《监理规划》和围挡及交通疏导施工方案编制对应监理实施细则，经总监理工程师批准后实施，并报建设单位核备			
		5. 施工现场围挡主城区内高度不得低于 2.5m，一般路段围挡高度不得低于 1.8m			
		6. 围挡应以不妨碍交通为原则，设置应坚固、稳定、整洁和美观，沿施工现场周边连续设置，确保施工现场与外界有效隔离			
		7. 施工现场围挡应当建立围挡维护管理制度，并编制防风、防汛、防雨雪等灾害天气的现场处置方案。每日安排专人巡查，发现问题及时整改，并留存相关检查整改记录			
		8. 施工现场应当实行动态管理，日常检查、维护，应遵守以下规定：残缺、破损的，应及时修复或更换；污损、褪色的，应及时清洁、粉饰；板面字体有缺损的，应及时更正；附属设施缺损时，应及时修复；出现开裂、沉降、倾斜的，应采取加固措施或拆除重建			
		9. 围挡表面应保持清洁，各种警示标识、标志、喷淋设施齐全、完好			
		10. 围挡周边环境应保持卫生清洁，无积水积泥			
		11. 围挡出入口应设置大门及门禁系统，并设专职门卫看管。工地大门平时应当处于关闭状态，非工程相关人员禁止入内			
		12. 施工人员进出工地，应佩戴工作卡由门禁系统进出；工程相关车辆、材料、机械设备应登记后从大门进出，登记台账应及时留存备查			
		13. 施工结束后，总承包单位应及时拆除围挡，撤除安全防护设施，修复路面，恢复交通并清理施工现场以及受影响的周边范围			

续表

工程名称		检查内容	检查地点及记录		
序号	检查项目		是否合格（√）	检查记录	复查记录
2	标准围挡（长期围挡）	1.围挡采用拼装式组合围挡，基础优先选用预制块基础，有利于周转使用			
		2.明柱基础入地部分尺寸，根据地质情况具体设计并进行受力验算			
		3.现浇基础与预制基础之间、相邻两预制块之间应有效连接，保证整体性			
		4.围挡斜撑：根据基础稳定情况和施工现场大风气象特征，设置斜撑措施			
3	短期、临时围挡	施工现场原则上均使用标准围挡进行围蔽施工，在条件受限或工期较短的位置（如部分桥梁、路基段、部分绿化迁改施工段），可酌情使用可拆卸、可移动的短期或临时围挡对施工区域进行封闭			
4	透明围挡	1.道路转角处应加设透明围挡			
		2.围挡暗柱及相接的框架立杆，应安装"红白反光条纹"安全警示板，条纹应统一高度			
		3.透明围挡的相邻围挡上，应安装安全警示标识，标识统一采用现行国家标准			
5	出入口	1.施工现场除主出入口应设置大门外，可以根据场地功能需要，设置"副门"，副门仅限用于货物车辆、机械设备进出施工现场，禁止用于施工人员进出施工现场			
		2.出入口处应设置"七牌两图"，即工程概况牌、工程目标牌、管理人员名单及监督电话牌、消防保卫牌、安全生产牌、文明施工牌、入场须知牌、施工现场总平面图、建筑工程立面图，七牌两图位于工地大门内适当位置			
6	交通疏导方案要求	1.以下情况应编制道路施工作业交通组织方案： （1）占用城市快速路行车道，施工持续时间覆盖早或晚交通流高峰时段。 （2）连续占用主、次干路施工时间超过24h的以下情形：①主、次干路完全封闭施工；②两条以上相邻或交叉主、次干路同时部分封闭施工；③高峰小时路段 v/c 超过 0.7 的主干路部分封闭施工，占用单向一半或以上的车道。 （3）高峰小时路段双向机动车流量超过700pcu/h 的支路，采取完全封闭施工，且连续占用道路施工时间覆盖早、晚交通流高峰时段。 （4）交通管理部门认为需要编制交通组织方案的其他情形			

工程名称		检查内容	检查地点及记录		
序号	检查项目		是否合格（√）	检查记录	复查记录
6	交通疏导方案要求	2. 编制专项施工方案要求： （1）合理设置施工作业控制区，减少占道施工作业影响。 （2）作为某建设工程替代或分流通道的道路不应安排在同一工期施工。 （3）现状交通量较大、已经较为拥堵的道路，在施工工艺满足的情况下宜部分封闭施工。 （4）在主干路施工期间，统筹安排各相交道路的施工。 （5）提出临时便道方案，不能修建便道的提出分流方案。 （6）根据流量变化提出交叉口信号控制方案。 （7）提出施工预告标志、绕行标志和其他临时指路标志设置方案。 （8）提出临时可移动信号灯、减速垄、护栏等交通管理设置方案。 （9）方案成果图应包括交通组织方案图、交通管理设施设置图			
		3. 道路施工作业交通组织方案设计完成后，由总承包单位组织专家进行论证，若未能通过论证，重新制定道路施工作业交通组织方案			
		4. 道路施工作业交通组织方案论证完成后，由政府职能部门负责组织审查			
		5. 交通组织方案实施过程中，出现下述情况时，应及时修正和调整： （1）交通组织方案实施后的前 7d 内，日均发生 1 次大面积区域性交通拥堵或 7d 内发生 1 起以上重特大交通事故的，应对交通组织方案重新评估、调整。 （2）交通组织方案实施后的前 7d 内，仅在每日高峰时段发生小范围交通拥堵或日均发生 2 起以上轻微交通事故的，应对交通组织方案进行调整			
7	交通疏导组织要求	1. 交通组织要求： （1）满足施工作业控制区沿线居民、单位工作人员的基本出行需求。 （2）优先采取修建临时便道等方法，降低占道施工作业对交通的影响。 （3）占道施工路段允许通行的车道或临时便道应满足安全通行的最小宽度要求。 （4）视情调整公交线路、站点，临时公交站点应保障乘客安全上下车。 （5）制定交通应急预案，降低交通事故或其他突发事件导致的交通拥堵发生			

续表

工程名称		检查内容	检查地点及记录		
序号	检查项目		是否合格（√）	检查记录	复查记录
7	交通疏导组织要求	2.城市道路施工作业交通管理设施设置要求如下： （1）施工作业控制区周边道路应设置施工预告标志、绕行标志和其他临时指路标志，引导车辆通行。 （2）临时标志可附着在路灯杆或设置在支架上，设置在支架上的临时交通标志应放置于路外易见处，设置位置应符合相关标准要求，同时应固定牢固，防止意外移动。 （3）施工作业路段宜设置锥形交通路标、护栏等隔离设施，分离机动车、非机动车和行人交通。 （4）施工路段及周边道路的适当位置设置临时可移动信号灯、减速垄或让行标志标线等交通管理设施。 （5）交通标志和标线的设置应符合道路交通标志和标线的要求			
		3.占用、挖掘道路应按规定设置交通疏解告示、行人绕行提示、文明施工用语等施工标志；在围挡外应设置防来车碰撞墩或交通警示灯；基坑便桥应设置限载、限速和禁止超车、停车等标志			
8	其他问题				
	检查依据	1.《城市道路交通工程项目规范》GB 55011—2021 2.《道路交通标志和标线第 2 部分：道路交通标志》GB 5768.2—2022 3.《道路交通标志和标线第 3 部分：道路交通标线》GB 5768.3—2009 4.《城市轨道交通工程质量安全检查指南》建质〔2016〕173 号 5.《城市道路施工作业交通组织规范》GA/T 900—2010 6.《建筑施工安全检查标准》JGJ 59—2011			
	检查评价	初次检查评价：	二次检查（复查）评价：		
	签字栏	施工现场责任人签字：	施工现场责任人签字：		
		检查人员签字：	复查人员签字：		
	检查日期	年　月　日	年　月　日		

机械设备检查清单   表 B.0.6

工程名称		检查内容	检查地点及记录		
序号	检查项目		是否合格（√）	检查记录	复查记录
1	制度管理	1.设备进场前应做好相关考核与评估工作，确保进场设备完好性，建立设备档案			
		2.各类机具设备应有完整的机械产品合格证以及相关的技术资料			
		3.实行多班作业的机械应执行交接班制度并认真填写交接班记录，接班人员经检查确认无误后方可进行工作			
		4.施工现场的安全防护用具、机械设备、施工机具及配件必须由专人管理，建立相应的资料档案，并按照国家有关规定及时报废			
		5.各类机具、设备应制定维修保养制度，定期进行维修保养并如实填写保养、运转记录			
2	方案、细则管理	1.机械进入作业地点后施工技术人员应向操作人员进行施工任务和安全技术交底。操作人员应熟悉作业环境和施工条件，听从指挥、遵守现场安全规则			
		2.多台设备协同或存在交叉作业时应编制防碰撞专项施工方案，并由总承包单位技术负责人签字报监理审批后实施，作业前应进行安全技术交底			
3	进场管理	1.严禁使用国家明令淘汰的、超出检验有效期的、达到国家报废标准的机具设备			
		2.设备进场前应做好相关评估工作，出具由政府相关部门发放的非道路机械环保编码，环保码必须以喷涂的形式设置，确保进场设备完好性，并建立设备档案			
		3.设备进场应提供出厂合格证与使用说明书，自检合格后报监理单位验收，验收合格后方可投入使用			
		4.专业监理工程师应核查进场设备的原始凭证、检测报告等质量证明文件及其质量情况			
		5.施工机械验收合格的设备应在明显位置悬挂张贴机具、设备安全操作规程			
4	人员管理	1.操作人员、场内车辆驾驶人员等应体检合格并应取得建设行政主管部门颁发的操作证上岗作业			
		2.操作人员严禁酒后操作，严禁擅自离开驾驶室，机械设备作业区域内无关人员不得进入；作业完毕，司机离开驾驶室时必须将机械设备置于安全状态，并关门上锁拔钥匙			

续表

工程名称		检查内容	检查地点及记录		
序号	检查项目		是否合格（√）	检查记录	复查记录
4	人员管理	3. 新进场的工人，必须接受公司、项目、班组三级安全培训教育，经考核合格后，方能上岗			
		4. 严禁违章指挥、违规作业、违反劳动纪律等行为，凡违反规程的作业命令操作人员可拒绝执行			
		5. 操作人员应遵守机械有关保养规定，做好各级保养工作，保持机械的完好状态			
		6. 在工作中操作人员和配合作业人员必须按规定穿戴劳动保护用品			
		7. 场内运输车辆司机应持证上岗，行车时不得载人，不得超载，不得人料混载			
		8. 发现安全事故隐患应及时向项目负责人和安全生产管理机构报告			
5	场地管理	1. 现场施工负责人应为机械作业提供道路、停机场地等必备的条件，并消除对机械作业有妨碍或不安全的因素，夜间作业应设置充足的照明			
		2. 机械集中停放场所应有专人看管并设置消防器材及工具，大型内燃机械应配备灭火器，机房、操作室及机械四周不得堆放易燃、易爆物品			
		3. 大型机械设备行走、作业处地面承载能力和作业环境应符合产品说明书要求及规范规定，不符合要求和规定的应采取有效加固和防护措施			
		4. 场内应有限速标识，施工车辆运行必须遵守道路交通法规，按规定路线和速度行驶，根据车速与前车保持适当的安全距离			
6	使用管理	1. 拼装机械设备必须由具有相应资质的单位承担，应按规定进行监督检测且检测合格			
		2. 各类机具设备的安全防护和保险装置及安全信息装置必须齐全有效			
		3. 机械不得带病运转，运转中发现不正常时应先停机检查，排除故障后方可使用			
		4. 新机、经过大修或技术改造的机械必须按出厂使用说明书的要求和现行国家标准进行测试和试运转			
		5. 挖掘机、起重机、打桩机等重要作业区域应设立警告标志及警戒区域			
		6. 机械使用的润滑油脂应符合要求，并应按时、按季、按质更换			

续表

工程名称		检查内容	检查地点及记录		
序号	检查项目		是否合格（√）	检查记录	复查记录
6	使用管理	7.施工现场的机械设备、施工机具必须由专人管理，定期进行检查、维修和保养，建立相应的资料档案，对达到使用年限的设备按照国家有关规定及时报废			
		8.特种设备安全技术档案应当包括： （1）特种设备的设计文件、产品质量合格证明、安装及使用维护保养说明、监督检验证明等相关技术资料和文件。 （2）特种设备的定期检验和定期自行检查记录。 （3）特种设备的日常使用状况记录。 （4）特种设备及其附属仪器仪表的维护保养记录。 （5）特种设备的运行故障和事故记录			
		9.结合现场环境和要求制定大型施工机械设备安全操作规程，严禁超载、超速作业或任意扩大使用范围			
		10.安全设备设施不得随意拆除、挪用或弃置不用；确因检维修拆除的，应采取临时安全措施，检维修完毕后立即复原			
		11.总承包单位应在现场的坑、井、洼、沟、陡坡等场所设置围栏和警示标志			
		12.所有邻近既有铁路、地铁线的施工机械必须"一机一人"进行管理			
		13.停用一个月以上或封存的机械，应认真做好停用或封存前的保养工作，并应采取预防风沙、雨淋、水泡、锈蚀等措施			
		14.固定式机械应有可靠的基础，机身应牢固固定			
		15.移动式机械作业时应楔紧行走轮			
		16.传动部分应安装防护罩			
		17.施工机械应挂设编号、负责人等内容的标牌			
		18.用电机械设备应有完整的防护外壳，并按规范要求做好电气保护			
		19.手持电动工具外壳、手柄不得出现裂缝、破损，各部位防护罩装置应齐全牢固			
		20.电瓶运输车应在指定地点充电，周边无可燃物和易燃物，停放、装载等待时，应确保空档、断电且采取可靠的防溜措施			
		21.机械停止作业时，应停放在安全可靠区域			

续表

工程名称		检查内容	检查地点及记录		
序号	检查项目		是否合格（√）	检查记录	复查记录
7	场内运输车	1.启动前应重点检查以下项目，并应符合下列要求： （1）各润滑装置齐全，过滤清洁有效；转向与离合器结合平稳、操作灵敏，踏板行程符合有关规定。 （2）制动系统各部件连接可靠，管路畅通。 （3）灯光照明、喇叭、指示仪表等应齐全有效完整。 （4）轮胎气压应符合要求。 2.严禁行车载人。 3.严禁超速行驶。应根据车速与前车保持适当的安全距离，进入施工现场应沿规定的路线行驶			
8	桩基机械（含成槽机）	1.施工现场应按设备使用说明书的要求进行整平压实，地基承载力应满足桩机的使用要求；在基坑和围堰内打桩，应配置足够的排水设备。 2.打桩（成槽）作业区内应无妨碍作业的高压线路、地下管道和埋设电缆或与输电线路保持安全距离；作业区应有明显标志或围栏，非工作人员不得进入。 3.打桩（成槽）作业前，应按编制的专项施工方案，由施工技术人员向机组人员作详细的安全技术交底；打桩（成槽）机应挂设包含桩机（成槽）编号、负责人等内容的标牌。 4.打桩（成槽）操作严禁违反操作规程			
9	钢筋加工机械	1.钢筋机械安装应坚实牢固，自检合格并报监理验收合格后方可投入使用。 2.每台机械设备应设置保护接零且有漏电保护器。 3.钢筋加工区应设置作业棚，钢筋对焊作业区应采取防止火花飞溅措施，冷拉作业区应设置防护栏板；机械设备旁应有堆放原料、半成品、成品的场地。 4.机械设备传动部分应设置防护罩			
10	搅拌机	1.设备应装有保护接零和漏电保护装置。 2.离合器、制动器灵敏可靠。 3.上料斗应设置安全挂钩，上下限位装置灵敏有效，保险销、止挡装置齐全有效。 4.各传动机构、工作装置无异常，传动部位的防护罩应齐全有效。 5.应设置安全作业棚，保持视线良好，作业平台应平稳牢固			

工程名称		检查内容	检查地点及记录		
序号	检查项目		是否合格（√）	检查记录	复查记录
11	混凝土泵车	1. 应停放在平整坚实的地方，与沟槽和基坑的安全距离应符合规范要求。 2. 臂架回转围范内不得有障碍物，与输电线路的安全距离应符合有关规定。 3. 作业前，应将支腿打开，用垫木垫平，车身的倾斜度不应大于 3°。 4. 作业前应重点检查以下项目，并符合下列规定：安全装置齐全有效，仪表指示正常；液压系统、工作机构运转正常；料斗网格完好牢固；软管安全链与臂架连接牢固。 5. 布料杆升离支架后方可回转，严禁用布料杆起吊或拖拉物件。 6. 当布料杆处于全伸状态时，不得移动车身。 7. 严禁延长布料配管和布料软管			
12	平刨机	1. 应设置护手安全装置，传动部位应安装防护罩，各部件连接紧固，安装自检合格并报监理验收合格后方可投入使用。 2. 机械设备电源的安装和拆除、机械电气故障的排除，应由专业电工进行，设备应设置保护接零且有漏电保护器，严禁使用倒顺双向开关。 3. 禁止使用多功能木工机具。 4. 工作场所应设置安全防护棚，待加工和已加工木料应堆放整齐，保证道路畅通			
13	圆盘电锯	1. 传动部位应安装防护罩，锯盘护罩、分料器、防护挡板等安全装置应齐全有效。 2. 设备安装自检合格并报监理验收合格后方可投入使用。 3. 机械设备电源的安装和拆除、机械电气故障的排除，应由专业电工进行，设备应设置保护接零且有漏电保护器，不准使用倒顺双向开关。 4. 严禁使用多功能木工机具。 5. 工作场所应设置安全防护棚			
14	电焊机	1. 电焊机进场自检合格并报监理验收合格后方可投入使用。 2. 应设置有漏电保护器与二次空载降压保护器。 3. 电焊机的一次线应穿管保护，二次线应采用防水橡皮护套铜芯软电缆，长度不应大于 30m，二次线接头不应超过 3 个，二次线应双线到位，不得采用金属构件或结构钢筋代替二次线的地线。 4. 焊接设备应有完整的防护外壳，一次、二次接线柱处应有保护罩。 5. 现场使用的电焊机，应有防雨、防潮、防晒、防砸的机棚，并应装设相应的消防器材			

续表

工程名称		检查内容	检查地点及记录		
序号	检查项目		是否合格（√）	检查记录	复查记录
15	预应力张拉机械	1. 应具有经规定程序批准的技术证书，并出具有资质的检测机构检测合格的产品型式检验报告、配套软件评测报告、定期标定校验报告。 2. 使用前应进行设备外观检查、状态检查、预设参数检查，并试运行。 3. 千斤顶的额定吨位不应小于最大张拉控制力的 1.2 倍；与千斤顶配套使用的压力表宜采用防振型，其精度等级不应低于 1.0 级，最小分度值不应大于 0.5MPa，表盘直径不小于 15 cm，量程应在工作最大油压的 1.25 倍~2.0 倍。 4. 张拉时，张拉力加载速度不应大于 20MPa/s。 5. 锚固时应匀速回顶，锚固时间为 20s~30s。 6. 具备走行和防雨、防尘能力。 7. 千斤顶首次使用前、千斤顶使用三个月（预制梁用千斤顶一个月）、千斤顶张拉作业达 300次（预制梁用千斤顶 200 次）或使用过程中设备异常、漏油或在千斤顶检修后，应对张拉设备进行重新校准；压力表用于张拉作业达 300 次应对压力表重新校准。 8. 禁止操作人员站在张拉正前方，应侧位操作。 9. 张拉结束后，钢绞线处于稳定前严禁进行外露钢绞线切割作业。 10. 按照相关规范要求切割钢绞线，确保外露长度满足锚具要求。 11. 应使用砂轮机切割钢绞线严禁使用电焊切割			
16	其他施工机具设备	1. 振捣器。作业前应检查电动机、软管、电缆线、控制开关等完好无破损，操作人员作业时必须穿戴符合要求的绝缘鞋和绝缘手套；每个振捣器应配置移动型配电箱且设置漏电保护器；电缆线长度不应大于 30m；不得缠绕、扭结和挤压，并不得承受任何外力。 2. 潜水泵。应装有保护接零和漏电保护装置，负荷线应使用专用防水橡皮电缆且严禁有接头。 3. 手持电动工具。Ⅰ类工具应装有保护接零和漏电保护装置；使用Ⅰ类手持电动工具应按规定穿戴绝缘用品；使用手持电动工具严禁随意接长电源线。 4. 其他。测量仪器、设备应定期标定、校验复核；压力容器、管道的安全阀应按照要求进行检验标定			
17	其他要求				

工程名称		检查内容	检查地点及记录		
序号	检查项目		是否合格（√）	检查记录	复查记录
检查依据		1.《企业安全生产标准化基本规范》GB/T 33000—2016 2.《建筑机械使用安全技术规程》JGJ 33—2012 3.《城市轨道交通工程质量安全检查指南》建质〔2016〕173 号 4.《城市轨道交通工程安全质量管理暂行办法》建质〔2010〕5 号 5.《城市轨道交通工程建设安全生产标准化管理技术指南》建办质〔2020〕27 号			
检查评价		初次检查评价：	二次检查（复查）评价：		
签字栏		施工现场责任人签字：	施工现场责任人签字：		
		检查人员签字：	复查人员签字：		
检查日期		年 月 日	年 月 日		

起重吊装检查清单　　　　　　　　　　　　　　　　表 B.0.7

工程名称		检查内容	检查地点及记录		
序号	检查项目		是否合格（√）	检查记录	复查记录
1	制度管理	1. 总承包单位应建立健全特种作业人员管理、设备设施安全管理、生产设备设施验收管理、生产设备设施报废等管理制度			
		2. 总承包单位应根据生产特点，编制岗位安全操作规程			
		3. 总承包单位应当制定事故应急预案			
2	方案、细则管理	1. 起重吊装作业前，必须编制吊装作业专项施工方案，方案中应验算其运行线路及吊装位置承载能力			
		2. 危险性较大的分部分项工程需要编制专项施工方案： （1）采用非常规起重设备、方法，且单件起吊重量在 10kN 及以上的起重吊装工程。 （2）采用起重机械进行安装的工程。 （3）起重机械设备自身的安装、拆卸			
		3. 超过一定规模的危险性较大的分部分项工程，总承包单位应当组织专家对专项方案进行论证： （1）采用非常规起重设备、方法，且单件起吊重量在 100kN 及以上的起重吊装工程。 （2）起重量 300kN 及以上的起重设备安装工程，高度 200m 及以上内爬起重设备的拆除工程			
		4. 多台塔式起重机作业应制定专项施工方案			
		5. 监理单位应当对超过一定规模的危险性较大工程编制专项安全生产监理实施细则			
3	一般规定	1. 在施工现场安装拆卸施工起重机械，必须由具有相应资质的单位承担			
		2. 起重机械安装拆卸作业前，安装拆卸单位应当按照要求办理安装拆卸告知手续			
		3. 起重机械安装拆卸作业要严格按照专项施工方案组织实施，相关管理人员必须在现场监督，发现不按照专项施工方案施工的，应当要求立即整改			
		4. 建筑起重机械安装完成、达到检验检测期限的，总承包单位应当委托具有相应资质的检测检验机构进行检验，经检验合格并经验收合格后方可使用；使用承租的机械设备的，由施工总承包单位、分包单位、出租单位和安装单位共同进行验收，验收合格的方可使用			
		5. 起重机械的安全装置、连接螺栓必须齐全有效，结构件不得开焊和开裂，连接件不得严重磨损和塑性变形，零部件不得达到报废标准			

续表

工程名称		检查内容	检查地点及记录		
序号	检查项目		是否合格（√）	检查记录	复查记录
3	一般规定	6. 流动式起重机吊装作业应执行"吊装令"，"吊装令"按作业的风险程度分级审批，其中危险性较大的吊装作业应经项目负责人与总监理工程师审查批准			
		7. 总承包单位在施工起重机械验收合格后，按照规定的时间期限向建设行政主管部门登记，登记标志应当置于或者附着于该设备的显著位置			
4	钢丝绳、吊索具	1. 钢丝绳断丝、钢丝绳直径减小、绳股断裂、腐蚀、变形和机械损伤、热损伤超出规范允许范围，应采取报废措施			
		2. 钢丝绳采用编结固接时，编结部分的长度不得小于钢丝绳直径的 20 倍，并不应小于 300mm，其编结部分用细钢丝捆扎			
		3. 钢丝绳采用绳卡固接时，与钢丝绳直径匹配的绳卡的规格、数量应符合规范要求，最后一个绳卡距绳头的长度不得小于 140mm			
		4. 吊钩、吊环、卷筒、滑轮表面有裂纹、破口、变形以及磨损程度超过规范要求应及时更换，吊钩、卷筒、滑轮应安装钢丝绳防脱装置			
		5. 起升装置停止工作 3 个月以上，在重新使用前，应检查钢丝绳			
		6. 流动式起重机和塔式起重机每星期至少检查一次钢丝绳			
		7. 吊链不允许承受振动荷载，不允许超载使用			
		8. 捯链起重量或起吊构件的重量不明时，只可一人拉动链条，一人拉不动应查明原因，此时严禁两人或多人齐拉			
		9. 吊带捆绑锐利边缘吊物必须加设防护措施，严禁打结使用			
		10. 卸扣必须使用锻造的并经热处理，严禁使用铸造的；不得利用焊接或补强法修补缺陷；卸扣使用时受力方向必须沿着卸扣弯环两侧垂直受力，严禁侧向受力；卸扣严禁超负荷使用			
		11. 绳卡压板应与钢丝绳主绳（受力绳一侧）接触，U 形部分与绳头接触；两绳卡间距应按照钢丝绳直径的 6 倍距离设置，绳卡数量不得少于 2 个			
		12. 钢丝绳与卷筒应连接牢固，放出钢丝绳时，卷筒上应至少保留 3 圈			
		13. 不得使用铸造的吊钩；不得超负荷、补焊加强使用吊钩；吊钩上要有防止脱钩的安全装置			

续表

工程名称		检查内容	检查地点及记录		
序号	检查项目		是否合格（√）	检查记录	复查记录
4	钢丝绳、吊索具	14. 吊索必须整根制成，严禁有接头			
		15. 吊链报废： 链环之间接触部位磨损减小到原公称直径的80%；存在裂纹；锐利横向凹痕；扭曲、严重变形；锈蚀以后积垢不能加以清除；端部配件开口度比原尺寸增大10%			
		16. 吊带报废标准： 织带（含保护套）严重磨损、穿孔、切口、撕裂；承载接缝绽开，缝线磨断；吊带纤维老化、软化，弹性变小、强度减弱； 吊带出现死结；吊带表面有过多的点状疏松、腐蚀、酸碱烧损及火花烧焦；带有红色警戒线吊带的警戒线裸露			
		17. 吊钩报废标准： 裂纹；危险断面磨损达原尺寸的10%； 开口度比原尺寸增加15%；扭转变形超过10°； 危险断面或吊钩颈部产生塑性变形；板钩衬套磨损达原尺寸的50%时，应报废衬套；板钩心轴磨损达原尺寸的5%时，应报废心轴			
5	使用管理	1. 机械上的各种安全防护和保险装置及各种安全信息装置必须齐全有效			
		2. 机械不得带病运转；运转中发现不正常时应先停机检查排除故障后方可使用			
		3. 新机、经过大修或技术改造的机械必须按出厂使用说明书的要求和现行国家标准进行测试和试运转			
		4. 吊装作业前应设置安全保护区域及警示标识，吊装作业时应安排专人监护，防止无关人员进入，严禁任何人在吊物或起重臂下停留或通过			
		5. 施工现场的机械设备、施工机具必须由专人管理，定期进行检查、维修和保养，建立相应的资料档案，对达到使用年限的设备按照国家有关规定及时报废			
		6. 应按照出厂使用说明书规定的技术性能、承载能力和使用条件，并结合现场环境和要求制定大型施工机械设备安全操作规程，严禁超载、超速作业或任意扩大使用范围			
		7. 安全设备设施不得随意拆除、挪用或弃置不用；确因检维修拆除的，应采取临时安全措施，检维修完毕后立即复原			
		8. 进行吊装等危险作业时，应当安排专人进行现场安全管理，确保安全规程的遵守和安全措施的落实			

续表

工程名称		检查内容	检查地点及记录		
序号	检查项目		是否合格（√）	检查记录	复查记录
5	使用管理	9. 所有邻近既有线的施工机械必须"一机一人"进行管理			
		10. 在露天有六级及以上大风或大雨、大雪、大雾等恶劣天气时，应停止起重吊装作业；雨雪过后作业前应先试吊，确认制动器灵敏可靠后方可进行作业			
		11. 塔式起重机、龙门式起重机基础应经过验收并设置排水措施，基础周边应安装防护栏			
		12. 轨道应平直，鱼尾板连接螺栓应无松动，轨道和起重机运行范围内应无障碍物；轨道两侧应设有缓冲器和止挡装置			
		13. 自行式起重机工作时将支腿全部伸出，并应支垫牢固			
		14. 起重机靠近架空输电线路作业或在架空输电线路下行走时，与架空输电线的安全距离应符合现行行业标准和其他相关标准的规定			
		15. 吊过程中，在起重机行走、回转、俯仰吊臂、起落吊钩等动作前，起重司机应鸣声示意			
		16. 始起吊时，应先将构件抬离地面 200mm ～ 300mm 后暂停，检查起重机的稳定性、制动装置的可靠性、构件的平衡性和绑扎的牢固性等，确认无误后，方可继续起吊；已吊起的构件不得长久停滞在空中			
		17. 起重作业时须设置专职信号、指挥或司索人员，并持证上岗			
		18. 起吊物进行移动、吊升、停止、安装时的全过程应采用旗语或通用手势信号进行指挥，信号不明不得启动，上下联系应相互协调，也可采用通信工具			
		19. 汽车式起重机进行吊装作业时，行走用的驾驶室内不得有人，吊物不得超越驾驶室上方，并严禁带载行驶			
		20. 工作时起重臂的仰角不得超过其额定值；当无相应资料时，最大仰角不得超过 78°，最小仰角不得小于 45°			
		21. 采用两台吊车台吊时，应编制专项方案并专家认证。宜选用同类型或性能相近的起重机，负载分配应合理，单台吊车载荷不得超过额定起重重量的 80%			
		22. 同一施工地点两台以上起重机作业时，应保持两机间任何接近部位（包括起重物）的安全距离不得小于 2m			

续表

工程名称		检查内容	检查地点及记录		
序号	检查项目		是否合格（√）	检查记录	复查记录
5	使用管理	23. 同一轨道上有两台起重机或小车时，相互间应设防碰撞装置			
		24. 门式起重机应设夹轨器、锚定装置或其他抗风防滑装置			
		25. 门式起重机应装设起重机运行声光报警器			
		26. 吊装重量不应超过起重设备的额定起重量；吊装作业严禁超载、斜拉或起吊不明重量的物体			
		27. 起重机在满负荷或者接近满负荷时严禁降落臂架或同时进行两个动作			
		28. 大型构件吊装应设置牵引绳，作业人员不得直接推、拉被吊运物			
		29. 起重吊装作业前，应检查所使用的机械、滑轮、吊具和地锚等，必须符合安全要求			
		30. 汽车起重机作业前按顺序定位伸展支腿，在支腿座下铺垫垫块，调节支腿使起重机呈水平状态，并使轮胎脱离地面			
		31. 起重作业完成后，收回起重臂并固定牢靠，按规定收回支腿并锁定，锁定回转、断开取力器后方可行驶			
		32. 起重作业时主、副钩严禁同时作业			
		33. 不得用起重机载运人员，不得在构件上堆放或悬挂零星物件；严禁在已吊起的构件下面或起重臂下旋转范围内作业或行走；起吊时应匀速，不得突然制动；回转时动作应平稳，当回转未停稳前不得做反向动作			
		34. 塔式起重机顶部高度大于30m且高于周围建筑物时，应在塔顶和臂架端部安装红色障碍指示灯			
		35. 塔式起重机顶升加节前应将回转下支座与顶升套架可靠连接，并应将塔式起重机配平；顶升时不得进行起升、回转、变幅等操作；顶升结束后，应将标准节与回转下支座可靠连接			
		36. 塔式起重机应按国家现行相关标准要求设置避雷装置			
		37. 安装塔式起重机时，基础混凝土应符合产品说明书要求且应达到设计强度的80%以上；塔机运行使用时，基础混凝土应达到设计强度的100%			
		38. 当塔式起重机使用高度超过最大独立高度时必须进行附着，附着装置应按产品说明书要求设置；附着间距、悬臂高度应符合产品说明书要求			
		39. 总承包单位应根据地质勘察报告确认塔式起重机基础位置的地基承载能力			

工程名称		检查内容	检查地点及记录		
序号	检查项目		是否合格（√）	检查记录	复查记录
5	使用管理	40.塔式起重机采用高强度螺栓连接的结构，应使用原厂制造的连接螺栓，自制螺栓应有质量合格的试验证明，否则不得使用			
		41.连接螺栓时，应采用扭矩扳手或专用扳手，并应按装配技术要求拧紧			
		42.起重机的电气设备必须保证传动性能和控制性能准确可靠，在紧急情况下能切断电源安全停车；在安装、维修、调整和使用中不得任意改变电路，以免安全装置失效			
		43.塔机主体结构、机电机座和所有电气设备的金属外壳、导线的金属保护管都应可靠接地，其接地电阻不应大于4Ω；采用多处重复接地时，其接地电阻值不应大于10Ω			
		44.电气系统应有可靠的自动保护装置，具有短路保护、过流保护及缺相保护等功能			
		45.悬空作业应符合下列规定： （1）结构吊装应设置牢固可靠的高处作业操作平台。 （2）操作平台外围应按临边作业要求设置防护栏杆。 （3）操作平台面应满铺脚手板，并应固定牢固。 （4）人员上下高处作业面应设置爬梯。 （5）高处作业人员应系挂安全带，安全带应有牢靠悬挂点安全带应高挂低用			
		46.构件码放应符合下列规定： （1）构件码放荷载应在作业面承载能力允许范围内。 （2）构件码放高度应满足防倾覆要求。 （3）大型构件码放应有保证稳定的措施			
		47.占用市政道路从事起重吊装作业，需要办理《临时道路占用挖掘许可证》，在作业地点来车方向安全距离处设置安全警示标识（间警示灯）或警示标识，作业人员应穿戴反光衣			
6	其他要求				
	检查依据	1.《起重机钢丝绳保养、维护、安装、检验和报废》GB/T 5972—2023 2.《钢丝绳夹》GB/T 5976—2006 3.《起重机械安全规程第1部分：总则》GB 6067.1—2010 4.《通用门式起重机》GB/T 14406—2011 5.《塔式起重机安全规程》GB 5144—2006 6.《建筑施工起重吊装工程安全技术规范》JGJ 276—2012 7.《建筑机械使用安全技术规程》JGJ 33—2012 8.《危险性较大的分部分项工程安全管理办法》建质〔2009〕87号			
	检查评价	初次检查评价：	二次检查（复查）评价：		
	签字栏	施工现场责任人签字：	施工现场责任人签字：		
		检查人员签字：	复查人员签字：		
	检查日期	年　月　日	年　月　日		

特种设备检查清单 表 B.0.8

工程名称		检查内容	检查地点及记录		
序号	检查项目		是否合格（√）	检查记录	复查记录
1	定义	1.特种设备是指涉及生命安全、危险性较大的锅炉、压力容器（含气瓶，下同）、压力管道、电梯、起重机械、客运索道、大型游乐设施和场（厂）内专用机动车辆			
		2.起重机械，是指用于垂直升降或者垂直升降并水平移动重物的机电设备，其范围规定为额定起重量大于或者等于0.5t的升降机。额定起重量大于或者等于1t，且提升高度大于或者等于2m的起重机和承重形式固定的电动葫芦等			
		3.场（厂）内专用机动车辆（以下简称场车），是指除道路交通、农用车辆以外仅在工厂厂区、旅游景区、游乐场所等特定区域使用的专用机动车辆，包括机动工业车辆和非公路用旅游观光车辆			
2	相关特种设备目录	1.压力容器（2000）：无缝气瓶（2310）			
		2.安全附件（F000）：气瓶阀门（F260）			
		3.场（厂）内专用机动车辆（5000）：叉车（5110）			
		4.起重机械（4000）： （1）桥式起重机械（4100）：通用桥式起重机（4110）、电动单梁起重机（4170）、电动葫芦桥式起重机（4190）。 （2）门式起重机械（4200）：通用门式起重机（4210）、电动葫芦门式起重机（4270）、架桥机（4290）。 （3）塔式起重机械（4300）：普通塔式起重机（4310）。 （4）流动式起重机械（4400）：轮胎起重机（4410）、履带起重机（4420）。 （5）桅杆式起重机（4A00）。 （6）升降机（4800）：施工升降机（4860）、简易升降机（4870）			
		5.电梯（3000）			
3	制度管理	1.特种设备生产、使用单位应当建立健全特种设备安全、节能管理制度和岗位安全、节能责任制度、特种设备安全风险管控清单、特种设备安全总监职责、特种设备安全员守则等制度文件			
		2.特种设备使用单位应当建立特种设备台账和安全技术档案，相关验收、月检资料中的结论应与现场实际情况一致			
		3.特种设备使用单位应当制定事故应急专项预案，并定期进行事故应急演练；发生事故及时上报，配合事故调查处理等			

续表

工程名称		检查内容	检查地点及记录		
序号	检查项目		是否合格（√）	检查记录	复查记录
3	制度管理	4.特种设备使用单位应当建立岗位责任、隐患治理、应急救援等安全管理制度，制定操作规程，保证特种设备安全运行			
		5.特种设备使用单位应当进行特种设备隐患排查工作，并留存事故隐患排查和整治记录			
4	方案、细则管理	1.建筑起重机械使用单位和安装单位应当在签订的建筑起重机械安装、拆卸合同中明确双方的安全生产责任；实行施工总承包的，施工总承包单位应当与安装单位签订建筑起重机械安装、拆卸工程安全协议书			
		2.安装单位应当按照安全技术标准及建筑起重机械性能要求，编制建筑起重机械安装、拆卸工程专项施工方案，并由本单位技术负责人签字			
		3.施工总承包单位、监理单位应当审核安装单位制定的建筑起重机械安装、拆卸工程专项施工方案			
		4.采用非常规起重设备、方法，且单件起吊重量在10kN及以上的起重吊装工程；采用起重机械进行安装的工程；起重机械安装和拆卸工程属于超过一定规模的危险性较大的分部分项工程，应编制专项施工方案			
		5.采用非常规起重设备、方法，且单件起吊重量在100kN及以上的起重吊装工程；起重量300kN及以上，或搭设总高度200m及以上，或搭设基础标高在200m及以上的起重机械安装和拆卸工程属于超过一定规模的危险性较大的分部分项工程，应编制专项施工方案并由总承包单位组织专家对专项施工方案进行论证			
		6.吊篮安装、拆除作业应编制专项施工方案，专项施工方案应按规定进行审批			
		7.专项施工方案实施前，编制人员或者项目技术负责人应当向施工现场管理人员进行方案交底；施工现场管理人员应当向作业人员进行安全技术交底，并由双方和项目专职安全生产管理人员共同签字确认，严禁无交底或不按交底施工			
5	进场管理	1.特种设备使用单位应当使用取得许可生产并经检验合格的特种设备，检验标志应置于显著位置；禁止使用国家明令淘汰和已经报废的特种设备			
		2.使用单位购置、租赁、使用的建筑起重机械应当具有特种设备制造许可证、产品合格证、制造监督检验证明			
		3.施工机械验收合格的设备应在明显位置悬挂张贴机具、设备安全操作规程			

续表

工程名称		检查内容	检查地点及记录		
序号	检查项目		是否合格（√）	检查记录	复查记录
5	进场管理	4. 特种设备产品、部件或者试制的特种设备新产品、新部件以及特种设备采用的新材料，按照安全技术规范的要求需要通过型式试验进行安全性验证的，应当经负责特种设备安全监督管理的部门核准的检验机构进行型式试验			
6	人员管理	1. 特种设备使用单位应当对特种设备作业人员进行特种设备安全、节能教育和培训，保证特种设备作业人员具备必要的特种设备安全、节能知识，并留存特种设备作业人员培训考核记录			
		2. 起重机械、场（厂）内专用机动车辆的作业人员及其相关管理人员，应当按照国家有关规定经特种设备安全监督管理部门考核合格，取得国家统一格式的特种作业人员证书，方可从事相应的作业或者管理工作			
		3. 特种设备作业人员在作业中应当严格执行特种设备的操作规程和有关的安全规章制度			
		4. 特种设备作业人员在作业过程中发现事故隐患或者其他不安全因素，应当立即向现场安全管理人员和单位有关负责人报告			
		5. 施工现场的机械设备、施工机具及配件必须由专人管理，明确特种设备安全管理负责人；（特种设备安全管理负责人是指使用单位最高管理层中主管本单位特种设备使用安全管理的人员，应当取得相应的特种设备安全管理人员资格证书）			
		6. 特种设备使用单位应当按照国家有关规定设置特种设备安全管理机构、配备特种设备安全管理人员、检测人员和作业人员，应当按照国家有关规定取得相应资格，方可从事相关工作，同时建立人员管理台账，开展安全与节能培训教育，保存人员培训记录			
		7. 桥式起重机司机、门式起重机司机、塔式起重机司机、流动式起重机司机、门座式起重机司机、升降机司机、缆索式起重机司机及相应指挥人员需要取得《特种设备作业人员证》			
		8. 特种人员进场前必须经体检机构体检，出具体检报告，确认满足相应岗位身体条件要求的方可上岗			
		9. 施工总承包单位应对特种设备作业人员作业情况进行检查，及时纠正违章作业行为			
		10. 使用特种设备（不含气瓶）总量大于50台（含50台）的，应设置特种设备安全管理机构，逐台落实安全责任人			

续表

工程名称		检查内容	检查地点及记录		
序号	检查项目		是否合格（√）	检查记录	复查记录
7	安全技术档案	1.特种设备的设计文件、制造单位、产品质量合格证明、使用维护说明等文件以及安装技术文件和资料			
		2.特种设备的定期检验和定期自行检查的记录			
		3.特种设备的日常使用状况记录			
		4.特种设备及其安全附件、安全保护装置、测量调控装置及有关附属仪器仪表的日常维护保养记录			
		5.特种设备运行故障和事故记录			
		6.高耗能特种设备的能效测试报告、能耗状况记录以及节能改造技术资料			
8	资质管理	1.施工总承包单位应当审核建筑起重机械的特种设备制造许可证、产品合格证、制造监督检验证明、备案证明等文件			
		2.施工总承包单位应当审核安装单位、使用单位的资质证书、安全生产许可证和特种作业人员的特种作业操作资格证书			
		3.从事建筑起重机械安装、拆卸活动的单位应当依法取得建设主管部门颁发的相应资质和建筑施工企业安全生产许可证且在有效期内，并在其资质许可范围内承揽建筑起重机械安装、拆卸工程			
9	监理职责	1.审核特种设备的备案证明及特种设备制造许可证、产品合格证、制造监督检验证明等			
		2.审核安拆单位的资质证书、安全生产许可证和特种作业人员的特种作业操作资格证书			
		3.审核特种设备安装、拆卸工程专项施工方案及相关危险性较大的分部分项工程专项施工方案、应急预案等			
		4.监督安拆单位执行特种设备安装、拆卸工程专项施工方案情况，对安拆施工进行全过程旁站			
		5.监督检查特种设备的使用情况			
		6.发现存在生产安全事故隐患的，应当要求限期整改，对拒不整改的，及时向建设单位和政府监督部门报告			
		7.编制专项监理细则并落实监理职责			
10	政府监管	1.特种设备拟停用一年以上的，特种设备使用单位应当自停用之日起30d内，告知县（市、区）人民政府特种设备安全监督管理部门；重新启用的，应当经检验合格，并在启用前告知县（市、区）人民政府特种设备安全监督管理部门			

续表

工程名称		检查内容	检查地点及记录		
序号	检查项目		是否合格（√）	检查记录	复查记录
10	政府监管	2. 安装单位应当在建筑起重机械安装（拆卸）前通过书面形式告知地方政府主管部门，同时按规定提交经施工总承包单位、监理单位审核合格的有关资料			
		3. 特种设备在投入使用前或者投入使用后 30d 内，特种设备使用单位应当向直辖市或者设区市的特种设备安全监督管理部门登记			
		4. 登记标志应当置于该特种设备的显著位置			
11	停用办理	1. 特种设备需要停止使用的，使用单位应自行封存停用设备，并到特种设备登记机关办理备案手续			
		2. 未办停用手续，仍要定期检验			
		3. 停用的特种设备需重新启用的，应向特种设备登记机关申请特种设备启用，领回原使用登记证；重新启用前需定期检验的，经检验合格后方可使用			
12	使用管理	1. 特种设备投入使用前，使用单位应当核对安全技术规范要求的设计文件、产品质量合格证明、安装及使用维修说明、监督检验证明等文件			
		2. 起重机械安装必须由经国务院特种设备安全监督管理部门许可的单位实施			
		3. 特种设备使用单位应当对在用特种设备落实日管控、周排查、月调度等工作机制			
		4. 特种设备使用单位对在用特种设备应当至少每月进行一次自行检查，每年进行一次全面检查，并作出记录			
		5. 特种设备使用单位对在用特种设备进行自行检查和日常维护保养，发现异常情况的，应当及时处理并留存设备故障、异常情况处理记录；对在用特种设备的安全附件、安全保护装置及其附属仪器仪表进行定期校验（检定、校准、下同）、检修及时提出定期检验和能效测试申请，接受定期检验和能效测试，并且做好相关配合工作			
		6. 特种设备使用单位应当对在用特种设备安全附件、安全保护装置、测量调控装置及有关附属仪器仪表进行定期校验、检修，并作出记录			
		7. 特种设备使用单位应当按照安全技术规范的定期检验要求，在安全检验合格有效期届满前 1 个月向特种设备检验检测机构提出定期检验要求			

工程名称		检查内容	检查地点及记录		
序号	检查项目		是否合格（√）	检查记录	复查记录
12	使用管理	8. 未经定期检验或者检验不合格的特种设备，不得继续使用			
		9. 特种设备出现故障或者发生异常情况，使用单位应当对其进行全面检查，消除事故隐患后，方可重新投入使用			
		10. 特种设备不符合能效指标的，特种设备使用单位应当采取相应措施进行整改			
		11. 特种设备存在严重事故隐患，或者超过安全技术规范规定使用年限，特种设备使用单位应当及时予以报废，并应当向原登记的特种设备安全监督管理部门办理注销			
		12. 总承包单位使用施工起重机械前应当组织有关单位进行验收，也可以委托具有相应资质的检验检测机构进行验收；使用承租的机械设备和施工机具及配件的，由施工总承包单位、分包单位、出租单位和安装单位共同进行验收；验收合格的方可使用			
		13. 特种设备的使用应当具有规定的安全距离、安全防护措施			
		14. 安装单位的专业技术人员、专职安全生产管理人员应当进行现场监督，技术负责人应当定期巡查			
		15. 使用单位应当根据不同施工阶段、周围环境以及季节、气候的变化，对建筑起重机械采取相应的安全防护措施			
		16. 施工现场有多台塔式起重机作业时，应当组织制定并实施防止塔式起重机相互碰撞的安全措施			
		17. 起重机械严禁以任何方式吊载人员，人货两用的施工升降机和人车共乘的机械式停车设备除外			
		18. 轻小型起重设备、桥式起重机、门式起重机每2年1次定期检验；塔式起重机、升降机、流动式起重机每年1次定期检验；场（厂）内专用机动车辆定期检验周期为1年			
		19. 特种设备在出租期间的使用管理和维护保养义务由特种设备出租单位承担，法律另有规定或者当事人另有约定的除外			
13	其他要求				

续表

| 工程名称 | | 检查内容 | 检查地点及记录 | | |
序号	检查项目		是否合格（√）	检查记录	复查记录
	检查依据	1.《中华人民共和国特种设备安全法》 2.《特种设备安全监察条例》 3.《特种设备使用单位落实使用安全主体责任监督管理规定》 4.《建筑起重机械安全监督管理规定》 5.《起重机械安全技术规程》TSG 51—2023 6.《特种设备作业人员考核规则》TSG Z6001—2019 7.《施工现场机械设备检查技术规范》JGJ 160—2016 8.《建筑机械使用安全技术规程》JGJ 33—2012			
	检查评价	初次检查评价：	二次检查（复查）评价：		
	签字栏	施工现场责任人签字：	施工现场责任人签字：		
		检查人员签字：	复查人员签字：		
	检查日期	年　月　日	年　月　日		

塔式起重机检查清单   表 B.0.8.1

工程名称		检查内容	检查地点及记录		
序号	检查项目		是否合格（√）	检查记录	复查记录
1	载荷限制装置	1. 应安装起重量限制器并应灵敏可靠。当起重量大于相应挡位的额定值并小于该额定值的110%时，应切断上升方向上的电源，但机构可作下降方向的运动			
		2. 应安装起重力矩限制器并应灵敏可靠、当起重力矩大于相应工况下的额定值并小于该额定值的110%时应切断上升和幅度增大方向的电源，但机构可作下降和减小幅度方向的运动			
		3. 力矩限制器控制定码变幅的触电或控制定幅变码的触点应分别设置，且能分别调整；对小车变幅的塔式起重机，其最大变幅速度超过40m/min，在小车向外运行，且起重力矩达到额定值的80%时，变幅速度应自动转换为不大于40m/min			
2	行程限位装置	1. 应安装起升高度限位器，起升高度限位器的安全越程应符合规范要求，并应灵敏可靠			
		2. 小车变幅的塔式起重机应安装小车行程开关，动臂变幅的塔式起重机应安装臂架幅度限制开关，并应灵敏可靠			
		3. 回转部分不设集电器的塔式起重机应安装回转限位器，并应灵敏可靠，防止电缆绞损；回转限位正反两个方向动作时，臂架旋转角度应不大于 ±54			
		4. 行走式塔式起重机应安装行走限位器并应灵敏可靠			
		5. 遇大风停止作业时，应锁紧夹轨器，将回转机构的制动器完全松开，起重臂应能随风转动；对轻型俯仰变幅塔式起重机，应将起重臂落下并与塔身结构锁紧在一起			
3	保护装置	1. 小车变幅的塔式起重机应设置双向小车变幅断绳保护装置，保证在小车前后牵引钢丝绳断绳时小车在起重臂上不移动；断轴保护装置必须保证即使车轮失效，小车也不能脱离起重臂			
		2. 对轨道运行的塔式起重机，每个运行方向应设置限位装置，其中包括限位开关、缓冲器和终端止挡装置；限位开关应保证开关动作后塔式起重机停车时其端部距缓冲器最小距离大于1m			
		3. 起重臂根部绞点高度大于50m的塔式起重机应安装风速仪，并应灵敏可靠			
		4. 当塔式起重机顶部高度大于30m且高于周围建筑物时，应安装障碍指示灯			

续表

工程名称		检查内容	检查地点及记录		
序号	检查项目		是否合格（√）	检查记录	复查记录
4	吊钩、滑轮、卷筒与钢丝绳	1. 吊钩应安装钢丝绳防脱钩装置并应完整可靠，吊钩的磨损、变形应在规定允许范围内			
		2. 滑轮、起升和动臂变幅塔式起重机的卷筒均应设有钢丝绳防脱装置，该装置表面与滑轮或卷筒侧板外缘的间隙不应超过钢丝绳的20%，装置可能与钢丝绳接触的表面不应有棱角			
		3. 钢丝绳的磨损、变形、锈蚀应在规定允许范围内，钢丝绳的规格、固定、缠绕应符合说明书及规范要求；钢丝绳的维修、检验和报废应符合现行国家标准《起重机钢丝绳保养、维护、检验和报废》GB/T 5972—2023 的规定			
5	多塔作业	1. 当相邻工地发生多台塔式起重机交错作业时，应在协调相互作业关系的基础上，编制各自的专项使用方案，确保任意两台塔式起重机不发生触碰			
		2. 任意两台塔式起重机之间的最小架设距离应符合以下规定： （1）低位塔式起重机的起重臂端部与另一台塔式起重机的塔身之间的距离不得小于2m。 （2）高位塔式起重机的最低位置的部件（或吊钩升至最高点或平衡重的最低部位）与低位塔式起重机中处于最高位置部件之间的垂直距离不得小于2m			
6	安拆、验收与使用	1. 安装、拆卸单位应具有起重设备安装工程专业承包资质和安全生产许可证；验收程序应符合规范要求，严禁使用未经验收或验收不合格的塔式起重机			
		2. 安装、拆卸应制定专项施工方案，并经过审核、审批，由安装单位技术负责人批准后报送施工总承包单位或使用单位、监理单位审核后，告知工程所在地县级以上建设行政主管部门			
		3. 安装、拆卸作业前应对作业人员进行交底培训			
		4. 安装完毕应履行验收程序，验收表格应由责任人签字确认			
		5. 安装、拆卸作业人员及司机、指挥应持证上岗			
		6. 塔式起重机作业前应按规定进行例行检查，并应填写检查记录			
		7. 实行多班作业，应按规定填写接班记录			
		8. 监理单位应编制塔吊安拆监理细则，并进行培训交底			

工程名称		检查内容	检查地点及记录		
序号	检查项目		是否合格（√）	检查记录	复查记录
7	附着	1. 当塔式起重机高度超过产品说明书规定时，应安装附着装置，附着装置安装应符合产品说明书及规范要求			
		2. 塔式起重机附着的布置不符合说明书规定时，应对附着进行设计计算，并经过审批程序，设计计算要适应现场实际条件，以确保安全			
		3. 安装内爬式塔式起重机的建筑承载结构应进行受力计算			
		4. 附着前、后塔身垂直度应符合规范要求，在空载、风速不大于 3m/s 状态			
8	升降作业	1. 升降作业应有专人指挥，专人操作液压系统，专人拆装螺栓；非作业人员不得登上顶升套架的操作平台；操作室内应只准一人操作			
		2. 升降作业应在白天进行			
		3. 顶升前应预先放松电缆，电缆长度应大于顶升总高度，并应紧固好电缆；下降时应适时收紧电缆			
		4. 升降作业前，应对液压系统进行检查和试机，应在空载状态下将液压缸活塞杆伸缩3次～4次，检查无误后，再将液压缸活塞杆通过顶升梁借助顶升套架的支撑，顶起载荷 100mm～150mm，停 10min，观察液压缸载荷是否有下滑现象			
		5. 升降作业时，应调整好顶升套架滚轮与塔身标准节的间隙，并应按规定要求使起重臂和平衡臂处于平衡状态，将回转机构制动；当回转台与塔身标准节之间的最后一处连接螺栓（销轴）拆卸困难时，应将最后一处连接螺栓（销轴）对角方向的螺栓重新插入，再采取其他方法进行拆卸；不得用旋转起重臂的方法松动螺栓（销轴）			
		6. 顶升撑脚（爬爪）就位后，应及时插上安全销，才能继续升降作业			
		7. 升降作业完毕后，应按规定扭力紧固各连接螺栓，应将液压操纵杆扳到中间位置，并应切断液压升降机构电源			
9	基础与轨道	1. 塔式起重机基础应按产品说明书及有关规定进行设计、检测和验收			
		2. 基础应设置排水措施			
		3. 路基箱或枕木铺设应符合产品说明书及规范要求			
		4. 轨道铺设应符合产品说明书及规范要求			
		5. 应提供基础验收资料、预埋件购置证明或合格证			

续表

工程名称		检查内容	检查地点及记录		
序号	检查项目		是否合格（√）	检查记录	复查记录
9	基础与轨道	6. 基础需要加固的，应提供专项施工方案、基础加固验收资料			
		7. 基础在回填土上，应提供回填土承载力检测报告、基础地耐力证明			
10	结构设施	1. 主要结构件的变形、锈蚀应在规范允许范围内			
		2. 平台、走道、梯子、护栏的设置应符合规范要求			
		3. 高强螺栓、销轴、紧固件的紧固、连接应符合规范要求			
		4. 高强螺栓应使用力矩扳手或专用工具紧固			
11	电气安全	1. 塔式起重机应采用 TN-S 接零保护系统供电			
		2. 塔式起重机与架空线路的安全距离和防护措施应符合规范要求			
		3. 塔式起重机应安装避雷接地装置，并应符合规范要求			
		4. 电缆的使用及固定应符合规范要求			
12	其他要求				
检查依据		1.《城市轨道交通工程质量安全检查指南》建质〔2016〕173 号 2.《塔式起重机》GB/T 5031—2019			
检查评价		初次检查评价：	二次检查（复查）评价：		
签字栏		施工现场责任人签字：	施工现场责任人签字：		
		检查人员签字：	复查人员签字：		
检查日期		年　月　日	年　月　日		

桥（门）式起重机检查清单　　　　　　　　　　　　　　　表 B.0.8.2

工程名称		检查内容	检查地点及记录		
序号	检查项目		是否合格（√）	检查记录	复查记录
1	安全距离	1. 运行区域内任意位置起重机运动部件与架空电线的最小距离应符合现行国家标准《施工现场机械设备检查技术规范》JGJ 160—2016 的规定			
		2. 运行区域内起重机结构与周边固定障碍物间的最小距离不得小于 0.1m，与人员通道最小距离不得小于 0.5m			
2	基础	1. 地基承载能力、轨道平面度、平行度、高差及间距误差等应符合使用说明书要求			
3	安全防护	1. 轨道端部机械止挡装置固定应牢固可靠			
		2. 运行机构扫轨器应完好，扫轨板底面与轨顶间隙宜为 5mm～10mm			
		3. 抗风防滑装置应完整，无裂纹、塑性变形等影响性能缺陷			
4	供电	1. 现场供电安装应符合现行行业标准现行国家标准《建筑与市政工程施工现场临时用电安全技术标准》JGJ/T 46—2024 的规定，供电电压偏差应为 ±5%，供电容量应满足使用说明书要求			
5	主要构件	1. 起重机主梁、端梁、平衡梁（支腿）、小车架不应有可见裂纹和塑性变形；当腐蚀超过原厚度的 10% 时，应予报废			
		2. 起重机主梁、端梁、平衡梁（支腿）、小车架、行走台车等部件连接件应无缺失，销轴轴端定位及螺栓紧固力矩应符合使用说明书要求			
6	起升、变幅、运行机构	1. 电动机、减速箱、制动器、联轴器等机构部件的连接螺栓应无缺损和松动			
		2. 各零部件应无裂纹			
		3. 润滑良好，运行应平稳，无异常声响与振动			
7	卷筒和滑轮	1. 卷筒两侧边缘的高度应超过最外层钢丝绳，其值不应小于钢丝绳直径的 2 倍			
		2. 卷筒上钢丝绳尾端的固定装置，应有防松或自紧功能			
		3. 滑轮槽应光洁平滑，不应有损伤钢丝绳的缺陷			
		4. 防止钢丝绳跳出轮槽的装置应完好有效			
		5. 当卷筒和滑轮出现下列情况之一时，应予报废：（1）裂纹或轮缘破损；（2）卷筒壁磨损量达到原壁厚的 10%；（3）滑轮槽不均匀磨损达 3mm；（4）滑轮绳槽壁厚磨损量达到原壁厚的 20%；（5）滑轮槽底的磨损量超过相应钢丝绳直径的 25%			
8	制动器和制动轮	1. 制动带摩擦垫片与制动轮的实际接触面积，不应小于理论接触面积的 70%			

续表

工程名称		检查内容	检查地点及记录		
序号	检查项目		是否合格（√）	检查记录	复查记录
8	制动器和制动轮	2. 带式制动器背衬钢带的端部与固定部分应采用铰接			
		3. 制动轮的摩擦面，不应有妨碍制动性能的缺陷或油污			
		4. 制动片与制动轮之间的接触面应均匀，间隙调整应适宜，制动应平稳可靠			
		5. 当制动器和制动轮出现下列情况之一时，应予报废： （1）制动轮出现可见裂纹。 （2）制动块（带）摩擦衬垫磨损量达原厚度的50%或露出铆钉，应报废更换摩擦衬垫。 （3）弹簧出现塑性变形。 （4）电磁铁杠杆系统空行程超过额定行程的10%。 （5）小轴或轴孔直径磨损达原直径的5%。 （6）起升、变幅机构的制动轮轮缘厚度磨损量达原厚度的40%。 （7）其他机构制动轮轮缘厚度磨损量达原厚度的50%。 （8）制动轮轮面凹凸不平度达1.5mm及以上，且不能修复。 （9）轮面磨损量达1.5mm～2.0mm（直径300mm以上的取大值，否则取小值）			
9	钢丝绳	1. 起重机使用的钢丝绳，应有钢丝绳制造厂签发的产品技术性能和质量证明文件			
		2. 起重机使用的钢丝绳的规格、型号应符合使用说明书要求，并应与滑轮和卷筒相匹配，穿绕正确			
		3. 钢丝绳不得有扭结、压扁、弯折、断股、断丝、断芯、笼状畸变等变形			
		4. 钢丝绳断丝根数的控制标准应按现行国家标准《起重机钢丝绳 保养、维护、检验和报废》GB/T 5972—2023 规定执行			
		5. 钢丝绳润滑应良好，并应保持清洁			
		6. 钢丝绳与卷筒连接应牢固，当吊钩处于最低位置时或小车处于起重臂最末端时，卷筒上应保留三圈以上			
		7. 钢丝绳端部当采用编插固接时，编插长度不应小于钢丝绳直径的20倍～25倍，且最短编插长度不应小于300mm；插部分应捆扎细钢丝，细钢丝的扎长度应大于钢丝绳直径的20倍			
		8. 钢丝绳端部当采用绳卡固接时，最后一个绳卡距绳头的长度不应小于140mm，夹板应在钢丝绳承载时受力的一侧；U形栓应在钢丝绳的尾端，并不应正反交错，与绳径匹配的绳卡数应符合规范规定			

续表

工程名称		检查内容	检查地点及记录		
序号	检查项目		是否合格（√）	检查记录	复查记录
10	车轮报废标准	1. 可见裂纹			
		2. 车轮踏面厚度磨损量达原厚度的15%			
		3. 轮缘厚度损量达原厚度的50%；轮缘度弯曲变形达原厚度的20%			
11	传动系统	1. 离合器接合应平稳、传递动力应有效，分离应彻底			
		2. 各传动部件运转不应有冲击、振动、发热和漏油			
		3. 齿轮箱内齿轮啮合应完好，油量应适当			
		4. 工作时，齿轮箱不应有异常响声、振动、发热和漏油			
		5. 变速箱挡位应正确，换挡应轻便			
		6. 联轴器零件不应有缺损；连接不应松动，运转时不得有剧烈撞击声			
		7. 卷筒上的钢丝绳排列应整齐			
		8. 齿轮箱地脚螺栓、壳体连接螺栓不应有松动和缺损			
		9. 减速齿轮箱运转不得有异响，温升应符合使用说明书的规定			
12	安全装置	1. 大车及小车运行行程终端缓冲应良好，行程限位应灵敏有效			
		2. 起升高度（下降深度）限位应灵敏有效			
		3. 起升重量限制器应灵敏有效			
		4. 对跨度大于40m的桥（门）式起重机，偏斜指示与限制装置应完好有效			
		5. 进入起重机的门和司机室到桥架上的门，电器连锁保护装置应可靠，当任何一个门打开时，起重机所有机构均应能停止工作			
		6. 运行区域有重叠的起重机，应有防碰撞措施，并可靠有效			
		7. 风速报警、作业声光报警应可靠有效			
13	其他要求				
检查依据		1.《通用桥式起重机》GB/T 14405—2011 2.《通用门式起重机》GB/T 14406—2011			
检查评价		初次检查评价：	二次检查（复查）评价：		
签字栏		施工现场责任人签字：	施工现场责任人签字：		
		检查人员签字：	复查人员签字：		
检查日期		年 月 日	年 月 日		

施工升降机检查清单   表 B.0.8.3

工程名称		检查内容	检查地点及记录		
序号	检查项目		是否合格（√）	检查记录	复查记录
1	安全装置	1.应安装起重量限制器，并应灵敏可靠			
		2.应安装渐进式防坠安全器并应灵敏可靠，应在有效的标定期内使用			
		3.对重钢丝绳应安装防松绳装置，并应灵敏可靠			
		4.吊笼的控制装置应安装非自动复位型的急停开关，任何时候均可切断控制电路停止吊笼运行；底架应安装吊笼和对重缓冲器			
		5.缓冲器应符合规范要求			
		6.SC型施工升降机应安装一对以上安全钩			
2	限位装置	1.应安装非自动复位型极限开关并应灵敏可靠			
		2.应安装自动复位型上、下限位开关并应灵敏可靠，上、下限位开关安装位置应符合规范要求			
		3.上极限开关与上限位开关之间的安全越程不应小于0.15m			
		4.极限开关、限位开关应设置独立的触发元件			
		5.吊笼门应安装机电联锁装置并应灵敏可靠			
		6.吊笼顶窗应安装电气安全开关并应灵敏可靠			
3	防护设施	1.吊笼和对重升降通道周围应安装地面防护围栏，防护围栏的安装高度、强度应符合规范要求，围栏门应安装机电联锁装置并应灵敏可靠			
		2.地面出入通道防护棚的搭设应符合规范要求			
		3.停层平台两侧应设置防护栏杆、挡脚板，平台脚手板应铺满、铺平			
		4.层门安装高度、强度应符合规范要求并应定型化			
4	附墙架	1.附墙架应采用配套标准产品，当附墙架不能满足施工现场要求时，应对附墙架另行设计，附墙架的设计应满足构件刚度、强度、稳定性等要求，制作应满足设计要求			
		2.附墙架与建筑结构连接方式、角度应符合产品说明书要求；附墙架间距、最高附着点以上导轨架的自由高度应符合产品说明书要求			
5	钢丝绳、滑轮与对重	1.对重钢丝绳绳数不得少于2根且应相互独立			
		2.钢丝绳磨损、变形、锈蚀应在规范允许范围内			
		3.钢丝绳的规格、固定应符合产品说明书及规范要求			
		4.滑轮应安装钢丝绳防脱装置并应符合规范要求			
		5.对重重量、固定应符合产品说明书要求			

工程名称		检查内容	检查地点及记录		
序号	检查项目		是否合格（√）	检查记录	复查记录
5	钢丝绳、滑轮与对重	6. 对重除导向轮、滑靴外应设有防脱轨保护装置			
6	安拆、验收与使用	1. 安装、拆卸单位应具有起重设备安装工程专业承包资质和安全生产许可证			
		2. 安装、拆卸应制定专项施工方案，并经过审核、审批			
		3. 安装完毕应履行验收程序，验收表格应由责任人签字确认			
		4. 安装、拆卸作业人员及司机应持证上岗			
		5. 施工升降机作业前应按规定进行例行检查，并应填写检查记录			
		6. 实行多班作业，应按规定填写交接班记录			
7	导轨架	1. 导轨架垂直度应符合规范要求			
		2. 标准节的质量应符合产品说明书及规范要求			
		3. 对重导轨应符合规范要求			
		4. 标准节连接螺栓使用应符合产品说明书及规范要求			
8	基础	1. 基础制作、验收应符合说明书及规范要求			
		2. 基础设置在地下室顶板或楼面结构上，应对其支承结构进行承载力验算			
		3. 基础应设有排水设施			
		4. 升降机基础在车库顶板上的，应提供设计单位出具的证明			
		5. 应提供基础验收资料、预埋件购置证明或合格证			
		6. 基础需要加固的，应提供专项施工方案、基础加固验收资料			
		7. 基础在回填土上，应提供回填土承载力检测报告、基础地耐力证明			
9	电气安全	1. 施工升降机与架空线路的安全距离和防护措施应符合规范要求			
		2. 电缆导向架设置应符合说明书及规范要求			
		3. 施工升降机在其他避雷装置保护范围外应设置避雷装置，并应符合规范要求			
10	通信装置	通信装置应安装楼层信号联络装置，并应清晰有效			
11	其他要求				

续表

工程名称		检查内容	检查地点及记录		
序号	检查项目		是否合格（√）	检查记录	复查记录
检查依据		1.《施工升降机安全规程》GB 10055—2007 2.《施工升降机安全使用规程》GB/T 34023—2017 3.《建筑施工升降机安装、使用、拆卸安全技术规程》JGJ 215—2010			
检查评价		初次检查评价：	二次检查（复查）评价：		
签字栏		施工现场责任人签字：	施工现场责任人签字：		
		检查人员签字：	复查人员签字：		
检查日期		年 月 日	年 月 日		

物料提升机检查清单 表 B.0.8.4

工程名称		检查内容	检查地点及记录		
序号	检查项目		是否合格（√）	检查记录	复查记录
1	安全装置	1.应安装起重量限制器、防坠安全器，并应灵敏可靠			
		2.安全停层装置应符合规范要求，并应定型化			
		3.应安装上行程限位并灵敏可靠；安全越程不应小于 3m			
		4.高度超过 30m 的物料提升机应安装渐进式防坠安全器及自动停层、语音影像信号监控装置			
2	防护设施	1.应在地面进料口安装防护围栏和防护棚，防护围栏、防护棚的安装高度和强度应符合规范要求			
		2.停层平台两侧应设置防护栏杆、挡脚板，平台脚手板应铺满、铺平			
		3.平台门、吊笼门安装高度、强度应符合规范要求，并应定型化			
3	附墙架与缆风绳	1.附墙架结构、材质、间距应符合产品说明书要求			
		2.附墙架应与建筑结构可靠连接			
		3.缆风绳设置的数量、位置、角度应符合规范要求，并应与地锚可靠连接			
		4.安装高度超过 30m 的物料提升机必须使用附墙架			
		5.地锚设置应符合规范要求			
4	钢丝绳	1.钢丝绳磨损、断丝、变形、锈蚀量应在规范允许范围内			
		2.钢丝绳夹设置应符合规范要求			
		3.当吊笼处于最低位置时，卷筒上钢丝绳严禁少于 3 圈			
		4.钢丝绳应设置过路保护措施			
5	安拆、验收与使用	1.安装、拆卸单位应具有起重设备安装工程专业承包资质和安全生产许可证			
		2.安装、拆卸作业应制定专项施工方案，并应按规定进行审核、审批			
		3.安装完毕应履行验收程序，验收表格应由责任人签字确认			
		4.安装、拆卸作业人员及司机应持证上岗			
		5.物料提升机作业前应按规定进行例行检查，并应填写检查记录			
		6.实行多班作业、应按规定填写交接班记录			

续表

工程名称		检查内容	检查地点及记录		
序号	检查项目		是否合格（√）	检查记录	复查记录
6	基础与导轨架	1. 基础的承载力和平整度应符合规范要求			
		2. 基础周边应设置排水设施			
		3. 导轨架垂直度偏差不应大于导轨架高度 0.15%			
		4. 井架停层平台通道处的结构应采取加强措施			
7	动力与传动	1. 卷扬机曳引机应安装牢固，当卷扬机卷筒与导轨底部导向轮的距离小于 20 倍卷筒宽度时，应设置排绳器			
		2. 钢丝绳应在卷筒上排列整齐			
		3. 滑轮与导轨架、吊笼应采用刚性连接并应与钢丝绳相匹配			
		4. 卷筒、滑轮应设置防止钢丝绳脱出装置			
		5. 当曳引钢丝绳为 2 根及以上时，应设置曳引力平衡装置			
8	通信装置	1. 应按规范要求设置通信装置			
		2. 通信装置应具有语音和影像显示功能			
9	卷扬机操作棚	1. 应按规范要求设置卷扬机操作棚			
		2. 卷扬机操作棚强度、操作空间应符合规范要求			
10	避雷装置	1. 当物料提升机未在其他防雷保护范围内时，应设置避雷装置			
		2. 避雷装置设置应符合现行行业标准《建筑与市政工程施工现场临时用电安全技术标准》JGJ/T 46—2024 的规定			
11	其他要求				
检查依据		1.《城市轨道交通工程质量安全检查指南》建质〔2016〕173 号 2.《建筑机械使用安全技术规程》JGJ 33—2012			
检查评价		初次检查评价：	二次检查（复查）评价：		
签字栏		施工现场责任人签字：	施工现场责任人签字：		
		检查人员签字：	复查人员签字：		
检查日期		年　月　日	年　月　日		

叉车检查清单   表 B.0.8.5

工程名称		检查内容	检查地点及记录		
序号	检查项目		是否合格（√）	检查记录	复查记录
1	主要受力结构	1.叉车的主要受力结构件包括车架、门架、货叉架、货叉，应当具有足够的强度和刚度，在使用过程中，不发生永久变形或者损坏，门架之间、货叉架与门架之间活动自如，无阻滞现象及异常响声			
		2.主要受力结构件的焊缝外部宏观检查，不得有可见的裂纹、未熔合、未焊透、夹渣等缺陷			
2	传动系统	1.变速器运行不应当有异常声响，变速箱不应当有自动脱挡、串挡现象，运行正常，倒挡可靠			
		2.离合器应当分离彻底，接合平稳，工作时无异响、抖动和不正常打滑等现象			
3	一般要求	1.坐驾式平衡重式叉车和侧面式叉车应当设置前照灯、制动灯、转向灯等照明和信号装置，其他叉车根据使用工况设置照明和信号装置			
		2.动力源为蓄电池的叉车，蓄电池绝缘电阻应不小于 50Ω 乘蓄电池组额定电压值，其他电气设备的绝缘电阻应不小于 1kΩ 乘蓄电池组额定电压值			
		3.柴油机驱动的叉车，应当满足国家有关排放的标准要求			
		4.制动装置应灵敏、可靠			
		5.叉车警示装置应能够发出清晰声响			
4	行驶系统	1.轮辋应完整无损，螺栓、螺母应齐全紧固			
		2.车架应无明显变形、裂纹和锈蚀，螺栓和铆钉等联接件不应缺少和松动，与前后桥的连接应紧固			
		3.充气轮胎胎面和胎壁应无长度超过 25mm 或深度足以暴露出轮胎帘布层的破裂和割伤，胎面花纹深度满足制动性能要求；实心轮胎应无胶层气泡和脱层、钢圈与胶层脱层等缺陷			
		4.轮胎气压应符合要求			
5	转向与操纵系统	1.转向系统应当转动灵活、操纵方便、无卡滞，在任意转向操作时不得与其他部件有干涉			
		2.应当具有良好的直线行驶性能			
		3.控制装置的动作应当和叉车的运动方向保持一致			
		4.转向装置中的转向节及臂，转向横、直拉杆及球销不允许有裂纹、损伤。横、直拉杆不允许拼焊，并且球销不应当松旷			

续表

工程名称		检查内容	检查地点及记录		
序号	检查项目		是否合格（√）	检查记录	复查记录
6	使用要求	1. 货叉要充分放入托盘下面，叉车行驶时，不准提升或降低托盘			
		2. 叉车作业前必须再次确认作业线路上无行人和其他阻碍物			
		3. 不准在货叉上站人，叉车上不准载人运行，不准行驶途中手机通话			
		4. 叉物作业时，禁止人员站在货叉周围，以免货物倒塌伤人			
		5. 车速应缓慢平稳，注意车轮不要碾压物品垫木，以免碾压物绷起伤人			
		6. 停车不用前，要将货叉下降着地并将叉车摆放整齐			
		7. 严禁超速行驶。应根据车速与前车保持适当的安全距离，进入施工现场应沿规定的路线行驶			
		8. 制定安全操作规程，至少包括安全带、转弯减速、下坡减速和超高限速等要求			
		9. 严禁货叉加装叉套属具实施作业			
7	其他要求				
检查依据		1.《场（厂）内专用机动车辆安全技术规程》TSG 81—2022			
检查评价		初次检查评价：		二次检查（复查）评价：	
签字栏		施工现场责任人签字：		施工现场责任人签字：	
		检查人员签字：		复查人员签字：	
检查日期		年 月 日		年 月 日	

架桥机检查清单   表 B.0.8.6

工程名称		检查内容	检查地点及记录		
序号	检查项目		是否合格（√）	检查记录	复查记录
1	方案、制度管理	1.架桥机应编制安装（拆除）专项方案，并组织专家论证			
		2.应编制架桥机维修保养计划及检修方案，制定检修计划，明确检修内容、标准及方法；对金属结构外形、焊缝、高强连接螺栓、起重卷扬系统（吊具、钢丝绳、卷筒）、减速机、制动器、滑轮组、安全装置等重点进行检查维修保养			
		3.应编制设备操作维护保养规程、作业程序及安全卡控要点；明确维修、故障处理、技术改造的工作程序			
		4.应具备设备合格证、制造许可证、监督检验证书、型式试验报告及型式试验检验合格证等证件			
		5.应有使用说明书、操作手册、结构图纸、电气原理图、液压原理图及设备履历书等资料			
		6.架桥机运行记录应包含：架桥机进场验收交验记录，架桥机交接班记录，架桥机维修保养记录，架桥机日常检查及定期检查记录，过孔安全检查签证记录，人员培训及技术交底资料			
2	安全评估	1.严格按照规范要求，结合生产厂家的设计要求，对架桥机设计寿命、故障频率、整机状况、已完架梁工作量、安装拆卸转场次数、出厂年限等进行使用状态安全评估			
		2.安全评估机构应由取得国家相关资质的单位或架桥机设计制造厂及相关专家组成，出具使用状态安全评估报告，未进行安全评估或安全评估未通过的，严禁投入使用			
3	主要部件	1.主梁、悬臂梁、导梁、辅助支腿、爬梯护栏等金属结构的连接焊缝无明显可见的焊接缺陷，对重要部位焊缝、受力构件必须进行探伤检测；设备技术人员要做好过程监督，对每项检修内容完成后立即进行验收，做好验收记录			
		2.主要部件应无扭曲、变形、裂纹和无明显外观缺陷；无严重锈蚀，腐蚀深度不大于原厚度的10%			
		3.主梁腹板局部平面度、主梁水平旁弯、上拱度和悬臂上翘度符合设计要求			
		4.司机室的结构有足够的强度和刚度，与起重机联接应牢固、可靠；灭火器、绝缘地板、司机室外音响信号、门锁定装置均应完好			
		5.起升机构的两台起重小车相互配合，携梁三维运动，应满足梁体架设要求，吊装梁采用四点起吊、三点平衡，保证梁体受力状态良好			

续表

工程名称		检查内容	检查地点及记录		
序号	检查项目		是否合格（√）	检查记录	复查记录
3	主要部件	6. 卷筒不应有裂纹，卷筒壁磨损量不大于原壁厚的 20%；卷筒两侧边缘的高度应超过最外层钢丝绳，其高出值应不小于钢丝绳直径的 2 倍；钢丝绳与卷筒连接可靠，卷筒上至少保留 3 圈以上钢丝绳			
		7. 钢丝绳的规格、型号应符合设计要求，与滑轮和卷筒相匹配，穿绕正确；绳端固定牢固、可靠，固定压板不少于 2 块；钢丝绳应定期润滑、防止生锈			
		8. 钢丝绳不应有扭结、折弯、断股、笼状畸变、断芯等变形现象，钢丝绳直径减少量不大于公称直径的 7%，钢丝绳断丝数不应超过规范规定的数值			
		9. 滑轮组应润滑良好、转动灵活及滑轮无裂纹；轮槽壁厚磨损应小于原壁厚的 20%；轮槽不均匀磨损小于 3mm 且槽底部直径减小量应小于钢丝绳直径的 50%；滑轮组侧向摆动不超过滑轮直径的 1/1000；滑轮上应设有钢丝绳脱槽装置，防脱槽装置与滑轮最外缘的间隙不得超过钢丝绳直径的 20%			
		10. 吊杆及托盘不应有裂纹、剥裂、弯曲等缺陷，存在缺陷不得私自焊补；螺纹不应出现滑丝、受损现象			
		11. 车轮表面不应有影响性能的缺陷；轮缘厚度磨损不大于原厚度的 50%；踏面厚度磨损不大于原厚度的 15%			
		12. 前、后支腿工作时垂直度和平面度应符合要求；焊接部位无疲劳、裂纹等现象；金属结构不应有锈蚀；连接螺栓无松动，扭矩符合要求；各液压系统应正常工作；托轮及挂轮各项指标应在规定范围内			
		13. 液压泵站工作中应无振动、无异响，无滴漏现象，液压油量、油温、压力表数值均应正常			
		14. 发电机组电压和频率稳定，机油、柴油应消耗正常，无异响及无漏油漏水现象			
		15. 连接板摩擦涂层完好，无磨损，无明显变形；螺栓孔径满足要求；防腐层完好，无锈蚀			
		16. 连接螺栓型号、拧紧力矩应符合设计要求			
		17. 连接销轴无明显磨损、变形、裂纹等缺陷；销轴和销孔配合满足要求			
4	操作系统	1. 各个按钮应灵活有效，操纵杆下部绝缘保护无破损，紧急停止按钮不可自动复位			

续表

工程名称		检查内容	检查地点及记录		
序号	检查项目		是否合格（√）	检查记录	复查记录
4	操作系统	2.各个机构操纵灵活、无卡阻，零位手感明确			
		3.便携控制装置外壳不得破损，控制按钮标识、功能应正确齐全			
		4.联动操纵台操纵手柄及操纵按钮应设有零位保护装置；联动操纵台的操纵手柄应符合人机工程控制原则，操纵者手离开操纵手柄时，手柄应自动回停零位			
5	钢丝绳	1.钢丝绳磨损、断丝、变形、锈蚀应在允许范围内			
		2.绳夹应与钢丝绳匹配，绳夹数量、间距应符合规范要求			
		3.安全绳应单独设置，型号规格应与工作绳一致			
6	电气系统	1.控制回路电源应取自隔离变压器；控制系统所有导线端部及接线端子应配有正确的标志、编号，并与原理图和布线图一致			
		2.配电箱应满足工作环境的要求，防护等级不低于 IP44（防护大于 1mm 的固体及防溅要求）；配电箱门锁和门外应设置有电危险的警示标志			
		3.电机运行中转动平稳，无明显振动、无不正常过热现象，绝缘电阻不低于 0.5MΩ			
		4.电器元件应齐全完整，机械固定牢固，无松动现象；绝缘材料良好，无破损或变质；螺栓、触头、电刷等连接部位电气连接可靠			
		5.电线、电缆无破损、老化、断路和短路现象，布线整齐，导线截面积应满足使用要求			
		6.照明灯具配件齐全，悬挂牢固，运行时无剧烈摆动；照明回路应设置隔离变压器，不得使用电线管或起重机本身的接地线作为零线			
		7.起重机供电电源总电源开关应设置在靠近起重机且地面人员易于操作的地方；开关出线端不得连接与起重机无关的电气设备			
		8.接地保护应规范可靠，采用 TN 接地系统时，零线重复接地每一处的接地电阻不大于 10Ω			
		9.额定电压不大于 500V 时，电气线路对地绝缘电阻，一般环境中不低于 0.8MΩ，潮湿环境中不低于 0.4MΩ			
		10.短路、失压、过载保护功能装置应可靠有效			
		11.电气系统开始运转和失压后恢复供电时，必须先将控制器柄置于零位后，该机构或所有机构的电动机才能启动			

续表

工程名称		检查内容	检查地点及记录		
序号	检查项目		是否合格（√）	检查记录	复查记录
6	电气系统	12.电源断相或错相后，总电源接触器不得进行接通			
7	传动系统	1.起升机构在所有工况下启动、制动均应平稳；换挡有级变速的起升机构，挡位相应的载荷限制安全装置应完好；吊重在空中停止后，重复慢速起升时，无吊重瞬时下滑现象			
		2.小车走行机构走行平稳，同步性、制动性能均完好			
		3.减速机润滑良好；各传动系统运转正常，无振动、无异响			
		4.联轴器零件无缺损，连接无松动，运转时无剧烈撞击声			
8	润滑系统	1.卷扬机减速器低于规定油位时，应及时补充润滑油，润滑油变质时，应立即更换			
		2.卷扬机卷筒轴两端应加注润滑脂，卷筒表面涂抹润滑脂			
		3.应向动定滑轮组滑轮轴端加油口加注润滑脂；制动器各连接杆活动轴加注润滑油			
		4.开式齿轮、齿面应涂润滑脂；齿轮及走行轮轴向轴端加注润滑脂			
		5.小车驱动链条、横移机构应定期采取润滑措施			
9	安全防护装置	1.制动器零部件不得有裂纹、过度磨损、塑性变形等缺陷；制动片磨损不大于原厚度的 50%，不得露出铆钉			
		2.制动器打开时制动轮与摩擦片无摩擦现象，制动器闭合时制动轮与摩擦片接触均匀，无影响制动性能的缺陷和油污；采用制动电机驱动的起重机，制动器启动和制动时无异常震动、冲击、噪声现象			
		3.制动轮无裂纹（不包括制动表面淬硬层微裂纹），不得有摩擦片固定铆钉引起的划痕			
		4.液压制动器保持无漏油现象，制动器的推动器保持无漏油状态			
		5.起升机构采用常闭制动器，运行机构的制动器能够保证起重机械制动时平稳性要求			
		6.起重量限制器综合误差不应大于 8%；载荷达到额定起重量的 110% 时，应自动切断起升机构电动机的电源，发出禁止性报警信号，停止上升方向动作，机构可以做下降方向的运动			
		7.高度限位器起升（下降）到极限位置，能够自动切断动力源；下降深度限位时，钢丝绳在卷筒上的缠绕至少保留 3 圈			

工程名称		检查内容	检查地点及记录		
序号	检查项目		是否合格（√）	检查记录	复查记录
9	安全防护装置	8.喂梁作业时，安装在前支腿上的接近开关工作可靠，防止误操作箱梁撞上前支腿			
		9.小车运行机构的轨道端部缓冲器或者端部止挡装置应完好，对接应良好，固定牢固			
		10.风速仪应安装在架桥机机顶部至吊具最高位置间的不挡风处，风速大于工作极限风速，能够发出停止作业的警报			
		11.外露的活动零部件如开式齿轮、联轴器、链轮、链条、传动轴应设置防护罩；露天工作起重机的电气设备应设置防雨罩；防护罩、防雨罩与起重机械的连接无缺件，且固定可靠；铸造起重机的隔热装置应完好			
10	安全警示标志	1.应在设备显著位置悬挂安全操作规程、人员岗位职责、安全警示标志等			
		2.安全警示牌包括各种禁止标志（如：禁止乘人等）、警告标志（如：当心落物、当心触电、当心吊物等）、指令标志（如：必须戴安全帽、必须戴防护手套等）、提示标志（如：注意安全等）			
		3.报警器应齐全且性能良好，工作时发出声光警示信号			
11	其他要求				
检查依据		1.《架桥机安全规程》GB 26469—2011 2.《起重机械安全规程第1部分：总则》GB 6067.1—2010 3.《架桥机通用技术条件》GB/T 26470—2011 4.《起重机钢丝绳保养、维护、检验和报废》GB/T 5972—2023 5.《铁路架桥机架梁技术规程》Q/CR 9213—2017			
检查评价		初次检查评价：	二次检查（复查）评价：		
签字栏		施工现场责任人签字：	施工现场责任人签字：		
		检查人员签字：	复查人员签字：		
检查日期		年　月　日	年　月　日		

吊篮检查清单　　　　　　　　　　　　　表 B.0.8.7

工程名称		检查内容	检查地点及记录		
序号	检查项目		是否合格（√）	检查记录	复查记录
1	备案管理	参照建筑起重机械，对高处作业吊篮实施产权备案管理			
2	方案管理	安装（拆卸）前，总承包、安装、使用等单位应按危险性较大的分部分项工程管理要求编制、审查、论证和审批高处作业吊篮安装（拆卸）专项施工方案，监理单位应当认真履行审查、审批职责			
3	资质及交底	1. 对外承揽高处作业吊篮安装（拆卸）活动的企业，应具有模板脚手架或起重设备安装工程专业承包资质和建筑施工企业安全生产许可证			
		2. 安装（拆卸）前，总承包和监理单位应认真核验安装（拆卸）单位和作业人员资质、资格以及人员配备情况，监督安装（拆卸）单位认真进行技术交底、安全交底，并按照方案和说明书要求组织作业			
		3. 安装拆卸人员应严格按照专项方案及安全技术交底安装拆卸吊篮，安装拆卸悬挂机构时，作业人员应距离屋面边缘 2m 以上或采取防坠落措施			
		4. 吊篮操作人员应经专门培训合格后方可上岗作业，使用单位应当对吊篮操作人员进行书面安全技术交底			
		5. 操作使用人员应严格按照安全技术交底施工作业，正确穿戴使用五点式安全带			
4	安全装置	1. 吊篮应安装防坠安全锁、并应灵敏有效			
		2. 防坠安全锁不应超过标定期限			
		3. 吊篮应安装行程限位、防坠装置，并应灵敏有效			
		4. 吊篮应设置挂设安全带专用安全绳，采用锦纶绳其绳径不应小于 16mm；专用安全绳应与建筑结构可靠连接			
5	悬挑钢梁	1. 悬挑钢梁、支架变形、裂纹、锈蚀程度应在规定允许范围内			
		2. 悬挑钢梁支架处结构的承载力应不大于吊篮任何工况的最大荷载			
		3. 支架与支撑面的垂直度误差应在设计规范允许范围内			
6	配重	1. 配重数量、重量应符合设计要求			
		2. 配重应在钢梁上固定牢固			
7	钢丝绳	1. 钢丝绳磨损、断丝、变形、锈蚀应在允许范围内			
		2. 绳夹应与钢丝绳匹配，绳夹数量、间距应符合规范要求			

续表

工程名称		检查内容	检查地点及记录		
序号	检查项目		是否合格（√）	检查记录	复查记录
7	钢丝绳	3.安全绳应单独设置，型号规格应与工作绳一致			
		4.吊篮运行时安全绳应张紧悬垂			
8	验收	1.吊篮安装完成后，安装单位应调试、自检并向使用单位进行安全使用交底			
		2.安装单位自检合格后报总包单位，由总包单位组织安装、使用、监理和产权单位进行验收，验收合格方可使用			
		3.验收合格的吊篮应设置验收合格标示牌，载明安装单位、安装人员、验收单位、验收人员和验收时间等信息			
		4.鼓励委托具有相应资质的第三方检测机构进行检测，出具验收检测报告			
9	动力与制动	1.吊篮动力系统型号规格应一致，上升（下降）速度误差应在设计要求范围内			
		2.制动器制动力矩应符合设计要求，手动释放装置有效可靠			
10	防护设施	1.吊篮底板强度应符合设计要求			
		2.吊篮防护栏杆应完整，安装高度、强度应符合规范要求			
		3.吊篮挡脚板高度应不小于180mm，并固定牢固			
		4.多层吊篮作业时应设置顶部防护板			
11	吊篮稳定	1.吊篮作业时应采取防止摆动的措施			
		2.吊篮与作业面距离应在规定要求范围内			
12	荷载	1.吊篮施工荷载应均匀布置			
		2.荷载应不大于设计值			
13	使用管理	1.吊篮作业应避免多层或立体交叉作业，吊篮下方坠落半径内，应设安全隔离区、拉警戒线			
		2.严禁将吊篮作为垂直运输工具，吊篮内人员不应超过2人，使用双动力吊篮时操作人员不允许单独一人进行作业			
		3.作业人员应从地面进出吊篮，严禁从建筑物顶部、窗口（洞口）等部位进出吊篮，遇有特殊情况不能落地时，应搭设供吊篮停放的专用平台			
		4.下班后，应将吊篮降至地面或专用平台，切断主电源、加锁电器柜，严防他人未经允许擅自使用			
		5.应选用专业厂家制作的定型产品，拼装时应为同一生产厂家、同一批次产品，不得私自改装、混装使用，复工及移位必须重新组织验收			

续表

工程名称		检查内容	检查地点及记录		
序号	检查项目		是否合格（√）	检查记录	复查记录
13	使用管理	6.总包单位对吊篮安全使用负总责,总包、使用、产权和安装等单位,应通过合同（协议）约定吊篮的日常维护保养责任,监理单位应监督检查履约情况			
		7.每班作业前,施工操作人员应对吊篮的安全可靠性进行检查,确保吊篮使用安全			
14	其他要求				
检查依据		1.《高处作业吊篮》GB/T 19155—2017			
检查评价		初次检查评价:	二次检查（复查）评价:		
签字栏		施工现场责任人签字:	施工现场责任人签字:		
		检查人员签字:	复查人员签字:		
检查日期		年　月　日	年　月　日		

施工用电检查清单　　　　　　　　　　　　　　　表 B.0.9

工程名称		检查内容	检查地点及记录		
序号	检查项目		是否合格（√）	检查记录	复查记录
1	用电管理	1. 施工总承包单位与分包单位应签订临时用电协议，明确各方相关责任			
		2. 施工现场临时用电设备在 5 台及以上或设备总容量在 50kW 及以上者，应编制用电工程组织设计（施工现场临时用电工程方案），并进行审核、审批，由电气工程技术人员组织编制，经相关部门审核及具有法人资格企业的技术负责人批准后实施			
		3. 临时用电工程图纸应单独绘制，临时用电工程应按图施工			
		4. 施工现场临时用电应采取 TN-S 系统，配电系统应设置总配电箱、分配电箱、开关箱三级配电装置，实行三级配电；应采用二级剩余电流动作保护系统			
		5. 应建立供用电设施巡视制度及巡视记录台账： （1）配电装置和变压器每班巡视检查一次。 （2）配电线路巡视检查每周不少于一次。 （3）接地装置每半年检测一次。 （4）剩余电流动作保护器应每月检测一次。 （5）保护导体（PE）的导通情况应每月检测一次。 （6）大风、暴雨、冰、雹、雪、霜、雾等恶劣天气时，应加强巡视检查			
		6. 施工现场临时用电必须建立安全技术档案；安全技术资料应由项目经理部电气专业技术负责人建立与管理，每周由项目经理组织对施工现场临时用电工程的实体安全、内业资料进行检查，并应在临时用电工程拆除后统一归档管理			
		7. 电工应经职业资格考试合格后，持证上岗工作；其他用电人员应通过相关安全教育培训和技术交底，考核合格后方可上岗作业；安装、巡检、维修临时用电设备和线路应由电工完成，并应设专人监护			
2	外电防护	1. 外电线路与在建工程及脚手架、起重机械、场内机动车道的安全距离应符合规范要求			
		2. 外电防护设施与外电线路的安全距离应符合规范要求，并应坚固、稳定，对外电线路的隔离防护应达到 IP30 级			
		3. 在建工程外电架空线路正下方不得有人作业、建造生活设施，或堆放建筑材料、周转材料及其他杂物等			
		4. 从运营或其他的车站、隧道供电线路接线时，应经过建设单位或其他单位同意			

续表

工程名称		检查内容	检查地点及记录		
序号	检查项目		是否合格（√）	检查记录	复查记录
3	接地与接零保护系统	1. 施工现场专用的电源中性点直接接地的220V/380V 三相四线制低压电力系统应采用 TN-S 接零保护系统			
		2. 在 TN-S 接零保护系统中，PE 零线应单独敷设；重复接地线必须与 PE 线相连接，严禁与 N 线相连接；PE 线上严禁装设开关或熔断器，严禁通过工作电流，且严禁断线			
		3. 施工现场配电系统严禁利用大地做相导体或中性导体；保护零线应采用绝缘导线，材质、规格和颜色标记应符合规范要求，保护零线引出位置应符合规范要求，严禁将单独敷设的工作零线再做重复接地			
		4. 重复接地与工作接地的设置、安装、材料、接地装置应以下符合要求： （1）接地线应采用 2 根及以上导体，在不同点与接地体做电气连接，不得采用铝导体做接地体或地下接地线。 （2）接地体应采用角钢、钢管或光面圆钢，不得采用螺纹钢。 （3）工作接地电阻应不大于 4Ω，重复接地电阻应不大于 10Ω			
		5. 电气设备的金属外壳应与专用保护零线连接，保护系统应符合规范要求			
		6. 施工现场起重机、物料提升机、施工升降机、脚手架防雷措施应符合规范要求，防雷接地机械上的电气设备保护零线应重复接地，防雷装置的冲击接地电阻值不得大于 30Ω			
		7. 人工垂直接地体应采用长度为 2.5m 的热浸镀锌圆钢、角钢、钢管，人工接地体的顶面埋设深度不小于 0.6m，人工垂直接地体的埋设间距应不小于 5m			
		8. 人工水平接地体应采用热浸镀锌的扁钢或圆钢：圆钢直径应不小于 12mm；扁钢、角钢等型钢截面应不小于 90mm²，其厚度应不小于 3mm；钢管壁厚应不小于 2mm；不得采用螺纹钢筋			
		9. 保护导体（PE）上严禁装设开关或熔断器；严禁利用输送可燃液体、可燃气体或爆炸性气体的金属管道作为电气设备的接地保护导体（PE）			
4	配电线路	1. TN-S 系统采用三相四线供电时应选择五芯线缆，采用单相供电时应选择三芯线缆；中性导体（N）绝缘层应是淡蓝色，保护接地导体（PE）绝缘层应是黄/绿组合色，不得混用			

续表

工程名称		检查内容	检查地点及记录		
序号	检查项目		是否合格（√）	检查记录	复查记录
4	配电线路	2. 空线路的挡距不应大于35m，架空线路的线距不应小于0.3m，靠近电杆的两导线的间距不应小于0.5m；架空线最大弧垂与地面的最小垂直距离为4m			
		3. 电缆线路应采用埋地或架空敷设，不得沿地面明设			
		4. 应派专人负责对配电线进行维护管理，对破皮线路及时绝缘包扎，严重不合格及老化线路应及时进行更换			
		5. 埋地电缆路径应设方位标志；电缆直接埋地敷设的深度应大于0.7m，并应在电缆周围均匀敷设不小于50mm厚的细砂，然后覆盖预制板或现浇混凝土予以保护			
		6. 架空电缆应沿电杆、支架或墙壁敷设，并采用绝缘子固定，绑扎线采用绝缘线，敷设高度沿墙壁时最大弧垂距地面不应小于2m			
		7. 埋地电缆穿越建筑物、道路、易受到机械损伤，引出地面从2.0m高到地下0.2m处，必须加设防护套管，防护套管内径不应小于电缆外径的1.5倍			
5	配电室与配电装置	1. 配电室应靠近电源侧，宜靠近负荷中心，并设置在灰尘少、潮气少、振动小、无腐蚀介质、无易燃易爆物及道路畅通的地方；配电室应能自然通风，并应采取防止雨雪侵入和动物进入的措施			
		2. 配电柜侧面的维护通道宽度不小于1m；配电室顶棚与地面的距离不低于3m			
		3. 配电室的建筑物和构筑物的耐火等级不低于3级，室内配置砂箱和可用于扑灭电气火灾的灭火器；配电室的照明分别设置正常照明和事故照明			
		4. 总配电室门应朝外开，室内应配置挡鼠板、消防器材、绝缘橡胶垫、应急照明、"禁止合闸"牌、操作规程、消防设施布置图及责任公示牌等			
		5. 成列的配电柜和控制柜两端应与保护接地导体（PE）做电气连接；配电室内配电柜的操作通道应铺设橡胶绝缘垫			
		6. 发电机组应采用电源中性点直接接地的三相四线制供电系统和独立设置TN-S接零保护系统。发电机组电源必须与其他电源互相锁闭，严禁并列运行			
		7. 一般场所宜选用Ⅱ类手持式电动工具；当选用Ⅰ类手持式电动工具时，其金属外壳应与保护接地导体（PE）做电气连接。除塑料外壳Ⅱ类工具外，开关箱内剩余电流动作保护器的额定剩余动作电流不应大于15mA，额定剩余电流动作时间不应大于0.1s			

续表

工程名称		检查内容	检查地点及记录		
序号	检查项目		是否合格（√）	检查记录	复查记录
5	配电室与配电装置	8. 在潮湿场所或金属构架上使用手持式电动工具应选用Ⅱ类或由安全隔离变压器供电的Ⅲ类手持式电动工具			
6	配电箱与开关箱	1. 配电箱、开关箱应采用冷轧钢板或阻燃绝缘材料制作钢板厚度应为1.2mm～2.0mm，其中开关箱箱体钢板厚度不得小于1.2mm，配电箱箱体钢板厚度不得小于1.5mm，箱体表面应做防腐处理			
		2. 总配电箱电器安装板必须分设N线端子板和PE线端子板；N线端子板必须与金属电器安装板绝缘；PE线端子板必须与金属电器安装板做电气连接			
		3. 总配电箱应设置总隔离开关以及分路隔离开关和分路漏电保护器；隔离开关应设置于电源进线端，应采用分断时具有可见分断点，并能同时断开电源所有极的隔离电器；如果采用分断时具有可见分断点的断路器，可不另设隔离开关			
		4. 总配电箱中漏电保护器的额定漏电动作电流应大于30mA，额定漏电动作时间应大于0.1s，但其额定漏电动作电流与额定漏电动作时间的乘积不应大于30mA·s			
		5. 配电箱、开关箱的进、出布线应规范，加绝缘护套，配置固定线卡，成束卡固在箱体上，不得与箱体直接接触			
		6. 配电箱、开关箱应编号，标明其名称、用途、维修电工姓名，箱内应有系统接线图及分路标记			
		7. 开关箱中漏电保护器的额定漏电动作电流应不大于30mA，额定漏电动作时间应不大于0.1s			
		8. 配电箱、开关箱装设端正、牢固，配电箱、开关箱周围应有足够2人同时工作的空间和通道。固定式配电箱、开关箱的中心点与地面的垂直距离为1.4m～1.6m；移动式配电箱、开关箱装设在坚固的支架上，其中心点与地面的垂直距离为0.8m～1.6m			
		9. 分配电箱应装设总隔离开关、分路隔离开关以及总断路器、分路断路器或总熔断器、分路熔断器。电源进线端严禁采用插头和插座做活动连接			
		10. 电源进线端严禁采用插头和插座做活动连接			
		11. 分配电箱与开关箱之间的距离应不超过30m，设备开关箱与其控制的固定用电设备的水平距离应不超过3m			

续表

工程名称		检查内容	检查地点及记录		
序号	检查项目		是否合格（√）	检查记录	复查记录
7	现场照明	1. 照明用电应与动力用电分设			
		2. 照明变压器应使用双绕组型安全隔离变压器，不应使用自耦变压器			
		3. 一般场所宜选用额定电压为220V的照明器；严禁利用额定电压220V的临时照明灯具作为行灯使用；行灯变压器严禁带入金属容器或管道内使用			
		4. 在隧道、人防工程、高温、有导电灰尘、潮湿场所的照明，灯具离地面高度低于2.5m等场所的照明，或者使用行灯时电源电压不应大于AC 36V			
		5. 易触及带电体场所的照明，电源电压不应大于AC 24V			
		6. 导电良好的地面、锅炉或金属容器等受限空间作业的照明，或潮湿环境中的行灯电源电压不应大于AC 12V；在潮湿环境、易燃易爆区域进行用电设备检修工作时，必须断开电源，严禁带电作业			
		7. 照明灯具的金属外壳必须与PE线相连接，照明开关箱内必须设置隔离开关、短路与过载保护器和剩余电流动作保护器			
		8. 普通灯具与易燃物距离不宜小于300mm；高热灯具与易燃物距离不宜小于500mm，且不得直接照射易燃物			
		9. 坑、洞、井、隧道、管廊、厂房、仓库、地下室等自然采光差的场所或需要夜间施工的场所，应设一般照明或混合照明；在一个工作场所内，不得只设局部照明；停电后，操作人员需及时撤离施工现场，必须装设自备电源的应急照明			
		10. 照明器的选择应符合下列规定： （1）潮湿场所应选择密闭型防水照明器。 （2）含有大量尘埃且无爆炸和火灾危险的场所，应选择防尘型照明器。 （3）有爆炸和火灾危险的场所，应按危险场所等级选择防爆型照明器。 （4）存在较强振动的场所，应选择防振型照明器。 （5）有酸碱等强腐蚀介质的场所，应选择耐酸碱型照明器			
		11. 阴暗作业场所、通道口应设置照明、应急疏散灯、疏散标识等			
8	其他问题				

续表

工程名称		检查内容	检查地点及记录		
序号	检查项目		是否合格（√）	检查记录	复查记录
检查依据		1.《建设工程施工现场供用电安全规范》GB 50194—2014 2.《建筑与市政工程施工现场临时用电安全技术标准》JGJ/T 46—2024 3.《建筑施工安全检查标准》JGJ 59—2011			
检查评价		初次检查评价：	二次检查（复查）评价：		
签字栏		施工现场责任人签字：	施工现场责任人签字：		
		检查人员签字：	复查人员签字：		
检查日期		年　月　日	年　月　日		

高处作业检查清单　　　　　　　　　　　　表 B.0.10

工程名称		检查内容	检查地点及记录		
序号	检查项目		是否合格（√）	检查记录	复查记录
1	制度及方案管理	1. 凡涉及临边与洞口作业、攀登与悬空作业操作平台、交叉作业及安全网搭设的，应在施工组织设计或施工方案中制定高处作业安全技术措施，按照规定编制应急预案并进行演练			
		2. 高处作业专项方案可包括高处作业的安全防范措施；施工中"三宝"（安全帽、安全带、安全网）的正确使用；如有交叉作业时的注意事项；明确项目各级管理人员及施工人员的安全生产职责			
		3. 监理单位应针对性编制监理细则			
2	作业条件核查	1. 高处作业（指在坠落高度基准面 2m 及以上有可能坠落的高处进行的作业）人员必须经过安全培训合格，高处施工人员必须按规定在政府主管部门考核并取得高处作业特种作业操作证后方可上岗作业；严禁患有高血压、心脏病的人员从事高处作业；当施工人员出现身体不适、疲劳过度、精神不振等情况时，禁止从事高处作业			
		2. 施工总承包单位应将专业分包和劳务分包单位的安全帽、安全带纳入统一管理，实施统一采购，落实进场验收及见证送检制度，严禁从业人员佩戴自购、自带的安全帽、安全带			
		3. 施工前应按类别对安全防护设施进行检查验收，验收合格后方可进行作业，并应做验收记录			
		4. 应在进场后施工前对作业人员进行体检，施工前应对作业人员进行三级教育和安全技术交底，并记录，应对初次作业人员进行培训			
		5. 应根据要求将各类安全警示标志悬挂于施工现场各相应部位，夜间应设红灯警示；施工前应检查安全标志等，确认其完好后再进行施工			
		6. 高处作业应有专人管理，对作业过程进行全程监督，及时发现和纠正安全隐患，确保高处作业安全			
		7. 施工应符合"四必须""三严禁""五不登"要求："必须编制方案、必须防护到位、必须教育培训、必须定期体检""严禁违章指挥、严禁违规作业、严禁违反劳动纪律""身心不允许不登高、环境不满足不登高、防护不到位不登高、设施不安全不登高、常识不了解不登高"			
		8. 遇有六级及以上大风、暴雨、浓雾等恶劣天气，应停止室外攀登与悬空作业			

续表

工程名称		检查内容	检查地点及记录		
序号	检查项目		是否合格（√）	检查记录	复查记录
3	安全带	1. 在下列情况应系挂安全带： （1）外围二次结构及构造柱施工。 （2）临边防护设施安拆。 （3）安全网安拆。 （4）烟道、强弱电间施工。 （5）电梯井防护及四周砌筑作业。 （6）正式电梯安装。 （7）施工升降机停层平台安拆。 （8）塔机起重臂上行走及标准节内攀爬。 （9）起重机械安拆。 （10）吊篮安拆及作业。 （11）各类操作平台及曲臂车、高空车上作业。 （12）模板支架及脚手架安拆。 （13）模板拼接及拆除。 （14）竖向钢筋绑扎。 （15）钢结构拼装及涂料、屋面施工。 （16）斜屋面施工。 （17）攀登作业。 （18）其他			
		2. 建筑施工高处作业人员应使用全身式安全带（五点式安全带），高挂抵用，严禁使用半身式安全带（三点式安全带）和单腰带式安全带			
		3. 在移动频率较高或需频繁变动系挂点的高处作业时，必须使用双钩安全带；在移动频率较低的高处作业时可使用单钩安全带			
		4. 作业区入口处设置感应式语音提示器，对入场人员播放需正确佩戴安全带和安全帽的提示语音，并设置正确佩戴安全带、安全帽、护目镜、工具包、劳保鞋、手套等劳保用品的标准示意图			
4	安全网	1. 在坡度大于25°的屋面上作业，当无外脚手架时，应在屋檐边设置不低于1.5m高的防护栏杆，并应采用密目式安全立网全封闭			
		2. 处于起重机臂架回转范围内的通道、施工现场人员进出的通道口应搭设安全防护棚；对不搭设脚手架和设置安全防护棚时的交叉作业，应设置安全防护网，当在多层、高层建筑外立面施工时，应在二层及每隔四层设一道固定的安全防护网，同时设一道随施工高度提升的安全防护网			
		3. 密目式安全立网的网目密度应为10cm×10cm面积上大于或等于2000目；采用平网防护时，严禁使用密目式安全立网代替平网使用；密目式安全立网搭设时，每个开眼环扣应穿入系绳，系绳应绑扎在支撑架上，间距不得大于450mm，相邻密目网间应紧密结合或重叠			

续表

工程名称		检查内容	检查地点及记录		
序号	检查项目		是否合格（√）	检查记录	复查记录
4	安全网	4. 高架桥面边等临边应使用安全网围蔽，钢结构、屋面安装应设安全平网			
		5. 安全网规格、材质应符合要求，并取得安全网安全标志			
5	临边防护	1.（工作面、上下通道、基坑、沟、槽、竖井、洞口、高架桥、屋面、建筑阳台、楼板、站台等部位）临边应设置防护栏杆			
		2. 防护栏杆应为两道横杆，上杆距地面高度应为 1.2m，下杆应在上杆和挡脚板中间设置；当防护栏杆高度大于 1.2m 时，应增设横杆，横杆间距不应大于 600mm；防护栏杆立杆间距不应大于 2m；挡脚板高度不应小于 180mm			
6	通道、梯子等防护设施	1. 登高作业应借助施工通道、梯子及其他攀登设施和用具			
		2. 使用单梯时梯面应与水平面成 75° 夹角，踏步不得缺失，梯格间距宜为 300mm，不得垫高使用			
		3. 固定式直梯应采用金属材料制成，梯子净宽应为 400mm ~ 600mm，直梯顶端的踏步应与攀登顶面齐平，并应加设 1.1m ~ 1.5m 高的扶手；使用固定式直梯攀登作业时，当攀登高度超过 3m 时宜加设护笼，当攀登高度超过 8m 时，应设置梯间平台			
		4. 深基坑施工应设置扶梯、入坑踏步及专用载人设备或斜道等设施			
		5. 采用斜道时，应加设间距不大于 400mm 的防滑条等防滑措施；作业人员严禁沿坑壁、支撑或乘运土工具上			
		6. 应搭设防护棚，防护棚两侧进行防护；防护棚宽度不大于通道口宽度；建筑物高度超过 24m，防护棚顶应采用双层防护			
7	洞口防护	1. 洞口作业时应采取防坠落措施；当竖向洞口短边边长小于 500mm 时，应采取封堵措施；当垂直洞口短边边长大于或等于 500mm 时，应在临空一侧设置高度不小于 1.2m 的防护栏杆，并应采用密目式安全立网或工具式栏板封闭，设置挡脚板			
		2. 若距洞口边沿 2.5m 范围内需砌筑墙体的，应采用盖板覆盖进行硬封闭并固定牢靠，满足 3kN/m² 的荷载要求			
		3. 电梯井口应设置防护门，其高度不应小于 1.5m，防护门底端距地面高度不应大于 50mm，并应设置挡脚板			

续表

工程名称		检查内容	检查地点及记录		
序号	检查项目		是否合格（√）	检查记录	复查记录
7	洞口防护	4.孔洞防护措施严密，预留洞口同时采取了预留钢筋网防护加强措施			
8	操作平台	1.操作平台属危大工程，应编制专项施工方案，搭设高度 8m 及以上的移动操作平台架应组织专家论证			
		2.模板支撑的搭设和拆卸应按规定程序进行，不得在上下同一垂直面上同时装拆模板；在坠落基准面 2m 及以上高处搭设与拆除柱模板及悬挑结构的模板、高处绑扎柱钢筋和进行预应力张拉、浇筑高度 2m 及以上的混凝土结构构件时，应设置操作平台			
		3.钢结构安装时，应使用梯子或其他登高设施攀登作业坠落高度超 2m 时，应设置操作平台			
		4.操作平台的组装应符合设计和规范要求，临边应设置防护栏杆，平台台面临边应设置防护栏杆、铺板严密，单独设置的操作平台应设置供人上下、踏步间距不大于 400mm 的扶梯			
		5.移动式操作平台面积不宜大于 10m²，高度不宜大于 5m，高宽比不应大于 2∶1，施工荷载不应大于 1.5kN/m²；移动式操作平台的轮子与平台架体连接应牢固，立柱底端离地面不得大于 80mm，行走轮和导向轮应配有制动器或刹车闸等制动措施；平台台面铺板要严密，四周应按规定设置防护栏杆及登高扶梯，并悬挂验收合格牌			
		6.落地式操作平台高度不应大于 15m，高宽比不应大于 3∶1；施工平台的施工荷载不应大于 2.0kN/m²；当接料平台的施工荷载大于 2.0kN/m² 时，应进行专项设计；操作平台应从底层第一步水平杆起逐层设置连墙件，且连墙件间隔不应大于 4m，并应设置水平剪刀撑；拆除时应由上而下逐层进行，严禁上下同时作业，连墙件应随施工进度逐层拆除			
		7.悬挑式钢平台应经设计计算并编制专项施工方案，严格按照方案施工；悬挑式操作平台的搁置点、拉结点、支撑点应设置在稳定的主体结构上，且应可靠连接；悬挑长度不宜大于 5m；设置固定的防护栏杆和挡脚板或栏板；斜拉杆或钢丝绳应按要求在平台两边各设置两道，钢平台台面或钢平台与建筑结构之间铺板应严密，平台上应在明显处设置限定荷载标牌，严禁将操作平台设置在临时设施上			

工程名称		检查内容	检查地点及记录		
序号	检查项目		是否合格（√）	检查记录	复查记录
8	操作平台	8. 物料平台应经设计计算并编制专项施工方案，严格按照施工方案进行搭设，物料平台应在明显处设置限定荷载标牌，禁止堆载超载			
		9. 操作平台检查验收注意事项： （1）操作平台的钢管和扣件应有产品合格证。 （2）搭设前应对基础进行检查验收，搭设中应随施工进度按结构层对操作平台进行检查验收			
9	攀登作业	1. 移动式梯子的梯脚底部应垫高使用			
		2. 立梯与地面工作角度以 70°～80° 为宜，踏步间距以 30cm 为宜，不得有缺档			
		3. 折梯使用时上部夹角以 35°～45° 为宜，铰链必须牢固，并应有可靠的拉撑措施			
		4. 梯子的材质和制作应符合规范要求			
10	悬空作业	1. 悬空作业应设置防护栏杆或生命线等可靠安全设施			
		2. 悬空作业使用的索具、吊具等应经过验收			
		3. 悬空作业人员应按规定系挂安全带、佩戴工具袋			
11	交叉作业	交叉作业时，坠落半径内应设置安全防护棚或安全防护网等安全隔离措施；当尚未设置安全隔离措施时，应设置交叉作业警戒隔离区，禁止人员进出警戒隔离区			
12	其他问题				
检查依据		1.《头部防护 安全帽》GB 2811—2019 2.《坠落防护 安全带》GB 6095—2021 3.《安全网》GB 5725—2009 4.《建筑施工高处作业安全技术规范》JGJ 80—2016			
检查评价		初次检查评价：	二次检查（复查）评价：		
签字栏		施工现场责任人签字：	施工现场责任人签字：		
		检查人员签字：	复查人员签字：		
检查日期		年 月 日	年 月 日		

易燃易爆检查清单   表 B.0.11

工程名称		检查内容	检查地点及记录		
序号	检查项目		是否合格（√）	检查记录	复查记录
1	定义	易燃易爆化学物品，系指《危险货物品名表》GB 12268—2012 中以燃烧爆炸为主要特性的压缩气体、液化气体、易燃液体、易燃固体、自燃物品和遇湿易燃物品、氧化剂和有机过氧化物以及毒害品、腐蚀品中部分易燃易爆化学物品	—	—	—
2	人员及制度	1. 施工总承包单位应当建立健全易燃易爆安全管理规章制度和岗位安全责任制度			
		2. 施工总承包单位应当对从业人员进行安全教育培训及技术交底，经考试合格后方可上岗，未经教育培训或考试不合格者不得上岗作业；进行电焊、气焊等具有火灾危险的作业的人员必须持由住房建设部门或应急部门颁发的证件上岗			
		3. 施工总承包单位应针对施工现场建立消防安全责任制度、易燃易爆危险品管理制度、使用易燃易爆材料等各项消防安全管理制度和操作规程并确定消防安全责任人			
		4. 隧道开挖或联络通道等开挖须用民用爆炸物品进行爆破作业的，施工总承包单位或施工总承包单位委托的作业单位应当对本单位的爆破作业人员、安全管理人员、仓库管理人员进行专业技术培训，爆破工程技术负责人、安全管理人员、仓库管理人员、爆破员必须持公安机关颁发的证件方可从事爆破作业			
		5. 施工总承包单位应当制定危险化学品事故应急预案，配备应急救援人员和必要的应急救援器材、设备，并定期组织应急救援演练			
		6. 施工现场消防安全负责人应定期组织安全管理人员对易燃易爆危险品的消防安全进行检查			
		7. 建设工程开工前，建设单位或者施工总承包单位应当向燃气经营企业或者城建档案管理机构查明地下燃气设施的相关情况，建设工程施工可能影响燃气设施安全的，建设单位或者施工总承包单位应当与燃气经营企业协商采取相应的安全保护措施，并在专业技术人员的监督下施工			
		8. 作业单位应负责定期对作业人员进行健康检查和事故预防、急救知识的培训			
3	场地布局	1. 易燃易爆危险品库房应远离明火作业区、人员密集区和建筑物相对集中区			
		2. 易燃易爆危险品库房不应布置在架空电力线下			

续表

工程名称		检查内容	检查地点及记录		
序号	检查项目		是否合格（√）	检查记录	复查记录
3	场地布局	3.易燃易爆危险品库房与办公用房、宿舍的防火间距不应小于10m			
		4.易燃易爆危险品库房之间的防火间距不应小于10m			
4	气瓶搬运	1.不应使用翻斗车或铲车搬运气瓶，叉车搬运时应将气瓶装入集装格或集装篮内			
		2.装卸气瓶时应配备好瓶帽，注意保护气瓶阀门，防止撞坏			
		3.卸车时，要在气瓶落地点铺上铅垫或橡皮垫；应逐个卸车，不应多个气瓶连续溜放			
		4.装卸作业时，不应将阀门对准人身，气瓶应直立转动，不准脱手滚瓶或传接，气瓶直立放置时应稳妥牢靠			
		5.装卸氧气及氧化性气瓶时，工作服、手套和装卸工具、机具上不应沾有油脂			
5	储存条件	1.易燃易爆危险品库房单个房间的建筑面积不应超过20m²			
		2.易燃易爆危险品存放及使用场所，应配置灭火器			
		3.易燃易爆危险品应分类专库储存，存放库房的温度不能大于30℃，库房内应通风良好，并应设置严禁明火等明显的标志			
		4.电气设备与可燃、易燃易爆危险品和腐蚀性物品应保持一定的安全距离			
		5.有爆炸和火灾危险的场所，应按危险场所等级选用相应的电气设备			
		6.易燃易爆危险品库房内应使用防爆灯具；普通灯具与易燃物的距离不宜小于300mm，聚光灯、碘钨灯等高热灯具与易燃物的距离不宜小于500mm			
		7.危险化学品应当储存在专用仓库、专用场地或者专用储存室内，放置气瓶的地面应平整并由专人负责管理			
		8.储存危险化学品的单位应当建立危险化学品出入库核查、登记制度			
		9.空瓶和实瓶同库存放时，应分开放置，空瓶和实瓶的间距不应小于1.5m			
		10.气瓶入库、储存，应由专人负责			
		11.入库的空瓶、实瓶和不合格瓶应分别存放，并有明显区域和标志			

续表

工程名称		检查内容	检查地点及记录		
序号	检查项目		是否合格（√）	检查记录	复查记录
5	储存条件	12. 气瓶运输、存放、使用时，应保持直立状态，并采取防倾倒措施，乙炔瓶严禁横躺卧放			
		13. 氧气瓶和乙炔瓶不能混合存放，必须分开存放，二者安全距离应该大于 5m			
6	人员要求	1. 进行电焊、气焊等具有火灾危险的作业的人员必须持证上岗，并严格遵守消防安全操作规程			
		2. 气瓶搬运、装卸、储存和使用作业人员应按有关规定持证上岗			
		3. 作业人员应了解所作业的气瓶及瓶内介质的特性、相关要求和发生事故时的应急处置技术			
		4. 作业人员在作业中应经常检查气瓶安全情况，发现问题及时采取措施			
		5. 从业人员应当接受教育和培训，考核合格后上岗作业；对有资格要求的岗位，应当配备依法取得相应资格的人员			
		6. 作业单位应配备必要的劳动防护用品和现场急救用具；作业人员作业时，应穿戴相应的防护用具			
7	外观及配件检查	1. 气瓶外表面应无裂纹、严重腐蚀、明显变形及其他严重外部损伤缺陷			
		2. 储装气体的罐瓶及其附件应合格、完好和有效			
		3. 气瓶及软管、阀等附件连接应紧固牢靠，不松动、破损和漏气			
		4. 乙炔瓶应配备防振圈 2 个，氧气瓶应配备防振圈 3 个，不连接减压阀时应装设安全帽			
		5. 气瓶及其附件、胶管、工具不得沾染油污			
		6. 气瓶应定期检验，前三次检验周期为 4 年，第四次为 3 年，使用期超过 15 年的应按报废处理			
		7. 气瓶应按规定涂色，标志一定要明显，氧气瓶为天蓝色，氧气瓶为深绿色，氮气瓶为黑色，石油气瓶为灰色，氢气瓶为草绿色，氧化碳瓶为铝白色，乙炔气瓶为白色			
8	一般管理	1. 动火作业应办理动火许可证；动火许可证的签发人收到动火申请后，应前往现场查验并确认动火作业的防火措施落实后，再签发动火许可证			
		2. 具有火灾、爆炸危险的场所严禁明火			
		3. 气瓶用后应及时归库			
		4. 可燃材料及易燃易爆危险品应按计划限量进场			

续表

工程名称		检查内容	检查地点及记录		
序号	检查项目		是否合格（√）	检查记录	复查记录
8	一般管理	5. 焊接、切割、烘烤或加热等动火作业前，应对作业现场的可燃物进行清理；作业现场及其附近无法移走的可燃物应采用不燃材料对其覆盖或隔离			
		6. 裸露的可燃材料上严禁直接进行动火作业			
		7. 焊接、切割、烘烤或加热等动火作业应配备灭火器材，并应设置动火监护人进行现场监护，每个动火作业点均应设置 1 名监护人			
		8. 五级（含五级）以上风力时，应停止焊接、切割等室外动火作业；确需动火作业时，应采取可靠的挡风措施			
		9. 动火作业后，应对现场进行检查，并应在确认无火灾危险后，动火操作人员再离开			
		10. 使用前，应检查气瓶及气瓶附件的完好性，检查连接气路的气密性，并采取避免气体泄漏的措施，严禁使用已老化的橡皮气管			
9	电气焊使用	1. 气瓶应采取避免高温和防止曝晒的措施			
		2. 吊运气瓶时应使用专用吊篮			
		3. 冬天当乙炔软管和回火防止装置冻结时，严禁用火焰烘烤			
		4. 软管接头不得采用铜质材料制作			
		5. 气瓶阀出口必须配置专用的减压器和回火防止器，乙炔瓶使用过程中，开闭乙炔瓶瓶阀的专用扳手应始终装在阀上			
		6. 氧气管应为黑色或蓝色、乙炔气管应为红色			
		7. 必须按"先开乙炔、先关乙炔"的顺序操作			
		8. 氧气瓶与乙炔瓶的工作间距不应小于 5m，气瓶与明火作业点的距离不应小于 10m			
		9. 氧气瓶内剩余气体的压力不应小于 0.1MPa			
		10. 作业现场应配备灭火器材和接火盆			
		11. 当焊枪内带有乙炔、氧气时不得放在金属管、槽、缸、箱内			
		12. 冬季使用气瓶的瓶阀、减压器等发生冻结时，严禁用火烘烤或用铁器敲击瓶阀，严禁猛拧减压器的调节螺丝			
		13. 不应将气瓶内的气体向其他气瓶倒装，不应自行处理瓶内的余气			
		14. 严禁碰撞、敲打、抛掷、滚动气瓶			

续表

工程名称		检查内容	检查地点及记录		
序号	检查项目		是否合格（√）	检查记录	复查记录
10	燃气使用	1.液化气使用人员应进行安全教育培训			
		2.应设置液化气罐台账并对燃气设施定期检查			
		3.必须到有相关资质的单位充装液化气			
		4.液化气罐应与灶具最外侧距离大于 0.5m，与灶具之间的胶管长度不超过 2m			
		5.液化气罐不得与其他明火同时在一房间内使用			
		6.安装后应用可燃气体探测仪对燃气管路、阀门接头进行泄漏检测			
		7.灶具应自带熄火装置，并规范安装			
		8.应加装燃气报警装置			
		9.燃气使用时应有专人照看，防止汤水煮沸浇灭火焰，使液化气泄出			
		10.燃气使用后应及时关闭灶具开关，出门前关闭燃气罐阀门			
		11.严禁擅自拆修燃气罐阀门、减压阀和挖补、焊接处理			
		12.严禁擅自处理罐内残液，严禁卧倒、倒立、敲击和碰撞燃气罐			
		13.严禁用开水、火焰等任何热源加热燃气罐			
		14.严禁用打火机、火柴等明火检漏			
		15.严禁在液化气罐周围堆放易燃易爆物品			
		16.瓶体上不允许有裂纹、明火烧伤、电弧损伤和肉眼可见的容积变形等缺陷			
		17.严禁将液化气作为乙炔气体切割使用			
		18.厨房操作间炉灶使用完毕后，应将炉火熄灭，排油烟机及油烟管道应定期清理油垢			
		19.燃气储装瓶罐应设置防静电装置			
11	其他问题				
	检查依据	1.《危险化学品安全管理条例》 2.《建设工程安全生产管理条例》 3.《危险化学品建设项目安全监督管理办法》 4.《危险化学品企业安全风险隐患排查治理导则》 5.《气瓶搬运、装卸、储存及使用安全规定》GB/T 34525—2017 6.《燃气工程项目规范》GB 55009—2021 7.《钢质无缝气瓶系列》GB/T 5099.1～5099.4—2017 8.《建设工程施工现场消防安全技术规范》GB 50720—2011 9.《液化石油气钢瓶定期检验与评定》GB 8334—2022			

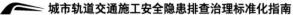

续表

工程名称		检查内容	检查地点及记录		
序号	检查项目		是否合格（√）	检查记录	复查记录
检查评价		初次检查评价：	二次检查（复查）评价：		
签字栏		施工现场责任人签字：	施工现场责任人签字：		
		检查人员签字：	复查人员签字：		
检查日期		年　月　日	年　月　日		

有限空间检查清单　　　　　　　　　　　表 B.0.12

工程名称		检查内容	检查地点及记录		
序号	检查项目		是否合格（√）	检查记录	复查记录
1	制度及人员管理	1. 有限空间是指封闭或者部分封闭，未被设计为固定工作场所，进出口受限但人员可以进入，通风不良，易造成有毒有害物质、易燃易爆气体积聚或者氧含量不足的空间			
		2. 参建单位主要负责人是有限空间作业安全第一责任人，应组织制定有限空间作业安全管理制度，明确有限空间作业审批人、监护人员、作业人员的职责，以及安全培训、作业审批、防护用品、应急救援装备、操作规程和应急处置等方面的要求			
		3. 应实行有限空间作业监护制度，明确专职或者兼职的监护人员，负责监督有限空间作业安全措施的落实，监护人员应当具备与监督有限空间作业相适应的安全知识和应急处置能力，能够正确使用气体检测、机械通风、呼吸防护、应急救援等用品、装备			
		4. 应对有限空间进行辨识，建立有限空间管理台账，明确有限空间数量、位置以及危险因素等信息，并及时更新			
		5. 应当在有限空间出入口等醒目位置设置明显的安全警示标志并在具备条件的场所设置安全风险告知牌			
		6. 应实行安全许可或审批，办理《有限空间安全作业证》，作业期限不超过 24h，保存期限满足 1 年，未经作业审批人批准，不得实施有限空间作业			
		7. 应每年至少组织一次有限空间作业专题安全培训，对作业审批人、监护人员、作业人员和应急救援人员培训有限空间作业安全知识和技能，并如实记录			
		8. 应当对可能产生有毒物质的有限空间采取上锁、隔离栏、防护网或者其他物理隔离措施，防止人员未经审批进入			
		9. 应制定有限空间作业现场处置方案，按规定组织演练，并进行演练效果评估			
2	作业前准备	1. 作业前，应当组织对作业人员进行安全交底，如委托外来单位进行作业，需签订安全管理协议并落实各方安全生产责任			
		2. 监护人员应当对通风、检测和必要的隔断、清除、置换等风险管控措施逐项进行检查，确认防护用品能够正常使用且作业现场配备必要的应急救援装备，确保各项作业条件符合安全要求			

续表

工程名称		检查内容	检查地点及记录		
序号	检查项目		是否合格（√）	检查记录	复查记录
2	作业前准备	3. 有限空间出入口应保持畅通，作业前清点作业人员和工器具，作业人员应与外部有可靠的通信联络			
		4. 现场应配备符合国家标准或者行业标准的气体检测报警仪器、机械通风设备、呼吸防护用品、全身式安全带等防护用品和应急救援装备，并对相关用品、装备进行经常性维护、保养和定期检测，确保能够正常使用			
		5. 存在爆炸风险的，应当采取消除或者控制措施，相关电力设施设备、照明灯具、应急救援装备等应当符合防爆安全要求			
		6. 应隔离作业区域并设置安全警示标识，确定联络信号，明确应急处置措施			
3	通风检测	1. 作业应做到"先通风、再检测、后作业"			
		2. 检测的时间应不早于作业开始前 30min 或作业中断未超过 30min，作业人员再次进入有限空间作业前应重新通风、检测合格			
		3. 应对通风设备周围进行气体检测，将通风管伸延至有限空间底部通风，严禁使用纯氧通风			
		4. 应持续强制性通风，氧含量满足 18%～22%，易燃/可燃气体浓度应小于最低爆炸极限的 10%，一氧化碳浓度应小于 20mg/m³			
		5. 使用风机强制通风时，若检测结果显示处于易燃易爆环境中，必须使用防爆型风机			
4	作业过程	1. 作业过程中应对作业场所中的危险有害因素进行定时检测或者连续监测，定时检测间隔不应超过 2h			
		2. 严禁无监护措施作业，作业过程中，现场负责人必须全过程组织指挥，监护人员必须监督作业方案执行并始终与施工人员保持联系，不得离开作业现场或者进入有限空间参与作业，一旦发现有人员身体不适等情形，要立即停止作业并撤离全部人员			
		3. 中途停止作业时应在有限空间入口处设置警示标识，严禁他人进入；重新进入有限空间需再次通风、检测合格			
		4. 发现异常情况时，严禁盲目施救；监护人员应当立即组织施工人员撤离现场，发生有限空间作业事故后，应当立即按照应急预案或现场处置方案进行应急救援，组织科学施救，严禁不佩戴任何防护装置进入有限空间施救，严防外来人员进入作业区域，防止伤亡人数扩大			

续表

工程名称		检查内容	检查地点及记录		
序号	检查项目		是否合格（√）	检查记录	复查记录
5	其他要求	1. 在密闭容器内进行焊接、气割作业时，气瓶应置于有限空间外部			
		2. 使用照明灯具（头灯、手电）电压应不大于24V；在积水、结露等潮湿环境的有限空间和金属容器中，电压应不大于12V			
		3. 施工人员必须按要求佩戴个人防护装备；进入有限空间施工人员必须佩戴符合国家标准的个体防护用品、安全防护装备以及便携式气体检测报警仪，鼓励采用外部控制或者机器人作业的技术改造措施；严禁不佩戴任何防护用品和装置的人员进入有限空间作业			
		4. 作业完成后监护人员清点人数、工具、物料等，作业人员对有限空间作业场所进行全面检查，不得遗留工具、物料、装备等带入物品，并清理干净现场杂物			
		5. 根据作业方案关闭有限空间有关孔洞、门窗等，恢复拆移的盖板、隔离护栏等安全设施			
		6. 若将有限空间作业依法发包给其他单位实施的，应当与承包单位在合同或者协议中约定各自的安全生产管理职责，并对其发包的有限空间作业统一协调、管理，对现场作业进行安全检查，督促承包单位有效落实各项安全措施			
6	其他问题				
检查依据		1.《工贸企业有限空间作业安全规定》应急管理部令第13号 2.《有限空间安全作业五条规定》安监总局令第69号 3.《密闭空间作业职业危害防护规范》GBZ/T 205—2007 4.《缺氧危险作业安全规程》GB 8958—2006 5.《城镇排水管道维护安全技术规程》CJJ 6—2009			
检查评价		初次检查评价：	二次检查（复查）评价：		
签字栏		施工现场责任人签字：	施工现场责任人签字：		
		检查人员签字：	复查人员签字：		
检查日期		年 月 日	年 月 日		

冬期施工检查清单   表 B.0.13

工程名称		检查内容	检查地点及记录		
序号	检查项目		是否合格（√）	检查记录	复查记录
1	制度及方案管理	1. 当室外日平均气温连续 5d 稳定低于 5℃即进入冬期施工；当室外日平均气温连续 5d 稳定高于 5℃即解除冬期施工			
		2. 冬期施工前，总承包单位应编制冬期施工方案及技术措施，必要时进行施工工艺试验验证，监理单位进行严格的审查和验收，并编制冬期施工监理实施细则			
		3. 冬期施工前建设单位、监理单位、施工总承包单位应认真学习贯彻国家有关冬期施工的规范、规程的相关规定，组织所有参加冬期施工的人员进行冬施培训及技术交底；广泛开展冬季行车安全教育，落实防冻、防滑、防雾和防火等具体措施			
		4. 班组负责人在每天开工之前，做好班前安全讲评，向班组施工人员强调本班施工作业安全注意事项，重点强调雨雪天气高空作业安全			
2	安全措施落实	1. 混凝土养护期间保温材料应采用阻燃材料			
		2. 施工现场不得使用明火取暖、保温			
		3. 保温材料、设备设施应符合消防、临电等要求			
		4. 进入冬季时，对消防水，上水管等管线采取保温措施			
		5. 配齐冬期施工安全防护用品以及防寒、防冻、防滑等劳动保护用品			
		6. 作业人员必须佩戴防寒、防冻、防溜、防滑劳动保护用品；高空作业的人员必须穿戴防滑鞋和防寒服，同时系好安全带，戴好安全帽，以防高空坠落和防冻			
		7. 进入冬期后，尽可能将一些材料、设备移入室内存放，对体积较大设备宜采取加盖篷布的方法进行覆盖			
		8. 冬期施工必须有防火和防电灾害的措施，锅炉操作人员必须经过专门培训取得操作证后才能独立作业，同时应采取有效措施防止火灾发生，施工现场严禁明火取暖；施工及生活用电杜绝超负荷使用和非电工人员随意接拆用电设备			
		9. 施工现场应固定用火区，如锅炉房和生活区用火位置；可燃、易燃材料存放场，包括木料、木模板、保温材料、油料库的位置应远离动火区			
		10. 冬期施工保温用的棉篷布、保温板、门帘等易燃物品要在安全地点码放，应保持干燥通风，有防雪措施，其堆放间距应符合防火要求			

续表

工程名称		检查内容	检查地点及记录		
序号	检查项目		是否合格（√）	检查记录	复查记录
2	安全措施落实	11. 施工现场禁止吸烟，各种可燃保温材料不准堆在电闸箱、电焊机、变压器和电动工具周围，防止材料长时间蓄热自燃，同时应远离电线及电焊作业区，避免火花引燃保温材料			
		12. 冬期施工应注意防止一氧化碳中毒，各采取燃煤加热的地段应定期通风，保证空气流通			
3	应急管理工作	1. 完善现场事故应急预案，做好应急物资储备，密切关注气象变化，加强形势分析研判，制定针对性防范应对措施			
		2. 非应急需要的露天电气设备在暴雪等恶劣天气来临前应及时切断电源			
		3. 冰冻、大雪等恶劣天气过后及时铲除脚手架、梯道及临边洞口、防护棚、宿舍等临时结构上的积雪、积冰			
		4. 大雪、大风等恶劣天气不得起重机械安拆或吊装作业，严禁从事各种室外、露天施工作业，加强施工现场消防和用电安全管理			
		5. 加强应急值守，严格落实值班制度，做好应急救援队伍、装备、物资应急准备工作，加强实战演练，提高防范和处置突发事件能力			
4	土方工程	冬期施工时，运输道路和施工现场应采取防滑和防火措施			
5	混凝土工程	在采用暖棚法养护混凝土期间，应将烟或燃烧气体排至棚外，并应采取防止烟气中毒和防火措施			
6	脚手架工程	1. 冬期施工前，对所使用到的各类脚手架入场前要进行严格细致的检查，确保其构型安全、基础牢固可靠，在冬季温差下不会过度变形而造成应力集中，严禁使用未经检验和不明厂家的产品			
		2. 冬季大风降温、雨雪天气等不符合施工条件时要严禁施工，并严禁人员随意进出工地；雨雪天气过后复工前，要及时清理脚手架上的积雪、杂物，减少脚手架的额外荷载，避免出现人员滑倒事故			
		3. 在大风天气时，要实时加强脚手架与结构间的拉接，提高其抗风荷载能力；待到天气回暖时，要及时检查脚手架基础是否稳定，避免由于土层解冻造成脚手架下沉、倾斜，酿成事故的发生			
		4. 进行吊装作业时，吊车行走或桅杆移动的场地应平整，并应采取防滑措施，起吊的支撑点地基必须坚实			

续表

工程名称		检查内容	检查地点及记录		
序号	检查项目		是否合格（√）	检查记录	复查记录
7	钢结构安装	1.运输堆存钢结构时必须采取防滑措施，注意加装加固链，同一型号构件叠放时，要保证合理的水平度，垫块确保在同一垂线，防止构件溜滑			
		2.安装前要根据负温条件对构件进行复验，若发现构件变形大于安全标准时，必须在地面进行修理、矫正合格后方能起吊安装			
		3.构件上有积雪、结冰、结露时，要及时进行清除，操作时一定要注意防止损伤涂层和结构			
		4.绑扎、起吊钢构件的钢索与钩件直接接触时，要加防滑隔垫；直接使用吊环、吊耳起吊构件时要检查吊环、吊耳连接焊缝有无损伤；与构件同时起吊的节点板、安装人员使用的挂梯、校正用的卡具、绳索必须绑扎牢固			
		5.在负温度下安装作业，所使用的专用机具应按相关标准和要求进行检验，确定合格后才能继续作业；钢结构安装完后应立即进行校正并进行永久固定；当天安装的构件，要形成空间稳定体系，保证钢结构的安装质量和结构的安全			
		6.高强螺栓接头安装时，所有杂物必须清理干净，有冻结现象的也要融化清理干净；栓钉焊接前，应根据负温度值的大小，对焊接电流、焊接时间等参数进行测定，保证栓钉在负温度下的焊接质量			
8	施工便道	冬期施工前，及时整修施工便道，并进行冬期雨雪天气防滑处理，现场设置相关警示标志			
9	物资材料	冬期施工前应按照冬施方案落实有关工程材料、防寒物资、能源和机具设备，保温材料应选用阻燃型或难燃型材料			
10	机械设备	1.进行冬期施工前，应对使用的设备、机具、防护设施进行检修、保养和防寒，更换设备防冻剂和冬期用油，消除事故隐患			
		2.冬期施工前应配备足够融雪剂等积雪清理物资			
		3.冬期施工使用的储气罐、氧气瓶、乙炔瓶、连接胶管发生冻结时，不得使用明火烘烤或用金属器具敲击			
		4.冰雪天行车，司机在出车前检查确认车辆的制动装置是否达到良好状态，不满足要求时不得出车			

续表

工程名称		检查内容	检查地点及记录		
序号	检查项目		是否合格（√）	检查记录	复查记录
10	机械设备	5. 起重机械在雨雪冰冻天气作业前，要派专人对保养情况、钢丝绳、限位装置、制动装置等关键部位严格检查，确保作业机械的安全性，严禁违章操作和超载运行；要增加检查和保养次数，特别注意保护制动装置和安全装置的灵敏度和可靠性，防止机械事故的发生			
11	其他问题				
检查依据		1.《建设工程施工现场消防安全技术规范》GB 50720—2011 2.《建筑工程冬期施工规程》JGJ/T 104—2011			
检查评价		初次检查评价：	二次检查（复查）评价：		
签字栏		施工现场责任人签字：	施工现场责任人签字：		
		检查人员签字：	复查人员签字：		
检查日期		年　月　日	年　月　日		

附录 C 工序作业类隐患排查清单

围护结构施工检查清单

表 C.0.1

工程名称		检查内容	检查地点及记录		
序号	检查项目		是否合格（√）	检查记录	复查记录
1	一般要求	1. 工程开工前，施工总承包单位应组织人员进行现场踏勘，核实施工现场及毗邻区域内各种管线（道）及建构（筑）物情况，不能确定相关管线（道）具体位置的，应主动向建设单位和相关产权单位沟通获取相关信息，配合建设单位落实管线保护方案制定、会商等有关要求，现场采取相应安全保护措施			
		2. 施工前，必须经管线（道）权属单位进行现场交底，对管线（道）的布置、走向、数量、埋深等信息进行现场确认，并与管线（道）产权单位签署安全协议，且管线（道）产权单位应派人配合施工			
		3. 发现相关管线（道）安全警示标识缺失、移位或地下管线（道）与实际情况不符、不明管线的，应立即停止施工，设置警戒区，并采取相应的措施进行保护，及时通知管线（道）权属单位、建设单位、设计和监理等相关单位到现场进行确认，并对管线的位置走向进一步探明，各方明确处理方案后，由管线（道）权属单位、设计单位重新进行交底			
		4. 施工总承包单位要对现场负责人、施工班组、作业人员等进行层层交底，交底须有文字记录且经双方签字确认，作业人员变更及现场管线有变化的要重新交底			
		5. 施工总承包单位要严格按照已经审批的施工组织设计、管线保护方案中的相关要求进行施工，施工前要采用人工探挖的方式对影响区域内的管线（道）进行核查，不得擅自移动、覆盖、涂改、拆除、裸露、悬空等破坏各种管线（道）、附属设施及安全警示标识			
		6. 邻近高压线或营业线施工时，钻机、起重吊装等设备要采取可靠的防触电、防倾覆措施			
		7. 夜间施工时，施工现场要有足够的照明，作业地点位于道路位置或人员活动频繁区域时，要悬挂各种安全警示标志（识）及警示灯带等			
		8. 施工现场道路布置、材料堆放、车辆行走路线等应符合设计荷载控制要求；当需设置施工栈桥时，应按设计文件编制施工栈桥的施工、使用及保护方案			

续表

工程名称		检查内容	检查地点及记录		
序号	检查项目		是否合格（√）	检查记录	复查记录
1	一般要求	9.遇有雷雨、六级以上大风等恶劣天气时，应暂停施工，并应对现场的人员、设备、材料等采取相应的保护措施			
2	钻孔桩	1.钻孔场地布置应满足桩基础平面尺寸、钻机作业及移位要求、泥浆循环系统布置、混凝土浇筑作业、排水系统安全科学合理；同时应满足施工设备安全进、退场的要求			
		2.钻孔施工场地应符合下列规定： （1）施工场地应平整，无杂物，无积水，钻机底座应置于坚实土层上。 （2）场地位于陡坡时，可用枕木或型钢等搭设工作平台			
		3.在城区或居民密集地段施工时，施工场地应设置围挡，实行封闭管理			
		4.根据钻机机械特点，对机械就位回转范围内的地上和地下建筑物、水利设施、通信设施以及电力设施等应进行针对性防护			
		5.回旋钻、冲击钻等电气设备均须有良好的接地接零，接地电阻不大于4Ω，并装有可靠的漏电保护装置；配电箱以及其他供电设备不得置于水中或者泥浆中，电线接头要牢固，并且要绝缘，输电线路必须设有漏电开关			
		6.钻机就位过程中应符合下列规定： （1）自行式钻机行走就位前，应检查安全栓销的锁固情况；就位过程中应采取可靠的防倾覆措施。 （2）陆地吊装就位前，应对吊装锁具进行检算和检查，吊装过程中应按机械设计吊点进行捆绑，严禁违章操作			
		7.钻机就位后应符合下列规定： （1）钻机应安放稳固，底架应水平，不得产生位移和沉陷；必要时应采取拉设缆风绳等措施进行锚固。 （2）钻杆应保持竖直，钻头中心与孔位中心的偏差不大于2cm。 （3）钻机就位后应进行试运转，运转正常后方可进行钻进			
		8.钻孔灌注桩施工应设置完备的泥浆循环系统，并采取防止泥浆循环系统跑、冒、漏浆的措施			
		9.作业现场必须采用封闭式管理，孔口及泥浆池周围设围栏和警示标志，严格禁止无关人员进入现场			

工程名称		检查内容	检查地点及记录		
序号	检查项目		是否合格（√）	检查记录	复查记录
2	钻孔桩	10. 废弃泥浆不得直接进行排放，应在指定位置集中处理；废弃渣土和泥浆应及时外运；运输车辆应密闭或进行遮盖，车辆应保持清洁，不得污染路面			
		11. 钻机在作业中，应设专人指挥，并由专人操作，其他人不得随意登机；操作人员在当班中，不得擅自离岗			
		12. 钻孔过程发现异常现象时，应立即停钻，查明原因和位置，采用适宜的处理措施；处理卡钻和掉钻时，严禁人员进入没有护筒或其他防护设施的钻孔内；必须进入有防护设施的钻孔时，应探明孔内无有害气体并备齐防毒、防溺等安全设施后，按有限空间作业要求管理实施			
		13. 钻孔中发生塌孔但不严重时，可采用加大泥浆比重、加高水头等措施后继续钻进；塌孔严重时，应回填重钻			
		14. 冲击成孔施工前以及过程中应检查钢丝绳、卡扣及转向装置，冲击施工时应控制钢丝绳放松量；钻进过程中要始终保持护筒内水位高于护筒底部50cm以上，防止塌孔			
		15. 钻机的施工场地及行走道路应满足钻机正常工作和移动的需要。安装时，机架应支垫稳固，必要时采取风揽稳定等措施			
		16. 钻进速度不得过快或骤然变速；弃土不得堆积在可能影响施工的范围内			
		17. 钻进作业发生卡钻时，不得强提，应查明原因并处理；停钻时，钻头、钻杆应置于孔外安全位置			
		18. 邻近高压线或营业线施工时，钻机必须采取可靠的防触电、防倾覆措施			
3	板桩	1. 钢板桩堆放场地应平整坚实，组合钢板桩堆高不宜超过3层；板桩施工作业区内应无高压线路，作业区应有明显标志或围栏；桩锤在施打过程中，监视距离不宜小于5m			
		2. 桩机设备组装时，应对各紧固件进行检查，在紧固件未拧紧前不得进行配重安装，组装完毕后，应对整机进行试运转，确认各传动机构、齿轮箱、防护罩等良好，各部件连接可靠			

续表

工程名称		检查内容	检查地点及记录		
序号	检查项目		是否合格（√）	检查记录	复查记录
3	板桩	3. 桩机作业应符合下列规定： （1）严禁吊装、吊锤、回转或行走等动作同时进行。 （2）当打桩机带锤行走时，应将桩锤放至最低位；打桩机在吊有桩和锤的情况下，操作人员不得离开工作岗位。 （3）当采用振动桩锤作业时，悬挂振动桩锤的起重机，其吊钩上必须有防松脱的保护装置，振动桩锤悬挂钢架的耳环上应加装保险钢丝绳。 （4）插桩过程中应及时校正桩的垂直度；后续桩与先打桩间的钢板桩锁扣使用前应进行套索检查；当桩入土 3m 以上时，严禁用打桩机行走或回转动作来纠正桩的垂直度。 （5）当停机时间较长时，应将桩锤落下垫好。 （6）检修时不得悬吊桩锤。 （7）作业后应将打桩机停放在坚实平整的地面上，将桩锤落下垫实，并应切断动力电源			
		4. 当静力压桩作业时，应有统一指挥，压桩人员和吊装人员应密切联系，相互配合，起重机吊桩进入夹持机构，进行接桩或插桩作业后，操作人员在压桩前应确认吊钩已安全脱离桩体；压桩机发生浮机时，严禁起重机作业；若起重机已起吊物体，应立即将起吊物卸下，暂停压桩，在查明原因采取相应措施后，方可继续施工			
		5. 当板桩围护墙基坑有邻近建（构）筑物及地下管线时，应采用静力压桩法施工，并应根据环境状况，控制压桩施工速率；当静力压桩作业时，应有统一指挥，压桩人员和吊装人员应密切联系，相互配合			
		6. 板桩围护施工过程中，应加强周边地下水位以及孔隙水压力的监测			
4	SMW 工法桩	1. 施工现场应先进行场地平整，清除搅拌桩施工区域的表层硬物和地下障碍物；现场道路的承载能力应满足桩机和起重机平稳行走的要求			
		2. 对于硬质土层成桩困难时，应调整施工速度或采取先行钻孔跳打方式			
		3. 对环境保护要求高的基坑工程，宜选择挤土量小的搅拌机头，并应通过试成桩及其监测结果调整施工参数			
		4. 型钢堆放场地应平整坚实、场地无积水，地基承载力应满足堆放要求			
		5. 型钢吊装过程中，型钢不得拖地；起重机械回转半径内不应有障碍物，吊臂下严禁站人			

续表

工程名称		检查内容	检查地点及记录		
序号	检查项目		是否合格（√）	检查记录	复查记录
4	SMW工法桩	6. 型钢的插入应符合下列规定： （1）型钢宜靠自重插入，当自重插入有困难时可采取辅助措施；严禁采用多次重复起吊型钢并松钩下落的插入方法。 （2）前后插入的型钢应可靠连接。 （3）当采用振动锤插入时，应通过环境监测检验其适用性			
		7. 型钢的拔除与回收应符合下列规定： （1）型钢拔除应采取跳拔方式，并宜采用液压千斤顶配以吊车进行，拔除前水泥土搅拌墙与主体结构地下室外墙之间的空隙必须回填密实，拔出时应对周边环境进行监测，拔出后应对型钢留下的空隙进行注浆填充。 （2）当基坑内外水头不平衡时，不宜拔除型钢；如拔除型钢应采取相应的截水措施。 （3）周边环境条件复杂、环境保护要求高、拔除对环境影响较大时，型钢不应回收。 （4）回收型钢施工，应编制包括浆液配比、注浆工艺、拔除顺序等内容的施工安全方案			
		8. 采用渠式切割水泥土连续墙技术施工型钢水泥土搅拌墙应符合下列规定： （1）成墙施工时，应保持不小于2.0m/h的搅拌推进速度。 （2）成墙施工结束后，切割箱应及时进入挖掘养生作业区或拔出。 （3）施工过程中，必须配置备用发电机组，保障连续作业。 （4）应控制切割箱的拔出速度，拔出切割箱过程中，浆液注入量应与拔出切割箱的体积相等，混合泥浆液面不得下降。 （5）水泥土未达到设计强度前，沟槽两侧应设置防护栏杆及警示标志			
5	内支撑	1. 支撑系统的施工与拆除，应按先撑后挖、先托后拆的顺序，拆除顺序应与支护结构的设计工况相一致，并应结合现场支护结构内力与变形的监测结果进行			
		2. 支撑体系上不应堆放材料或运行施工机械；当需利用支撑结构兼做施工平台或栈桥时，应进行专门设计			
		3. 基坑开挖过程中应对基坑开挖形成的立柱进行监测，并应根据监测数据调整施工方案			
		4. 支撑底模应具有一定的强度、刚度和稳定性，混凝土垫层不得用作底模			

续表

工程名称		检查内容	检查地点及记录		
序号	检查项目		是否合格（√）	检查记录	复查记录
		5. 钢支撑吊装就位时，起重机及钢支撑下方严禁人员入内现场应做好防下坠措施；钢支撑吊装过程中应缓慢移动，操作人员应监视周围环境，避免钢支撑刮碰坑壁、冠梁、上部钢支撑等；起吊钢支撑应先进行试吊，检查起重机的稳定性、制动的可靠性、钢支撑的平衡性、绑扎的牢固性，确认无误后，方可起吊；当起重机出现倾覆迹象时，应快速使钢支撑落回基座			
		6. 钢支撑预应力施加应符合下列规定： （1）支撑安装完毕后，应及时检查各节点的连接状况，经确认符合要求后方可均匀、对称、分级施加预压力。 （2）预应力施加过程中应检查支撑连接节点，必要时应对支撑节点进行加固；预应力施加完毕、额定压力稳定后应锁定。 （3）钢支撑使用过程中应定期进行预应力监测，必要时应对预应力损失进行补偿；在周边环境保护要求较高时，宜采用钢支撑预应力自动补偿系统			
5	内支撑	7. 支撑拆除施工应符合下列规定： （1）拆除支撑施工前，必须对施工作业人员进行安全技术交底，施工中应加强安全检查。 （2）拆撑作业施工范围严禁非操作人员入内，切割焊和吊运过程中工作区严禁入内，拆除的零部件严禁随意抛落；当钢筋混凝土支撑采用爆破拆除施工时，现场应划定危险区域，并应设置警戒线和相关的安全标志，警戒范围内不得有人员逗留，并应派专人监管。 （3）支撑拆除时应设置安全可靠的防护措施和作业空间，当需利用永久结构底板或楼板作为支撑拆除平台时，应采取有效的加固及保护措施，并应征得主体结构设计单位同意。 （4）换撑工况应满足设计工况要求，支撑应在梁板柱结构及换撑结构达到设计要求的强度后对称拆除。 （5）支撑拆除施工过程中应加强对支撑轴力和支护结构位移的监测，变化较大时，应加密监测，并应及时统计、分析上报，必要时应停止施工加强支撑。 （6）栈桥拆除施工过程中，栈桥上严禁堆载，并应限制施工机械超载，合理制定拆除的顺序，应根据支护结构变形情况调整拆除长度，确保栈桥剩余部分结构的稳定性。 （7）钢支撑可采用人工拆除和机械拆除；钢支撑拆除时应避免瞬间预加应力释放过大而导致支护结构局部变形、开裂，并应采用分步卸载钢支撑预应力的方法对其进行拆除			

工程名称		检查内容	检查地点及记录		
序号	检查项目		是否合格（√）	检查记录	复查记录
5	内支撑	8. 当采用人工拆除作业时，作业人员应站在稳定的结构或脚手架上操作，支撑构件应采取有效的防下坠控制措施，对切断两端的支撑拆除的构件应有安全的放置场所			
		9. 机械拆除施工应符合下列规定： （1）应按施工组织设计选定的机械设备及吊装方案进行施工，严禁超载作业或任意扩大拆除范围。 （2）作业中机械不得同时回转、行走。 （3）对尺寸或自重较大的构件或材料，必须采用起重机具及时下放。 （4）拆卸下来的各种材料应及时清理，分类堆放在指定场所。 （5）供机械设备使用和堆放拆卸下来的各种材料的场地地基承载力应满足要求			
6	地下连续墙	1. 地下连续墙成槽施工应符合下列规定： （1）地下连续墙成槽前应设置钢筋混凝土导墙及施工道路；导墙养护期间，重型机械设备不应在导墙附近作业或停留。 （2）地下连续墙成槽前应进行槽壁稳定性计算。 （3）对位于暗河区、扰动土区、浅部砂性土中的槽段或邻近建筑物保护要求较高时，宜在连续墙施工前对槽壁进行加固。 （4）地下连续墙单元槽段成槽施工宜采用跳幅间隔的施工工序。 （5）在保护设施不齐全、监管人不到位的情况下，严禁人员下槽、孔内清理障碍物			
		2. 槽内接头施工应符合下列规定： （1）成槽结束后应对相邻槽段的混凝土端面进行清刷，刷至底部，清除接头处的泥沙，确保单元槽段接头部位的抗渗性能。 （2）槽段接头应满足混凝土浇筑压力对其强度和刚度的要求，安放时，应紧贴槽段垂直缓慢沉放至槽底；遇到阻碍时，槽段接头应在清除障碍后入槽。 （3）周边环境保护要求高时，宜在地下连续墙接头处加增防水措施。 （4）采用连续墙作为围护结构的，拐角处连续墙不得采用"一"字形结构，连续墙接缝处宜采用旋喷桩、预留注浆管等止水措施；连续墙接缝处宜"先探后挖"，发现渗漏及时注浆堵漏，连续墙接缝渗治理方案应纳入危大工程管理			

续表

工程名称		检查内容	检查地点及记录		
序号	检查项目		是否合格（√）	检查记录	复查记录
6	地下连续墙	3. 地下连续墙钢筋笼吊装应符合下列规定： （1）吊装所选用的吊车应满足吊装高度及起重量的要求，主吊和副吊应根据计算确定；并应进行整体起吊安全验算，按计算结果配置吊具、吊点加固钢筋、吊筋等。 （2）吊装前必须对钢筋笼进行全面检查，防止有剩余的钢筋断头、焊接接头等遗留在钢筋笼上。 （3）采用双机抬吊作业时，应统一指挥，动作应配合协调，载荷应分配合理。 （4）起重机械起吊钢筋笼时应先稍离地面试吊，确认钢筋笼已挂牢，钢筋笼刚度、焊接强度等满足要求时，再继续起吊。 （5）起重机械在吊钢筋笼行走时，载荷不得超过允许起重量的 70%，钢筋笼离地不得大于500mm，并应拴好拉绳，缓慢行驶			
		4. 预制墙段的堆放和运输应符合下列规定： （1）预制墙段应达到设计强度 100% 后方可运输及吊放。 （2）堆放场地应平整、坚实、排水通畅。垫块宜放置在吊点处，底层垫块面积应满足墙段自重对地基荷载的有效扩散。预制墙段叠放层数不宜超过 3 层，上下层垫块应放置在同一直线上。 （3）运输叠放层数不宜超过 2 层；墙段装车后应采用紧绳器与车板固定，钢丝绳与墙段阳角接触处应有护角措施。异形截面墙段运输时应有可靠的支撑措施			
		5. 预制墙段的安放应符合下列规定： （1）预制墙段应验收合格，待槽段完成并验槽合格后方可安放入槽内。 （2）安放顺序为先转角槽段后直线槽段，安放闭合位置宜设置在直线槽段上。 （3）相邻槽段应连续成槽，幅间接头宜采用现浇接头。 （4）吊放时应在导墙上安装导向架；起吊吊点应按设计要求或经计算确定，起吊过程中所产生的内力应满足设计要求；起吊回直过程中应防止预制墙段根部拖行或受力过大			
		6. 起重机械及吊装机具进场前应进行检验，施工前应进行调试，施工中应定期检验和维护			
		7. 成槽机、履带式起重机应在平坦坚实的路面上作业、行走和停放；外露传动系统应有防护罩，转盘方向轴应设有安全警告牌；成槽机、起重机工作时，回转半径内不应有障碍物，吊臂下严禁站人			

续表

工程名称		检查内容	检查地点及记录		
序号	检查项目		是否合格（√）	检查记录	复查记录
7	土钉墙	1.土钉墙支护施工应配合土石方开挖和降水工程等进行，并应符合下列规定： （1）分层开挖厚度应与土钉竖向间距协调同步，逐层开挖并施工土钉，严禁超挖。 （2）开挖后应及时封闭临空面，完成土钉墙支护；在易产生局部失稳的土层中，土钉上下排距较大时，宜将开挖分为二层并应控制开挖分层厚度。 （3）上一层土钉墙施工完成后，应按设计要求或间隔不小于48h后开挖下一层土方。 （4）施工期间坡顶应按超载值设计要求控制施工荷载。 （5）严禁土方开挖设备碰撞上部已施工土钉，严禁振动源振动土钉侧壁。 （6）对环境调查结果显示基坑侧壁地下管线存在渗漏或存在地表水补给的工程，应反馈修改设计，提高土钉墙设计安全度，必要时应调整支护结构方案			
		2.土钉施工应符合下列规定： （1）干作业法施工时，应先降低地下水位，严禁在地下水位以下施工。 （2）当成孔过程中遇有障碍物或成孔困难需调整孔位及土钉长度时，应对土钉承载力及支护结构安全度进行复核计算，根据复核计算结果调整设计。 （3）对灵敏度较高的粉土、粉质黏土及可能产生液化的土体，严禁采用振动法施工土钉。 （4）设有水泥土截水帷幕的土钉支护结构，土钉成孔过程中应采取措施防止土体流失。 （5）土钉应采用孔底注浆施工，严禁采用孔口重力式注浆；对孔隙性较大的土层，应采用较小的土灰比，并应采取二次注浆方法。 （6）膨胀土土钉注浆材料宜采用水泥砂浆，并应采用水泥浆二次注浆技术			
		3.喷射混凝土施工应符合下列规定： （1）作业人员应佩戴防尘口罩、防护眼镜等防护用具，并应避免直接接触液体速凝剂，接触后应立即用清水冲洗；非施工人员不得进入喷射混凝土的作业区，施工中喷嘴前严禁站人。 （2）喷射混凝土施工中应检查输料管、接头的情况，当有磨损、击穿或松脱时应及时处理。 （3）喷射混凝土作业中如输料管路堵塞或爆裂时，必须依次停止投料、送水和供风			
		4.冬期在没有可靠保温措施条件时不得施工土钉墙			

续表

工程名称		检查内容	检查地点及记录		
序号	检查项目		是否合格（√）	检查记录	复查记录
7	土钉墙	5.施工过程中应对产生的地面裂缝进行观测和分析，及时反馈设计，并应采取相应措施控制裂缝的发展			
8	土层锚杆	1.当锚杆穿过的地层附近有地下管线或地下构筑物时，应查明其位置、尺寸、走向、类型、使用状况等情况后，方可进行锚杆施工			
		2.锚杆施工前宜通过试验性施工，确定锚杆设计参数和施工工艺的合理性，并应评估对环境的影响			
		3.锚孔钻进作业时，应保持钻机及作业平台稳定可靠，除钻机操作人员还应有不少于1人协助作业；高处作业时，作业平台应设置封闭防护设施，作业人员应佩戴防护用品；注浆施工时相关操作人员必须佩戴防护眼镜			
		4.锚杆钻机应安设安全可靠的反力装置；在有地下承压水地层钻进时，孔口必须设置可靠的防喷装置，当发生漏水、涌砂时，应及时封闭孔口			
		5.注浆管路连接应牢固可靠，保证畅通，防止塞泵、塞管；注浆施工过程中，应在现场加强巡视，对注浆管路应采取保护措施			
		6.锚杆注浆时注浆罐内应保持一定数量的浆料防止罐体放空、伤人；处理管路堵塞前，应消除管内压力			
		7.预应力锚杆张拉施工应符合下列规定： （1）预应力锚杆张拉作业前应检查高压油泵与千斤顶之间的连接件，连接件必须完好、紧固。张拉设备应可靠，作业前必须在张拉端设置有效的防护措施。 （2）锚杆钢筋或钢绞线应连接牢固，严禁在张拉时发生脱扣现象。 （3）张拉过程中，孔口前方严禁站人，操作人员应站在千斤顶侧面操作。 （4）张拉施工时，其下方严禁进行其他操作；严禁采用敲击方法调整施力装置，不得在锚杆端部悬挂重物或碰撞锚具			
		8.锚杆试验时，计量仪表连接必须牢固可靠，前方和下方严禁站人			
		9.锚杆锁定应控制相邻锚杆张拉锁定引起的预应力损失，当锚杆出现锚头松弛、脱落、锚具失效等情况时，应及时进行修复并对其进行再次张拉锁定			
		10.当锚杆承载力检测结果不满足设计要求时，应将检测结果提交设计复核，并提出补救措施			

续表

工程名称		检查内容	检查地点及记录		
序号	检查项目		是否合格（√）	检查记录	复查记录
9	重力式水泥土墙	1. 重力式水泥土墙应通过试验性施工，并应通过调整搅拌桩机的提升（下沉）速度、喷浆量以及喷浆、喷气压力等施工参数，减小对周边环境的影响；施工完成后应检测墙体连续性及强度			
		2. 水泥土搅拌桩机运行过程中，其下部严禁站立非工作人员；桩机移动过程中非工作人员不得在其周围活动，移动路线上不应有障碍物			
		3. 重力式水泥土墙施工遇有河塘、洼地时，应抽水和清淤并应采用素土回填夯实；在暗浜区域水泥土搅拌桩应适当提高水泥掺量			
		4. 钢管、钢筋或竹筋的插入应在水泥土搅拌桩成桩后及时完成，插入位置和深度应符合设计要求			
		5. 施工时因故停浆，应在恢复喷浆前，将搅拌机头提升或下沉 0.5m 后喷浆搅拌施工			
		6. 水泥土搅拌桩搭接施工的间隔时间不宜大于24h；当超过 24h 时，搭接施工时应放慢搅拌速度；若无法搭接或搭接不良，应作冷缝记录，在搭接处采取补救措施			
10	预制方桩	1. 起吊时起重机臂先伸至合适位置，角度、回转半径等须符合施工方案及操作规程的要求，严禁超负荷起吊			
		2. 正式吊装前先进行试吊装，将起吊物吊离地面 10cm～15cm，检查所有捆绑点及吊索具工作状况，确认无误后，进行正式吊装			
		3. 在吊装区域内须设安全警戒线，非工作人员严禁入内，同时起吊过程由专人指挥，统一行动，起重臂下严禁站人			
		4. 吊装重物时，提升和降落速度要均匀，严禁忽快忽慢和突然制动，左右回转，动作要平稳。当回转未停稳前不得作反向动作			
		5. 起重机在起重满负荷或接近满负荷时不得同时进行两种操作动作			
		6. 起重机作业过程中，严禁靠近架空输电线路，要保持安全距离			
		7. 夜间施工要有足够的照明设施；施工场地要做好清理工作，不乱堆乱放物品，保持工作面整洁			
		8. 现场配备手电筒若干，以备检查使用			
		9. 夜间严禁进行搭、拆支架等危险作业，以确保安全；如有特殊情况，需经工地负责人批准，并采取相应措施后方可进行			

续表

工程名称		检查内容	检查地点及记录		
序号	检查项目		是否合格（√）	检查记录	复查记录
11	其他问题				
检查依据		1.《建筑地基基础设计规范》GB 50007—2011 2.《建筑施工安全检查标准》JGJ 59—2011 3.《建筑深基坑工程施工安全技术规范》JGJ 311—2013 4.《建筑基坑支护技术规程》JGJ 120—2012 5.《城市轨道交通工程基坑、隧道施工坍塌防范导则》建办质〔2021〕42号			
检查评价		初次检查评价：	二次检查（复查）评价：		
签字栏		施工现场责任人签字：	施工现场责任人签字：		
		检查人员签字：	复查人员签字：		
检查日期		年 月 日	年 月 日		

地下水与地表水控制检查清单 表 C.0.2

工程名称		检查内容	检查地点及记录		
序号	检查项目		是否合格（√）	检查记录	复查记录
1	一般要求	1.地下水和地表水控制应根据设计文件、基坑开挖场地工程地质、水文地质条件及基坑周边环境条件编制施工组织设计或施工方案，降排水施工方案应包含各种泵的扬程、功率，排水管路尺寸、材料、路线，水箱位置、尺寸，电力配置等			
		2.地下水位的降低应符合基础施工要求，降水效果应满足安全作业和周边环境保护的要求			
		3.地下水控制工程施工完成后应组织验收，降水设施正式运行前应进行联网试运行抽水试验			
		4.放坡开挖应对坡顶、坡面、坡脚采取降排水措施			
		5.降排水系统应保证水流排入市政管网或排水渠道，应采取措施防止抽排出的水倒灌流入基坑			
		6.当支护结构或地基处理施工时，应采取措施防止打桩、注浆等施工行为造成管井、点井的失效			
		7.截水帷幕与灌注桩间不应存在间隙，当环境保护设计要求较高时，应在灌注桩与截水帷幕之间采取注浆加固等措施			
		8.当基坑内出现临时局部深挖时，可采取集水明排、盲沟等技术措施，并应与整体降水系统有效结合；当坑底下部的承压水影响到基坑安全时，应采取坑底土体加固或降低承压水头等治理措施；抽水应采取措施控制出水含砂量，含砂量控制应满足设计及有关规范要求			
		9.应进行中长期天气预报资料收集，编制晴雨表，根据天气预报实时调整施工进度；降雨前应对已开挖未进行支护的侧壁采用覆盖措施，并应配备设备及时排除基坑内积水			
		10.因地下水或地表水控制原因引起基坑周边建（构）筑物或地下管线产生超限沉降时，应查找原因并采取有效控制措施			
2	排水与降水	1.排水沟和集水井宜布置于地下结构外侧，距坡脚不宜小于 0.5m；单级放坡基坑的降水井宜设置在坡顶，多级放坡基坑的降水井宜设置于坡顶、放坡平台			
		2.当基坑开挖深度超过地下水位后，排水沟与集水井的深度应随开挖深度加深，并应及时将集水井中的水排出基坑			

续表

工程名称		检查内容	检查地点及记录		
序号	检查项目		是否合格（√）	检查记录	复查记录
2	排水与降水	3. 轻型井点降水系统运行应符合下列规定：总管与真空泵接好后应开动真空泵开始试抽水，检查泵的工作状态；真空泵的真空度应达到 0.08MPa 及以上；正式抽水宜在预抽水 15d 后进行；应及时作好降水记录			
		4. 管井降水抽水运行应符合下列规定：正式抽水宜在预抽水 3d 后进行；坑内降水井宜在基坑开挖 20d 前开始运行；应加盖保护深井井口；车辆行驶道路上的降水井，应加盖市政承重井盖，排水通道宜采用暗沟或暗管			
		5. 真空降水管井抽水运行应符合下列规定： （1）井点使用时抽水应连续，不得停泵，并应配备能自动切换的电源； （2）当降水过程中出现长时间抽浑水或出现清后又浑情况时，应立即检查纠正；应采取措施防止漏气，真空度应控制在 –0.06MPa ~ –0.03MPa； （3）当真空度达不到要求时，应检查管道漏气情况并及时修复； （4）当井点管淤塞太多，严重影响降水效果时，应逐个用高压水反复冲洗井点管或拔出重新埋设； （5）应根据工程经验和运行条件、泵的质量情况等配备一定数量的备用射流泵； （6）对使用的射流泵应进行日常保养与检查，发现不正常应及时更换			
		6. 系统安装前应对泵体和控制系统作一次全面细致的检查，检查的内容包括检验电动机的旋转方向、各部位连接螺栓是否拧紧，润滑油是否充足、电缆接头的封口是否松动、电缆线有无破损等情况，然后试转 1d，如无问题，方可投入使用			
		7. 降水设施的供电线路和配电箱的布设应满足降水要求，应配备必要的备用电源，水泵和有关设备及材料			
		8. 降水期间，应每天不少于 2 次抽水设备和运行状况进行维护，降水期间不得随意停抽			
3	降水监测	1. 降水期间，应对地下水的水位、流量和各类降水设备运转情况定期进行观测，并做好记录；雨期应增加观测次数			
		2. 在地下水控制施工、运行、维护阶段应对地下水控制的本体、监测设施、周边环境进行现场巡视检查，并做好记录			

工程名称		检查内容	检查地点及记录		
序号	检查项目		是否合格（√）	检查记录	复查记录
4	截水帷幕	1. 水泥土截水帷幕施工应保证施工桩径，并确保相邻桩搭接要求，当采用高压喷射注浆法作为局部截水帷幕时，应采用复喷工艺，喷浆下沉或提升速度不应大于 100mm/min；同时应采取措施减少二重管、三重管高压喷射注浆施工对基坑周围建筑物及管线沉降变形的影响，必要时应调整帷幕桩墙设计			
		2. 注浆法帷幕施工前应进行现场注浆试验，试验孔的布置应选取具有代表性的地段，并应在土层中采用钻孔取芯结合注水试验检验截水防渗效果，注浆管上拔时宜采用拔管机；当土层存在动水或土层较软弱时，可采用双液注浆法来控制浆液的渗流范围，两种浆液混合后在管内的时间应小于浆液的凝固时间			
		3. 三轴水泥土搅拌桩截水帷幕施工应采用套接孔法施工，相邻桩的搭接时间间隔不宜大于24h，当帷幕墙前设置混凝土排桩时，宜先施工截水帷幕，后施工灌注排桩，当采用多排三轴水泥土搅拌桩内套挡土桩墙方案时，应控制三轴搅拌桩施工对基坑周边环境的影响			
		4. 钢板桩截水帷幕施工应评估钢板桩施工对周围环境的影响，在拔除钢板桩前应先用振动锤振动钢板桩，拔除后的桩孔应采用注浆回填，钢板桩打入与拔除时应对周边环境进行监测			
		5. 兼作截水帷幕的钻孔咬合桩施工应根据产生管涌的不同情况，采取相应的克服砂土管涌的技术措施，并应随时观察孔内地下水和穿越砂层的动态，按少取土多压进的原则操作，确保套管超前，套管底口应始终保持超前于开挖面2.5m 以上；当遇套管底无法超前时，可向套管内注水来平衡第一序列桩混凝土的压力，阻止管涌发生			
		6. 冻结法截水帷幕施工应具备可靠稳定的电源和预备电源，冻结管接头强度应满足拔管和冻结壁变形作用要求，冻结管下入地层后应进行试压			
		7. 冻结站安装应进行管路密封性试验，并应采取措施保证冻结站的冷却效率；正式运转后不得无故停止或减少供冷，施工过程应采取措施减小成孔引起土层沉降，及时监测倾斜			
		8. 挖前应对冻结壁的形成进行检测分析，并对冻结运转参数进行评估；检验合格以及施工准备工作就绪后应进行试开挖判定，具备开挖条件后可进行正式开挖			

续表

工程名称		检查内容	检查地点及记录		
序号	检查项目		是否合格（√）	检查记录	复查记录
4	截水帷幕	9. 开挖过程应维持地层的温度稳定，并应对冻结壁进行位移和温度监测；冻结壁解冻过程中应对土层和周边环境进行连续监测，必要时应对地层采取补偿注浆等措施			
		10. 冻结壁全部融化后应继续监测直到沉降达到控制要求；冻结工作结束后，应对遗留在地层中的冻结管进行填充和封孔，并应保留记录；冻结站拆除时应回收盐水，不得随意排放			
		11. 截水措施失效时，可采用设置导流水管，遇水膨胀材料或压密注浆、聚氨酯注浆等方法堵漏，快硬早强混凝土浇筑护墙，在基坑外壁增设高压旋喷或水泥土搅拌桩截水帷幕，增设坑内降水和排水设施等措施			
5	回灌	1. 根据降水布置、出水量、现场条件建立回灌系统，回灌点应布置在被保护建筑与降水井之间，并应通过现场试验确定回灌量和回灌工艺			
		2. 回灌注水量应保持稳定，在贮水箱进出口处应设置滤网，回灌水的水头高度可根据回灌水量进行调整，严禁超灌引起湿陷事故			
		3. 回灌砂井中的砂宜选用不均匀系数为 3 ~ 5 的纯净中粗砂，含泥量不宜大于 3%，灌砂量不少于井孔体积的 95%。回灌砂井中的砂宜选用不均匀系数为 3 ~ 5 的纯净中粗砂，含泥量不宜大于 3%，灌砂量不少于井孔体积的 95%			
		4. 回灌水水质不得低于原地下水水质标准，回灌不应造成区域性地下水质污染			
		5. 回灌管路产生堵塞时，应根据产生堵塞的原因，采取连续反冲洗方法、间歇停泵反冲洗与压力灌水相结合的方法进行处理			
6	封井处理	降水结束降水井管拔除后应及时进行封井处理			
7	其他问题				
检查依据		1.《建筑深基坑工程施工安全技术规范》JGJ 311—2013 2.《市政工程施工安全检查标准》CJJ/T 275—2018 3.《城市轨道交通工程质量安全检查指南》建质〔2016〕173 号			
检查评价		初次检查评价：	二次检查（复查）评价：		
签字栏		施工现场责任人签字：	施工现场责任人签字：		
		检查人员签字：	复查人员签字：		
检查日期		年　月　日	年　月　日		

基坑施工检查清单 表 C.0.3

工程名称		检查内容	检查地点及记录		
序号	检查项目		是否合格（√）	检查记录	复查记录
1	基坑安全专项方案	1. 基坑工程施工应编制专项施工方案，开挖深度超过3m（含3m）的基坑（槽）的土方开挖、支护、降水工程，开挖深度虽未超过3m，但地质条件、周围环境和地下管线复杂，或影响毗邻建（构）筑物安全的基坑（槽）的土方开挖、支护、降水工程应单独编制专项施工方案			
		2. 开挖深度超过5m（含5m）的基坑（槽）的土方开挖、支护、降水工程专项施工方案，应组织专家进行论证			
		3. 当基坑周边环境或施工条件发生变化时，专项施工方案应重新进行审核、审批			
		4. 明（盖）挖基坑工程施工前，应由建设单位委托具备相应资质的第三方对基坑工程实施现场监测，监测单位应编制监测方案；地质和环境条件很复杂的基坑工程，邻近重要建（构）筑物和管线，以及历史文物、近代优秀建筑、地铁、隧道等影响甚至破坏后果很严重的基坑工程，已发生严重事故，重新组织实施的基坑工程，采用新技术、新工艺、新材料的一、二级基坑工程及其他必须论证的基坑工程应进行专家论证			
2	危险源分析	1. 应根据基坑工程周边环境条件和控制要求、工程地质条件、支护设计与施工方案、地下水与地表水控制方案、施工能力与管理水平、工程经验、危险程度和发生的频率，识别重大危险源和一般危险源			
		2. 符合下列特征之一的必须列为重大危险源： （1）开挖施工对邻近建（构）筑物、设施必然造成安全影响或有特殊保护要求的。 （2）达到设计使用年限拟继续使用的。 （3）改变现行设计方案，进行加深、扩大及改变使用条件的。 （4）邻近的工程建设，包括打桩、基坑开挖降水施工影响基坑支护安全的。 （5）邻水的基坑			
		3. 危险源分析应采用动态分析方法，并应在施工安全专项方案中及时对危险源进行更新和补充			
3	安全技术交底	1. 施工前应进行技术交底，并应作好交底记录			
		2. 施工过程中各工序开工前，施工技术管理人员必须向所有参加作业的人员进行施工组织与安全技术交底，如实告知危险源、防范措施、应急预案，形成文件并签署			

续表

工程名称		检查内容	检查地点及记录		
序号	检查项目		是否合格（√）	检查记录	复查记录
3	安全技术交底	3.安全技术交底应包括下列内容： （1）现场勘查与环境调查报告。 （2）施工组织设计。 （3）主要施工技术、关键部位施工工艺工法、参数。 （4）各阶段危险源分析结果与安全技术措施。 （5）应急预案及应急响应等			
4	土石方开挖	1.基坑开挖前应组织开展关键节点施工前安全条件核查，包括钻孔、成槽等动土作业和土方开挖施工，重点核查可能出现渗漏的围护体系施工质量；未经安全条件核查或条件核查不合格的，不得开挖施作			
		2.基坑开挖除应满足设计工况要求按分层、分段、限时限高和均衡、对称开挖的方法进行外，尚应符合下列规定： （1）当挖土机械、运输车辆等直接进入基坑进行施工作业时应采取措施保证坡道稳定，坡道坡度不应大于 1：7，坡道宽度应满足行车要求。 （2）基坑周边、放坡平台的施工荷载应按设计要求进行控制。 （3）基坑开挖的土方不应在邻近建筑及基坑周边影响范围内堆放，当需堆放时应进行承载力和相关稳定性验算。 （4）邻近基坑边的局部深坑宜在大面积垫层完成后开挖。 （5）挖土机械不得碰撞工程桩、围护墙、支撑、立柱和立柱桩、降水井管、监测点等。 （6）当基坑开挖深度范围内有地下水时，应采取有效的降水与排水措施，地下水宜在每层土方开挖面以下 800mm～1000mm			
		3.基坑开挖过程中，当基坑周边相邻工程进行桩基、基坑支护、土方开挖、爆破等施工作业时，应根据相互之间的施工影响，采取可靠的安全技术措施			
		4.应先撑后挖，采用换撑方案时应先撑后拆；支撑不到位严禁开挖土体；严格落实换撑、拆撑验收，严禁支撑架设滞后、违规换撑、拆撑			
		5.基坑开挖应采用信息施工法，根据基坑周边环境等监测数据，及时调整开挖的施工顺序和施工方法			
		6.采用爆破施工时，应编制专项方案，防止爆破震动影响边坡及周边建（构）筑物稳定，并符合当地管理部门要求			

工程名称		检查内容	检查地点及记录		
序号	检查项目		是否合格（√）	检查记录	复查记录
4	土石方开挖	7. 应防止地表水流入基坑（槽）内造成边坡塌方或土体破坏，基坑施工时应做好坑内和地表排水组织，调查基坑周边的管网渗漏情况，避免地表水流入基坑或给水排水管网渗漏、爆管			
		8. 基坑临边、临空位置及周边危险部位，应设置明显的安全警示标识，并应安装可靠围挡和防护			
		9. 基坑内应设置作业人员上下坡道或爬梯，数量不应少于 2 个；作业位置的安全通道应畅通			
		10. 在土石方开挖施工过程中，当发现有毒有害液体、气体固体时，应立即停止作业，进行现场保护，并应报有关部门处理后方可继续施工			
5	基坑周边堆载控制	1. 基坑周边使用荷载不应超过设计限值			
		2. 坑边严禁重型车辆通行；当支护设计中已考虑堆载和车辆运行时，必须按设计要求进行，严禁超载			
		3. 在基坑边 1 倍基坑深度范围内建造临时住房或仓库时，应经基坑支护设计单位允许，并经施工总包单位技术负责人、工程项目总监理工程师批准			
		4. 在基坑的危险部位、临边、临空位置应设置明显的安全警示标识或警戒，在基坑边 1.5m 范围内划警戒线，警戒线范围内设置"严禁堆载"的警示语			
		5. 管沟开挖工程施工坑顶两侧 1m 范围内严禁堆放弃土，1m 外的堆土高度超过 1.5m 的必须开展边坡稳定性验算，堆土高度加基坑深度之和超过 5m 的必须按照危险性较大的分部分项工程标准实施管控，周边施工材料、设施或车辆荷载严禁超过设计要求的地面荷载限值，管沟开挖施工必须采取有效措施，保护主要影响区范围内的建（构）筑物和地下管线安全			
6	施工监测	1. 基坑开挖前应制定系统的开挖监测方案，监测方案应包括工程概况、监测依据、监测目的、监测项目、测点布置、监测方法及精度、监测人员及主要仪器设备、监测频率、监测报警值、异常情况下的监测措施、监测数据的记录制度和处理方法、工序管理及信息反馈制度等			
		2. 基坑施工和使用中应采取多种方式进行安全监测，对有特殊要求或安全等级为一级的基坑工程，应根据基坑现场施工作业计划制定基坑施工安全监测应急预案			

续表

工程名称		检查内容	检查地点及记录		
序号	检查项目		是否合格（√）	检查记录	复查记录
6	施工监测	3.监测单位应严格实施监测方案，及时分析、处理监测数据，并将监测结果和评价及时向建设单位及相关单位作信息反馈；当监测数据达到监测报警值时必须立即通报建设单位及相关单位			
		4.当基坑工程设计或施工有重大变更时，监测单位应及时调整监测方案			
		5.基坑工程监测不应影响监测对象的结构安全、妨碍其正常使用			
		6.车站基坑工程整个施工阶段内，每天均应有专人进行现场巡查			
		7.基坑开挖期间，观察频率应满足规范要求，情况异常时，加密观察频率			
7	汛期施工安全措施	1.施工现场应确保场地排水系统排水能力满足规范要求，定期检查，确保无淤积、堵塞等现象；抽排水设施管（孔）口应设置防水倒灌措施；雨季期间，通往基坑、明挖隧道的所有可能进水管（口）应进行可靠封堵；设专人检查，及时疏浚排水系统，确保施工现场排水畅通			
		2.基坑（竖井、斜井）、车站出入口等周边挡水墙强度、相对高度应满足防汛要求，并定期检查挡水墙完好性，及时修补处理			
		3.雨期开挖基坑（槽、沟）时，应注意边坡稳定，应加强对边坡坡脚、支撑等的处理，暴雨期间应停止土石方作业			
		4.汛期前，应做好周边河流、管线渗漏情况摸排，对隐患部位及时处理；汛期施工时应落实值班巡查制度，加强监测，与气象、防汛等部门建立防汛联动机制，及时掌握气象、水文等信息；根据当地防汛预警等级要求，及时启动防汛应急预案			
8	其他问题				
检查依据		1.《建筑基坑工程监测技术标准》GB 50497—2019 2.《建筑地基基础设计规范》GB 50007—2011 3.《复合土钉墙基坑支护技术规范》GB 50739—2011 4.《建筑深基坑工程施工安全技术规范》JGJ 311—2013 5.《建筑施工安全检查标准》JGJ 59—2011 6.《建筑基坑支护技术规程》JGJ 120—2011 7.《城市轨道交通工程基坑、隧道施工坍塌防范导则》建办质〔2021〕42 号			
检查评价		初次检查评价：	二次检查（复查）评价：		
签字栏		施工现场责任人签字：	施工现场责任人签字：		
		检查人员签字：	复查人员签字：		
检查日期		年　月　日	年　月　日		

脚手架检查清单　　　　　　　　　　　　　　表 C.0.4

工程名称		检查内容	检查地点及记录		
序号	检查项目		是否合格（√）	检查记录	复查记录
1	施工准备	1. 架体搭设和拆除作业之前，应根据工程特点编制专项施工方案，并应经审批后实施；若涉及危险性较大的分部分项工程专项施工方案的编制、审批、专家论证及实施、验收等应符合相关规定；监理单位应编制相应细则			
		2. 脚手架搭设前应对搭设位置地基承载力进行检测并出具报告			
		3. 脚手架施工前应根据施工现场情况、地基承载力、搭设高度编制专项施工方案，并应经审核批准后实施			
		4. 操作人员应经过专业技术培训和专业考试合格后，持证上岗；脚手架搭设前，应按专项施工方案的要求对操作人员进行技术和安全作业交底并保留文字记录			
		5. 脚手架立杆基础应平整、坚实，并应有排水措施；立杆底部宜设置底座或垫板			
		6. 脚手架所使用的材料和构配件材质应符合现行国家标准，进场应提供产品合格证及质量检验报告			
		7. 扣件应进行抽样复试，技术性能应符合现行国家标准的规定，经验收合格后方可使用			
		8. 原材料应有质量证明书或合格证			
		9. 所有构配件焊接连接处均应满焊，且连接盘与立杆连接处应双面焊接			
		10. 脚手架材料与构配件在使用周期内，应及时检查、分类维护、保养，对不合格品应及时报废，并应形成文件记录			
		11. 对于无法通过结构分析、外观检查和测量检查确定性能的材料与构配件，应通过试验确定其受力性能			
2	架体	1. 脚手架的设计、搭设、使用和维护应满足： （1）应能承受设计载荷。 （2）结构应稳固，不得发生影响正常使用的变形。 （3）应满足使用要求，具有安全防护功能。 （4）在使用中，脚手架结构性能不得发生明显改变。 （5）当遇意外作用或偶然超载时，不得发生整体损坏。 （6）脚手架所依附、承受的工程结构不应受到损害			

工程名称		检查内容	检查地点及记录		
序号	检查项目		是否合格（√）	检查记录	复查记录
2	架体	2. 脚手架应构造合理、连接牢固、搭设与拆除方便、使用安全可靠			
		3. 插销销紧后，扣接头端部弧面应与立杆外表面贴合			
		4. 应设置人员上下专用通道且通道符合要求			
		5. 脚手架的构造体系应完整，脚手架应具有整体稳定性			
		6. 脚手架搭设步距不应超过 2m			
		7. 脚手架的竖向斜杆不应采用钢管扣件			
		8. 当地基高度差较大时可利用立杆节点位差配合可调底座进行调整			
		9. 可调底座和可调托撑安装完成后，立杆外表面应与可调螺母吻合，立杆外径与螺母台阶内径差不应大于 2mm			
		10. 水平杆及斜杆插销安装完成后，应采用锤击方法抽查插销，连续下沉量不应大于 3mm			
		11. 当架体吊装时，立杆间连接应增设立杆连接件			
		12. 架体搭设与拆除过程中，可调底座、可调托撑、基座等小型构件宜采用人工传递；吊装作业应由专人指挥信号，不得碰撞架体			
		13. 脚手架搭设完成后，立杆的垂直偏差不应大于支撑架总高度的 1/500，且不得大于 50mm			
		14. 架体作业层脚手板应使用安全平网双层兜底，以下每隔 10m 应使用双层安全平网封闭			
		15. 应采取排水措施，防止基础积水			
		16. 架体立杆底部应使用符合规范的垫板			
3	安全管理	1. 应建立脚手架安全管理体系、安全检查制度			
		2. 应由专业架子工进行作业并持证上岗			
		3. 脚手架在使用过程中，应定期进行检查，检查项目应符合下列规定： （1）主要受力杆件、剪刀撑等加固杆件、连墙件应无缺失无松动，架体应无明显变形。 （2）场地应无积水，立杆底端应无松动、无悬空。 （3）安全防护设施应齐全、有效，应无损坏缺失。 （4）附着式升降脚手架支座应固定牢固，防倾、防坠装置应处于良好工作状态，架体升降应正常平稳。 （5）悬挑脚手架的悬挑支承结构应固定牢固			
		4. 不应将支撑脚手架、缆风绳、混凝土输送泵管、卸料平台及大型设备固定在作业脚手架上；严禁在作业脚手架上悬挂起重设备			

续表

工程名称		检查内容	检查地点及记录		
序号	检查项目		是否合格（√）	检查记录	复查记录
3	安全管理	5. 作业脚手架外侧和支撑脚手架作业层栏杆应采用密目式安全网或其他措施全封闭防护；密目式安全网应为阻燃产品			
		6. 作业脚手架临街的外侧立面、转角处应采取硬防护措施，硬防护的高度不应小于1.2m，转角处硬防护的宽度应为作业脚手架宽度			
		7. 脚手架搭设人员应正确佩戴使用安全帽、安全带和防滑鞋			
		8. 脚手架使用过程中应明确专人管理			
		9. 脚手架上进行动火作业时应有防火措施和专人监护			
		10. 架体门洞、过程通道，应设置明显警示标识			
		11. 当门洞或通道上部设置支撑横梁时，横梁截面大小应按跨度以及承受的荷载计算确定，门洞顶部应采用木板或其他硬质材料全封闭			
		12. 脚手架设置人行通道时，通道两侧立杆间应设置竖向斜杆或剪刀撑，并设置防护栏杆和安全网			
4	支撑架搭设	1. 支撑架的高宽比宜控制在3以内，高宽比大于3的支撑架应采取与既有结构进行刚性连接等抗倾覆措施			
		2. 对标准步距为1.5m的支撑架，应根据支撑架搭设高度、支撑架型号及立杆轴向力设计值进行竖向斜杆布置			
		3. 当支撑架搭设高度大于16m时，顶层步距内应每跨布置竖向斜杆			
		4. 支撑架可调托撑伸出顶层水平杆或双槽托梁中心线的悬臂长度不应超过650mm，切丝杆外露长度不应超过400mm，可调托撑插入立杆或双槽托梁长度不得小于150mm			
		5. 支撑架可调底座丝杆插入立杆长度不得小于150mm，丝杆外露长度不宜大于300mm，作为扫地杆的最底层水平杆中心线距离可调底座的底板不应大于550mm			
		6. 当支撑架搭设高度超过8m、周围有既有建筑时，应沿高度间隔4个~6个步距与周围已建成的结构进行可靠拉结			
		7. 当以独立塔架形式搭设支撑架时，应沿高度每间隔2个~4个步距与相邻的独立塔架水平拉结			

工程名称		检查内容	检查地点及记录		
序号	检查项目		是否合格（√）	检查记录	复查记录
4	支撑架搭设	8. 纵向水平杆的构造应符合下列规定： （1）纵向水平杆应设置在立杆内侧，单根杆长度不应小于 3 跨。 （2）纵向水平杆接长应采用对接扣件连接或搭接，两根相邻纵向水平杆的接头不应设置在同步或同跨内不同步或不同跨两个相邻接头在水平方向错开的距离不应小于 500mm；各接头中心至最近主节点的距离不应大于纵距的 1/3；搭接长度不应小于 1m，应等间距设置 3 个旋转扣件固 2 定；端部扣件盖板边缘至搭接纵向水平杆杆端的距离不应小于 100mm			
		9. 支撑架搭设应根据立杆放置可调底座，应按先立杆后水平杆再斜杆的顺序搭设			
		10. 可调底座应放置在定位线上，并应保持水平；若需铺设垫板，垫板应平整、无翘曲，不得采用已开裂木垫板			
		11. 在多层楼板上连续设置支撑架时，上下层支撑立杆宜在同一轴线上			
		12. 支撑架搭设完成后应对架体进行验收，并应确认符合专项施工方案要求后再进入下道工序施工			
		13. 当出现下列情况之一时，支撑架应进行检查与验收： （1）基础完工后及支撑架搭设前。 （2）超过 8m 的高支模每搭设完成 6m 高度后。 （3）搭设高度达到设计高度后和混凝土浇筑前。 （4）停用 1 个月以上，恢复使用前。 （5）遇六级及以上强风、大雨及冻结的地基土解冻后			
		14. 支撑架检查与验收应符合下列规定： （1）基础应符合设计要求，并应平整坚实，立杆与基础间应无松动、悬空现象，底座、支垫应符合规定。 （2）搭设的架体应符合设计要求，搭设方法和斜杆、剪刀撑等设置应符合规定。 （3）可调托撑和可调底座伸出水平杆的悬臂长度应符合规定。 （4）水平杆扣接头、斜杆扣接头与连接盘的插销应销紧			
		15. 当支撑架需堆载预压时，应编制专项支撑架堆载预压方案，预压前应进行安全技术交底；预压荷载布置应模拟结构物实际荷载分布情况进行分级、对称预压，预压监测及加载分级应符合有关规定			

工程名称		检查内容	检查地点及记录		
序号	检查项目		是否合格（√）	检查记录	复查记录
4	支撑架搭设	16. 当有既有建筑结构时，支撑脚手架应与既有建筑结构可靠连接。连接点至架体主节点的距离不宜大于300mm，应与水平杆同层设置，连接点竖向间距不宜超过2步，水平向间距不宜大于8m			
		17. 当支撑脚手架局部所承受的荷载较大，立杆应加密设置，加密区的水平杆设置应向非加密区延伸不少于一跨			
		18. 支撑脚手架应设置竖向剪刀撑，竖向剪刀撑斜杆间的水平距离宜为6m～9m，剪刀撑斜杆与水平面的倾角应为45°～60°			
		19. 架体周边、内部纵向和横向剪刀撑设置：安全等级为Ⅱ级的，间隔不大于9m设置一道；安全等级为Ⅰ级的，间隔不大于6m设置一道			
		20. 支撑脚手架应设置水平剪刀撑，每道水平剪刀撑应连续设置，剪刀撑的宽度宜为6m～9m			
		21. 安全等级为Ⅱ级的，支撑脚手架宜在架顶设置一道水平剪刀撑；安全等级为Ⅰ级的，应在架顶、竖向每隔不大于8m各设置一道水平剪刀撑			
5	作业架搭设	1. 作业架的高宽比宜控制在3以内；当作业架高宽比大于3时，应设置抛撑或缆风绳等抗倾覆措施			
		2. 当搭设双排外作业架时或搭设高度24m及以上时，应根据使用要求选择架体几何尺寸，相邻水平杆步距不宜大于2m			
		3. 作业架立杆应定位准确，并应配合施工进度搭设，双排外作业架一次搭设高度不应超过最上层连墙件两步，且自由高度不应大于4m			
		4. 作业架顶层的外侧防护栏杆高出顶层作业层的高度不应小于1500mm			
		5. 当立杆处于受拉状态时，立杆的套管连接接长部位应采用螺栓连接			
		6. 作业架应分段搭设、分段使用，应经验收合格后方可使用			
		7. 作业层荷载应不大于设计荷载			
		8. 作业脚手架的宽度不应小于0.8m，且不宜大于1.2m			
		9. 作业层高度不应小于1.7m，且不宜大于2m			
		10. 作业脚手架应在外侧全立面连续设置竖向剪刀撑：每道剪刀撑的宽度应为4跨～6跨，且不应小于6m，也不应大于9m，剪刀撑斜杆与水平面的倾角应为45°～60°			

工程名称		检查内容	检查地点及记录		
序号	检查项目		是否合格（√）	检查记录	复查记录
5	作业架搭设	11. 双排外作业架连墙件应随脚手架高度上升，在规定位置处同步设置，不得滞后安装和任意拆除			
		12. 双排作业架的外侧立面上应设置竖向斜杆，在脚手架的转角处、开口型脚手架端部应由架体底部至顶部连续设置斜杆；应每隔不大于 4 跨设置一道竖向或斜向连续斜杆，当架体搭设高度在 24m 以上时，应每隔不大于 3 跨设置一道竖向斜杆			
		13. 作业层设置应符合下列规定： （1）应满铺脚手板。 （2）双排外作业架外侧应设挡脚板和防护栏杆，防护栏杆可在每层作业面立杆的 0.5m 和 1.0m 的连接盘处布置两道水平杆并应在外侧满挂密目安全网。 （3）按方案至多每隔 4 个步距设置一道水平防坠网，并在架体顶部设置防抛网，作业层与主体结构间的空隙应设置水平防护网，与支架搭设同步实施。 （4）当采用钢脚手板时，钢脚手板的挂钩应稳固扣在水平杆上，挂钩应处于锁住状态			
		14. 作业层、斜道的脚手板塑体外侧应设挡脚板、防护栏杆，并应在脚手架外侧立面满挂密目式安全网			
		15. 作业层与建筑物之间间距大于 150mm 时应采用脚手板或安全平网封闭			
6	连墙件	1. 连墙件应采用可承受拉、压荷载的刚性杆件，并应与建筑主体结构和架体连接牢固			
		2. 连墙件应在脚手架拆除到该层时方可拆除，不得提前拆除			
		3. 在架体的转角处或开口型双排脚手架的端部应按楼层设置，且竖向间距不应大于 4m			
		4. 连墙点应均匀分布，同一层连墙件宜在同一水平面，水平间距不应大于 3 跨，连墙件之上架体的悬臂高度不得超过 2 步			
		5. 连墙件应从架体底层第一步纵向水平杆处开始设置，当该处有困难时应采取抛撑等其他可靠措施固定			
7	验收	1. 支撑架和作业架验收后应形成书面文字记录			
		2. 脚手架分段搭设、分段使用应办理分段验收			
		3. 验收内容应经责任人签字确认			

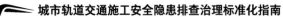

续表

工程名称		检查内容	检查地点及记录		
序号	检查项目		是否合格（√）	检查记录	复查记录
8	拆除与退场	1. 拆除作业应按先装后拆、后装先拆的原则进行，应从顶层开始、逐层向下拆除，不得上下同时作业，不应抛掷			
		2. 作业架应经单位工程负责人确认并签署拆除许可令后方可拆除			
		3. 当作业架拆除时，应划出安全区，应设置警戒标志，并应派专人看管			
		4. 拆除前应清理脚手架上的器具、多余的材料和杂物			
		5. 拆除至地面的脚手架及构配件应及时检查、维修及保养，并应按品种、规格分类存放等待退场			
9	其他问题				
检查依据		1.《施工脚手架通用规范》GB 55023—2022 2.《建筑施工脚手架安全技术统一标准》GB 51210—2016 3.《建筑施工承插型盘扣式钢管脚手架安全技术标准》JGJ/T 231—2021 4.《建筑施工扣件式钢管脚手架安全技术规范》JGJ 130—2011 5.《承插型盘扣式钢管支架构件》JGT 503—2016			
检查评价		初次检查评价：	二次检查（复查）评价：		
签字栏		施工现场责任人签字：	施工现场责任人签字：		
		检查人员签字：	复查人员签字：		
检查日期		年　月　日	年　月　日		

移动模架检查清单　　　　　　　　　　　　　　表 C.0.5

工程名称		检查内容	检查地点及记录		
序号	检查项目		是否合格（√）	检查记录	复查记录
1	材料材质	模板工程所使用的材料和构配件应提供产品合格证，其规格型号及材质应符合要求，大模板、定型模板等验收合格后方可使用			
2	一般要求	1. 移动模架施工现场应具备场地平整、道路通畅、排水顺畅等条件，现场布置应按批准的总平面图进行			
		2. 移动模架在施工时应在周围应设立危险警戒区，拉警戒线、设警示标志，夜间施工要有足够的照明设施			
		3. 移动模架操作平台上应设专人负责消防工作，不得存放易燃易爆物品，平台上不得超载存放建筑材料、构件等			
		4. 跨（临）铁路、高速公路、市政道路、航道等移动模架下部应设置能防止穿透的防护棚；起重设备、混凝土输送管、上下通道等设施不得与移动模架相连接			
		5. 移动模架应有风速仪、避雷针和防风锚定设施			
3	专项方案	1. 移动模架施工前应编制专项施工方案，专项施工方案应组织专家论证，并经施工总承包单位、监理单位和建设单位相关人员签字，施工总承包单位应按审批后的专项方案组织施工			
		2. 移动模架装置的设计、制作及移动模架施工应符合国家现行标准及规定，其中吊架、临时拼装支架、移动模架采用非定型产品时应进行专项设计，移动模架的设计和制造必须具有相应资质和加工能力的单位承担，出厂前应进行试拼装、验收并提供设备出厂合格证等			
		3. 定型移动模架应有设计、安装技术资料以及操作手册等技术文件，非定型移动模架所用的承重构配件和连接件应有质量合格证、材质证明，其品种、规格、型号、材质应符合模架设计要求，所采用的液压或卷扬等装置应有产品合格证等			
		4. 移动模架工程施工前，施工总承包单位技术负责人应按照移动模架专项施工方案的要求，向参加移动模架施工的现场管理人员和施工人员进行安全技术交底；参加移动模架工程的施工人员，应通过专业培训考核合格后方能上岗工作			
4	模架结构	1. 定型移动模架产品及所用构配件应与所施工的混凝土梁各项施工要求相适应			
		2. 非定型移动模架的主承重梁的支承位置、间距应符合模架设计要求			

续表

工程名称		检查内容	检查地点及记录		
序号	检查项目		是否合格（√）	检查记录	复查记录
4	模架结构	3. 非定型移动模架的主承重梁的纵、横向连接的型号位置和连接方式应符合模架设计要求，连接应牢固可靠			
		4. 下行式模架的托架采用对拉连接时，精轧螺纹钢筋的使用次数不应超过设计要求			
		5. 下行式模架的托架采用非对拉连接安装时，托架位置、构造方式应符合模架设计要求			
5	移动模架施工	1. 移动模架应按产品操作手册安装，并由移动模架设计制造厂家派专人现场指导安装与调试			
		2. 临时拼装支架地基基础应坚实可靠，架体结构应牢固可靠、构造合理，支架搭设材料及构件的质量应符合国家现行相关标准要求			
		3. 下行式模架的托架采用对拉连接时，张拉精轧螺纹钢筋预拉力应符合设计要求，双螺帽应紧固			
		4. 上行式模架后支腿应置于已浇筑梁段腹板中心线上，支承面积应满足模架设计要求			
		5. 模架拼装过程中，支腿托架、主梁、横联应及时连接，防止模架整体失稳			
		6. 模架在首孔梁浇筑位置首次安装就位后应按不小于 1.2 倍施工总荷载进行预压试验，每次重新组装后应按最大施工组合荷载的 1.1 倍进行模拟荷载试验，检验合格后应由制造厂家和使用单位共同签认，符合移动模架设计要求后方可正式投入使用			
6	检查验收	1. 移动模架拼装采用的临时支架或吊架施工完成后应办理验收手续			
		2. 移动模架进场后，应清点、检查所有部件，并对重点部位焊缝进行无损探伤检测			
		3. 采用对拉连接的托架安装前，应对精轧螺纹钢筋、夹具及连接器进行外观检查，并应进行力学试验，合格后方可使用			
		4. 移动模架拼装完成后应对电路、液压系统的运行情况进行检查			
		5. 移动模架组装后首次使用前应组织设计制造和安装单位共同进行检查验收			
		6. 过孔前应对模架的关键部位和支承系统进行全面检查			
		7. 各阶段检查验收应采用经审批的表格形成记录，并应由相关责任人签字确认			
		8. 验收合格后应在明显位置悬挂验收合格牌			

续表

工程名称		检查内容	检查地点及记录		
序号	检查项目		是否合格（√）	检查记录	复查记录
7	模架过孔	1. 移动模架过孔应在梁体预应力初张拉完成后方可进行			
		2. 模架打开过孔前应确认电路、油路运行正常，并应解除所有影响模架位移的约束			
		3. 模架纵向移动时两侧的承重主梁应保持同步			
		4. 模架横向开启及合拢过程中，左右两侧模架、同侧模架前后端均应保持同步			
		5. 纵移到最后 1m 时，应按点动按钮前进；移动模架应有可靠的纵向过孔限位和制动装置			
		6. 移动模架过孔后应及时将外模系统合拢，并应将支腿吊架、主梁、横联及时连接			
		7. 移动模架安装完成或纵移定位后，支撑主梁的油缸应处于锁定状态			
		8. 移动模架在过孔时的抗倾覆稳定系数不应小于 1.5			
8	使用与监测	1. 移动模架使用前，应在显著位置悬挂移动模架安全使用规程			
		2. 移动模架移动过孔时，应对模架的运行状态进行监控			
		3. 浇筑混凝土时，应对承重主梁变形进行监测，并应形成监测记录			
		4. 模架中的动力和照明线路应由专业人员敷设，并应定期检查清理，消除短路、漏电等隐患			
		5. 移动模架浇筑作业面上的施工荷载应在模架设计允许范围内			
		6. 混凝土浇筑应由悬臂端向已浇筑梁端进行，左右两侧腹板及翼缘混凝土对称下料，以保证主梁结构受力均匀，变形一致			
		7. 风力大于六级时，不得进行移动模架施工作业，所有支腿均应处于锚固和锁定状态，外模板应闭合			
		8. 移动模架现场使用单位应对其安全技术资料建立安全技术档案			
9	移动模架拆除	1. 模架拆除前，应设置围栏和警戒标志，并应派专人监护			
		2. 移动模架拆除应在不带电的状态下进行；移动模架拆除应对称进行，防止整体结构失衡失稳			
		3. 拆除主梁等大型构件前，应采取增设缆风绳、临时支撑等措施，防止倾覆			
		4. 拆下的构件应堆放稳定，防止倾翻伤人			

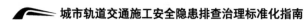

续表

工程名称		检查内容	检查地点及记录		
序号	检查项目		是否合格（√）	检查记录	复查记录
10	其他问题				
检查依据		1.《市政工程施工安全检查标准》CJJ/T 275—2018 2.《建筑施工模板安全技术规范》JGJ 162—2008 3.《建筑工程大模板技术标准》JGJ/T 74—2017 4.《建筑施工扣件式钢管脚手架安全技术规范》JGJ 130—2011			
检查评价		初次检查评价：	二次检查（复查）评价：		
签字栏		施工现场责任人签字：	施工现场责任人签字：		
		检查人员签字：	复查人员签字：		
检查日期		年　月　日	年　月　日		

液压爬升模板施工检查清单　　　　　　　表 C.0.6

工程名称		检查内容	检查地点及记录		
序号	检查项目		是否合格（√）	检查记录	复查记录
1	一般要求	1. 上架体高度、宽度应能满足支模、脱模、绑扎钢筋和浇筑混凝土的操作需要			
		2. 下架体高度应能满足油缸、导轨、挂钩连接座和吊平台的安装和施工要求，宽度应能满足上架体模板水平移动 400mm ~ 600mm 的空间需要，并应能满足导轨爬升、模板清理和涂刷脱模剂要求			
		3. 上架体和下架体均应采用纵向连系梁将平面架体连成整体			
		4. 架体主框架水平支承跨度不应大于 6m，架体的水平悬臂长度不得大于水平支承跨度的 1/3			
		5. 在爬升和使用工况下，架体竖向悬臂高度均不应大于架体高度的 2/5，且不得大于 6m			
		6. 上下操作平台间应设置专用通行梯道，梯道应牢固保持畅通、满铺脚手板且牢固固定			
		7. 上下架体全高范围及吊平台底部应按临边作业要求设置安全防护栏杆和安全立网，下操作平台及吊平台与结构表面之间应设置翻板和兜网			
		8. 操作平台上的施工荷载应均匀，并应在设计允许范围内，操作层应在外侧设置高度不低于 180mm 的挡脚板，操作平台上应按消防要求设置消防设施			
		9. 爬模操作人员应经培训并定岗作业，操作平台与地面之间应有可靠的通信联络，并统一指挥			
		10. 爬模装置安装、爬升、拆除时应设置安全警戒，并应设置专人监护			
2	专项方案	1. 爬模施工前应编制专项施工方案，专项施工方案应组织专家论证，并经施工总承包单位、监理单位和建设单位相关人员审核、审批，施工总承包单位应按审批后的专项方案组织施工			
		2. 爬模施工前应编制完整的设计文件，并应进行结构设计计算			
		3. 专项施工方案实施前，应进行安全技术交底，并应有文字记录			
3	承载体	1. 锥形承载接头的安装位置应符合爬升模板设计要求，其定位中心允许偏差应为 ±5mm			
		2. 挂钩连接座应采用专用承载螺栓固定，并应与结构物表面有效接触			
		3. 锥体螺母长度不应小于承载螺栓外径的 3 倍			
		4. 预埋件和承载螺栓拧入锥体螺母的深度均不应小于承载螺栓外径的 1.5 倍			

续表

工程名称		检查内容	检查地点及记录		
序号	检查项目		是否合格（√）	检查记录	复查记录
3	承载体	5. 承载螺栓螺杆露出螺母长度不得小于3扣，垫板尺寸不应小于100mm×100mm×10mm			
		6. 承载螺栓应与锥体螺母扭紧			
4	防倾与防坠装置	1. 导轨的垂直度偏差不应大于导轨高度的5/1000，且不得大于30mm，工作状态中的最大挠度不应大于5mm			
		2. 防倾装置的导向间隙不应大于5mm			
		3. 防坠装置必须灵敏可靠，其下坠制动距离不得大于50mm			
		4. 液压系统应具有超载和油缸油管破裂时的液压保护功能			
		5. 油缸不同步时应能启动调节功能			
5	爬升机构性能与设置	1. 导轨的梯挡应与油缸行程相匹配，并应能满足与防坠爬升器相互运动要求			
		2. 导轨顶部应与挂钩连接座可靠挂接或销接，中部应穿入架体防倾调节支腿中			
		3. 上、下防坠爬升器的定位销、限位器、导向板、承力块等组装件应转动灵活，定位正确可靠			
		4. 防坠爬升器换向应灵敏可靠，并应能确保棘爪支承在导轨的梯挡上，有效防止架体坠落			
		5. 油缸机位间距应符合爬模设计要求			
		6. 油缸选用的额定荷载不应小于工作荷载的2倍			
6	架体爬升	1. 爬模装置爬升时，承载体受力处混凝土的强度不应小于10MPa，并应满足爬模设计要求			
		2. 架体爬升前，应解除下层附墙连接装置及相邻分段架体之间、架体与构筑物之间的连接			
		3. 架体爬升前，应清除操作平台上的堆料			
		4. 防坠爬升器的工作状态应与导轨或架体的爬升状态相一致			
		5. 导轨爬升前，导轨锁定销键和导轨底部调节支腿应处于松开状态			
		6. 架体爬升前，架体防倾调节支腿应退出，挂钩锁定销应处于拔出状态			
		7. 架体爬升到位后，挂钩连接座应及时插入承力销和挂钩锁定销，并应确保防倾调节支腿紧密顶撑在混凝土结构上			
		8. 架体爬升到位后，应及时建立下层附墙连接装置及相邻分段架体之间、架体与构筑物之间的连接			

工程名称		检查内容	检查地点及记录		
序号	检查项目		是否合格（√）	检查记录	复查记录
6	架体爬升	9.架体爬升过程应设专人检查防坠爬升器，确保棘爪处于正常工作状态			
7	检查验收	1.承载体、爬升装置、防倾和防坠装置以及架体结构的主要构配件进场应进行验收			
		2.应提供至少两个机位的出厂前爬模装置的安装试验、爬升性能试验和承载试验检验报告			
		3.爬模装置安装完毕应办理完工验收手续，并形成验收记录			
		4.架体每次爬升前应组织安全检查，并应形成安全检查记录			
		5.检查验收内容和指标应有量化内容，并应由责任人签字确认			
8	其他问题				
检查依据		1.《市政工程施工安全检查标准》CJJ/T 275—2018 2.《铁路桥涵工程施工安全技术规程》TB 10303—2020 3.《城市轨道交通工程质量安全检查指南》建质〔2016〕173号			
检查评价		初次检查评价：	二次检查（复查）评价：		
签字栏		施工现场责任人签字：	施工现场责任人签字：		
		检查人员签字：	复查人员签字：		
检查日期		年　月　日	年　月　日		

悬臂浇筑连续梁施工检查清单　　　　表 C.0.7

工程名称		检查内容	检查地点及记录		
序号	检查项目		是否合格（√）	检查记录	复查记录
1	施工准备	1.应编制悬臂浇筑连续梁施工专项施工方案、挂篮及悬臂吊机安装、拆卸专项施工方案，连续梁合龙段浇筑吊机锁定及压重专项施工方案，并经专家论证			
		2.油压千斤顶、油泵、油管和压力表等，在使用前应按规定进行检验标定			
2	支（拱）架搭设及验收	1.对支架搭设区域进行地基处理，地基承载力满足要求，基础及承台、墩柱上预埋地脚螺栓、法兰盘等位置准确。不得在支架基础及邻近处进行挖掘作业			
		2.支架搭设应按规定设置抱墩附墙刚性支撑及安全平网、立体交叉作业防护网和防雷、临时用电接地装置；在支撑体系之外，设置必要的作业平台、防护栏杆、施工爬梯及地面围栏等安全设施			
		3.钢管立柱应确保垂直，支架焊接处焊缝应饱满，焊缝质量、焊缝厚度、长度符合规范要求			
		4.支架搭设、验收完毕后，支架预压时的加载顺序应与梁体混凝土浇筑顺序一致；支架预压的方法和加载顺序应按照专项施工方案组织实施；预压过程中应加强监控量测和监护警戒，支架预压期间应进行监控测量，详细记录预压时间及沉降量；预压荷载应不小于最大施工荷载的1.1倍，并分级加载、分级卸载；采用砂袋预压时应采取防雨防水措施			
		5.混凝土泵送管道、高处作业爬梯、塔式起重机及其附墙件等不得与支撑架连接			
		6.支架在承重期间，不得随意拆除任何杆件			
		7.支架预压和梁体混凝土浇筑过程中，应设专人对支架架体和地基、基础进行观察和监测，发现变形异常或有异常声音时，应立即撤出作业人员，再妥善采取处置措施			
3	支座安装	1.支座安装前，应检查验收支座品种、规格、配件质量和调高量等应符合设计要求和相关标准的规定；不得任意松动上、下板连接螺栓；墩顶及支座锚栓孔中的积雪、冰冻、积水和其他杂物应清理干净，并采取必要的防滑措施			
		2.墩台顶应设置栏杆、施工爬梯等安全防护设施，支座在墩顶存放应固定牢固；吊运支座时，墩顶作业人员应待支座稳定后再扶正就位			
		3.顶落梁所用的油压千斤顶均应附有球形支撑垫、保险圈和升程限孔；多台千斤顶同时使用时，应选用同一类型，并用油管并联			

续表

工程名称		检查内容	检查地点及记录		
序号	检查项目		是否合格（√）	检查记录	复查记录
4	混凝土浇筑	1. 振捣器或振动器应安装漏电保护器；电源线规格应满足设备要求，确保绝缘无破损，接头连接牢固；保护零线应符合规定			
		2. 检修或停止作业时，应切断电源，不得用电缆线、软管拖拉或吊挂振捣器或振动器			
		3. 混凝土浇筑过程中应对模板、支架、钢筋骨架进行监控，发现异常情况时，应立即停止作业，并整修牢固			
5	预应力张拉	1. 预应力筋在使用前必须作张拉、锚固试验，并应进行管道摩阻、喇叭口摩阻等预应力损失测试，以保证预施应力准确			
		2. 张拉施工之前必须配套标定张拉设备，对千斤顶、压力表、油泵进行校验，合格后，将其组合成全套设备			
		3. 张拉用千斤顶的校正系数不应大于 1.05，油压表的精度不应低于 1.0 级；城市桥梁工程张拉设备的校准期限不得超过半年，且不应超过 200 次张拉作业；油压表检定周期不应超过一周，且宜采用耐震压力表；当采用 0.4 级压力表时，检定周期可为 30d，但每周应进行定期校准；千斤顶张拉吨位不应小于张拉力的 1.2 倍，且不应大于张拉力的 2 倍			
		4. 混凝土浇筑完毕，龄期不少于 5d，混凝土强度应达到 95%，弹性模量应达到 100% 后方可进行张拉施工			
		5. 预应力张拉控制应力和张拉程序应符合设计规定；预应力张拉控制应力均不得超过设计规定的最大张拉控制应力；张拉采用双控，以张拉力为主，伸长值作为校核			
		6. 张拉应按先纵向再竖向后横向的顺序进行，先腹板再顶板后底板，从外向内左右对称进行；横向预应力筋应在梁体两侧交替单端张拉，每一梁段伸臂端最后一根横向预应力筋，应在下一梁段张拉时进行张拉			
		7. 预应力张拉悬空作业时，应搭设操作平台；雨天张拉时，应搭设防雨篷			
		8. 开的夹具，必须保证其对预应力筋的锚固没有影响，且对操作人员的安全不造成危险			
		9. 张拉区应设置警示标志，非操作人员不得进入			
		10. 张拉区两端应设置防护挡板，且应高出最上一组张拉钢筋 0.5m，挡板应宽出张拉端两侧各不小于 1m			

工程名称		检查内容	检查地点及记录		
序号	检查项目		是否合格（√）	检查记录	复查记录
5	预应力张拉	11. 张拉人员应在张拉端侧面作业；张拉时，千斤顶后面不得站人，不得踩踏高压油管；油泵工作时，操作人员不得离岗			
		12. 施加预应力时，预应力筋、锚具和千斤顶应位于同一轴线上			
		13. 张拉过程中发现油泵、千斤顶、锚夹具等有异常时，应立即停止作业，并查明原因进行检修；需要时在复工前应对油泵和千斤顶重新标定；张拉后，严禁撞击锚具、钢束			
6	管道压浆	1. 张拉作业完成后在24h内完成管道压浆，特殊情况必须48h内完成			
		2. 压浆时应调整好安全阀；关闭阀门时，作业人员应站在侧面，并应穿防护服、戴护目镜			
7	合龙	1. 合龙段长度、合龙施工顺序、合龙口临时锁定方法应符合设计要求；刚性支撑锁定在温度变化幅度最小的时间区间内，全桥对称、均衡同步锁定			
		2. 预加压重应在混凝土浇筑过程中按等量换重的方式逐步解除			
		3. 合龙梁段混凝土应在一天中气温最低时间快速、连续浇筑，以使混凝土在升温环境中凝固；合龙段锁定前，对悬臂断面进行48h连续观测			
		4. 合龙段混凝土施工时应平衡施工，两侧施工荷载的实际不平衡偏差不应大于设计允许值，保证T构稳定			
8	其他问题				
检查依据		1.《铁路桥涵工程施工安全技术规程》TB 10303—2020 2.《城市桥梁工程施工与质量验收规范》CJJ 2—2008 3.《市政工程施工安全检查标准》CJJ/T 275—2018 4.《城市轨道交通工程质量安全检查指南》建质〔2016〕173号			
检查评价		初次检查评价：	二次检查（复查）评价：		
签字栏		施工现场责任人签字： 检查人员签字：	施工现场责任人签字： 复查人员签字：		
检查日期		年　月　日	年　月　日		

挂篮施工检查清单　　　　　　　　　　　　表 C.0.8

工程名称		检查内容	检查地点及记录		
序号	检查项目		是否合格（√）	检查记录	复查记录
1	内业资料	1.方案中应编制挂篮、悬臂吊机安装、拆卸专项施工方案，明确相关安全技术要求，并经专家论证			
		2.挂篮应有设计资料及计算书			
		3.挂篮进场验收资料应包括： （1）厂家必须有钢结构加工资质。 （2）承重构件、连接件应有质量合格证和材质证明。 （3）钢吊带、吊杆、销座（包括其轴销）应进行无损探伤检测并附有合格证明。 （4）应有主桁架、前后吊带、销子等关键部件力学性能试验材料。 （5）挂篮采用的液压、卷扬设备应有产品合格证。 （6）焊缝无损检测合格证明材料。 （7）挂篮各部件加工完毕后，应在生产厂家进行试拼装并形成记录。 （8）挂篮制作完成后，应由厂家质检合格、并出具合格证			
		4.挂篮安装前应对施工人员进行培训及技术交底			
		5.应有挂篮的拼装检查验收资料			
		6.挂篮的走行性能试验结束后应形成报告或总结			
		7.挂篮首次组拼后，应按不小于1.2倍施工总荷载进行模拟荷载试验，每次重新组装后应按最大施工组合荷载的1.1倍进行模拟荷载试验，检验合格后应由制造厂家和使用单位共同签认，符合挂篮设计要求后方可正式投入使用			
2	承重系统	1.挂篮构件、连接件没有显著的扭曲和侧弯变形，没有严重的挠度和锈蚀等缺陷；焊接部位焊缝饱满；焊缝没有脱开、破损、撕裂现象			
		2.各种销轴、螺栓齐全、紧固，螺母开口销等齐全有效；螺杆外露长度满足规范要求			
		3.各种螺栓孔不得随意切割扩孔，扩孔应经挂篮原设计、检算单位同意			
		4.挂篮主桁架之间要有足够刚度的横联，承受集中力的位置应按图纸进行局部加强			
		5.挂篮增加设施时必须检算，不得损害挂篮结构或影响其受力平衡状态			
3	锚固系统	1.后锚使用的精轧螺纹钢筋应定位准确，确保垂直受力，使用双螺母锁紧，并采取防松脱、防损伤的保护措施			

续表

工程名称		检查内容	检查地点及记录		
序号	检查项目		是否合格（√）	检查记录	复查记录
3	锚固系统	2. 后锚的精轧螺纹钢筋应通长使用，确需接长时应确保钢筋接头位于连接器中心，精轧螺纹钢筋端头处应采用双螺母锁紧			
		3. 挂篮拼装应对称进行，随时做好构件稳固，及时形成稳定结构			
		4. 挂篮组拼时，应同步做好锚固和安全防护			
		5. 在坡道上拼装或移动挂篮时，应设置防溜装置			
4	走行系统	1. 走行轨应铺设平顺、平行，走行轨之间连接牢固可靠，并按规定做好锚固，使用螺栓连接的，采用双螺母锁紧；轨道、反扣板和前支座等部件齐全			
		2. 应设置制动及限位装置			
		3. 挂篮应设有纵向走行设备和抗倾覆稳定设施；挂篮安装、走行及浇筑梁段混凝土等各种工况的抗倾覆安全系数不得小于2；挂篮锚固系统、限位系统等结构安全系数均不得小于2			
		4. 挂篮前移应根据不同移动方式、驱动动力的操作要求进行，并应保持主桁处于水平状态；挂篮前移不得使用卷扬机钢丝绳作为牵引动力			
		5. 挂篮行走应制定专项操作指导书			
5	吊挂系统	1. 模板悬吊系统使用的精轧螺纹钢筋应定位准确，确保垂直受力，使用双螺母锁紧，并采取防松脱、防损伤的保护措施			
		2. 模板悬吊系统使用的精轧螺纹钢筋应通长使用，确需接长时应确保钢筋接头位于连接器中心，精轧螺纹钢筋端头处应采用双螺母锁紧			
		3. 挂篮应设有调控前吊杆高低设备和调整模板前端高程设备			
		4. 挂篮前端应设有作业平台且牢固			
6	模板系统	1. 模板安装施工前应制定安全技术措施，并向作业人员进行安全技术交底			
		2. 模板应具有足够的强度、刚度和稳定性，并能承受新浇混凝土的重力、侧压力和施工期间可能产生的各项荷载			
		3. 作业人员登高应走专用斜道或爬梯，不得利用模板支撑和脚手架上下攀登			
		4. 混凝土浇筑前，应对挂篮的锚固系统、吊挂系统和限位装置等进行全面检查			

续表

工程名称		检查内容	检查地点及记录		
序号	检查项目		是否合格（√）	检查记录	复查记录
6	模板系统	5. 遇异常天气时，应对模板、支架检查和维护，当发现沉落、变形、跑模等情况时，应立即停止施工，并经整修加固安全后方可复工			
7	挂篮移动	1. 移动挂篮前，混凝土强度达到设计规定，并按设计要求完成梁段纵向预应力张拉			
		2. 专人指挥挂篮移位，无关人员撤离至安全区域			
		3. 滑道应铺设平顺，并按规定做好锚固			
		4. 挂篮走行前应检查走行系统、吊挂系统、模板系统；必要时设置防挂篮坠落的双保险措施			
		5. 挂篮应对称移位，尾部设制动装置，移动速度控制在 0.1m/min 以内			
		6. 挂篮移动到位后应及时锚固，前端限位装置应设置牢固，前吊杆、后锚杆的锚固力应调试均匀			
		7. 六级以上大风、雷雨、大雾等恶劣天气时，严禁移动挂篮			
8	施工用电	1. 为防止雨雷电发生放电事故，在挂篮上设接地线，与桥墩预埋接地体可靠连接，接地电阻符合要求；雷雨季节前，避雷装置应进行一次预防性试验，并应测量接地电阻			
		2. 电源导线严禁直接绑扎在金属架上，配电设施应做好固定及加固			
		3. 配电箱、开关箱应有名称、用途、分路标记，有锁，有防雨措施，不得放置杂物，并由专人负责定期进行检查、维修			
9	检查验收	1. 挂篮设备进场时应对各构件规格、型号、尺寸、数量、外观质量、配件及专用工具的配备进行检查验收			
		2. 挂篮拼装完成后，应办理完工验收手续，全面检查制作和安装质量			
		3. 挂篮行走到位固定后，浇筑混凝土前应检查锚固系统吊挂系统和模板系统			
		4. 各阶段检查验收应采用经审批的表格形成记录，并应由相关责任人签字确认			
		5. 挂篮验收合格后应在明显位置悬挂验收合格牌			
10	使用与监测	1. 挂篮使用前，应在显著位置悬挂挂篮安全使用规程			
		2. 挂篮使用过程中应对挂篮各部位的变形进行监测，并应形成监测记录			

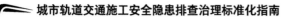 城市轨道交通施工安全隐患排查治理标准化指南

续表

工程名称		检查内容	检查地点及记录		
序号	检查项目		是否合格（√）	检查记录	复查记录
10	使用与监测	3.挂篮浇筑作业面上的施工荷载应在挂篮设计允许范围内			
		4.严禁在精轧螺纹钢筋吊杆上进行电焊、搭火作业			
		5.施工现场应建立挂篮的安全技术档案			
11	挂篮拆除	1.挂篮拆除前，专项施工方案编制人员或项目技术负责人应向现场管理人员和作业人员进行安全技术交底			
		2.挂篮后移过程中应设专人统一指挥			
		3.拆除作业应按先拆除模板和吊挂系统，后拆除主桁受力系统的顺序进行			
		4.模板系统和吊挂系统拆除前，应完成体系转换			
		5.两悬臂端挂篮后移和拆除应对称同步进行			
		6.挂篮拆除过程中，前端严禁堆放物料			
12	其他要求	1.跨越公路、通航河道作业时，应事先与当地行政主管部门联系，商定有关施工期间的安全协调事项，按规定设置安全防护设施和警示标志			
		2.跨越电气化营业线铁路施工时，按相关规定制定挂篮防电安全方案，并经铁路部门审批			
		3.悬臂浇筑施工区应设置安全防护区并有明显警示标志，禁止非施工人员和车辆通行或逗留			
		4.挂篮四周应设网状封闭式安全防护网，工作平台底部应进行全封闭，防止施工过程中机具、材料、杂物等掉落			
		5.挂篮悬臂施工过程中，应加强对滑道、主桁节点、锚固、吊挂和模板等系统的日常检查，桥面上禁止堆放不平衡荷载，确保施工安全			
13	其他问题				
检查依据		1.《城市轨道交通工程质量安全检查指南》建质〔2016〕173号 2.《铁路桥涵工程施工安全技术规程》TB 10303—2020 3.《城市桥梁工程施工与质量验收规范》CJJ 2—2008 4.《高速铁路桥涵工程施工技术规程》Q\CR 9603—2015			
检查评价		初次检查评价：	二次检查（复查）评价：		
签字栏		施工现场责任人签字：	施工现场责任人签字：		
		检查人员签字：	复查人员签字：		
检查日期		年　月　日	年　月　日		

斜拉桥施工检查清单

表 C.0.9

序号	工程名称 检查项目	检查内容	检查地点及记录 是否合格（√）	检查记录	复查记录
1	施工方案	1. 涉及营业线、邻近营业线、跨路施工方案经相关管理部门审查并按审查意见修改完善			
		2. 主梁施工应全过程监控，根据设计要求和前一施工阶段的监控结果进行线形和索力调整			
2	索塔	1. 主塔施工应设置避雷装置，并定期检测防雷接地电阻			
		2. 主塔、横梁等高处作业，应形成主塔塔身封闭的高处作业系统，每层施工面应设置安全立网和平网，网格、网距、受力等应符合要求			
		3. 主塔施工应设警戒区，人行通道应按要求搭设防护棚			
		4. 主塔施工机具、设备和物料的提升、吊运应使用专用吊具			
		5. 主塔施工每层平台及塔内应按要求配备消防器材；爬模施工中，消防水管应随主塔同步接高			
		6. 主塔施工劲性骨架的强度、刚度应能满足钢筋架立、锚固区预埋件安装、模板安装的要求			
		7. 倾斜塔身施工应验算主塔内力和变形，不满足要求时应设置撑杆或拉杆			
		8. 塔梁同步施工的，在梁面上的主塔施工影响区域应布设防护装置，设置安全通道			
		9. 风力六级及以上、大雨、雷暴、大雾等恶劣天气，不得进行脱模爬升等高处作业			
		10. 主塔横梁与主塔采用异步施工时，上部主塔、下部横梁均应采用防止高处坠落和物体打击的安全措施；横梁钢筋混凝土施工时，在支撑模板的分配梁和四周应安装安全护栏，护栏外侧应满挂安全网；在横梁、塔身合龙段内部空心段拼装、拆除模板时，应配备照明设施，必要时应采用通风措施			
		11. 主塔施工应设警戒区，索塔与梁交错多层作业应采取安全防护措施，形成主塔塔身封闭的高处作业系统，每层施工面应设置安全立网和平网，网格、网距、受力等应符合要求；高处作业人员应持证上岗；人行通道应按要求搭设防护棚。主塔作业区内应设置必要的通信联络设施			

续表

工程名称		检查内容	检查地点及记录		
序号	检查项目		是否合格（√）	检查记录	复查记录
2	索塔	12. 混凝土索塔横梁施工应根据结构、重量及支撑高度设置可靠的模板和支撑系统，并应考虑混凝土浇筑时支撑的弹性和非弹性变形、支承下沉、温差及日照等影响，必要时应设置调控设施			
		13. 各种预埋件的位置应准确，并满足设计要求			
		14. 索道管位置必须测量定位准确，保证梁、塔索道孔道位于同一直线上，并应固定在劲性骨架上，防止浇筑混凝土过程中位移			
3	主梁	1. 斜拉桥主梁施工应符合专项施工方案的要求			
		2. 采用支架法施工时应依据设计要求和现场实际情况，确定旱地支架和跨河段膺架的规格型式、基础（地基）处理和地基加固方法及相应的安全技术措施			
		3. 支架预压应符合相关规范标准规定			
		4. 主梁高处作业、挂索、安装锚具、张拉拉索等作业工序，应在拉索锚端及索管部位设置安全网、临边围护、操作平台等安全防护设施			
		5. 钢主梁加工制作、试拼装、焊接、高强螺栓连接、现场安装与涂装等作业应满足相关规范安全要求			
		6. 主梁采用悬臂浇筑法施工时应符合悬臂浇筑施工相关要求			
4	斜拉索	1. 斜拉索展开时，锚头小车应保持平衡，操作人员与索体距离不得小于1m			
		2. 塔端挂索施工平台应搭设牢固，平台四周及人员上下台的通道应设置防护栏杆，护栏外侧应满挂安全网，人员上下通道脚手板应铺满			
		3. 梁端移动挂索平台应搭设牢固，滑车及轨道应保持完好			
		4. 挂索前，应检查塔顶卷扬机、导向轮、钢丝绳及卷扬机与塔顶平台的连接焊缝；索夹具应无变形，焊缝应无裂纹，螺栓应无损伤			
		5. 挂索前，应检查塔内撑脚千斤顶、手拉葫芦及千斤顶的吊挂情况是否符合要求			
		6. 斜拉索塔端锚头挂设时，应在挂索施工区域设置警戒区			
		7. 斜拉索的吊装方法应根据塔高、布索方式、索长、索重、索的刚柔程度和起重设备情况、现场作业条件等选用；较硬或较厚防护层的斜拉索，不得采用单吊点法吊装			

续表

工程名称		检查内容	检查地点及记录		
序号	检查项目		是否合格（√）	检查记录	复查记录
4	斜拉索	8. 拉索张拉前，应检查张拉机具；连接丝杆与斜拉索应顺直			
		9. 千斤顶、油泵、油表等机具及测力设备应按规定校验；张拉杆的安全系数应大于 2.0，每挂 5 对索应用探伤仪检查一次张拉杆，不得使用有裂纹、疲劳及变形的张拉杆			
		10. 塔内脚手架应稳固可靠，操作平台应封闭，操作平台底应挂安全网；作业人员不得向索孔外抛掷物品			
		11. 塔内应设置安全通道；塔内照明应采用安全电压，并应配备消防器材；塔内不得存放易燃易爆物品			
		12. 高处气割焊作业时，应设置可靠的接渣措施，防止焊渣飞溅损伤斜拉索或引发火灾等			
		13. 斜拉索的吊装方法应根据现场实际情况选用，较硬或较脆外防护层的斜拉索，不得采用单吊点法吊装；索夹经过验收合格，螺栓的紧固力及重紧次数应符合设计要求，锚具应逐个进行探伤检验，锚锁牢固；钢绞线斜拉索单根挂索时，应控制各挂索点的挂索进度，使同一塔柱的中、边跨索力及节段梁两束索的总索力差控制在允许范围之内			
		14. 钢绞线斜拉索整体张拉千斤顶安装对中误差不大于 5 mm，施工过程中，张拉时以主梁线形控制为主，索力控制为辅			
		15. 各工作点进行同步分级张拉，各点同级索力相对误差控制在 5% 之内，拉索最终索力误差控制在控制索力的 3% 以内			
		16. 斜拉索的索力调整值和调整程序应符合设计要求；桥梁施工到下述阶段时，全桥应测核索力： （1）桥梁悬臂施工到合龙前。 （2）跨中合龙后，梁体内预应力筋全部张拉完成时。 （3）梁上铺砟、铺轨和安装附属设备完成时			
		17. 斜拉索安装后，在抗振和减振装置安装前，两端锚具和索道管应有临时防护措施，防止雨水浸入和异物撞击锚头			
		18. 在全部施工过程中均应注意对斜拉索的保护，拖索、牵引、锚固、张拉及调整的各道工序中均要避免扭、碰、压、折、刮伤斜拉索			

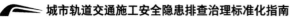

续表

工程名称		检查内容	检查地点及记录		
序号	检查项目		是否合格（√）	检查记录	复查记录
5	其他问题				
检查依据		1.《市政工程施工安全检查标准》CJJ/T 275—2018 2.《铁路桥涵工程施工安全技术规程》TB 10303—2020 3.《城市轨道交通工程质量安全检查指南》建质〔2016〕173号			
检查评价		初次检查评价：	二次检查（复查）评价：		
签字栏		施工现场责任人签字：	施工现场责任人签字：		
		检查人员签字：	复查人员签字：		
检查日期		年　月　日	年　月　日		

运架梁作业检查清单

表 C.0.10

工程名称		检查内容	检查地点及记录		
序号	检查项目		是否合格（√）	检查记录	复查记录
1	一般要求	1.运架梁作业人员必须经过基本作业技能、安全生产教育培训考核合格后方可上岗，特种设备作业人员必须持证上岗，严禁运架梁作业人员无证上岗，施工前对施工人员进行安全教育和安全技术交底，做到合理安排，分工明确，责任到人			
		2.架梁设备进场必须经特种设备检验机构监督检验合格，设计文件、产品质量合格证明等资料应齐全，投入使用前或者投入使用后 30d 内向负责特种设备安全监督管理的部门办理使用登记，取得使用登记证书，严禁未经检验合格即投入使用			
		3.运架梁作业必须落实定人、定机、定责制度，按规定维护、保养，作业前应对运架梁设备的技术性能、安全装置等进行全面检查，确保设备安全，严禁设备带病作业			
		4.架梁设备必须安装安全防护装置，并达到规定的安全技术工作状态，保持正常的工作性能，架桥机应设有接地装置、避雷设施、电气绝缘，且应符合规范要求；恶劣天气情况下禁止架梁作业且必须采取可靠防护措施防止架梁设备倾覆			
		5.架梁前必须按规定组织对运架梁走行线路和桥头路基、桥梁墩台、支承垫石等的质量安全情况及安全防护设施进行检查，严禁在运架梁走行线路不符合通行条件、桥头路基等质量不合格情况下进行运架梁作业			
		6.移、存或完成箱梁架设后，梁体两侧应有防止倾倒的可靠支撑或牵拉保护措施，架桥机过孔前应按规定焊接临时横向连接，进行横向临时紧固，严禁架桥机在梁体横向连接和紧固不到位的情况下过孔			
		7.桥梁运输作业必须严格运输计划管理，落实桥梁运输"一度停车"和限速制度，箱梁运输便道的承载力和相关参数应与选用的运架设备有关性能相匹配，长大下坡道运梁必须按规定进行制动试验，严禁无计划进行运梁作业			
		8.架梁作业区域、桥下影响范围应设置明显的安全警示标志和可靠的防护措施，并由专门安全防护人员进行现场监督，严禁行人、车辆、船只擅自通行或停留			
2	施工方案	1.箱梁搬（提）、运、架设备安装、拆卸和箱梁提、运、架作业，应编制专项施工方案及应急预案，专项施工方案按规定程序组织专家进行论证、评审，按规定组织关键节点施工前条件验收			

工程名称		检查内容	检查地点及记录		
序号	检查项目		是否合格（√）	检查记录	复查记录
2	施工方案	2.箱梁制、搬（提）、运、架设备安装完成后，应进行载荷试验，经由具备相应资质的检验检测机构检验合格后方可投入使用			
		3.应定期对箱梁搬（提）、运、架设备进行检查，滑轮、吊杆、吊钩、主梁、销轴等重要部件应按规定频次进行探伤检测；设备发生故障应由专业人员维修处理			
		4.应建立箱梁搬（提）、运、架等大型设备的安全技术档案，内容包括： （1）设计文件、产品质量合格证明、安装及使用维护保养说明、安全检验证明等相关技术资料和文件。 （2）设备定期检验和定期自行检查的记录。 （3）设备的日常使用状况记录。 （4）设备及其附属仪器仪表的日常维护保养记录。 （5）设备的运行故障和事故记录			
		5.所有运、架梁作业人员均应经过安全培训，熟悉运、架梁工艺过程，严禁无方案无交底施工或不按方案、交底施工，作业过程由专职安全生产管理人员进行现场监督			
		6.运梁线路（方案）应取得交通主管部门批准且各种手续齐全，地面运梁通过的桥梁需要检测、评估			
3	施工准备	1.箱梁搬（提）、运、架设备必须有自锁、互锁、联锁保护装置，防止误操作；按要求配备安全监控装置，未安装安全监控装置的不得投入使用			
		2.架梁前，总承包单位应根据箱梁搬（提）、运、架设备特点，制定安全技术操作规程及维修保养制度，按规定组织架梁前验收			
		3.门式起重机走行轨道应牢固，轨距不得超限，螺栓或扣件不得缺失，周边排水系统应通畅			
		4.两台吊机起吊时信号、指挥应统一，起落或横移应同步；门式起重机应有完好的锁轨装置			
		5.运梁车发动机高温部位应使用防火板或耐高温阻燃材料与燃油、液压管路有效隔离			
		6.运梁车不应超速行驶；喂梁时，应具有完好停车限位相关措施。驮梁小车与架桥机起重小车需同步			
		7.架梁作业前，架桥机应按线路坡度、曲线半径进行测量调平和支垫，支腿应垂直。大坡道、小半径地段运架梁设备改造后应按规定经型式试验合格			
		8.架梁作业需有防风措施；雨季施工需有防雷击措施；冬期施工需有防滑、保温措施			

续表

工程名称		检查内容	检查地点及记录		
序号	检查项目		是否合格（√）	检查记录	复查记录
3	施工准备	9. 起落梁时千斤顶位置应准确，起落需同步			
		10. 跨越道路、河道施工时，需要有相应的安全防护措施			
4	预制梁场	1. 制梁、存梁台座及门式起重机走行轨道的地基应进行验算，确保有足够的承载力，台座应有足够的强度、刚度和稳定性，必要时应进行加固处理			
		2. 制梁及存梁台座宜设在地势较高的位置且确保四周具有良好的排水系统，防止积水浸泡产生不均匀沉降或冻胀			
		3. 钢模板翼模外侧应设置人行通道及防护栏杆，桥梁两端应设置人员上下扶梯			
		4. 钢筋骨架和箱梁内模在龙门式起重机整体吊装时应配备专用吊具，多吊点均匀起吊；两台吊车同时起吊时，应统一指挥，同步起吊和横移，同时配备信号工、司索工等专业起吊人员			
		5. 预制梁混凝土浇筑完成后，抽拔预应力孔道胶管时，应清除卷扬机工作区域内障碍物，梁端附近严禁站人，防止胶管回弹伤人			
		6. 混凝土浇筑后应加强梁内通风，拆除内模时应缓慢匀速进行，内模内不得站人，应将已拆下的端模及侧模支撑固定			
		7. 后张法制梁时钢绞线开盘时纠正乱盘和扭结，使用砂轮机切割下料，并配置专门防护架，防止钢绞线弹出伤人			
		8. 张拉时应设置专用工作平台，平台应有防护屏障，设置明显的警示标志，非工作人员禁止入内；张拉时千斤顶后面及油管接头附近不得站人，张拉设备异常时应立即停机检查维修，锚外钢绞线采用砂轮机切割，切割时不得伤害锚具，张拉后应严禁撞击锚具、钢束			
		9. 先张法制梁时张拉台座应能满足直线和折线配筋的工艺要求，张拉横梁受力后的最大挠度不得大于 2mm，锚板受力中心应与预应力筋合力中心一致；抗倾覆安全系数不小于 1.5，抗滑移系数不小于 1.3			
		10. 张拉千斤顶、油泵、压力表等应配套效验，确定张拉力与压力表读数的关系曲线，效验有效期一般不超过半年且不超过 200 次张拉作业			

续表

工程名称		检查内容	检查地点及记录		
序号	检查项目		是否合格（√）	检查记录	复查记录
4	预制梁场	11. 张拉预应力时，应采取防护网、防护墙等安全防护措施，操作人员应站在千斤顶的两侧；浇筑混凝土时，振捣器不得撞击钢绞线，梁体混凝土强度、弹性模量和龄期达到设计要求时放松预应力筋			
5	场内移梁	1. 箱梁吊点和运输支点的位置应符合设计要求，保证受力均衡			
		2. 后张梁在初张拉后移梁时，梁上不得堆放其他重物，终张拉后的移梁必须在管道压浆达到规定强度后进行			
		3. 移梁设备的走行道路（轨道）应根据负载接地比压进行专项设计和检算，对不能满足承载力要求的地基进行加固处理；走行道路（轨道）的宽度、平整度、坡度、曲线半径等应符合移梁设备性能要求；走行道路（轨道）应经常进行检查和维护			
		4. 移梁前应对提梁机进行检查调试，确保设备运转正常，划定提梁机行走路线，清除起重作业区域和走行限界内的障碍物			
		5. 提梁前应对吊索具进行检查，连接是否可靠，调整各吊杆螺距，确保受力均衡			
		6. 起吊梁体时应在顶板下缘吊孔处垫以钢垫板，垫板配置缓冲橡胶垫，并与梁顶板底密贴；箱梁吊放应缓慢在信号指挥人员指挥下进行；梁体吊运前应先进行试吊，试吊高度300mm～500mm，确认吊杆螺栓紧固、提升和下落制动可靠后方可继续作业			
		7. 提梁机停止作业时吊钩应升至规定高度，大、小车收回到规定位置，锁定运行装置；制动器要保持在工作状态，操纵杆放在空挡；关闭所有操作按钮并切断电源，锁闭操作室及电控柜			
		8. 风力六级及以上、大雨、大雪、大雾天气或气温低于搬梁机设计容许工作范围时应停止搬梁作业，台风来临或风力达到十级以上时应将搬梁机可靠锚定，楔紧两端专用木楔，梁存放时，应采取防倾覆措施			
6	运架设备安装和转场	1. 架桥机安装、拆卸的场地应平整、坚实、无积水和影响拼装、拆卸的障碍物；场地四周挂设警示标志，闲杂人员不得入内。临时支墩及其他地基基础应经设计验算			

工程名称		检查内容	检查地点及记录		
序号	检查项目		是否合格（√）	检查记录	复查记录
6	运架设备安装和转场	2.架桥机转场作业应符合下列规定： （1）转场前，提前对转场的起点和终点现场进行勘察，确保现场具备良好的装卸条件，如场地平整、坚实，有足够的空间进行设备的装卸和停放。 （2）小解体、驮运转场时，应确认起重小车稳固在规定位置；转运托架应与主梁及运梁车固定牢靠，低速行驶并设置监视人员。 （3）运梁车进入或退出架桥机腹腔时，应设专人监控运梁车与架桥机之间的距离。 （4）架桥机应与运梁车牢靠固定，检查并确认各部件摆放到指定位置。 （5）架桥机由运梁车载运到位，应先确认架桥机前后支腿和临时支撑稳固后，方可将运梁车上的升降托架下降，退出运梁车。 （6）导梁式运架一体机转场，由专人检查确认吊点位置是否准确、牢固，载运到位并稳固支垫导梁后，方可退出架桥机主机；无导梁式运架一体机转场，必须确认架桥机主、辅支腿折叠到位，并安排专人对加固情况进行检查确认。 （7）运架设备通过铁路运输时，应符合铁路运输的规定；通过公路运输时，应符合交通部门大件货物运输的规定			
		3.架桥机调头场地的空间、承载力和平整度必须符合要求，调头前应事先清除架桥机工作区域内的障碍物			
		4.架桥机通过隧道前，应检查轮廓尺寸是否满足隧道净空要求；架桥机在隧道内应沿确定的走行线路低速行驶，设专人观察和指挥，防止刮蹭			
7	装、运梁	1.运梁通道范围内的路基、桥涵、临时结构物等，其承载力应经检算和试验合格方可通过，必要时采取加固措施			
		2.运架设备所经过路线的净空、坡度和转弯半径应满足设备的性能要求			
		3.超出运架设备性能的大坡道、小半径曲线架梁施工，应根据运架设备性能和工况要求编制专项施工方案，必要时对运架设备进行改造；改造后，架桥机应进行型式试验和安全检验，运梁车按规定进行试验鉴定，合格后方可投入使用			
		4.跨越道路或邻近营业线架梁作业前，应按规定办理施工许可，并签订安全协议			

城市轨道交通施工安全隐患排查治理标准化指南

工程名称		检查内容	检查地点及记录		
序号	检查项目		是否合格（√）	检查记录	复查记录
7	装、运梁	5. 运梁车装梁运输前，应检查主结构、悬挂、行走轮胎等部位的状态和设备整机的电气、液压及驮梁小车、发动机等各结构的连接情况；调整运梁车架及驮梁小车位置，插好驮梁小车定位销，检查驮梁橡胶垫板是否完好、有无杂物；冬期施工时还应检查有无冰、雪、霜等			
		6. 装梁时，搬（提）梁机应低位运行，距运梁车 3m 处应一度停车，调整梁体高出运梁车顶面 300mm 左右后，平稳对位落梁；箱梁各支点对位应符合设计要求，保持梁体支点位于同一平面，同一端支点相对高差不得超过 2mm，纵向偏差不大于 10mm，横向偏差不大于 5mm，偏差超出规定时，应重新调整对位			
		7. 装梁完成后，应全面检查运梁车及梁体的支垫情况，确认受力平衡、设备液压管线及接头无渗后方可启动运行			
		8. 运梁前，应检查所经道路和已架桥梁，确认运梁通道通畅，标识出中心线及边线；运梁车应严格按照规定路线行驶			
		9. 运梁道路上有冰雪或路面湿滑时，应及时采取处置措施			
		10. 运梁车重载运行时应匀速前进，严禁突然加速或急刹车，一般地段的走行速度应控制在 5km/h 以内；通过隧道、曲线、坡道地段时，应控制在 3km/h 以内			
		11. 运梁时应由专人在运梁车前方引导和观察路面情况，发现异常及时处置			
		12. 运梁车接近架桥机时应一度停车，检查制动及控制系统、净空和侧面间隙等是否满足需要；靠近或通过架桥机支腿时，行车速度应严格控制在 3m/min 以内			
		13. 运梁车应至少配备 2 名操作司机，禁止疲劳驾驶；发动机处于工作状态时，严禁操作司机离开驾驶室			
		14. 运梁车停车对位，应符合下列规定： （1）打好止轮器。 （2）支撑好运梁车前后支腿，连接好运梁车与架桥机的电源接口。 （3）拖拉运梁前，确认驮梁小车上的定向销已拔出。 （4）严禁人员在操作室内驻留，卸载作业应由遥控器操作			

工程名称		检查内容	检查地点及记录		
序号	检查项目		是否合格（√）	检查记录	复查记录
7	装、运梁	15.装梁、架梁过程中应采取"四点起吊，三点平衡"的方式，避免梁体扭曲受力			
8	架梁	1.运、架梁设备安装和拆卸应按规定编制专项施工方案，组织专家评审，按规定组织重大危险源施工条件验收			
		2.架桥机处于待架状态时，必须检查前支腿是否垂直、支撑保护装置是否有效，前后支腿支垫是否可靠；辅助导梁式架桥机过孔时，应将下导梁后支腿临时锚固			
		3.架梁前，运梁车梁小车与架桥机前起重小车应进行同步试验；喂梁时，驮梁小车与架桥机前起重小车速度应保持一致，并由专人监控同步运行情况			
		4.架桥机在墩台或已架设的箱梁顶面上作业时，左右两支腿的高差不应大于设备设计限值，两支腿应同步升降；支腿作用在箱梁顶面上时，搁置点应控制在腹板中心线上，偏移较大时，应对箱梁顶板进行检算			
		5.架梁作业时不应快速起停，避免架桥机晃动过大			
		6.架梁作业时现场应设置警戒和安全防护标志；梁面、墩顶临边处设置安全防护栏杆；跨越道路时，根据需要搭设安全防护棚架；水上架梁时，配备救生圈、救生衣等防护用品			
		7.落梁作业应符合下列规定： （1）拖运箱梁接近落梁位置时，起重小车走行速度应限制在 1m/min 以内，防止箱梁冲撞支腿。 （2）落梁时应由专人指挥落梁速度和位置，坡道落梁时应加强监控。 （3）千斤顶落梁就位时，应配备专用保险垫木。千斤顶的型号、规格和性能应符合专项施工方案的规定。作业过程中，应随时观察起重小车卷扬机钢丝绳的运行情况，确保各千斤顶均衡、同步受力，反力差应小于平均值的 5%。 （4）支座浆体强度大于 20MPa 后，方可拆除临时支撑和千斤顶。拆除前，严禁架桥机过孔作业			
		8.架桥机纵移过孔、曲线架梁横移时，两台起重小车应退回到机臂尾部			
		9.每班架梁结束后，应对起重小车上的紧固件及连接件等进行检查。每架设 100 孔，应对架桥机主梁结构件连接螺栓、支腿、横梁等部位的连接螺栓及轴销等进行一次检查；每架设 500 孔，应对架桥机主要焊缝、吊杆、销轴等进行一次无损检测			

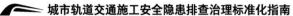

工程名称		检查内容	检查地点及记录		
序号	检查项目		是否合格（√）	检查记录	复查记录
9	其他问题				
检查依据		1.《架桥机安全规程》GB 26469—2011 2.《架桥机通用技术条件》GBT 26470—2011 3.《市政工程施工安全检查标准》CJJ/T 275—2018 4.《铁路桥涵工程施工安全技术规程》TB 10303—2020 5.《城市轨道交通工程质量安全检查指南》建质〔2016〕173号			
检查评价		初次检查评价：	二次检查（复查）评价：		
签字栏		施工现场责任人签字：	施工现场责任人签字：		
		检查人员签字：	复查人员签字：		
检查日期		年　月　日	年　月　日		

矿山法施工检查清单   表 C.0.11

工程名称		检查内容	检查地点及记录		
序号	检查项目		是否合格（√）	检查记录	复查记录
1	一般要求	1. 矿山法施工前应收集并分析水文气象资料、岩土工程勘察报告、周边环境调查报告、安全风险评估报告、设计文件、施工组织设计等相关资料，并进行现场踏勘			
		2. 隧道施工应规划人员安全通道并保持畅通，用警示牌、安全标志等标识其位置，并设置应急照明			
		3. 隧道内施工应制定防火责任制，并配备消防器材			
		4. 施工总承包单位应核实施工图阶段风险评估结果，制定施工阶段风险管理实施细则，开展施工阶段的风险管理，落实风险控制措施和风险防范工作要求，制定风险应急预案并组织实施；动态跟踪风险变化状态，上报风险监测情况；组织风险交底，开展岗前培训，公告现场施工风险等			
		5. 监理单位应制定风险管理实施细则，参与施工阶段风险管理，审核施工风险处置措施、风险监测方案、专项施工方案和应急预案，监督检查风险控制措施的落实情况，并做好相关记录，参与风险后期评估工作			
2	专项方案	1. 编制专项施工方案前应对工程周边环境进行核查，并应进行安全评估；矿山法专项施工方案、爆破专项施工方案、超规模的非标准段支模体系专项施工方案等应组织专家进行论证，专项施工方案或专项措施应按照程序进行审核、审批			
		2. 钻爆作业应编制爆破专项施工方案，进行爆破设计；针对特殊地质地段，有毒气体地层，穿越既有管线或结构物，降水，洞口、横通道、竖井或正洞连接处，断面尺寸变化处，工程周边环境保护等特殊部位、工序，应制定专项施工方案或专项措施			
		3. 应对模板台车、作业架进行专项设计并符合相关规范要求			
		4. 专项施工方案实施前，应强化进洞施工人员管控和安全技术交底，加强对作业人员岗位安全生产和应急避险知识的培训教育，以及典型事故案例警示教育，对超前处理、钻孔、爆破、找顶、支护、衬砌、动火、铺轨等关键作业工序，监理人员应加强监督，施工总承包单位管理人员必须进行旁站			
		5. 对于按照规定需要进行第三方监测的危大工程，建设单位应当委托独立的第三方单位进行监测			

续表

工程名称		检查内容	检查地点及记录		
序号	检查项目		是否合格（√）	检查记录	复查记录
3	洞口及交叉口工程	1. 洞口应按专项施工方案要求采取加固措施			
		2. 洞口边坡和仰坡应按设计要求施工，并应按自上而下顺序进行，截、排水系统应完善			
		3. 横通道、竖井与正洞连接处应按设计要求进行加固			
		4. 进出洞、上下井应建立登记管理制度，并应形成登记记录			
		5. 洞口邻近建（构）筑物时应按设计要求采取防护措施			
4	超前地质预报	1. 隧道施工应开展超前地质预报工作，作为工序纳入施工组织管理			
		2. 施工前应编制超前地质预报专项方案并进行安全技术交底			
		3. 超前地质预报工作前应确认工作区域无掉块、掌子面溜坍等安全风险			
		4. 超前地质预报作业使用的台架、高空升降车等设备应安设牢固，操作人员应遵守高处作业的有关规定			
5	地层超前支护加固	1. 超前支护、加固应符合设计要求，并应对地下管线等周边环境进行保护			
		2. 超前加固前，掌子面应按设计要求进行封闭			
		3. 超前支护的大管棚或小导管的材质、规格、长度、间距、外插角等应符合设计要求			
		4. 管棚、超前小导管或开挖面深孔等部位注浆参数应符合设计要求，注浆完成后，应在注浆体强度达到设计要求后再进行开挖			
		5. 浆液配置或存放过程中应设专人管理，浅埋地段应按设计要求进行地面注浆加固			
6	隧道开挖	1. 开挖前应进行开挖面地质描述，并应按专项施工方案进行地质超前预报			
		2. 开挖应控制每循环进尺、相邻隧道作业面纵向间距，严禁超挖、严禁仰挖当围岩地质情况发生变化时，应及时调整开挖方法			
		3. 作业面周围应支护牢固，松动石块应及时清理			
		4. 核心土留置、台阶长度、导洞间距应符合设计要求，不良地质地段掌子面应及时支护、封闭			
		5. 支护参数应根据地质变化及时进行调整			
		6. 双向开挖面相距15m～30m时，应改为单向开挖			
		7. 开挖过程中降水作业应按专项施工方案实施			

工程名称		检查内容	检查地点及记录		
序号	检查项目		是否合格（√）	检查记录	复查记录
6	隧道开挖	8.隧道（非爆破）掌子面应安装视频监控设备，全面记录掌子面围岩情况、地下水控制、超前支护、土方开挖、格栅钢架安装及喷射混凝土等施工全过程			
7	爆破作业	1.爆破器材应具有检验合格证、技术指标和说明书，爆破器材的存储、运输和处置应符合相关规定			
		2.起爆设备或检测仪表应定期标定，装药量应符合设计要求			
		3.工作面爆破后，应对爆破面进行全面检查，全面找顶，盲炮处理时应符合有关安全规定			
		4.爆破作业应在上一循环喷射混凝土终凝大于4h后进行			
		5.爆破工程技术负责人、安全管理人员、仓库管理人员、爆破员必须持公安机关颁发的证件方可从事爆破作业			
		6.爆破时人员、设备与爆破点的距离应大于爆破安全距离，不满足要求时，应有安全防护措施			
8	初期支护	1.型钢、钢格栅、混凝土、锚杆、钢筋网等支护材料的材质、规格应符合设计要求，钢架间距应符合设计要求，钢架与围岩之间应顶紧密贴			
		2.钢架节段间接长应按设计要求连接，钢架底脚基础应坚实、牢固、无悬空，不得有积水、浸泡；钢架之间应采用纵向钢筋连成整体，连接钢筋直径、间距应符合设计要求			
		3.钢筋网的钢筋间距、搭接长度应符合设计要求，且应与锚杆连接牢固			
		4.锚杆及锁脚锚管材质、规格、长度及花眼布置应符合设计要求，锚管应按设计要求注浆			
		5.初期支护应按设计要求及时封闭成环，支护结构变形、损坏应及时进行处理			
		6.喷射混凝土外观应完好，不应有裂缝、脱落或钢筋、锚杆外露现象，喷射混凝土厚度、强度应符合设计要求			
		7.初期支护应及时进行背后回填注浆，初期支护断面侵限处理（换拱）应符合专项施工方案要求			
9	二次衬砌施工	1.二次衬砌应及时施作，二次衬砌与掌子面距离应符合设计规定的安全距离			
		2.模板台车的工作平台面应满铺防滑板，并应固定牢固四周应按临边作业要求设置防护栏杆			

续表

工程名称		检查内容	检查地点及记录		
序号	检查项目		是否合格（√）	检查记录	复查记录
9	二次衬砌施工	3. 模板台车应设置登高扶梯，并应设置栏杆和扶手			
		4. 厂家生产的模板台车应提供合格证明，模板台车使用前应进行验收，模板台车移动时应统一指挥，设备、电线、管路应撤除并应采取保护措施，模板台车堵头拆除应采取防护措施，模板台车应设置安全警示标志及警示灯带等			
		5. 非标准段采用支模施工时应编制专项施工方案，并对支撑体系进行设计			
		6. 作业架应提供合格证明，作业架的工作平台面应满铺防滑板，并应固定牢固，四周应按临边作业要求设置防护栏杆、登高扶梯、扶手；作业架使用前应进行验收			
10	隧道施工运输	1. 竖井垂直运输材料过程中，井下作业人员应撤离至安全地带			
		2. 洞内运输车辆应制动有效，不得人料混载、超载、超宽、超高运输			
		3. 洞内车辆照明、信号系统应完善			
		4. 洞内应设置交通引导标志和车辆限速标志，车辆张贴反光膜并严禁超速行驶			
		5. 隧道内车辆行驶道路应畅通，不得有堆积物料、积泥等影响车辆通行			
11	作业环境	1. 施工前应编制通风、防尘专项方案，并应对通风量进行计算			
		2. 施工前应进行职业危害安全技术措施交底			
		3. 隧道施工前应按时测定粉尘和有害气体的浓度，浓度超限时应采取有效处理措施			
		4. 作业面应通风良好，风速、送风量应满足施工要求；风管应完好，不得有破损、漏风，吊挂应平直			
		5. 爆破后应通风，通风时间不应少于15min，凿岩、放炮、喷射混凝土等扬尘作业，应采取喷雾、洒水净化等防尘措施			
		6. 作业人员在粉尘较大场所应戴防尘口罩，在凿岩等噪声较大场所应戴防噪声护具，风、水、电线路应按专项施工方案要求布设，作业面、运输道路应无积水、泥泞			
		7. 洞内光线不足时应设置足够照明，洞内应设置警示、应急避险、通信、排水设施			

工程名称		检查内容	检查地点及记录		
序号	检查项目		是否合格（√）	检查记录	复查记录
12	施工监测	1. 隧道施工应按监测方案实施施工监测，并应明确监测项目、监测报警值、监测方法和监测点的布置、监测周期等内容			
		2. 监测的时间间隔应根据施工进度确定，当监测结果变化速率较大时，应加密观测次数			
		3. 隧道施工监测过程中，应按设计及工程实际及时处理监测数据，并应按设计要求提交阶段性监测报告，及时反馈、指导施工			
		4. 当监测值达到所规定的报警值时，应停止施工，查明原因，采取补救措施			
13	其他问题				
	检查依据	1.《盾构隧道施工及验收规范》GB 50446—2017 2.《铁路隧道工程施工安全技术规程》TB 10304—2020 3.《城市轨道交通工程建设安全生产标准化管理技术指南》建办质〔2020〕27 号 4.《城市轨道交通工程基坑、隧道施工坍塌防范导则》建办质〔2021〕42 号 5.《城市轨道交通工程质量安全检查指南》建质〔2016〕173 号			
	检查评价	初次检查评价：	二次检查（复查）评价：		
	签字栏	施工现场责任人签字：	施工现场责任人签字：		
		检查人员签字：	复查人员签字：		
	检查日期	年　月　日	年　月　日		

盾构施工检查清单 表 C.0.12

工程名称		检查内容	检查地点及记录		
序号	检查项目		是否合格（√）	检查记录	复查记录
1	盾构机选型	新造盾构机应组织选型论证，改造盾构机应组织适用性验收			
2	施工方案	1.应按照工序和重点部位编制专项施工方案，方案中应明确安全质量保证措施			
		2.穿越既有构建筑物、既有线路、首次盾构开舱作业、联络通道的专项方案应经过专家论证			
		3.应制定施工监测方案和应急预案			
		4.监理单位应编制监理实施细则，并对盾构施工安全质量及管片生产质量实施监理，按规定组织关键节点施工前条件核查和施工验收等			
3	端头及洞门加固	1.应按照专项方案对始发与接收井端头进行加固，盾构机进出洞门地层承载力应满足作业要求			
		2.洞门外观尺寸应达标，无渗漏水			
		3.盾构始发及接收端周边有敏感管线、建（构）筑物等复杂环境时，加固方案应组织专家进行论证			
		4.盾构机进入始发、接收区域前，应对地层加固效果进行检验验收合格			
4	盾构机进场调试	1.盾构机和配套设备应有质量合格证明文件			
		2.盾构机应有出厂验收记录			
		3.盾构机液压系统、集中润滑系统、电气系统、PLC系统、人闸、密封等系统应有测试检测记录			
		4.安装调试完成后应有现场验收记录			
5	盾构机始发、掘进、接收	1.应组织开展始发接收前的关键节点条件验收			
		2.应组织对盾构机操作人员进行始发、到达掘进技术交底，并留存交底记录			
		3.盾构洞门应制作洞圈（钢环）和密封装置			
		4.盾构拼装负环时要做好防护及加固措施，防止负环管片掉落和盾体前移；始发过程中对负环管片进行紧固，防止松弛和掉落；盾尾密封刷进入洞门结构后，应及时进行洞门封堵和填充注浆；注浆完成后方可掘进			
		5.始发前应对反力架或托架受力进行验算，盾构始发前施工总承包单位必须对始发条件进行自检，合格后报监理单位预验收，监理单位预验收通过后方可组织正式条件核查			
		6.掘进中应详细记录掘进参数、注浆量、出土量等；掘进过程中应及时监测记录盾构运转情况、掘进参数变化、出土量变化和监测数据变化情况，并及时分析反馈，以便调整掘进参数和控制盾构姿态			

续表

工程名称		检查内容	检查地点及记录		
序号	检查项目		是否合格（√）	检查记录	复查记录
5	盾构机始发、掘进、接收	7. 盾构穿越既有地铁线、建（构）筑物和特殊地段前应设置试验段，以确定盾构掘进参数和土体改良措施，并对盾构设备性能进行全面检查和保养，备足设备备用件			
		8. 盾构到达前 100m 复核盾构姿态，对接收托架进行定位测量；盾构接收前须严格按照方案将管片纵、环向加固及螺栓复紧，并进行环箍注浆加固；盾构主机进入接收井后，及时注浆封堵洞门、施作洞门环梁			
		9. 盾构接收时盾构机刀盘临近围护结构 50cm，方可进行洞门凿除，严禁未到先凿			
		10. 施工总承包单位、监理单位须加强隧道沿线隐患排查整治，对存在安全隐患的建（构）筑物应提前制定专项方案，对区段内存在安全隐患的应进行地面探孔，发现空洞及时处理，并建立隐患排查处置台账，对高风险区域进行长期监测和巡查			
6	管片管理	1. 管片堆放场地应平整、坚实，通道通畅，有排水措施；现场应采用内弧面向上下垫管片托架的方式码放，管片之间应正确设置垫木，上下两层垫木应在同一轴线，码放高度应经计算确定；在管片翻转、吊装和运输过程中，应采取防护措施			
		2. 管片进场后应进行验收，合格方可投入使用			
		3. 管片成品应有保护措施，涂刷防腐防水材料，粘贴密封止水条，密封止水条等防水材料并有质量检测合格证或抽样检测记录			
		4. 管片拼装后应无错台、漏水、崩块、缺边掉角及裂缝，螺栓紧固到位			
		5. 管片应由专门的拼装手拼装，执行三定制度（定机、定人、定岗位）和操作规程，拼装作业过程监理单位、施工总承包单位应全程监控。管片吊运、拼装过程中应与拼装机连接牢固，且应有防滑落装置。拼装管片时，拼装机作业范围内严禁站人和穿行			
		6. 管片吊运、拼装过程中应连接牢靠，有防滑脱装置，管片翻转、吊运、拼装设备应定期保养，并有保养记录			
7	水平垂直运输	1. 轨行区的车辆停驶时应采取防溜车措施			
		2. 轨行区应采取人车分行，应安装警示标识，隧道内有限速标志，严禁电瓶车超速行驶和搭载人员			
		3. 电瓶车、渣斗车车辆应连接可靠，有保险链			

续表

工程名称		检查内容	检查地点及记录		
序号	检查项目		是否合格（√）	检查记录	复查记录
7	水平垂直运输	4. 轨行区的轨道端头应设置车挡装置			
		5. 电瓶车、轨道应有日常检修保养记录			
		6. 须加强对轨道轨距、高差、弧度、接缝、拉杆等重点部位的日常维护及检查，防止车辆脱轨			
		7. 应加强垂直运输管理，龙门式起重机司机、司索工等特种作业人员须培训合格后并持特种作业证上岗；龙门式起重机启用前应委托具有相应资质的检验检测机构进行检测，出具检测报告，并向特种设备安全监督管理部门办理使用登记；施工过程中应加强对龙门式起重机起升、行走和传动等机构的检查，严格执行定期检查制度和维护保养制度；龙门式起重机须配备吊钩视频监控系统			
		8. 轨行区应采取人车分行，行车区域内施工作业必须采取有效安全防护措施			
8	开仓换刀作业	1. 开仓前安全条件确认。 （1）每次开仓作业严格执行开仓作业签认程序，按照有限空间作业"七必须，一严禁"要求进行验收，经监理单位组织条件验收核查后方可实施。 （2）开仓作业前，作业人员、控制室内气压或闸门管理员及施工监测、第三方监测人员应进行专门的教育、培训、安全技术交底。 （3）对仓内有毒、有害、易燃、易爆气体进行检测，并将检测结果如实记入气体检测记录表。如气体检测结果超标，应采取有效措施加以处理，并确认安全之后方可开仓或继续作业。在进仓前及仓内作业过程中应不间断进行仓内通风，保证仓内空气质量。 （4）开仓作业应制定开仓操作规程，进仓作业期间，每次只允许2人进入土仓内（不允许超过2人）进行换刀或清仓作业，同时必须有1人在闸内、1人在盾构主控制室内，确保突发事件时能及时关闭人闸门、保持对外联络。 （5）作业过程中，安排具有丰富经验的技术管理人员观察土仓内和掌子面情况，出现坍塌、涌水等征兆时应通知作业人员立即紧急撤离。 （6）检查确认使用的材料机具符合安全要求，并做好详细的记录。 （7）在指定地点配置充足的应急物资，确认并确保紧急逃生通道畅通。 （8）作业区严禁烟火，人员着装应为全棉制品，不准穿用化纤织品及皮毛衣物，以防摩擦而产生静电火花。 （9）地面设置警戒区域，按照要求加设监测点，密切关注地表及周边建（构）筑物的沉降、变形			

工程名称		检查内容	检查地点及记录		
序号	检查项目		是否合格（√）	检查记录	复查记录
8	开仓换刀作业	2. 常压开仓作业。 （1）人闸内应配备通风、检测、照明、消防、通信、保温设备及应急救援设备和物资；仓外人员严禁进行转动刀盘、出渣、泥浆循环等危及仓内施工人员安全的操作。仓内应设置临时的上下通道，并应保证进、出开挖仓通道畅通。 （2）在开仓作业期间，当地层或地面建筑物、管线沉降值达到开仓方案确定的预警值时，监测单位应在第一时间（电话）告知施工单位的指定负责人，负责人在接到通知后应立即安排仓内人员撤离，并按相关要求进行应急处理；同时，应加大监测频率（每次不超过 2h）。 （3）进行换刀作业时，应尽量减少刀盘转动，力争刀盘转动一周刀具全部更换完；刀具更换顺序应结合地质和施工情况综合确定，应做到拆一把换一把，并做好刀具更换记录；刀具在仓内水平运输时，严禁操作人员站在正在运输的刀具下方。 （4）如需进行仓内动火作业，作业前应履行动火审批手续，对作业环境进行检查，清理仓内的易燃、易爆、有毒、有害物品，仓内不得带进可燃物品，配置足够的灭火器材。 （5）仓内作业须采用 24V 及以下安全电压，照明采用防爆灯具。 （6）作业过程中的平台、支撑、起吊装置等，应稳固架设，在使用前应进行安全检查。 （7）作业过程中需临时拆卸设备的，在完成作业后，应立即将设备装配好，并进行必要的检查和调试。 （8）开仓作业前应对盾尾后管片注快凝双液浆进行整环封堵，减少管片后方来水。 （9）开仓作业完毕后关闭仓门前，应对作业环境进行认真检查、清理，确保仓内没有操作人员且材料、机具已全部回收；检查完毕由施工单位现场负责人签认，确认后关闭仓门，仓门关闭情况由负责机械工程师确认，机电总工程师审核；完成后及时恢复掘进施工。 （10）开仓完成后恢复掘进前，土仓内应回填膨润土等材料或注入膨润土等细颗粒浆液后方可掘进。监理单位应对回填及盾构再次启动进行全程旁站			
		3. 带压进仓作业。 （1）作业人员必须经过系统培训，并在作业前经职业病医院体检合格，气压施工人员应持证上岗，有身体不适症状的人员严禁进仓作业。 （2）结合地面沉降监测对土仓进行保压试验，确定安全可靠的工作压力，且保压时间不少于 2h，以检查设备在试验压力下的工作情况			

续表

| 工程名称 | | 检查内容 | 检查地点及记录 | | |
序号	检查项目		是否合格（√）	检查记录	复查记录
8	开仓换刀作业	（3）除盾构本身电力空压机进行供气之外，还应备用至少一套柴油空压机，保证停电时也可以不间断供气。 （4）对带压进仓作业设备进行全面检查和试运行，两套压气调节设备应全部正常；严格遵守加、减压时间，加、减压应缓慢进行，压气过程中应有专业压气医师进行压气指导，以防止作业人员出现压缩空气病症。 （5）气压作业环境下进行明火作业时，应制订专项方案，且应经过专家评审后方可进行 4.安全应急措施。 （1）施工总承包单位须成立安全应急救援领导小组，在每次开仓作业前，所有相关人员应处于待命状态（不能到岗的，由总监理工程师书面签批后，可由具备同等资格的人员代替），做好后勤服务、突发安全事故处理与抢救准备。 （2）发生险情后应及时启动应急预案。 （3）应在施工现场配备急救医药与器械，医护人员在现场值班。 （4）建立安全事故救援通道，确保在发生安全事故时能及时疏散人员			
9	安全防护	1.施工前，应根据盾构设备状况、地质条件、施工方法、进度和隧道掘进长度等条件，选择通风方式、通风设备和隧道内温度控制措施			
		2.现场应配置应急物资，包括通信、排水、堵漏、消防物资等，并定期检验			
		3.隧道内空气中氧气含量应不小于20%，瓦斯浓度应小于0.75%，一氧化碳应不超过 $30mg/m^3$ ，二氧化碳应不超过0.5%（按体积计）			
		4.隧道内噪声应不大于90dB，隧道最低风速应不小于0.25m/s			
		5.作业区应有足够照明，通道畅通，通道及作业面防护措施规范设置			
10	测量监测	1.应对施工现场进行踏勘，收集测量资料，办理测量资料交接手续，并对既有测量控制点进行复测和保护			
		2.应根据盾构配置的导向系统的精度、特点和测量仪器精度等，制定盾构施工测量监测方案			
		3.监测点设置应符合监测方案要求，监测频率符合监测方案规定的频次			
		4.监测点应保护到位，监测记录完整			
		5.监测数据应实施动态管理，达到预警或报警值时及时有效处理			

续表

工程名称		检查内容	检查地点及记录		
序号	检查项目		是否合格（√）	检查记录	复查记录
10	测量监测	6. 施工控制测量成果应报测量监理工程师检查、复核、查验			
		7. 在测量系统出现故障时，不应进行盾构掘进			
11	洞门及联络通道施工	1. 洞门围护结构宜采用玻璃纤维筋配筋方式，洞门破除前需按照要求检测端头段加固效果，满足设计要求后进行洞门水平探孔，检查合格后方可进行洞门破除			
		2. 破除洞门范围内的围护结构一般情况下宜采用盾构刀盘直接破除围护结构（玻璃纤维筋），破除时应尽量减少推力，防止洞门处主体结构受损及发生安全隐患；无水条件且地面安全可控的情况下可由人工破除洞门范围内的围护结构（钢筋），盾构空推方式通过；洞门采用人工破除的，需编制专项施工方案，人工破除洞门作业时，作业台架必须搭设牢固，且必须有足够的作业空间、疏散通道及安全防护			
		3. 联络通道施工前应按专项方案对通道周围地层进行加固，对加固效果进行土体取芯检测。管片拆除前，应进行地质条件探测，应急设备、物资及人员应准备到位，监理应对照应急预案验收			
		4. 管片应从上向下，左右对称拆除，边拆除边检查隧道外缘和结构之间的加固土体强度，及时用速凝水泥和环形钢板按设计要求封闭，应设立专职安全员现场安全管理，监理旁站			
12	其他问题				
检查依据		1.《盾构隧道施工及验收规范》GB 50446—2017 2.《建筑机械使用安全技术规程》JGJ 33—2012 3.《施工现场机械设备检查技术规范》JGJ 160—2016 4.《城市轨道交通工程质量安全检查指南》建质〔2016〕173 号			
检查评价		初次检查评价：	二次检查（复查）评价：		
签字栏		施工现场责任人签字：	施工现场责任人签字：		
		检查人员签字：	复查人员签字：		
检查日期		年　月　日	年　月　日		

轨行区安全检查清单 表 C.0.13

工程名称		检查内容	检查地点及记录		
序号	检查项目		是否合格（√）	检查记录	复查记录
1	组织机构	轨道铺轨前建设单位应组织成立轨行区管理机构，由轨行区管理单位对轨行区日常管理及施工计划管理，对轨行区运输进行实时调度指挥与管理，组织相关参建单位进行轨行区作业安全培训			
2	管理制度	1.建设单位应制定轨行区安全管理办法，轨行区管理单位依据工程具体特点进一步细化管理措施，编制轨行区管理实施细则，组建轨行区联合调度室，报建设单位审核实施			
		2.各行车单位的轨行车辆首次吊入轨行区，应编制专项吊装方案，并确定车辆的停放地点，经监理单位、轨行区管理单位审批通过后方可实施吊装			
		3.轨行区施工实行首次交底制度，即各施工总承包单位申请进入轨行区作业前，由轨行区管理单位成立的联合调度室对进入轨行区作业的施工总承包单位进行安全教育培训及书面交底，参加培训人员应熟悉掌握请销点程序、应承担的责任义务、轨行区管理的各项规定和要求			
		4.施工总承包单位应与轨行区管理单位签定轨行区施工安全协议			
3	计划管理	轨行区施工计划分为月计划、周计划、日计划、临时计划等，轨行区管理机构负责计划的汇总、调整、审批			
4	施工请销点	1.各申请单位必须设专职调度负责本单位计划申报及请销点等工作，要求保持24h通信畅通，如特殊情况有工作变动及时报告轨行区联合调度室			
		2.施工作业应按作业令内容实施，不应超范围、超时间作业			
		3.各施工总承包单位首次进入轨行区施工前须上报轨行区联络人员及施工总承包单位项目经理、现场负责人、专职调度员、监理监护员的人员名单及手机号码等信息至轨行区联合调度室			
		4.轨行区联合调度室应集中管理轨道车、平板车、焊轨车、接触网放线车及进入轨行区的所有平板车、梯车等上线运行设备及进入轨行区作业人员信息等，各施工总承包单位应提前一天上报调度室			

工程名称		检查内容	检查地点及记录		
序号	检查项目		是否合格（√）	检查记录	复查记录
4	施工请销点	5. 每周应召开请销点会议，所有申报下周施工作业计划的单位必须到会，并携带纸质版施工作业计划书，计划书必须有施工总承包单位项目经理、监理单位总监本人签字并盖章			
		6. 进入轨行区的施工总承包单位应按照计划及时办理请销点手续，未按要求请点的，施工人员、材料、工机具不得进入轨行区			
		7. 施工结束后应及时办理销点或延迟销点手续，清点人员、材料、机具，做到工完场清；施工总承包单位现场负责人、监理监护人必须分别对工完料清的作业场地进行拍照，撤出轨行区车站出入口后，监理人员立即将工完料清照片上传至调度室			
		8. 经批准进入轨道区域的施工总承包单位如因特殊原因需延时施工时，必须提前 2h 向轨行区联合调度室说明理由，经同意后可延时施工			
5	轨行区作业安全	1. 轨行区作业人员应戴安全帽、穿荧光衣			
		2. 轨行区作业应采取安全防护措施并设置防护设施，应符合下列规定： （1）防护员上岗前应培训合格，防护地点应设在作业区段两端各 100 m 处（如遇曲线，防护地点设置在作业区段两端各 150 m 处）；含联络线的作业区间也应在联络线处设防护点，其他影响临线行车时，对临线也应进行防护。 （2）每个防护点应设红闪灯，至少在每个作业区间两端的防护点各设一名防护员。 （3）防护工作要坚持"谁防护、谁撤除"的原则，防护一旦设置，其他人员不得擅自挪移、更改；在撤离作业人员和施工机具、施工垃圾后，由防护员撤除防护信号。 （4）防护员必须经过专业训练，专职防护，坚守岗位；对携带的红闪灯、对讲机、口哨等专用防护物品和工具进行检查，确保防护用品状态良好。 （5）作业区间两端防护员及作业负责人应各持一台对讲机进行联络。 （6）作业人员不得超出防护区域进行作业，否则将认定防护员的防护违规。 （7）防护员手持防护信号标志防护，当列车接近时，防护员不随意在线路中走动，应站在列车前进方向右侧（地铁是右侧行车制，面对来车方向左侧）显示防护信号			
		3. 在作业区域两端须进行防护，作业影响邻线行车应对邻线进行防护；防护员确定工程车已通过施工区段后，应重新设置防护			

续表

工程名称		检查内容	检查地点及记录		
序号	检查项目		是否合格（√）	检查记录	复查记录
5	轨行区作业安全	4.轨行区上方预留孔洞（车站、区间竖井、风井、盾构井、轨排吊装孔、天窗等）应设安全防护			
		5.施工脚手架、无法及时清运的材料、设备、垃圾应码放整齐，不应侵入行车界限			
		6.轨行区内区间设备、管线、电缆（含预留端）、支吊架、设备等应固定牢靠，避免侵入行车界限			
		7.不应使用钢轨、水管、线管等其他金属构件作为电焊电流回路			
		8.大型线盘等相关材料进入轨行区需喷涂产权单位标识，放置于安全区域，施工完毕及时清理出轨行区			
		9.隧道内应有足够的照明			
		10.不得在道床上休息，横穿线路时应做到"一停、二看、三通过"			
		11.作业人员作业时，应做好本单位及其他单位的成品保护；确保钢轨、道岔、扣件及道床不因施工造成脏污、损坏；不得在未凝固的道床上行走及作业，不得破坏、污染道床，不得破坏成品管片，不得踩踏轨行区成品进行高处作业			
		12.地下作业现场内严禁储存易燃、易爆、有毒、腐蚀危险物品，严禁堵塞消防通道及随意挪用消防设施			
		13.进入轨行区的总承包单位在轨行区布设电源及用电应符合规范及轨行区管理单位的相关要求，不得私拉乱接、不能在钢轨上搭接、不能在轨行区的行车范围布线；作业临时电缆须从钢轨下侧通过，做绝缘防护，电缆不得侵限；注意保护既有的临电设施和电缆			
		14.供电设备、电缆、接触网自送电通告所示送电时刻起均视为带电区域，进入存在该设备的轨行区时，须先经带电区管理主责单位审批。作业前，须签署带电区安全协议，作业时须严格执行施工许可制度，严禁超范围作业			
		15.轨行区应封闭管理，封闭设施牢固有效且满足限界要求；应设置门卫，建立登记制度；在每个车站站台设保安值守门岗，出入口在左右线分别设置，人员出入严格执行登记管理，原则上每个轨行区只保留一个出入口，其他通道全部封闭			

续表

工程名称		检查内容	检查地点及记录		
序号	检查项目		是否合格（√）	检查记录	复查记录
5	轨行区作业安全	16. 轨行区施工防火管理应符合下列规定： （1）轨行区范围内严禁吸烟。 （2）动火作业应审批，未经许可，不应在轨行区使用易燃易爆品或有毒物品；作业时必须配备足够的人员及消防设备			
		17. 在封锁区段交叉进行作业应符合下列规定： （1）作业计划应经轨行区调度室审核后报轨行区管理实施小组审批通过。 （2）作业空间满足行车限界及人员安全避让条件。 （3）作业单位应增设专门安全管理人员，并在封锁区段增设专门现场防护员和区间两端防护员（负责与行车司机、区间防护员的联系，及时组织所有人员撤到安全地带并移开一切影响行车的侵限物品）			
		18. 岔区施工管理应符合下列规定： （1）安装转辙机前道岔的责任单位为轨道专业，安装转辙机后道岔的责任单位为信号专业。 （2）道岔的操作及维护保养由责任单位负责，正常情况下道岔置于正线开通位置。 （3）施工作业中需扳动道岔时，应向轨行区管理机构申报，责任单位配合。 （4）区间施工车辆在道岔前应停车，确认进路正确、检查道岔钩锁器应锁闭，岔尖与基本轨应密贴后才准通过道岔。 （5）不得擅自扳动道岔或拆卸道岔设备			
6	行车与运输安全	1. 各行车单位应建立行车安全规章制度，配备专业管理人员，定期对工人进行安全技术教育培训及交底，保存相关书面记录资料			
		2. 应配备满足要求的司机及副司机共同值乘作业，司机应持有有关部门颁发的工程车司机驾驶证			
		3. 轨行车辆司机应严格遵守各项规章制度，遵守行车纪律，禁止疲劳、超速、酒后驾驶			
		4. 各行车单位的轨行车辆首次吊入轨行区，应编制专项吊装方案，并确定车辆的停放地点			
		5. 工程车进场要有相关的合格证明及检测检验报告，并在车身显著部位标识所属单位，行车前应对车辆进行检查确保制动有效，车辆连接可靠；工程列车停车时应采取制动和使用铁靴防止溜车			
		6. 车辆应进行定期保养、检查和检验，并将相关记录存档备查			

续表

工程名称		检查内容	检查地点及记录		
序号	检查项目		是否合格（√）	检查记录	复查记录
6	行车与运输安全	7. 轨行车辆出车前应进行出车检查，包括车辆制动系统性能、制动器材配备情况、轮箍状态、除轮箍外车辆其他部位是否低于轨面、照明情况及其他车辆安全规程规定的检查内容，并做好检查记录			
		8. 司机、副司机分别对车辆装载情况进行检查确认，确保车辆不超高、不超限、不偏载、不超重、绑扎牢固			
		9. 大件设备的运输，应使用必要的加固装置，并由安装单位的人员和轨行区管理单位共同对货物的超长、超重、偏重、重心位置、超限等情况加以确认			
		10. 司机、副司机共同对作业令、作业票进行复核，确认调度命令与作业票内容一致，填写行车日志			
		11. 接触网送电后，工程车开行前，应确认接触网断电并挂地线			
		12. 工程车在牵引或启动发动机后，司机、副司机确认前方和两侧无人员和障碍物；车辆运行3m～5m后制动停车，检查制动性能及后部车辆是否连挂良好			
		13. 工程车启动发动机后及运行中不得开启各种防护用的护板、护罩、孔盖等设施，不得触摸各种高温、带电、转动等零部件			
		14. 轨行车辆通过车站的行车速度限制为5km/h，区间最高速度限制为15km/h，大件货物运输时的最高速度限制为10km/h，进入尽头线的速度限制为3km/h			
		15. 轨行车辆在通过车站或临时批准穿越其他单位作业区段时应鸣笛警示缓慢行驶；在距作业人员100m外看到黄色防护灯，应及时减速为5km/h，必要时停车；看见红色防护灯应立即停车，在确认作业人员和材料撤离出轨行区限界后，再行通过			
		16. 应配备相应通信工具，保持通信畅通且联络信号准确			
		17. 视频监控推进方向画面应切换为主画面，便于司机时刻观察前方线路状况，辅助司机安全驾驶			
		18. 按照信号标志行驶，控制车速，车辆不应超速行驶			
		19. 车辆待机时，工程车值乘人员不应擅自离开工程车			

续表

工程名称		检查内容	检查地点及记录		
序号	检查项目		是否合格（√）	检查记录	复查记录
6	行车与运输安全	20. 同一线路上工程车不应跟随运行；特殊情况必须跟随运行时应保持安全距离，保证行车安全			
		21. 未经允许不得登乘工程车、轨道车或攀爬运行中车辆；人员不应在车辆间、车辆与车挡间工作和穿行；平板车不应违规搭载人			
		22. 工程车辆不应偏载、超载和超限界行车			
		23. 轨道端头应设车挡			
		24. 车辆警示装置齐全、有效			
		25. 预留孔洞、出入口应采取防洪防汛措施，泵房应及时抽水，避免轨行区积水影响行车安全			
7	其他轨行设备	1. 使用非机动梯车、小推车等应设置制动、防溜、防倾覆装置，标识清楚、张贴安全警示标识，经验收合格后使用；须在规定的区域和时间之内使用			
		2. 施工使用小平车、梯车、手推车等无动力小型车辆时，总承包单位应符合下列规定： （1）总承包单位在使用小型车辆必须遵守规定的运行区段和时间，指定的施工负责人必须跟随车辆进行现场指挥。 （2）施工前一天，行车单位与轨行区管理单位应核对次日施工计划，双方确认后方可使用。 （3）小型车辆的使用必须派专人进行防护，防护距离100m。 （4）小型车辆使用完毕后不得停留在线路上，在轨行区停留时，必须做好防溜工作，使用过程中不得出现人车分离等情况。 （5）小型车辆必须按照相关操作规程进行移动，不得溜放或用脚踢等。 （6）坡度超过20‰的区段严禁使用小型车辆			
		3. 施工负责人必须跟随车辆，现场指挥，并保持通讯畅通；在推动过程中严禁作业人员离开车辆，以便随时采取制动措施			
		4. 在使用过程中必须配备足够的随车人员以保证随时撤出线路；手推车应做好防溜措施			
		5. 在信号系统启用轨道电路期间，梯车、小推车应使用绝缘轮			
8	其他问题				
	检查依据	1.《铁路工程结构可靠性统一设计标准》GB 50216—2019 2.《城市轨道交通建设项目管理规范》GB 50722—2011 3.《城市轨道交通工程质量安全检查指南》建质〔2016〕173 号 4.《城市轨道交通工程建设安全生产标准化管理技术指南》建办质〔2020〕27 号			

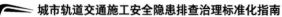

工程名称		检查内容	检查地点及记录		
序号	检查项目		是否合格（√）	检查记录	复查记录
检查评价		初次检查评价：	二次检查（复查）评价：		
签字栏		施工现场责任人签字：	施工现场责任人签字：		
		检查人员签字：	复查人员签字：		
检查日期		年　月　日	年　月　日		

带电区施工检查清单 表 C.0.14

工程名称		检查内容	检查地点及记录		
序号	检查项目		是否合格（√）	检查记录	复查记录
1	组织架构	总承包单位建立带电区安全管理组织机构，带电区管理组织机构下设执行机构；确定带电区安全负责人，同时应落实相关人员的带电区安全管理责任			
2	管理制度	1. 总承包单位应制定带电区安全管理制度；带电区安全管理制度应包括下列主要内容： （1）带电区准入制度。 （2）带电区值班巡视制度。 （3）文明施工安全管理制度。 （4）带电区工作计划审批及工作票制度。 （5）带电区施工监护制度			
3	安全协议	所有参建单位在进入带电区施工前，须与带电区管理主责单位提前签订《带电区进场安全文明施工协议》，并在施工过程中严格执行			
4	设备安全	1. 进入带电设备房的人员，必须服从带电区管理主责单位人员的安全监管，如发现存在危及人身安全风险或有严重危害带电设备的行为，带电区管理人员有权采取紧急措施，进行停电操作或切断电源，造成危害风险的责任方承担一切紧急停电造成的后果			
		2. 配电室内各种标识标牌应齐全、清楚、准确，设备上不应粘贴与运行无关的标识			
5	消防安全	1. 变配电室内应配置适用于电气火灾的灭火器材			
		2. 灭火器的配置数量应符合规范，且每个场所的灭火器数量不应少于 2 具；每两具灭火器的防护面积不宜大于 $75m^2$			
		3. 灭火器应设置在位置明显和便于取用的地点，且不得影响安全疏散			
6	绝缘工器具管理	1. 配电所内应配备：绝缘手套、绝缘靴、交、直流验电器、临时接地线			
		2. 绝缘手套、绝缘靴、交流及直流验电器；检验周期 6 个月；接地线检验周期 5 年			
		3. 绝缘手套、绝缘靴应与其他工具仪表分开存放，避免直接碰触尖锐物体；高压验电器应存放在防潮的匣内或专用袋内；电气绝缘工具不得挪作他用			
7	带电公告	1. 10kV 及以上线路及设备首次送（带）电前由建设项目部下发送电公告，带电区管理主责单位在送电前 7d 将公告张贴宣传			
		2. 接触网设备在受电前 15d，带电区管理主责单位将公告张贴宣传			

续表

工程名称		检查内容	检查地点及记录		
序号	检查项目		是否合格（√）	检查记录	复查记录
7	带电公告	3. 设备带电后，电缆沟槽应可靠封闭，带电设备安全锁闭，带电区管理主责单位应确保带电区及带电设备悬挂醒目的带电警示标志（识）			
8	带电区变电所管理	1. 变电所应建立出入登记台账、巡视记录台账、倒闸作业台账			
		2. 变电所外醒目位置应标识维护运行机构、人员、联系方式等信息			
		3. 变电所内环境整洁，场地平整，设备间不应存放与运行无关的物品，不应有与其无关的管道和线路通过，巡视道路应畅通			
		4. 变电所设备区域内应配有温、湿度计；变电所具有与现场一次设备和实际运行方式相符的一次系统模拟图			
		5. 配电室内各种标识应齐全、清楚、准确，设备上不应粘贴与运行无关的标识			
9	停送电管理	1. 在全部停电和部分停电的电气设备上工作时，应完成下列技术措施且符合相关规定： （1）严格按照带电区停送电工作票进行停电操作。 （2）应在设备或线路切断电源，并经验电确认无电后方可装设接地线。 （3）必须在停电开关的安全部位悬挂"有人工作，禁止合闸"标识牌			
		2. 接引、拆除电源工作，应由维护电工进行，并应设专人进行监护			
		3. 倒闸人员具备必要的电气知识和业务技能，且按工作性质熟悉本标准的相关部分，并经考试合格			
		4. 停送电倒闸作业，必须由经过专业培训考核合格的人员进行，严格按照电调审批通过的倒闸作业票进行操作			
		5. 停电拉闸操作应按照先断开断路器（开关），然后拉开负荷侧隔离开关（刀闸），最后拉开母线侧隔离开关（刀闸）的顺序依次进行，送电合闸操作应按与上述相反的顺序进行；禁止带负荷拉合隔离开关			
		6. 在电气设备上工作应采用工作票或事故应急抢修单			

续表

工程名称		检查内容	检查地点及记录		
序号	检查项目		是否合格（√）	检查记录	复查记录
10	施工管理	1. 设备带电后，除带电区管理主责单位外，其他所有参建单位人员（含所携带的工具）在距接触网及电源线 2m 距离以内、35kV/10kV 电缆及电源线（桥梁、路基、隧道强电电缆槽内、支架、桥架等）1m 距离范围内施工作业，必须向带电区管理主责单位提报施工申请并经审批后方可作业			
		2. 进入带电区施工前，制定安全措施并对作业人员进行安全交底及培训教育，作业过程中服从带电区管理主责单位的监督管理			
		3. 在靠近带电部分工作时，应设专人监护，工作人员在工作中正常活动范围与设备带电部位的最小安全距离不得小于 0.7m			
		4. 明火作业应履行动火审批手续，配备动火监护人员，严禁携带长度超过 2m 及其以上长大物品进入带电轨行区			
11	文明施工管理	1. 施工现场管理过程中，应严格遵守"谁施工谁负责安全管理，谁施工谁负责场地清理"的原则			
		2. 严禁各施工单位在轨行区内吸烟、涂写、乱画；施工垃圾应及时清理出施工现场或整齐堆码在线路两侧定期清理；不得有渣土或油污，无施工遗弃、无安全协议规定范围之外的施工机具，做到工完料清场地净			
		3. 各作业单位对各自施工区域文明施工负责，每日作业结束后做到工完料清并加强成品保护			
12	其他问题				
检查依据		1.《建设工程施工现场消防安全技术规范》GB 50720—2011 2.《建设工程施工现场供用电安全规范》GB 50194—2014 3.《电气安全工作规程发电厂和变电站电气部分》GB 26860—2011 4.《城市轨道交通工程建设安全生产标准化管理技术指南》建办质〔2020〕27 号			
检查评价		初次检查评价：	二次检查（复查）评价：		
签字栏		施工现场责任人签字：	施工现场责任人签字：		
		检查人员签字：	复查人员签字：		
检查日期		年 月 日	年 月 日		

强电施工安全检查清单   表 C.0.15

工程名称		检查内容	检查地点及记录		
序号	检查项目		是否合格（√）	检查记录	复查记录
1	攀登作业	1.攀登前应检查支柱、杆塔状态，观察支柱、杆塔上有无其他设备，选好攀登方向和条件			
		2.攀登时应手把牢靠脚踏踩准，宜避开支柱、杆塔上设备；用脚扣攀登时，脚扣应卡牢，防止滑落			
		3.当用梯子作业时，应先检查梯子是否牢靠，梯子支挂点是否稳固，防止滑移并设专人扶梯，梯子上只准有 1 人作业			
		4.多人同登一个支柱、杆塔或爬梯作业时，不得同时上下，且同一垂直面内不得上下同时作业			
2	车梯作业	1.作业人员应携带工具袋，不得将工具、材料放在高处			
		2.传递料具应用绳索吊上、递下，不得抛接			
		3.应指定车梯负责人，车梯上的作业人员不得超过 2 名，应时刻注意和保持车梯稳定状态			
		4.作业人员登梯前应确认车梯安放牢靠、有人扶梯			
		5.作业中推动车梯应服从工作台人员指挥；当车梯工作台上有人时，推动车梯的速度不得超过 5km/h，不得发生冲击和急起、停；工作台上人员和车梯负责人应呼唤应答，配合妥当			
		6.工作平台上不得放置材料、工机具；车梯在曲线上或遇大风时，车梯应采取防倾倒措施；当外轨超高不小于 125mm 或风力五级以上时采取固定措施，不得登车梯作业；当车梯在长大坡道上时应采取防止滑移的措施			
		7.车梯在地面上推动时，工作台上不得有人			
		8.车梯上的作业人员不得将安全带系在车梯工作台框架上，作业人员应正确使用安全带（高挂低用）			
		9.隧道内和夜间施工时，车梯应悬挂反光警示标志			
3	轨行车辆作业	1.轨行车辆分解作业，须提前明确每台车作业范围以及作业完毕后停留车列和运行连挂车辆的位置			
		2.使用接触网作业车作业时，作业平台应由专人操作			
		3.在外轨超高大于 125mm 区段应使用具有自动调平功能的作业平台，有人员在平台作业时应开启调平功能			
		4.作业平台等旋转作业机构不得转向邻线有电区域或未封锁线路			

续表

工程名称		检查内容	检查地点及记录		
序号	检查项目		是否合格（√）	检查记录	复查记录
3	轨行车辆作业	5. 作业平台动作或作业车移动时不得上、下人员			
		6. 作业平台上有人作业时，作业车移动速度不得超过 10 km/h，且不得急剧起、停车			
		7. 车辆移动过程中不得操作作业机构			
		8. 作业平台、高空作业斗、随车起重机不得超载或斜拉、顶举固定设施			
		9. 作业车非作业运行时，作业平台上不得有人			
		10. 电气化区段使用轨行车辆，应先确认是否停电，如未停电应符合下列安全规定： （1）不得攀登接触网作业车车顶及作业平台高空作业斗等作业机构。 （2）不得冲洗接触网作业车，不得使用作业平台、高空作业斗、拨线装置、随车起重机等作业机构。 （3）人员及所携带物品与接触网设备带电部分，应保持 2 m 以上距离			
4	支柱组立	1. 支柱堆放地点应平坦坚实，支柱堆放应整齐稳固			
		2. 利用平板车装载支柱或横卧板等混凝土制品时，应装载均匀，放置平稳、牢靠；安装支柱或撒料时，应根据载重情况均匀卸载，防止偏载			
		3. 待整正的支柱不得向线路侧倾斜，股道间支柱应顺线路倾斜			
		4. 组立支柱时坑内不得有人			
		5. 不得利用钢轨整正支柱，整正过程中支柱的任何部分和整正器均不得侵入轨道线路			
		6. 整正钢柱时，地脚螺栓的螺母只可松动，不得卸下			
5	线索架设	1. 应对现场的架空电力、通信设施、低净空隧道、低净空跨线桥等施工干扰情况进行调查，制定相应安全措施			
		2. 放线区段内平交道口应设专人防护			
		3. 架设前，应检查架线车及工器具状态			
		4. 架线时，线索下方、坠陀下面及近旁不得有人			
		5. 架线车应行驶平稳且速度不得超过 5km/h			
		6. 架线过程中均应采用封口滑轮，并在曲线区段对滑轮加强固定			
		7. 进入低净空桥、隧前应降低作业台，并设专人监护、注意瞭望、加强联络			
6	设备安装	1. 埋入件作业时，应佩戴护目镜及防尘口罩			
		2. 采用电动压接工具时，不得将手放入压接范围			

续表

工程名称		检查内容	检查地点及记录		
序号	检查项目		是否合格（√）	检查记录	复查记录
6	设备安装	3. 预制平台棱角应进行精细打磨并进行垫护			
		4. 支柱整正完成前不得上杆作业			
		5. 零部件应按规定力矩要求紧固，安装时不对主要零部件做临时固定			
		6. 作业人员不得位于线索受力方向的反侧，曲线上的作业人员应位于曲线外侧，并应采取防止线索滑脱措施			
7	冷滑试验	1. 遇六级以上大风、雷雨、暴雪、浓雾、冰冻等恶劣天气时不得进行冷滑试验			
		2. 试验前，检测的区段两端接触网应做好临时接地线，临近带电接触网应设置双接地，且接地可靠			
		3. 试验前，在检测区段两端距离带电接触网500m处设置明显的安全距离标志牌			
		4. 冷滑试验车辆应有可靠的制动、通信联络和照明设施，检测区段的线路上和接触网上应无作业人员和障碍物			
		5. 试验时，冷滑试验车安全监视员应面向冷滑试验车的前进方向			
		6. 冷滑试验车上应有紧急降弓装置			
		7. 冷滑试验车上受电弓在冷滑试验时应接地			
8	短路试验	1. 应制定试验方案			
		2. 检查确认试验区段电力牵引供电系统的完整性和可靠性			
		3. 试验前自动重合闸功能应退出			
		4. 核对短路试验区段的保护定值及动作时间配合的正确性			
		5. 故障录波装置外壳应可靠接地，其电流电压采样回路应完好，防止电流互感器二次开路、电压互感器二次短路			
		6. 在试验变电所应由专人负责操作开关			
		7. 短路接地线应能承载短路电流，并与接触网、钢轨可靠连接，确保最大短路电流下的动稳定和热稳定效应不会给既有设施带来任何损伤；短路接地线不应有扭曲缠绕			
		8. 试验时除配合试验人员外，无关人员不得进入试验区段			
		9. 在试验过程中，接触网短路点线路两侧应设置防护标志，所有人员应远离短路连接点			

续表

工程名称		检查内容	检查地点及记录		
序号	检查项目		是否合格（√）	检查记录	复查记录
8	短路试验	10. 短路试验结束后应清理现场，恢复供电系统到正式运行状态			
9	送电开通及热滑	1. 电力牵引供电系统已全部完工，并经验收检查质量合格			
		2. 由建设单位牵头组织设计、监理、施工、运行接管单位成立送电开通领导小组，建立应急抢修组织			
		3. 由总承包单位编制开通方案并报批；方案应包括送电范围组织方式、机构设置地点、通信联络方式、送电启动程序、应急抢修措施等内容			
		4. 参与送电开通的相关人员，应进行安全教育培训并考核合格			
		5. 送电开通有关的各种规章制度已建立			
		6. 送电公告应由当地政府和电视台或广播电台播发，并在沿线车站及主要居民点完成发放、张贴及宣传			
		7. 牵引变电工程已完成单体及整组试验，试验结果符合规定；牵引变电所内的各种警告标识全部建立完毕			
		8. 行人和车辆的通行道口、车站站台支柱及有关作业车辆上已悬挂警示牌			
		9. 接触网线路绝缘检查合格，线路沿线的绝缘距离应符合送电要求			
		10. 应执行工作票制度			
		11. 应执行一人操作一人监护及呼唤应答制度；操作人和监护人应穿绝缘靴，操作人应戴绝缘手套			
		12. 加挂临时接地线时，应先连接接地端，并连接可靠，然后通过绝缘杆将另一端牢靠地悬挂在电气设备或导线裸露的导电部位上；撤除时与上述程序相反			
		13. 雷雨天气巡视室外高压设备时，不得靠近避雷针和避雷器			
		14. 高压设备发生接地故障时，室内不得靠近故障点 4m 范围内，在室外不得靠近故障地点 8m 范围内			
		15. 根据热滑安排，下达轨行区封锁令和接触网送电命令，组织相关单位对热滑区段进行安全检查，确保热滑区段内无人员施工和异物侵入界			
		16. 热滑区段行车进路按照审批的进路图进行热滑，热滑时车上调度人员和司机应严格确认进路，严格按照限定速度行驶			

工程名称		检查内容	检查地点及记录		
序号	检查项目		是否合格（√）	检查记录	复查记录
9	送电开通及热滑	17. 需专人摇动道岔时，应按带电作业区间相关管理规定执行			
10	验电及接地	1. 作业前，应对验电器、接地线、绝缘手套、绝缘靴等防护用品进行检查			
		2. 接地线作业由两人共同完成，一人操作，一人监护，操作人员应穿戴绝缘手套、绝缘靴			
		3. 监护人员应与施工负责人保持通信畅通			
		4. 接到施工负责人接地命令后，先验电，确定停电后，再挂接接地线			
		5. 接地线位置应处在停电范围之内，作业范围之外，并不得随意改变接地线位置；在停电作业的接触网附近有平行带电高压线路时应增设接地线			
		6. 检修关节式分相除在作业区两端装设接地线外，还应在中性区上增设接地线，并将断口进行可靠等电位短接			
		7. 挂接地线时，人体不得触及接地引线；接地线应可靠安装，并有防风摆措施，不得侵入轨道线路			
		8. 站场应采用长杆地线，不得挂在上、下部固定绳上			
		9. 有轨道电路的区段，接地线需跨接在钢轨绝缘两侧时，应封锁线路；地线穿越钢轨时，应采取绝缘措施			
11	联调联试	1. 联调联试方案应明确确保安全的组织措施和技术措施			
		2. 应建立可靠畅通的通信方式			
		3. 试验负责人应熟知各专业间的关联关系，做到各专业间的安全衔接			
		4. 牵引供电远动系统调试： （1）被控站远动设备的开启钥匙应由专人保管。 （2）扩容改造的调度中心应对新建数据单独划区，对既有数据设置权限。 （3）已受电的设备局部调试时，应对带电设备做好隔离，设置防误操作措施。 （4）调试接触网隔离开关应设专人监护			
		5. 变电所值班人员应加强设备巡视			
		6. 接触网线路巡视检查人员应按联调联试方案规定的路线进行巡视检查，不得进入铁路隔离栅栏内			

续表

工程名称		检查内容	检查地点及记录		
序号	检查项目		是否合格（√）	检查记录	复查记录
11	联调联试	7. 除联调联试项目外，联调联试期间不得进行其他高压测试作业和施工作业			
12	邻近营业线施工	1. 应提前熟悉施工现场，对既有设备进行详细了解，必要时进行检测，明确各施工组的相互配合关系、施工顺序			
		2. 停电作业前，施工工具、安全用具及通信工具应进行安全检查，符合要求方准使用			
		3. 在轨道电路已开通的区段作业时，不得使长大金属物体将线路两根钢轨短接			
		4. 营业线及近营业线施工应编制专项施工方案			
		5. 参建单位应按照有关规定与设备管理和行车组织等单位签订有关安全协议			
		6. 使用大型机械设备作业的，应严格遵循有关规定，作业时应配备防护人员			
		7. 总承包单位应在设备管理单位的配合下做好现场调查，掌握施工影响范围内的行车设备里程、位置关系、运输生产、地质水文、有关设施情况等			
		8. 在营业线附近倒车、卸车时应在其周边设置防护和安全警示标志并派专人监护；停放车辆、机械时应平行线路放置并采取防滑溜、失稳措施；停用的机械、车辆由监护人员保管，操作人员不得擅自启动机械作业			
		9. 邻近营业线施工时应采取可靠措施，防止高大施工机械设备倾倒侵限			
13	变配电工程	1. 变、配电所内的设备安装前应对所内存放的设备和器材采取有效的防护措施			
		2. 设备吊装作业时，应履行吊装安全要求；受限空间运输时，需提前规划线路，确保受限空间人员安全			
		3. 设备运输时需设专人指挥和安全防护，现场作业人员必须服从统一指挥			
		4. 变压器等高重设备运输过程中，倾斜角不应超过 15°			
		5. 用千斤顶或跨顶升变压器时，应在变压器下垫设坚实的木板，以防止千斤顶或跨顶发生故障时，造成变压器倾斜翻倒			
		6. 设备顶部进行作业时应注意保护柜体，作业工具应轻拿轻放			

续表

工程名称		检查内容	检查地点及记录		
序号	检查项目		是否合格（√）	检查记录	复查记录
13	变配电工程	7. 各种组合电器正式安装前，不得擅自打开各种组合电器的任一法兰盖板或阀门，防止组合电器密封破坏，引起受潮；在组装过程中，所有打开的法兰盖板应进行临时遮盖，避免污物进入器身内部			
		8. 电缆沟开挖应调查确认各类地下设施；在有可能影响或妨碍既有地下设施的地方开挖时，应事先与设施产权或运行维修单位签定安全施工协议，制定相应的安全措施后方可施工			
14	电缆敷设	1. 电缆敷设使用地滚滑轮时，放置应稳固安全			
		2. 进入电缆井放缆前，应先通风、再检测、后作业			
		3. 机械敷设电缆时，牵引绳索、转向滑轮、绳索连接环的强度应满足安全要求			
		4. 牵引过程中作业人员不应扶、摸移动中的电缆，出现异常情况应停车处理			
15	电气试验	1. 电气设备的绝缘性能试验应在良好天气下进行，被试物与环境温度不应低于5℃，空气相对湿度不应大于80%，遇有雷雨、大雾或六级以上大风时应停止高压试验			
		2. 测定绝缘、交流高压试验、直流高压试验时，试验人员不应少于2名，并应指定安全监护人和试验负责人			
		3. 在测量绝缘后应将被测设备对地放电			
		4. 高压试验现场应设有防护围栏或标志旗绳，并设专人监护；防护围栏与高压部分的带电距离应符合相关规程的规定，并在防护围栏上向外悬挂"止步，高压危险"的标示牌；电缆试品两端应有专人防护并有可靠的通信联络			
		5. 被试设备的金属外壳应可靠接地；高压试验装置的金属外壳应使用截面不小于4mm² 的多股软裸铜线进行良好接地；高压引线应尽量短捷，并采用专用的高压试验线			
16	其他问题				
检查依据		1.《铁路电力、电力牵引供电工程施工安全技术规程》TB 10308—2020 2.《铁路工程基本作业施工安全技术规程》TB 10301—2020 3.《城市轨道交通工程建设安全生产标准化管理技术指南》建办质〔2020〕27号			
检查评价		初次检查评价：	二次检查（复查）评价：		
签字栏		施工现场责任人签字：	施工现场责任人签字：		
		检查人员签字：	复查人员签字：		
检查日期		年 月 日	年 月 日		

弱电施工安全检查清单　　　　　　　　　　　表 C.0.16

工程名称		检查内容	检查地点及记录		
序号	检查项目		是否合格（√）	检查记录	复查记录
1	仪器仪表使用	1. 状态应良好，并在计量检定有效期内			
		2. 使用前应确认供电电源符合使用安全要求			
		3. 按使用说明书规定的方法连接和操作			
		4. 对有接地要求的仪器仪表做好接地连接			
		5. 严禁超量程使用			
2	发电机使用	1. 在线路上施工时，发电机应放置在钢轨外侧 2m 以外			
		2. 电源线横过钢轨时，应从钢轨底部穿过			
		3. 发电机运转时禁止移动			
		4. 人孔、廊道、夹层等有限空间内施工时，发电机应设在作业空间外的下风口侧			
		5. 严禁将发电机存放在设备房屋内			
		6. 停机后方可添加燃料			
3	梯子作业	1. 应采取防滑和防倾倒措施，必要时设置专人防护或围挡			
		2. 同一梯子上不得 2 人及以上同时作业			
		3. 工具不得放置在梯子顶部，作业时梯子内侧不得有人			
		4. 使用单梯时，梯面与水平面成 75° 夹角，踏步不得缺失，不得垫高使用			
		5. 脚手架操作层上严禁架设梯子作业			
4	喷灯作业	1. 喷灯应使用规定的燃料，不得随意替代使用			
		2. 使用前应进行检查，发现燃料泄漏时不得使用			
		3. 向高处传递喷灯应使用绳索吊运			
		4. 点火时应在避风处，避开带电设备和线缆			
		5. 燃着后不得倒放、不得补充燃料			
		6. 补充燃料前将火熄灭、冷却；补充燃料时避开火源			
		7. 油路堵塞时不得加压，应熄灭喷灯排除堵塞			
		8. 喷灯使用完毕应及时熄灭火焰，喷灯完全冷却后释放压力			
		9. 使用或修理喷灯时应远离易燃、可燃物品			
		10. 存放时应远离火源			
		11. 气体燃料喷灯应随用随点燃，不用时应立即关闭			

城市轨道交通施工安全隐患排查治理标准化指南

续表

工程名称		检查内容	检查地点及记录		
序号	检查项目		是否合格（√）	检查记录	复查记录
5	桥梁、隧道区段施工	1.隧道内作业人员应穿戴具有反光标识的安全防护服。使用的工器具、设备应粘贴反光标识；材料堆放处应设反光标识			
		2.隧道内设备应安装牢固，并可靠接地			
		3.严禁跨建筑物伸缩缝安装设备			
		4.作业人员不应在桥梁防护墙上行走			
		5.作业人员在桥梁上行走时，应注意锯齿孔、伸缩缝、人行道踏板等，防止坠落跌伤			
		6.桥梁墩台上作业应采取防护措施，当在侧面钻孔作业空间不够时，应搭设临时作业台			
		7.桥梁地段上下之间运送物料和工具时，应采用吊装，不得抛掷			
6	杆塔基础施工	1.基坑开挖前应在周边设置防护隔离设施及安全警示标志			
		2.基坑开挖应对基坑周边及坑壁进行检查，如有裂缝或坍塌迹象，应采取措施后方可作业			
		3.在山坡、陡坎等地段开挖时，应采取防护措施			
		4.雨期施工时，应做好防水、排水应急措施，雨后复工应对基坑周边及坑壁进行检查，清理基坑内淤泥			
7	杆塔组立	1.作业前确认周边地形、环境符合作业安全要求，确认工具齐全、完好			
		2.施工现场应有统一指挥，竖立时作业人员步调一致			
		3.人工方式竖立时，作业人员应面对杆/钢柱，杆/钢柱与地面夹角达到30°，应使用杆叉（扳杆）、牵引绳等助力工具，用力均匀			
		4.竖立后应及时回填夯实或与基础螺栓固定牢固；人工方式竖立稳固后，按杆叉（扳杆）牵引绳顺序撤除助力工具			
8	杆塔上作业	1.施工现场应有统一指挥，塔上、塔下人员应保证通信畅通			
		2.作业人员应佩戴安全帽，正确使用安全带，作业前检查安全防护用品			
		3.吊装区域或塔上有人作业时塔下区域严禁站人；上塔作业时，施工工具、材料应放在工具包内；较大、较重物品应采用吊运方式传送至塔上；塔上作业时，应采取防止塔上物品坠落的措施			
		4.作业时应先确认踩踏物牢固可靠			
		5.严禁同时上下进行垂直作业			

续表

工程名称		检查内容	检查地点及记录		
序号	检查项目		是否合格（√）	检查记录	复查记录
8	杆塔上作业	6. 遇到下列气候环境条件时不得上塔作业： （1）气温超过 40℃或低于 -10℃时。 （2）六级及以上强风。 （3）沙尘、浓雾或能见度低。 （4）雨雪天气。 （5）杆塔上有冰冻、霜雪尚未融化前。 （6）附近地区有雷雨			
9	电缆沟开挖	1. 在线路路肩上、站场股道间和穿越轨道线路开挖光电缆沟时，应及时回填、夯实平整，如遇特殊地段不能及时回填应设置警示标识			
		2. 开挖光电缆沟弃土应弃于沟外 0.6m 以外，堆积高度不得超过轨面			
		3. 大雨、连阴雨天气或施工现场有积水时，不得开挖光电缆沟			
10	光、电缆敷设	1. 光电缆敷设应设专人统一指挥，配备通信工具			
		2. 缆盘起重支架应放在坚固、平坦的地面上，盘轴应水平，严禁以横置缆盘方式放缆			
		3. 转动缆盘时作业人员不得站在缆盘前方或把脚伸入缆盘下			
		4. 光电缆敷设应匀速且受力均匀			
		5. 遇有转弯或过障碍时应设专人防护			
		6. 使用滑轮敷设时滑轮放置应稳固			
		7. 光电缆敷设完成后端头应盘好并固定			
11	机房内走线槽/架安装	1. 走线槽/架安装应牢固可靠			
		2. 走线槽/架突出的部位应采取保护措施，防止刮伤人员			
		3. 不得攀扶或站、坐在走线槽/架上			
12	机房内机柜/架设备安装	1. 在设备上方或附近墙壁钻孔时，应对设备进行遮盖，避免铁屑、灰尘落入设备内，钻孔完毕后应及时清理杂物			
		2. 插拔板卡时，应采取防静电措施			
		3. 设备安装牢固后方可布线			
		4. 设备加电前应接地良好			
13	攀爬信号机机柱作业	1. 登杆前先确认机柱夯实稳固			
		2. 正确佩戴和使用安全带等安全防护用品			
		3. 工具、材料等物品应放在工作袋内，不得放在信号机上			
		4. 作业人员严禁上、下抛递物品或者工具			
		5. 严禁在同一机柱上、下同时作业			

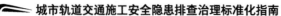

续表

工程名称		检查内容	检查地点及记录		
序号	检查项目		是否合格（√）	检查记录	复查记录
13	攀爬信号机机柱作业	6. 作业人员不得站在梯子顶部的第一、第二梯档上作业			
		7. 遇有六级及以上强风、暴雨、浓雾等恶劣天气时，严禁在信号机机柱上作业			
14	道岔转辙装置安装	1. 穿越线路人工搬运转机、安装装置等材料设备时，不得放在钢轨上停歇，不得短路钢轨			
		2. 在道岔区段作业时，作业人员不得踩踏道岔可动部分，不得在道岔可动部分坐、卧、停留，防止挤伤			
		3. 不得用手指探销孔			
		4. 转换道岔试验应设专人统一指挥，严禁擅自转换道岔			
15	施工调试	1. 设备配线应核对无误，电源正负极连接正确			
		2. 设备可靠接地			
		3. 调试有防静电要求的设备时，作业人员应采取防静电措施			
		4. 根据设备要求逐级加电			
16	联调联试	1. 应按规定做好检测列车开行前的安全确认工作			
		2. 参与联调联试的作业人员应保持通信畅通			
		3. 应严格遵守测试纪律，严禁任何人员违章上道			
		4. 测试期间需要进入现场处理故障时，应按规定办理上道施工手续，并按规定做好安全防护			
		5. 应编制有针对性的应急预案并组织演练，建立联调联试抢修、巡视检查组织，并专人负责，做好抢修人员、机械材料、工具的准备工作			
17	其他问题				
检查依据		1.《铁路通信、信号、信息工程施工安全技术规程》TB 10307—2020 2.《铁路工程基本作业施工安全技术规程》TB 10301—2020 3.《城市轨道交通工程建设安全生产标准化管理技术指南》建办质〔2020〕27号			
检查评价		初次检查评价：	二次检查（复查）评价：		
签字栏		施工现场责任人签字：	施工现场责任人签字：		
		检查人员签字：	复查人员签字：		
检查日期		年 月 日	年 月 日		

附录 D "隐患就是事故"调查清单

重大事故隐患清单 　　　　　　　　　　　　　　　　　　　　表 D.0.1

工程名称		检查内容	检查地点及记录		
序号	检查项目		是否合格（√）	检查记录	复查记录
1	施工安全管理	1.建筑施工企业未取得安全生产许可证擅自从事建筑施工活动或超（无）资质承揽工程			
		2.建筑施工企业未按照规定要求足额配备安全生产管理人员，或其主要负责人、项目负责人、专职安全生产管理人员未取得安全生产考核合格证书从事相关工作			
		3.施工单位特种作业人员未取得有效特种作业人员操作资格证书上岗作业			
		4.危险性较大的分部分项工程未编制、未审核专项施工方案，或未按规定组织专家对"超过一定规模的危险性较大的分部分项工程范围"的专项施工方案进行论证；或未按照经审批的专项施工方案施工			
		5.对于按照规定需要验收的危险性较大的分部分项工程，未经验收合格即进入下一道工序或投入使用			
		6.专项施工方案存在以下问题的：无工程及周边环境情况描述；无施工风险辨识、风险分级及相应的风险管控措施；无施工现场布置图和资源配置计划表；施工工艺技术不满足设计和现场实际情况；无施工安全保证措施（含组织保障措施、技术保障措施、监测监控措施）；无施工管理及作业人员配备和分工、安全职责（含施工管理人员专职安全生产管理人员、建筑施工特种作业人员和其他作业人员）；无关键工序检验与验收要求；无应急处置措施；设计和计算不符合强制性规范要求；无相关施工图纸；采用禁止使用的施工工艺、设备和材料；存在其他重大施工安全风险，但无针对性施工安全保证措施			
2	基坑、边坡工程	1.未对因基坑、边坡工程施工可能造成损害的毗邻建筑物、构筑物和地下管线等，采取专项防护措施			
		2.基坑、边坡土方超挖且未采取有效措施			
		3.深基坑、高边坡（一级、二级）施工未进行第三方监测			

续表

工程名称		检查内容	检查地点及记录		
序号	检查项目		是否合格（√）	检查记录	复查记录
2	基坑、边坡工程	4. 有下列基坑、边坡坍塌风险预兆之一，且未及时处理：支护结构或周边建筑物变形值超过设计变形控制值；基坑侧壁出现大量漏水、流土；基坑底部出现管涌或突涌；桩间土流失孔洞深度超过桩径			
		5. 基坑工程专项方案中存在以下问题的：未明确土方开挖施工工艺；无支护体系施工工艺及要求；地下水位之下施工锚杆，无防漏水漏砂措施；支撑结构与围护结构未实现有效连接；未明确支撑工程拆撑条件及拆撑顺序			
3	模板及支撑体系工程	1. 模板工程的基础承载力和变形不满足设计要求			
		2. 模板支架承受的施工荷载超过设计值			
		3. 模板支架拆除及滑模、爬模爬升时，混凝土强度未达到设计或规范要求			
		4. 危险性较大的混凝土模板支撑工程未按施工方案要求的顺序或厚度浇筑混凝土			
		5. 模板及支撑体系工程专项方案中存在以下问题的：爬模无附着支撑、承载体设计；滑模无支撑节点构造设计；滑模施工无混凝土强度保证及监测措施；支撑架基础存在沉陷、坍塌、滑移风险，无防范措施；高宽比大于3的独立支撑架无架体稳定构造措施；模板及支撑体系未明确安装、拆除顺序及安全保证措施			
4	脚手架工程	1. 脚手架工程的基础承载力和变形不满足设计要求			
		2. 未设置连墙件或连墙件整层缺失			
		3. 附着式脚手架的防倾覆、防坠落或同步升降控制装置不符合设计要求、失效或缺失			
		4. 脚手架工程专项方案中存在以下问题的：脚手架基础或附着结构不满足承载力要求；高度超过50m落地脚手架及高度超过20m悬挑脚手架无架体卸荷措施；吊挂平台操作架及索网式脚手架工程无搭设和拆除的施工工序设计；非标准吊篮无构件规格、材质、连接螺栓、焊缝及连接板的设计要求；附着式升降脚手架架体悬臂高度超规范且无加强措施			
5	起重机械及吊装	1. 塔式起重机、施工升降机、物料提升机等起重机械设备未经验收合格即投入使用，或未按规定办理使用登记			
		2. 建筑起重机械的基础承载力和变形不满足设计要求			

续表

工程名称		检查内容	检查地点及记录		
序号	检查项目		是否合格（√）	检查记录	复查记录
5	起重机械及吊装	3.建筑起重机械安装、拆卸、爬升（降）以及附着前未对结构件、爬升装置和附着装置以及高强度螺栓、销轴、定位板等连接件及安全装置进行检查			
		4.建筑起重机械的安全装置不齐全、失效或者被违规拆除、破坏			
		5.建筑起重机械主要受力构件有可见裂纹、严重锈蚀、塑性变形、开焊，或其连接螺栓、销轴缺失或失效			
		6.施工升降机附着间距和最高附着以上的最大悬高及垂直度不符合规范要求			
		7.塔式起重机独立起升高度、附着间距和最高附着以上的最大悬高及垂直度不符合规范要求			
		8.塔式起重机与周边建（构）筑物或群塔作业未保持安全距离			
		9.使用达到报废标准的建筑起重机械，或使用达到报废标准的吊索具进行起重吊装作业			
		10.起重吊装专项方案中存在以下问题的：采用汽车起重机或流动式起重机，未明确站车位置和行走路线，未对支撑面、行走路线的平整度、承载能力进行验算；借用既有建筑结构的，未对既有建筑的承载能力进行验算；未进行起重机械的选择计算、未明确吊装工艺（至少应包含施工工艺、吊装参数表、机具、吊点及加固、工艺图）；架桥机架梁工程，未对纵、横向的稳定性进行校核，未明确支腿的稳固措施；起重机械作业安全距离不满足规范要求，覆盖人员密集场所无有效措施；多机联合起重工程，未对荷载分配和起重能力进行校核，无多机协调作业的安全技术措施；对构件翻身、空中姿态控制、夺吊、递吊等关键环节要求较高的操作技能和配合协调指挥，无工艺描述；未对刚性较差的被吊物吊装工况进行力学验算；无吊具、索具安全使用说明和起重能力的验算；起重机械安装、拆除专项方案中未明确安装拆除方法；现场制作吊耳的，未对吊耳承载能力进行验算			
6	高处作业	1.钢结构、网架安装用支撑结构基础承载力和变形不满足设计要求，钢结构、网架安装用支撑结构超过设计承载力或未按设计要求设置防倾覆装置			
		2.单榀钢桁架（屋架）等预制构件安装时未采取防失稳措施			

续表

工程名称		检查内容	检查地点及记录		
序号	检查项目		是否合格（√）	检查记录	复查记录
6	高处作业	3.悬挑式卸料平台的搁置点、拉结点、支撑点未设置在稳定的主体结构上，且未做可靠连接			
		4.脚手架与结构外表面之间贯通未采取水平防护措施，或电梯井道内贯通未采取水平防护措施且电梯井口未设置防护门			
		5.高处作业吊篮超载使用，或安全锁失效、安全绳（用于挂设安全带）未独立悬挂			
		6.专项方案涉及高空作业的，无防高坠安全技术措施			
7	施工用电	1.特殊作业环境（通风不畅、高温、有导电灰尘、相对湿度长期超过75%、泥泞、存在积水或其他导电液体等不利作业环境）照明未按规定使用安全电压			
		2.在建工程及脚手架、机械设备、场内机动车道与外电架空线路之间的安全距离不符合规范要求且未采取防护措施			
		3.专项方案涉及临时用电的，无临时施工用电安全技术措施			
8	有限空间	1.未辨识施工现场有限空间，且未在显著位置设置警示标志			
		2.有限空间作业未履行"作业审批制度"，未对施工人员进行专项安全教育培训，未执行"先通风、再检测、后作业"原则			
		3.有限空间作业时现场无专人负责监护工作，或无专职安全生产管理人员现场监督			
		4.有限空间作业现场未配备必要的气体检测、机械通风、呼吸防护及应急救援设施设备			
9	拆除工程	1.装饰装修工程拆除承重结构未经原设计单位或具有相应资质条件的设计单位进行结构复核			
		2.拆除施工作业顺序不符合规范和施工方案要求			
		3.拆除工程专项方案中存在以下问题的：施工场区存在需要保护的结构、管线、设施和树木但无相应的安全技术措施；无拆除施工作业顺序安排和主要拆除方法；影响保留部分结构安全的局部拆除无先加固或者支撑措施；无拆除吊运和拆除作业平台（装置、结构、场地）设计或设置；采用机械破碎缺口定向倾倒拆除高构物或者除时无预估塌散范围、减振、控制飞散物等安全技术措施			
10	隧道工程	1.作业面带水施工未采取相关措施，或地下水控制措施失效且继续施工			

续表

工程名称		检查内容	检查地点及记录		
序号	检查项目		是否合格（√）	检查记录	复查记录
10	隧道工程	2. 施工时出现涌水、涌砂、局部坍塌，支护结构扭曲变形或出现裂缝，未及时采取措施			
		3. 未按规范或施工方案要求选择开挖、支护方法，或未按规定开展超前地质预报、监控量测，或监测数据超过设计控制值且未及时采取措施			
		4. 盾构机始发、接收端头未按设计进行加固，或加固效果未达到要求且未采取措施即开始施工			
		5. 盾构机盾尾密封失效、铰链部位发生渗漏仍继续掘进作业，或盾构机带压开舱检查换刀未按有关规定实施			
		6. 未对因施工可能造成损害的毗邻建筑物、构筑物和地下管线等，采取专项防护措施；相关专项方案中无专项防护措施			
		7. 未经批准，在轨道交通工程安全保护区范围内进行新（改、扩）建建（构）筑物、敷设管线、架空、挖掘、爆破等作业			
11	桥梁工程	1. 水上作业平台、围堰、沉井等未进行专项设计，未按设计施工，施工期实际水位高于设计最高水位；围堰或沉井出现漏水、翻砂涌水、结构变形未及时采取有效措施的			
		2. 超过 8m（含）高墩施工过程中，模板加固、混凝土浇筑速度不符合专项施工方案要求的			
		3. 现浇梁支架、移动模架、挂篮等非标设备设施未经专项设计，未经预压、试吊等现场试验验证即投入使用或不按方案拆除；支架地基承载力不足的			
12	施工临时堆载	1. 基坑周边堆载超过设计允许值			
		2. 无支护基坑（槽）周边，在坑底边线周边与开挖深度相等范围内堆载			
		3. 楼板、屋面和地下室顶板等结构构件或脚手架上堆载超过设计允许值			
13	冒险作业	1. 使用混凝土泵车、打桩设备、汽车起重机、履带起重机等大型机械设备，未校核其运行路线及作业位置承载能力			
		2. 在雷雨、大雪、浓雾或大风等恶劣天气条件下违规进行吊装作业、设备安装、拆卸和高处作业			
		3. 施工现场使用塔式起重机、汽车起重机、履带起重机或轮胎起重机等非载人设备吊运人员			
14	特种设备	1. 特种设备未取得许可生产、因安全问题国家明令淘汰、已经报废或者达到报废条件			

续表

工程名称		检查内容	检查地点及记录		
序号	检查项目		是否合格（√）	检查记录	复查记录
14	特种设备	2. 特种设备发生过事故，未对其进行全面检查、消除事故隐患			
		3. 未按规定进行监督检验或者监督检验不合格			
		4. 移动式压力容器或者气瓶充装有下列情形之一的，应判定为重大事故隐患： （1）未经许可，擅自从事移动式压力容器充装或者气瓶充装活动。 （2）移动式压力容器、气瓶错装介质。 （3）充装设备设施上的紧急切断装置缺失或失效，仍继续使用的			
		5. 起重机械有下列情形之一仍继续使用的，应判定为重大事故隐患： （1）未经首次检验。 （2）定期检验（含首次检验）的检验结论为"不合格"。 （3）急停开关缺失或失效。 （4）起重量限制器、起重力矩限制器、防坠安全器缺失或失效。 （5）室外工作的轨道式起重机械抗风防滑装置缺失或失效			
		6. 场（厂）内专用机动车辆有下列情形之一仍继续使用的，应判定为重大事故隐患： （1）定期检验的检验结论为"不合格"。 （2）电动车辆电源紧急切断装置缺失或失效。 （3）制动（包括行车、驻车）装置缺失或失效			
		7. 其他属于特种设备判定准则范围内的隐患			
15	消防	1. 生活区等居住场所采用彩钢夹芯板搭建，且彩钢夹芯板芯材的燃烧性能等级低于A级			
		2. 在人员密集场所违反消防安全规定使用、储存易燃易爆危险品			
		3. 人员密集场所内疏散楼梯间的设置形式不符合国家工程建设消防技术标准的规定			
		4. 在厂房、库房、商场中设置员工宿舍，或是在居住等民用建筑中从事生产、储存、经营等活动			
		5. 人员密集场所的疏散走道、楼梯间、疏散门或安全出口设置栅栏、卷帘门，外窗被封堵或被广告牌遮挡			
		6. 其他属于重大火灾隐患直接判定要素的隐患			

续表

工程名称		检查内容	检查地点及记录		
序号	检查项目		是否合格（√）	检查记录	复查记录
16	施工方案及其他	1. 建筑幕墙工程专项方案中存在以下问题的：无型钢悬挑梁、U 型环和锚固螺栓的规格型号；非标吊篮无构件规格、材质、连接螺栓、焊缝及连接板设计要求；无相关运输设备及设施（轨道吊、轨道吊篮、小吊车、炮车、卸料平台等）的构件规格型号；无材料运输、安装设备运输安装工艺；采用轨道吊篮时，无吊篮与环轨连接构造；无缆风绳稳固措施；同一立面内交叉作业，无安全技术措施			
		2. 人工挖孔桩工程专项方案中存在以下问题的：无混凝土护壁施工工序；开挖范围内有易塌方地层，无防塌方措施；孔底扩孔部位无防塌落措施；无防止物体打击措施；相邻挖孔桩之间无挖孔和灌注混凝土间隔施工的工序安排			
		3. 钢结构安装工程专项方案中存在以下问题的：无起重设备吊装工况分析及未明确起重设备站位和行走路线图；无吊具、索具安全使用说明和起重能力的验算；对支承流动式起重设备的地面和楼面，尤其是支承面处于边坡或临近边坡时，未对支承面及行走路线的承载能力进行确认，未采取相关安全技术措施；对未形成稳定单元体系的安装流水段或结构单元，未及时采取相应的安全技术措施；对吊装易变形失稳的构件或吊装单元，未采取防变形措施；对被提升、顶升、平移（滑移）或转体的结构，未进行相关的工况分析或采取相应的工艺措施；无临时支承结构（含承重脚手架）搭设和拆除施工工艺；采用双机抬吊或多机联合起升的，未对荷载分配和额定起重能力进行校核，无双机或多机协调起重作业的安全技术措施；无索结构安装张拉力控制标准			
		4. 使用国家明令禁止和限制使用的危害程度较大、可能导致群死群伤或造成重大经济损失的施工工艺、设备和材料，应判定为重大事故隐患			
		5. 其他严重违反房屋市政工程安全生产法律法规、部门规章及强制性标准，且存在危害程度较大、可能导致群死群伤或造成重大经济损失的现实危险，应判定为重大事故隐患			
17	其他问题				
	检查依据	1.《房屋市政工程生产安全重大事故隐患判定标准（2024 版）》建质规〔2024〕5 号 2.《危险性较大的分部分项工程专项施工方案严重缺陷清单（试行）》（建质办〔2024〕63 号） 3.《铁路建设工程生产安全重大事故隐患判定标准》国铁监规〔2023〕25 号 4.《特种设备重大事故隐患判定准则》GB 45067—2024 5.《重大火灾隐患判定方法》GB 35181—2017			

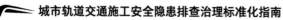

工程名称		检查内容	检查地点及记录		
序号	检查项目		是否合格（√）	检查记录	复查记录
检查评价		初次检查评价：	二次检查（复查）评价：		
签字栏		施工现场责任人签字：	施工现场责任人签字：		
		检查人员签字：	复查人员签字：		
检查日期		年　月　日	年　月　日		

"隐患就是事故"调查清单　　　　　　　　　　　表 D.0.2

工程名称		检查内容	检查地点及记录		
序号	检查项目		是否合格（√）	检查记录	复查记录
1	调查组职责	1.查明隐患情况及其产生的经过、原因			
		2.认定造成隐患的责任			
		3.提出对隐患责任者处理意见和其他问责建议			
		4.提出下一步整改要求或措施			
		5.提交隐患调查报告			
2	安全管理	1.与隐患相关的生产工艺流程			
		2.隐患部位及现场管理等情况			
		3.员工教育培训情况			
		4.安全管理机构设置情况			
		5.安全管理制度体系建立情况			
		6.隐患防范措施和法规标准的贯彻执行等情况			
3	现场	1.隐患地点及相关区域的自然、地理环境等情况			
		2.隐患现场破坏情况、人员的位置关系等（现场隐患照片）			
4	调查报告内容	1.隐患发生单位概况			
		2.隐患发生经过			
		3.隐患造成的后果和直接经济损失			
		4.隐患发生的原因			
		5.隐患责任的认定以及对相关责任者的处理建议			
		6.防范和整改措施			
5	其他问题				
检查依据		1.《生产安全事故报告和调查处理条例》2.《生产安全事故调查报告编制指南（试行）》应急厅〔2023〕4号			
检查评价		初次检查评价：	二次检查（复查）评价：		
签字栏		施工现场责任人签字：	施工现场责任人签字：		
		检查人员签字：	复查人员签字：		
检查日期		年　月　日	年　月　日		